项目资助：中国科学院发展规划局项目"2019创新发展相关战略研究"（Y9J0131601）；
国家社会科学基金重大项目"创新引领发展的机制与对策研究"（18ZDA101）

2019
中国区域创新发展报告

Report on China's Regional Innovation and Development

穆荣平 蔺 洁◎主 编
曲 婉 王 婷◎副主编

科学出版社
北京

图书在版编目(CIP)数据

2019中国区域创新发展报告 / 穆荣平，蔺洁主编.—北京：科学出版社，2020.4

（中国创新发展报告系列）

ISBN 978-7-03-064332-2

I. ①2… II. ①穆… ②蔺… III. ①区域经济—研究报告—中国—2019 IV. ①F127

中国版本图书馆 CIP 数据核字（2020）第018488号

责任编辑：侯俊琳　牛　玲　姚培培 / 责任校对：韩　杨
责任印制：师艳茹 / 封面设计：有道文化

科学出版社 出版
北京东黄城根北街16号
邮政编码：100717
http://www.sciencep.com

中国科学院印刷厂 印刷
科学出版社发行　各地新华书店经销
*

2020 年 4 月第 一 版　　开本：720×1000　1/16
2020 年 4 月第一次印刷　印张：29 1/2
字数：400 000

定价：168.00元

（如有印装质量问题，我社负责调换）

"中国创新发展报告系列"

丛书编委会

主　　编：穆荣平

编　　委：（按姓氏汉语拼音排序）

　　　　　陈　芳　陈凯华　樊永刚　郭京京

　　　　　胡立玲　连燕华　蔺　洁　刘艳荣

　　　　　曲　婉　苏　娜　王　婷

《2019中国区域创新发展报告》

编委会

主　　编：穆荣平　蔺　洁
副主编：曲　婉　王　婷
编　　委：夏　雪　刘亚亚　孙　茜　孙静林
　　　　　张汉军　赵彦飞　李雨晨　郭　鑫
　　　　　房旭平　沈源圆

丛 书 序

面对世界百年未有之大变局，面对新一轮技术革命和产业变革引发的机遇与挑战，面对全球政治、经济、科技、社会和环境发展引发的国际政治经济格局深刻调整，创新能力成为应对变局和把握赶超机遇的必要前提。近现代历史表明，创新发展既是发达国家维护领先地位的唯一道路，也是后发国家争取平等经济权利、实现跨越发展的唯一选择。2006年，中国政府发布《国家中长期科学和技术发展规划纲要（2006—2020年）》，提出"到2020年使我国进入创新型国家行列"的宏伟目标；2012年，党的十八大提出实施"创新驱动发展战略"；2016年，党的十八届五中全会提出"创新发展、协调发展、绿色发展、开放发展、共享发展"五大发展理念，创新发展居五大发展理念之首；2017年，党的十九大进一步提出"创新是引领发展的第一动力"。中国的政策实践表明，创新发展已经成为中国应对全球大挑战、破解人口资源环境约束难题、把握发展主动权、实现可持续发展目标的必然选择。

中国科学院创新发展研究中心（以下简称中心）是中国科学院与国家发展和改革委员会联合设立的智库型研究机构，旨在开展国家（区域）创新发展、产业创新发展和企业创新发展的重大理论方法与政策管理问题研究，为国家创新发展宏观决策与管理提供研究支撑和政策咨询。自 2006 年成立以来，中心在国家发展和改革委员会与中国科学院有关领导的支持下，聚焦创新型国家建设中重大理论、政策与管理问题，组织开展国家自主创新能力建设、国家创新体系建设、创新驱动发展顶层设计思路、创新引领发展的机制与对策、全球竞争格局重构与中国创新发展战略、国家创新型城市建设、制造业创新能力建设、中国未来 20 年技术预见、国家知识产权战略与政策、国家战略性新兴产业发展、国家科技竞争力、高技术产业国际竞争力等重大研究，为国家相关领域规划和政策文件研究起草提供了重要支撑，在推动国家自主创新能力建设、国家创新型城市建设、战略性新兴产业发展和企业创新能力建设等方面有重要影响。2007 年 2 月，中国科学院创新发展研究中心主任穆荣平在中心成立大会上提出研究出版《中国创新发展报告》，进而研究提出了国家创新发展指数、国家创新能力指数、中国制造业创新能力指数、中国区域创新能力指数等概念和测度理论方法。2009 年 10 月，《2009 中国创新发展报告》发布。2016 年，中心在长期研究积累基础上，将《中国创新发展报告》扩展为《国家创新发展报告》《中国区域创新发展报告》《中国制造业创新发展报告》等组成的"中国创新发展报告系列"，力图为实施国家创新驱动发展战略和制定相关政策提供证据支撑。

《2019 国家创新发展报告》分为主题报告和技术报告两部分。主题报告（第一章）聚焦"应对百年变局，重塑国家创新体系"主题，阐述全球创新发展不确定性因素影响、世界主要国家创新发展战略和政策、中国实施创新驱动发展战略进展，分析世界主要国家创新发展新格局，提出了 2035 年中国创新发展愿景、总体思路和政策取向。技术报告侧重中国和世界主要国家创新发展绩效监测分析，为创新发展战略选择和政策制定提供证据支撑；从科学技术发展、创新条件发展、产业创新发展、社会创新发展和环境创新发展五个维度测度世界40个主要国家的创新发展绩效，并对中国与其他金砖国家、中国与主要发达国家之间进行创新发展绩效比较分析，揭示中国国家整体创新发展水平和能力演化及其国际地位，为实施国家创新驱动发展战略和制定相关政策提供证据支撑。

《2019中国区域创新发展报告》分为主题报告和技术报告两部分。主题报告（第一章）聚焦"强化区域创新能力建设，提升区域创新发展水平"主题，阐述了中国区域创新发展新趋势新格局，分析了中国区域创新发展面临的重大问题，研究提出了面向2035年中国区域创新发展政策取向，为国家制定区域发展战略和政策提供证据支撑。技术报告从区域创新发展水平和区域创新能力两个维度，监测了中国区域创新发展绩效历史演进，并且对31个省（自治区、直辖市）的创新发展绩效历史演进进行了系统分析，为各省（自治区、直辖市）创新发展战略选择与政策制定提供证据支撑。

《2019中国制造业创新发展报告》分为主题报告和技术报告两部分。主题报告（第一篇）聚焦"创新驱动制造业数字转型，加速全球价值链重构"主题，阐述世界制造业创新发展总体态势，梳理了世界主要国家制造业创新发展政策与举措，分析了中国制造业创新发展现状与问题，提出了中国制造业创新驱动数字转型发展思路与政策取向。技术报告侧重中国制造业创新能力建设绩效，分析了中国制造业创新能力、中国制造业创新实力与创新效力演进，研究了中国制造业创新激励政策影响，深入分析了制造业部分重点产业创新能力和创新激励政策，为制造业创新发展宏观决策和政策制定提供证据支撑。

"中国创新发展报告系列"是中国科学院创新发展研究中心不断

深化对创新发展内涵外延与创新能力演进的动力机制研究，不断丰富对创新发展规律认识，推动中国创新发展政策实验，探索中国创新发展道路的阶段性研究成果，旨在发展中国创新发展理论方法，服务国家创新发展宏观决策和相关政策研究与制定，为创新发展政策学走向世界和中国创新发展政策实践做出应有的贡献。

中国科学院创新发展研究中心主任

穆荣平

2019 年 12 月

前　言

  提高区域创新发展水平，缩小区域间创新能力差距是实现区域创新协调发展，支撑我国社会主义现代化强国建设的重要保障。2019年12月，中央经济工作会议指出"要加快落实区域发展战略，完善区域政策和空间布局，发挥各地比较优势，构建全国高质量发展的新动力源"，同时强调"推进京津冀协同发展、长三角一体化发展、粤港澳大湾区建设，打造世界级创新平台和增长极"。当前，中国区域创新发展既要解决区域发展不充分的问题，也要解决发展不平衡的问题，区域层面必须加快培育国家创新发展新引擎、推进区域经济一体化发展，以实现区域创新驱动转型升级，形成区域高质量发展的新格局。

  《2019中国区域创新发展报告》继承和发展了《2009中国创新发展报告》中区域创新能力概念和指数评价理论方法，借鉴国家创新发展指数研究提出了区域创新发展指数评价理论方法，从区域创新发展水平和区域创新能力的内涵出发，构建了区域创新发展指数和区域创新能力指数两大指标体系，监测2008~2016年我国31个省、自治区、直辖市（以下简称省区）的创新发展进程。

  《2019中国区域创新发展报告》包括主题报告和技术报告两部分。主题报告以"强化区域创新能力建设，提升区域创新发展水平"

为主线，全面分析了中国区域创新发展面临的新机遇新挑战、区域创新发展战略与政策、区域创新发展趋势与格局，识别中国区域创新发展面临的重大问题，提出2035年中国实现区域创新协调发展的政策取向。技术报告阐述了区域创新发展指标体系和区域创新能力指标体系，分析了2008~2016年中国区域创新发展水平和区域创新能力演进态势与特征，研究评估了31个省区区域创新发展水平和区域创新能力演进态势与特征。

《2019中国区域创新发展报告》凝聚了中国科学院创新发展研究中心研究人员的长期研究积累和智慧。主编穆荣平研究员负责本报告总体设计、重要概念与指标体系确定、主题报告构思和研究统稿组织工作，蔺洁、曲婉副研究员负责本报告的指标体系构建、指数测算、报告撰写与统稿工作，王婷、夏雪、张汉军、李雨晨、郭鑫、房旭平、沈源圆等做了大量基础性研究工作，对报告中所用统计数据进行了反复核查与计算。报告具体分工如下：第一章由蔺洁执笔，第二、三章由曲婉、蔺洁执笔，北京、上海、天津、江苏部分由蔺洁、孙茜、房旭平执笔，广东、浙江部分由蔺洁、孙茜、李雨晨执笔，山东、安徽部分由王婷、孙茜、李雨晨执笔，福建、湖北部分由王婷、孙茜执笔，湖南、重庆部分由王婷、孙静林执笔，四川部分由王婷、孙茜、郭鑫执笔，陕西、辽宁、河北部分由王婷、孙静林、郭鑫执笔，江西部分由张汉军、孙静林、赵彦飞执笔，吉林部分由刘亚亚、赵彦飞执笔，河南、广西部分由赵彦飞、孙静林执笔，内蒙古、贵州部分由张汉军、孙静林执笔，海南、云南部分由刘亚亚、张汉军执笔，甘肃、黑龙江、山西、宁夏部分由刘亚亚执笔，新疆、青海、西藏部分由刘亚亚、沈源圆执笔。

《2019中国区域创新发展报告》是中国科学院创新发展研究中心不断深化对区域创新能力与创新发展螺旋式演进动力机制和创新

发展规律认识，推动中国区域创新发展政策实验，探索中国区域创新发展道路的阶段性研究成果。由于报告涉及问题跨学科和动态复杂性等原因，特别是研究团队对于研究问题认识的局限性，本报告一定存在许多问题值得进一步深入研究和探讨。我们衷心希望与国内外专家学者合作，共同探讨区域创新发展理论方法和政策研究问题，为不断推动区域创新发展实践做出应有的贡献。

中国科学院创新发展研究中心主任

穆荣平

2019 年 12 月

目 录

丛书序 ··· i
前　言 ··· v

第一章　强化区域创新能力建设，提升区域创新发展水平 ··· 1

第一节　中国区域创新发展新机遇新挑战 ······················ 1
一、数字转型驱动区域创新发展 ····························· 1
二、欧盟智慧专业化发展新选择 ····························· 2
三、城市中心化和集群化趋势加速 ·························· 3
四、创新驱动区域绿色协调发展 ····························· 4

第二节　中国区域创新发展战略与政策 ·························· 5
一、区域协调发展已成为国家战略 ·························· 5
二、城市群成为区域创新发展增长极 ······················· 7
三、区域创新发展和能力建设步伐加快 ···················· 8
四、全面创新改革试验成效明显 ···························· 10

第三节　中国区域创新发展新趋势新格局 ····················· 11
一、中国区域创新发展指数演进 ···························· 12
二、中国区域创新能力指数演进 ···························· 13
三、中国区域创新发展格局演进 ···························· 13

第四节 中国区域创新发展面临的重大问题 …………………… 16
　　一、区域创新发展差距呈扩大趋势 ………………………… 16
　　二、区域创新能力与区域创新发展水平失衡 ……………… 17
　　三、创新的引领支撑作用有待加强 ………………………… 18
第五节 2035 年中国区域创新发展政策取向 …………………… 19
　　一、持续推进东部区域经济社会一体化发展 ……………… 20
　　二、支持中西部区域培育国家创新发展新引擎 …………… 20
　　三、推进区域创新驱动智慧专业化发展 …………………… 21
　　四、加快培育和发展现代化创新型都市圈 ………………… 21
　　五、发展"飞地型"开放创新经济合作区 ………………… 22

第二章　中国区域创新发展水平 …………………………………… 24

第一节 区域创新发展指数 ………………………………………… 24
第二节 中国区域创新发展水平演进 ……………………………… 26
　　一、中国区域创新发展指数演进 …………………………… 28
　　二、中国区域科学技术发展指数演进 ……………………… 31
　　三、中国区域产业创新发展指数演进 ……………………… 33
　　四、中国区域社会创新发展指数演进 ……………………… 35
　　五、中国区域绿色集约发展指数演进 ……………………… 37
　　六、中国区域创新条件发展指数演进 ……………………… 39

第三章　中国区域创新能力 ………………………………………… 42

第一节 区域创新能力指数 ………………………………………… 42
第二节 中国区域创新能力演进 …………………………………… 45
　　一、中国区域创新能力指数演进 …………………………… 47
　　二、中国区域创新实力指数演进 …………………………… 50
　　三、中国区域创新效力指数演进 …………………………… 60
　　四、中国区域创新创业环境指数演进 ……………………… 70

第四章 创新发展领先型省区……………………………………79

第一节 北京市 …………………………… 79
一、北京市区域创新发展水平演进 ……………………79
二、北京市区域创新能力演进 ……………………85

第二节 上海市 …………………………… 92
一、上海市区域创新发展水平演进 ……………………93
二、上海市区域创新能力演进 ……………………98

第三节 天津市 …………………………… 104
一、天津市区域创新发展水平演进 ……………………104
二、天津市区域创新能力演进 ……………………110

第四节 江苏省 …………………………… 117
一、江苏省区域创新发展水平演进 ……………………117
二、江苏省区域创新能力演进 ……………………123

第五节 广东省 …………………………… 130
一、广东省区域创新发展水平演进 ……………………131
二、广东省区域创新能力演进 ……………………136

第六节 浙江省 …………………………… 142
一、浙江省区域创新发展水平演进 ……………………143
二、浙江省区域创新能力演进 ……………………148

第五章 创新发展先进型省区………………………………… 155

第一节 山东省 …………………………… 155
一、山东省区域创新发展水平演进 ……………………156
二、山东省区域创新能力演进 ……………………161

第二节 福建省 …………………………… 168
一、福建省区域创新发展水平演进 ……………………167
二、福建省区域创新能力演进 ……………………173

第三节 湖北省 ·· 179
一、湖北省区域创新发展水平演进 ····················· 179
二、湖北省区域创新能力演进 ························· 184

第四节 重庆市 ·· 190
一、重庆市区域创新发展水平演进 ····················· 191
二、重庆市区域创新能力演进 ························· 196

第五节 陕西省 ·· 202
一、陕西省区域创新发展水平演进 ····················· 203
二、陕西省区域创新能力演进 ························· 208

第六节 湖南省 ·· 214
一、湖南省区域创新发展水平演进 ····················· 214
二、湖南省区域创新能力演进 ························· 219

第七节 安徽省 ·· 226
一、安徽省区域创新发展水平演进 ····················· 226
二、安徽省区域创新能力演进 ························· 232

第八节 四川省 ·· 238
一、四川省区域创新发展水平演进 ····················· 238
二、四川省区域创新能力演进 ························· 244

第九节 辽宁省 ·· 249
一、辽宁省区域创新发展水平演进 ····················· 250
二、辽宁省区域创新能力演进 ························· 255

第六章 创新发展追赶Ⅰ型省区 ·························· 261

第一节 河北省 ·· 261
一、河北省区域创新发展水平演进 ····················· 262
二、河北省区域创新能力演进 ························· 267

第二节 江西省 ·· 273
一、江西省区域创新发展水平演进 ····················· 274

　　　　二、江西省区域创新能力演进 ································ 279

第三节　吉林省 ·· 285
　　　　一、吉林省区域创新发展水平演进 ································ 286
　　　　二、吉林省区域创新能力演进 ································ 291

第四节　河南省 ·· 297
　　　　一、河南省区域创新发展水平演进 ································ 298
　　　　二、河南省区域创新能力演进 ································ 303

第五节　内蒙古 ·· 309
　　　　一、内蒙古区域创新发展水平演进 ································ 310
　　　　二、内蒙古区域创新能力演进 ································ 315

第六节　广西 ·· 321
　　　　一、广西区域创新发展水平演进 ································ 322
　　　　二、广西区域创新能力演进 ································ 327

第七节　贵州省 ·· 333
　　　　一、贵州省区域创新发展水平演进 ································ 333
　　　　二、贵州省区域创新能力演进 ································ 338

第八节　山西省 ·· 345
　　　　一、山西省区域创新发展水平演进 ································ 346
　　　　二、山西省区域创新能力演进 ································ 350

第九节　甘肃省 ·· 356
　　　　一、甘肃省区域创新发展水平演进 ································ 357
　　　　二、甘肃省区域创新能力演进 ································ 362

第十节　海南省 ·· 368
　　　　一、海南省区域创新发展水平演进 ································ 368
　　　　二、海南省区域创新能力演进 ································ 373

第七章　创新发展追赶Ⅱ型省区 ································ **380**

第一节　云南省 ·· 380
　　　　一、云南省区域创新发展水平演进 ································ 380

二、云南省区域创新能力演进 …………………………………… 386
第二节　黑龙江省 …………………………………………………………… 392
　　一、黑龙江省区域创新发展水平演进 ………………………… 392
　　二、黑龙江省区域创新能力演进 ……………………………… 398
第三节　宁夏 ………………………………………………………………… 404
　　一、宁夏区域创新发展水平演进 ……………………………… 404
　　二、宁夏区域创新能力演进 …………………………………… 409
第四节　新疆 ………………………………………………………………… 415
　　一、新疆区域创新发展水平演进 ……………………………… 415
　　二、新疆区域创新能力演进 …………………………………… 420
第五节　青海省 ……………………………………………………………… 427
　　一、青海省区域创新发展水平演进 …………………………… 427
　　二、青海省区域创新能力演进 ………………………………… 432
第六节　西藏 ………………………………………………………………… 439
　　一、西藏区域创新发展水平演进 ……………………………… 439
　　二、西藏区域创新能力演进 …………………………………… 444

第一章

强化区域创新能力建设，提升区域创新发展水平

第一节　中国区域创新发展新机遇新挑战

一、数字转型驱动区域创新发展

数字转型正在成为经济发展质量变革、创新活动效率变革、社会创新发展和环境创新发展的重要驱动力。大数据、人工智能、云计算、物联网、移动互联网等新技术的系统突破及信息基础设施的完善加速了生产方式和生活方式的数字转型。在提高经济发展质量和效益方面，数字技术正加速经济发展范式转变。一方面，数字网络技术向传统产业渗透，不断从消费向生产、从线上向线下拓展，驱动传统产业数字转型；另一方面，数字网络技术引领平台经济、分享经济、创意经济等新模式、新业态持续涌现，数字经济产业规模不断扩大。在提高创新活动效率和效益方面，数字网络建设正在引领科研范式转变，数字技术的集成应用加快了新型研发、生产、管理和服务模式的形成，促进了技术创新和管理优化，提升了企业和产业整体的创新能力和水平。另一方面，数字技术可以推动产学研创新资源的深度整合和开放共享，有利于开展协同研发和知识扩散体系。在促进社会创新发展方面，数字网络技术正在加速公共服务体系的数字转型，一方面能够提高公共服务的性价比，另一方面能够推进基础教育、医疗卫生、养老等基本公共服务实现均

等化。在促进环境创新发展方面，数字网络技术等新技术正在加速环境保护与治理范式，从注重环保信息实时监测、监管向为社会各界利益相关者提供环境保护和治理服务拓展，构建全民参与的环境创新发展治理体系。

尽管数字转型有助于缩小区域间经济社会发展差距，但是经济发展阶段可能带来的数字基础设施和数字资源要素等方面的差距，迫切需要地方政府从抢抓数字转型战略机遇的高度，统筹规划，着力夯实数字转型物质技术基础、人才基础、信息基础，推动产业创新发展数字转型、社会服务创新发展数字转型、环境创新发展数字转型和社会治理数字转型，实现区域创新高质量发展。

二、欧盟智慧专业化发展新选择

智慧专业化已成为世界主要国家推动区域发展的政策选择。欧盟自2010年起在区域层面实行的智慧专业化战略（smart specialization strategy）成为"欧盟2020战略"的核心，旨在通过区域科技政策推动该区域实现智慧增长。智慧专业化战略可以实现区域优势定位，通过创新驱动和内生增长，避免区域间盲目模仿和复制以提高区域创新质量，为区域经济结构调整转型提供新的发展路径。欧盟于2011年成立欧盟智慧专业化平台体系，为欧盟地区智慧专业化的科技创新战略设计与实现提供专业意见，目前已经有18个欧盟成员国以及盟内168个地区加入。欧盟智慧专业化战略主要体现在以下3个方面。一是改革区域研究和创新体系。区域研究和创新体系以研究与创新、产业转型以及金融与投资三要素为主。智慧专业化战略的重点是改善多层次治理，创造有利的商业环境以及高效透明的公共管理，激发产品和服务市场的创新活力，改善初创企业的发展条件，鼓励人力资本投资。二是加强跨地区创新投资合作。欧盟在智慧专业化平台下设工业现代化、能源和农产品平台[①]，将决策者、研究人员、商业部门、集群引入其中，以促进创新，建立价值链联系，加强共同投资。三是促进欠发达地区和产业转型地区的研究与创新。由于欠发达地区存在基础设施分散、可持续性差以及政策不能及时跟进的问题，产业转型区存在劳动力成本高与技能低下的问题，均较难吸引到区

---

① 工业现代化平台包括先进制造、可持续制造、生物经济、3D打印、医疗技术、新材料、工业4.0、体育和新型纳米产品的合作，能源平台包括生物能源、海洋可再生能源、智能电网、太阳能的合作，农产品平台包括高科技农业、可追溯系统、生物经济和农业食品以及智能电子系统的合作。

域外投资。智慧专业化平台使得这些区域能够采用最佳实践，将其与世界一流的标准相结合，了解欧盟地区研究和创新能力的多样性和互补性，以解决其问题。

三、城市中心化和集群化趋势加速

城市中心化加速了都市圈发展，城市集群化加速了区域经济社会一体化发展，带动优质资源加速向中心城市集聚，正在重构城市化发展新格局。2014～2018年，我国人口超过1000万的超大城市数量由28个增长到33个。联合国数据显示，到2050年，全球的城市化率将达到68%，而新增的城市人口有90%居住在亚洲和非洲，并高度集中在印度和中国等发展中国家[①]。中国城市中心化和城市集群化发展已经进入加速期。一是超大城市及特大城市经济中心功能日益明显。2018年，北京（30 320亿元）、上海（32 680亿元）、广州（22 859亿元）、深圳（24 222亿元）4个城市的GDP总量达到110 081亿元，占全国GDP总量的12.2%。新兴一线城市[②]的GDP总量达到192 815亿元，占全国GDP总量的21.4%。长沙、西安、郑州、南京、成都、武汉6个城市的GDP增速高达8%以上，青岛、宁波、东莞、无锡、苏州5个城市的GDP增速超过7%，均超过全国（不包括港、澳、台地区数值，下同）平均水平6.6%。二是城市群中心城市出现"扩张"现象。人口大规模地向长三角、珠三角、京津冀及中西部地区部分城市群的中心城市流动。按照最新的城市规模划分标准[③]，北京、上海、广州、深圳、重庆、天津、成都、苏州、武汉已经成为人口千万级的超大城市。三是部分地区中小城市开始出现"收缩"现象。随着国家（区域）中心城市极化趋势加速，部分中小城市转型以及区域经济和交通一体化发展程度不断提高，资本和人力资源等要素正在从中小城市向特大城市和大城市流动。2007～2016年，中国有84座城市出现

---

① 《2018年版世界城镇化展望》报告发布.上海城市规划，2018，（03）：129.

② 按照2018年城市分级名单，新一线城市共15个，包括成都、杭州、重庆、武汉、苏州、西安、天津、南京、郑州、长沙、沈阳、青岛、宁波、东莞、无锡。2018年其GDP分别为15 342.8亿元、13 509亿元、20 363.2亿元、14 847.3亿元、18 597.47亿元、8349.9亿元、18 809.6亿元、12 820.4亿元、10 413.3亿元、11 003.4亿元、6294.4亿元、12 001.5亿元、10 745.5亿元、8278.59亿元、11 438.62亿元。

③ 《国务院关于调整城市规模划分标准的通知》中将城市分为五类：城区常住人口50万的城市为小城市，50万≤城区常住人口<100万的为中等城市，100万≤城区常住人口<500万的为大城市，500万≤城区常住人口<1000万的为特大城市，城区常住人口≥1000万的为超大城市。

了"收缩"现象，经历了连续 3 年或者 3 年以上的常住人口减少，"收缩"城市数量占比约为 11.5%。这些"收缩"城市集中分布在中国东北和长江经济带地区，主要包括甘肃、贵州、重庆、湖北、安徽、福建、江苏、辽宁，以及黑龙江北部、内蒙古北部和中部、四川东部。

四、创新驱动区域绿色协调发展

创新成为实现区域绿色协调发展的必然选择。区域发展过程中对经济增长的过度追求带来了资源消耗、环境破坏等负面影响。随着政府管理理念的转变和人民需求层次的提升，人们对发展的认知和定义开始发生根本性转变，实现绿色协调的可持续发展成为区域发展的目标。1992 年，联合国环境与发展大会正式通过以可持续发展为核心的《里约环境与发展宣言》。中国签署了该宣言并将可持续发展理念贯穿于经济社会发展中。2015 年，联合国通过了可持续发展目标（SDGs），从经济增长、社会包容和环境可持续性三方面提出 17 项、169 条可持续发展目标。2016 年 3 月，中国政府将 SDGs 纳入"十三五"规划和国家中长期整体发展规划[1]，可持续发展成为中国经济社会发展过程中需要满足的基本要求。党的十九大报告进一步指出，可持续发展战略、区域协调发展战略已经成为国家战略。

纽约、伦敦、首尔等国际大都市均将绿色可持续发展作为未来的城市发展目标。纽约将"环境可持续发展"作为 2050 年发展愿景之一，并提出改造能源系统、改造建筑、创新产品的绿色生产方式，抓住绿色经济机遇[2]。《大伦敦规划 2016》将生态、绿色、低碳和循环等元素融入城市可持续发展进程中，从节能减排、废物循环利用、严格控制空气质量等方面出发，力争将伦敦建设成宜人的、绿色的、可持续发展的世界级城市[3]。首尔计划实现全面的绿色创新，覆盖范围从建筑、城市交通到日常生活，力争到 2030 年形成世界领先的绿色竞争力。

国内的区域发展理念也不断转变，单纯追求经济的增长已经不适应当前创

---

[1] 薛澜，翁凌飞.中国实现联合国 2030 年可持续发展目标的政策机遇和挑战.中国软科学，2017，(01)：1-12.

[2] 纽约市政府网站.oneNYC 2050：building a strong and fair city 2019. http://onenyc.cityofnewyork.us/strategies/onenyc-2050/[2019-11-10].

[3] 联合国，国际展览局，中国 2010 年上海世博会执行委员会.上海手册：21 世纪城市可持续发展指南.上海：格致出版社，上海人民出版社，2011.

新驱动转型的发展阶段。《国家新型城镇化规划(2014—2020年)》提出,要将生态文明理念全面融入城镇化进程。2015年,创新、协调、绿色、开放、共享五大发展理念的提出,反映了政府对经济社会发展规律认识的深化。随后,新发展理念深入贯彻落实到区域发展规划中。《上海市城市总体规划(2017—2035年)》提出未来上海将建设成为令人向往的"创新之城、人文之城、生态之城"。《北京城市总体规划(2016年—2035年)》提出将北京建设成为水城共融的生态城市、蓝绿交织的森林城市、古今同辉的人文城市。《广州市城市总体规划(2017—2035年)》提出广州的愿景为"美丽宜居花城 活力全球城市"。

第二节 中国区域创新发展战略与政策

一、区域协调发展已成为国家战略

当前,我国已形成以京津冀协同发展、长江经济带发展、粤港澳大湾区建设等重大战略及"一带一路"建设为引领,以西部、东北、中部、东部四大板块为基础[①]的区域协调发展战略。

自国民经济"九五"计划提出"促进区域经济协调发展",到党的十九大报告提出区域协调发展战略,区域协调发展已经成为中国长期以来指导地区经济社会发展的基本方针。改革开放之初,中国的区域发展遵循"两个大局"发展战略:一是先集中发展沿海,内地支持沿海地区发展;二是沿海发展起来之后,沿海地区再支援内地发展。东部地区的率先发展导致中西部地区与东部沿海地区的发展差距不断扩大。为缩小地区差距,1999年中央提出实施西部大开发战略,青藏铁路、西气东输、西电东送、国道主干线西部路段和大型水利枢纽等一批基础设施的建设改变了西部闭塞的状况,极大地带动了中西部经济发展。2017年,贵州、西藏以高于10%的GDP增

---

① 新华社. 中共中央 国务院关于建立更加有效的区域协调发展新机制的意见. www.gov.cn/zhengce/2018-11/29/content_5344537.htm[2019-11-10].

速领先全国。2002年，中央提出以提升东北老工业基地发展能力为战略核心的东北振兴战略，国有企业改组改制取得进展。2004年，中央开始实施以承接产业转移为核心的中部崛起战略，安徽皖江城市带、湖南湘南、湖北荆州、江西赣南等地相继建成国家级承接产业转移示范区，陆续承接转移东部产业，优化产业结构，逐步形成中部崛起增长极。至此，西部大开发、东北振兴、中部崛起和东部率先发展形成了中国区域协调发展的四大板块。

在不断推动四大板块协调发展的同时，国家区域协调发展战略逐步由单区域发展转向多区域跨区域协调发展。"一带一路"建设助推沿海、内陆、沿边地区协同开放。其中，"丝绸之路经济带"共涉及新疆、重庆、陕西、甘肃、宁夏、青海、内蒙古、黑龙江、吉林、辽宁、广西、云南、西藏13个省区；21世纪海上丝绸之路涉及上海、福建、广东、浙江、海南5个省区。"一带一路"建设协调了国内东中西和南北方的区域发展。京津冀协同发展战略明确京津冀三地要在功能定位、产业分工、城市布局、设施配套、综合交通体系等方面实现协同，以疏解北京非首都功能为"牛鼻子"推动京津冀协同发展，调整区域经济结构和空间结构，推动河北雄安新区和北京城市副中心建设。发挥长江经济带横跨东中西三大板块的区位优势，以生态优先、绿色发展为引领，以长江黄金水道为依托，发挥上海、武汉、重庆的核心作用，形成长三角城市群、长江中游城市群和成渝城市群，发挥中心城市的带动辐射作用，实现上中下游协同发展、东中西部互动合作。粤港澳大湾区建设以大湾区为龙头，以珠江-西江经济带为腹地，带动中南、西南地区发展，实现粤港澳大湾区与海峡西岸城市群和北部湾城市群联动发展。2018年11月，习近平总书记提出将支持长江三角洲区域一体化发展并上升为国家战略[①]。长三角地区要基本形成世界级城市群框架，建成枢纽型、功能性、网络化的基础设施体系，基本形成创新引领的区域产业体系和协同创新体系。绿色美丽长三角建设取得重大进展，区域公共服务供给便利化程度明显提升。至此，中国京津冀协同发展、长江经济带发展、粤港澳大湾区建设等重大战略及"一带一路"建设已经形成。

---

① 新华网.习近平在首届中国国际进口博览会开幕式上的主旨演讲（全文）.www.xinhuanet.com/politics/leaclers/2018-11/05/c_1123664692.htm［2019-11-10］.

二、城市群成为区域创新发展增长极

城市群建设使中国区域经济的发展开始由省域向城市群转变,逐步形成以核心城市引领城市群、以城市群带动区域协同发展的新模式。我国在"十一五"规划文件中首次提到"城市群"概念,并将城市群作为推进城镇化的主体形态。2015年12月,我国时隔37年再次召开中央城市工作会议,对城市群发展做出重点部署。"十三五"期间,要优化发展京津冀、长三角、珠三角三大城市群,形成东北地区、中原、长江中游、成渝、关中平原等城市群,共提及建设城市群19个[①]。2019年2月,《国家发展改革委关于培育发展现代化都市圈的意见》提出,"到2035年现代化都市圈格局更加成熟,形成若干具有全球影响力的都市圈"的发展目标,并为此提出24个方面具体举措,进一步消除阻碍生产要素自由流动的行政壁垒和体制机制障碍,完善成本分担和利益共享机制。该文件的出台意味着新一轮城镇化将以国家中心城市为引领,以城市群作为主要形态。

截至2019年12月,国务院共先后批复了10个国家级城市群,分别是:长江中游城市群、哈长城市群、成渝城市群、长三角城市群、中原城市群、北部湾城市群、关中平原城市群、呼包鄂榆城市群、兰西城市群、粤港澳大湾区城市群。2018年11月,中共中央、国务院明确提出了以北京、天津为中心引领京津冀城市群发展,带动环渤海地区协同发展;以上海为中心引领长三角城市群发展,带动长江经济带发展;以香港、澳门、广州、深圳为中心引领粤港澳大湾区建设,带动珠江-西江经济带创新绿色发展;以重庆、成都、武汉、郑州、西安等为中心,引领成渝、长江中游、中原、关中平原等城市群发展。2015年,长三角、珠三角[②]、京津冀、海峡西岸、山东半岛、中原、长江中游、关中平原、成渝、辽中南、哈长等12个城市群以不到20%的国土面积,聚集了全国60%以上的人口,贡献了经济总量的80%以上。2017年,长三角、珠三角、京津冀三大城市群的地区生产总值分别占全国的

[①] 长三角城市群、珠三角城市群、京津冀城市群、成渝城市群、中原城市群、关中平原城市群、滇中城市群、黔中城市群、山东半岛城市群、辽中南城市群、海峡西岸城市群、哈长城市群、宁夏沿黄城市群、山西晋中城市群、北部湾城市群、长江中游城市群、呼包鄂榆城市群、天山北坡城市群、兰西城市群。

[②] 珠三角城市群包括广州、佛山、深圳、东莞、惠州、珠海、肇庆、中山、江门九个城市。2019年2月,中共中央国务院发布《粤港澳大湾区发展规划纲要》,明确指出粤港澳大湾区城市群包括香港特别行政区、澳门特别行政区和珠三角九市。

19.3%、8.9%和9.7%，三者合计占比为37.8%[①]，成为引领我国区域经济发展的"三大引擎"。城市群，尤其是中西部城市群的崛起，可以形成区域经济发展的多个增长极，极大地缩小当前东中西的区域差距，有效带动中西部地区的发展。

三、区域创新发展和能力建设步伐加快

按照国家区域协调发展战略布局，区域创新发展和能力建设在东部实现率先发展。北京建设全国科技创新中心、上海建设全球有影响力的科技创新中心、粤港澳大湾区打造国际科技创新中心，极大地推动了京津冀城市群、长三角城市群及粤港澳大湾区城市群实现创新发展的进程。为尽快形成原始创新高地，国家发展和改革委员会批复在北京怀柔、上海张江、安徽合肥三地建设综合性国家科学中心，发挥重大科技基础设施的集群效应，集聚一流科学家，突破一批重大科学难题和前沿科技瓶颈，显著提升中国基础研究水平。此外，通过国家级新区、中国自由贸易试验区（简称自贸区）、国家自主创新示范区、创新型城市（区）及省份建设，在若干区域形成创新高地。

国家级新区是承担国家重大发展和改革开放战略任务的综合功能区，力图通过进一步整合资源发挥该区域的潜在比较优势和竞争优势，提升经济发展质量和规模，将新区打造成为全方位扩大对外开放的重要窗口、创新体制机制的重要平台、辐射带动区域发展的重要增长极、产城融合发展的重要示范区，进一步提升新区在全国改革开放和现代化建设大局中的战略地位。1992年10月，首个国家级新区上海浦东新区成立。2014年后，国务院加快了国家级新区的建设速度。截至2018年12月，国务院已经批复设立了19个国家级新区[②]，其中东部地区8个、中部地区2个、西部地区6个、东北地区

[①] 国家统计局核算司.区域发展战略成效显著 发展格局呈现新面貌. http://www.gov.cn/xinwen/2018-09/14/content_5321859.htm[2019-11-10].

[②] 19个国家级新区包括：浦东新区、滨海新区、两江新区、舟山群岛新区、兰州新区、南沙新区、西咸新区、贵安新区、西海岸新区、金普新区、天府新区、湘江新区、江北新区、福州新区、滇中新区、哈尔滨新区、长春新区、赣江新区、雄安新区。

3个[1]。调查显示，大多数新区经济增速领先所在省区平均水平。2015年，兰州新区GDP同比增长20%，高于甘肃省增速11.9个百分点；贵安新区同比增长20.2%，高于贵州省增速9.5个百分点；广州南沙新区同比增长13.3%，连续两年居广州市第1位；上海浦东新区、天津滨海新区、重庆两江新区、南京江北新区、湖南湘江新区增速均超过所在省区2个百分点以上[2]。

自贸区是以优惠税收和海关特殊监管政策为主要手段，以贸易自由化、便利化为主要目的的多功能经济性特区。自贸区建设的核心是营造符合国际惯例、具有国际竞争力的国际商业环境，是政府打造中国经济升级版的重大举措。2013年，国务院批准成立中国首个自贸区——中国（上海）自由贸易试验区，又先后批复成立了17个自贸区[3]，覆盖了全国一半以上的省区。截至2018年底，中国（上海）自由贸易试验区新增企业5.9万家，超过挂牌前20多年的总和。其中，新设外资企业1.1万家，比重从原来的5%上升到20%，全国首份外商投资负面清单从190条缩减至45条。中国（广东）自由贸易试验区内累计新设企业25万余家，实际利用外资186亿美元，年均增长28.3%。70家世界500强企业在区内投资设立309家企业，吸引79家总部型企业。

1988年，火炬计划开始实施，创办高新技术产业开发区被明确列入火炬计划的重要内容。在火炬计划的推动下，各地纷纷结合当地特点和条件，积极创办高新技术产业开发区。截至2018年，国家级高新区已经达到168家，成为高新技术产业发展的重要力量。为在全国范围内形成若干具有示范引领作用的区域增长极，国务院先后批复一批高新技术产业开发区建设自主

---

[1] 本书中所指东部地区包括河北省、北京市、天津市、山东省、江苏省、上海市、浙江省、福建省、广东省、海南省，西部地区包括陕西省、四川省、云南省、贵州省、广西壮族自治区、甘肃省、青海省、宁夏回族自治区、西藏自治区、新疆维吾尔自治区、内蒙古自治区、重庆市，中部地区包括山西省、河南省、安徽省、湖北省、江西省、湖南省，东北地区包括黑龙江省、吉林省、辽宁省。

[2] 国家发展和改革委员会.关于国家级新区发展情况的调研报告. http://www.ndrc.gov.cn/xwzx/xwfb/201609/t20160921_955173.html [2019-11-10].

[3] 18个自贸区包括：中国（上海）自由贸易试验区、中国（天津）自由贸易试验区、中国（广东）自由贸易试验区、中国（福建）自由贸易试验区、中国（辽宁）自由贸易试验区、中国（浙江）自由贸易试验区、中国（河南）自由贸易试验区、中国（湖北）自由贸易试验区、中国（重庆）自由贸易试验区、中国（四川）自由贸易试验区、中国（陕西）自由贸易试验区、中国（海南）自由贸易试验区、中国（山东）自由贸易试验区、中国（江苏）自由贸易试验区、中国（河北）自由贸易试验区、中国（云南）自由贸易试验区、中国（广西）自由贸易试验区、中国（黑龙江）自由贸易试验区。

创新示范区。截至 2019 年，国务院已经批复建设了个 21 个国家自主创新示范区[①]，其中东部地区 10 个、中部地区 5 个、西部地区 5 个、东北地区 1 个。自主创新示范区力图在推进自主创新和高技术产业发展方面开展先行先试、探索经验，并对区域创新发展起到示范引领作用。

政府在全国范围内布局建设一批自主创新能力强、科技支撑引领作用突出、经济社会可持续发展水平高、区域辐射带动作用显著的创新型城市和创新型省区。目前，科学技术部（简称科技部）、国家发展和改革委员会已批复在 61 个城（区）开展创新型城市试点建设，覆盖全国 30 个省区。科技部批复安徽、四川、陕西、湖南、山东、广东、江苏、江西、福建、浙江 10 个创新型省区试点。随着创新型城（区）和省区试点建设的逐步深入，未来会在全国形成"以点带面"引领区域经济发展的新局面。

四、全面创新改革试验成效明显

2015 年，中共中央办公厅、国务院办公厅印发《关于在部分区域系统推进全面创新改革试验的总体方案》，在京津冀、上海、广东、安徽、四川、武汉、西安、沈阳等 8 个区域开展重大改革举措的先行先试。力争通过 3 年努力，改革试验区域在市场公平竞争、知识产权、科技成果转化、金融创新、人才培养和激励、开放创新、科技管理体制等方面取得一批重大改革突破，每年向全国范围复制推广一批改革举措和重大政策。

截至 2019 年 1 月，国务院已经批准向全国或 8 个试验区推广共 30 项改革举措：在科技金融方面，明确推广"以关联企业从产业链核心龙头企业获得的应收账款为质押的融资服务""面向中小企业的一站式投融资信息服务""贷款、保险、财政风险补偿捆绑的专利权质押融资服务""区域性股权市场设置科技创新专板""基于'六专机制'的科技型企业全生命周期金融综合服务""推动政府股权基金投向种子期、初创期企业的容错机制""以协商

---

① 21 个国家自主创新示范区包括：中关村国家自主创新示范区、武汉东湖国家自主创新示范区、上海张江国家自主创新示范区、深圳国家自主创新示范区、苏南国家自主创新示范区、长株潭国家自主创新示范区、天津国家自主创新示范区、成都国家自主创新示范区、西安国家自主创新示范区、杭州国家自主创新示范区、珠三角国家自主创新示范区、郑洛新国家自主创新示范区、山东半岛国家自主创新示范区、沈大国家自主创新示范区、福夏泉国家自主创新示范区、合芜蚌国家自主创新示范区、重庆国家自主创新示范区、宁波温州国家自主创新示范区、兰白国家自主创新示范区、乌昌石国家自主创新示范区、鄱阳湖国家自主创新示范区。

估值、坏账分担为核心的中小企业商标质押贷款模式""创新创业团队回购地方政府产业投资基金所持股权的机制"8项改革举措；在创新创业政策环境方面，明确推广"专利快速审查、确权、维权一站式服务""强化创新导向的国有企业考核与激励""事业单位可采取年薪制、协议工资制、项目工资等灵活多样的分配形式引进紧缺或高层次人才""事业单位编制省内统筹使用""国税地税联合办税"5项改革举措；在外籍人才引进方面，明确推广"鼓励引导优秀外国留学生在华就业创业，符合条件的外国留学生可直接申请工作许可和居留许可""积极引进外籍高层次人才，简化来华工作手续办理流程，新增工作居留向永久居留转换的申请渠道"2项改革举措；在军民融合创新方面，明确推广"军民大型国防科研仪器设备整合共享""以股权为纽带的军民两用技术联盟创新合作""民口企业配套核心军品的认定和准入标准"3项改革举措；在知识产权保护方面，明确推广"知识产权民事、刑事、行政案件'三合一'审判""省级行政区内专利等专业技术性较强的知识产权案件跨市（区）审理""以降低侵权损失为核心的专利保险机制""知识产权案件审判中引入技术调查官制度""基于'两表指导、审助分流'的知识产权案件快速审判机制"5项改革举措；在科技成果转化方面，明确推广"以事前产权激励为核心的职务科技成果权属改革""技术经理人全程参与的科技成果转化服务模式""技术股与现金股结合激励的科技成果转化相关方利益捆绑机制""'定向研发、定向转化、定向服务'的订单式研发和成果转化机制"4项改革举措；在管理体制创新方面，推广"允许地方高校自主开展人才引进和职称评审""以授权为基础、市场化方式运营为核心的科研仪器设备开放共享机制""以地方立法形式建立推动改革创新的决策容错机制"3项改革举措。

第三节 中国区域创新发展新趋势新格局

中国区域创新发展进程主要从区域创新发展水平和区域创新能力两方面监测。区域创新发展水平是一个区域科学技术、产业、社会、生态发展水平的集中体现，主要从科学技术、产业创新、社会创新、创新条件、绿色集约五个方面来测度。区域创新能力是指一个区域在一定发展环境和条件下，从事科学发现、技术发明并将创新成果商业化和获取经济回报的能力，主要从创新实力、创新效力和创新创业环境三个方面来测度。

一、中国区域创新发展指数演进

2008～2016年，中国31个省区（不包括港、澳、台地区，下同）区域创新发展水平均有不同程度的提升。31个省区区域创新发展指数平均值从23.24持续增加到35.62。2008年，北京、上海、天津、江苏、浙江、广东、山东、福建8个省区区域创新发展指数高于31个省区平均值。2016年，北京、上海、天津、江苏、浙江、广东、重庆、山东、福建9个省区区域创新发展指数高于31个省区平均值，其中重庆市属于新进入区域创新发展指数高于31个省区平均值行列的省区。

中国区域创新发展指数演进总体呈现东部领先、中西部崛起、东北地区衰退的趋势。一是东部创新发展水平较高但提升速度减缓。京津地区、长三角地区及粤港澳大湾区聚集了我国创新发展水平最高的省区。2008～2016年，北京、上海、天津区域创新发展指数连续9年稳居31个省区前3位：北京区域创新发展指数由64.50增加至86.90，居31个省区第1位；上海区域创新发展指数由48.53增加至68.29，居31个省区第2位；天津、江苏、浙江、广东区域创新发展指数均位于31个省区前列且远高于31个省区平均值。但是，北京、上海、天津、广东区域创新发展指数的年均增速低于31个省区平均值增速。二是中西部地区创新发展水平快速提升。安徽、贵州、甘肃区域创新发展水平在31个省区的地位快速提升。2008～2016年，安徽区域创新发展指数从19.15提升至34.01，排名由第18位跃升至第14位；贵州区域创新发展指数从15.55提升至27.19，排名从第27位提升到第21位；甘肃区域创新发展指数从15.10提升至26.68，排名从第29位提升至第25位。三是东北地区创新发展水平衰退趋势明显。2008年，辽宁、吉林、黑龙江区域创新发展指数分别居第11位、14位和19位，处于中游水平；2016年，东北地区创新发展水平在31个省区的地位发生显著变化，3个省区区域创新发展指数排名分别跌落至第16位、17位和28位，黑龙江下降趋势尤其明显。

二、中国区域创新能力指数演进

2008～2016 年，中国区域创新能力总体上呈上升态势，31 个省区区域创新能力指数平均值从 15.64 持续增加到 26.18。2008 年，北京、上海、广东、江苏、浙江、山东、天津、陕西、福建、辽宁、湖北 11 个省区区域创新发展指数高于 31 个省区平均值；到 2016 年，广东、江苏、北京、浙江、上海、山东、天津、安徽、福建、湖北、四川 11 个省区区域创新发展指数高于 31 个省区平均值，其中安徽、四川为新进入区域创新能力指数高于 31 个省区平均值行列的省区。

中国区域创新能力指数演进总体呈现东部及部分中西部地区快速提升，东北地区和部分西部地区优势明显下降的趋势：一是东部创新能力较强且保持较高增速。2008～2016 年，广东区域创新能力指数快速提升，由 31.37 提升至 63.75，排名由第 3 位跃居第 1 位；江苏区域创新能力指数由 28.66 增长到 61.47，排名由第 4 位跃居至第 2 位；北京、浙江、上海、山东、天津区域创新能力指数均居 31 个省区前列且远高于其他省区水平。从年均增速看，2008～2016 年，江苏、广东、山东、浙江等地的年均增速均居 31 个省区前 10 位。二是中西部地区创新能力建设速度加快。安徽创新能力增长最快，区域创新能力指数从 13.16 快速增长到 30.01，年均增速在 31 个省区中最高（10.85%），排名从第 15 位上升至第 8 位；贵州、云南、江西、重庆区域创新能力指数快速提升，排名从第 28 位、26 位、22 位和 17 位上升至第 22 位、21 位、18 位和 14 位。从区域发展趋势来看，这些地区快速提升的区域创新能力为改变区域创新发展水平提供了动力，其后续发展势头强劲。三是东北地区和部分西部地区区域创新能力在 31 个省区排名下降明显。2008～2016 年，东北地区区域创新能力在 31 个省区的地位发生显著变化。辽宁、吉林、黑龙江区域创新能力指数分别从第 10 位、19 位和 20 位跌落至第 15 位、20 位和 26 位，其中黑龙江下降趋势尤其明显，表明东北地区后续创新发展乏力；陕西区域创新能力指数逐渐低于 31 个省区平均值，排名从第 8 位下降至第 13 位，区域创新能力优势显著下降。

三、中国区域创新发展格局演进

以区域创新发展指数排名和区域创新能力指数排名分别为横纵坐标轴绘

制中国区域创新发展格局二维图（图1-1、图1-2）。我们将二维图中的对角线称为"均衡发展线"。在"均衡发展线"上，区域创新发展指数和区域创新能力指数排名一致，代表区域创新发展水平和区域创新能力相匹配。综合二维图的显示结果及2016年区域创新发展指数和区域创新能力指数排名，可

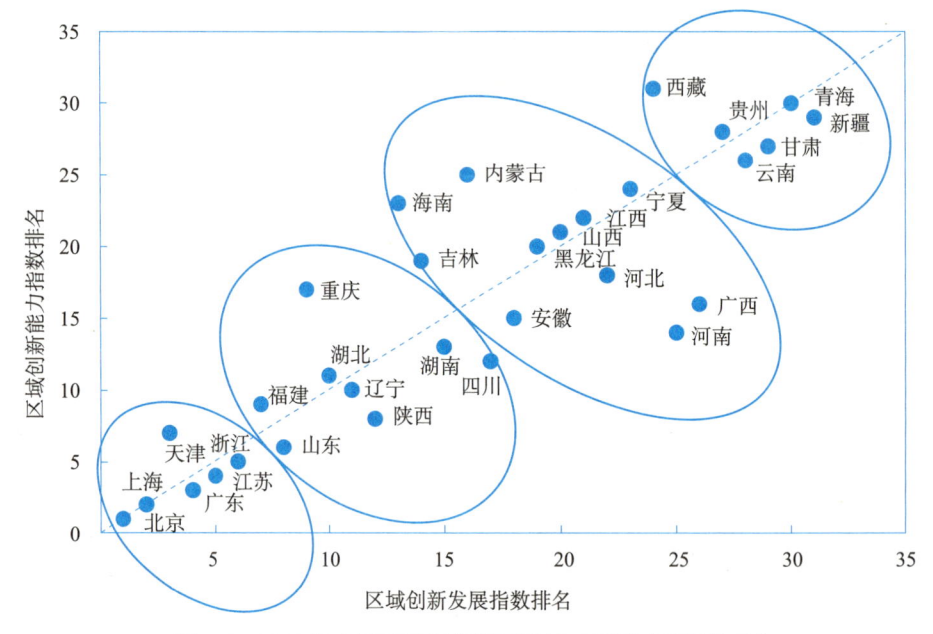

图1-1 2008年中国区域创新发展格局二维图（按照排名）

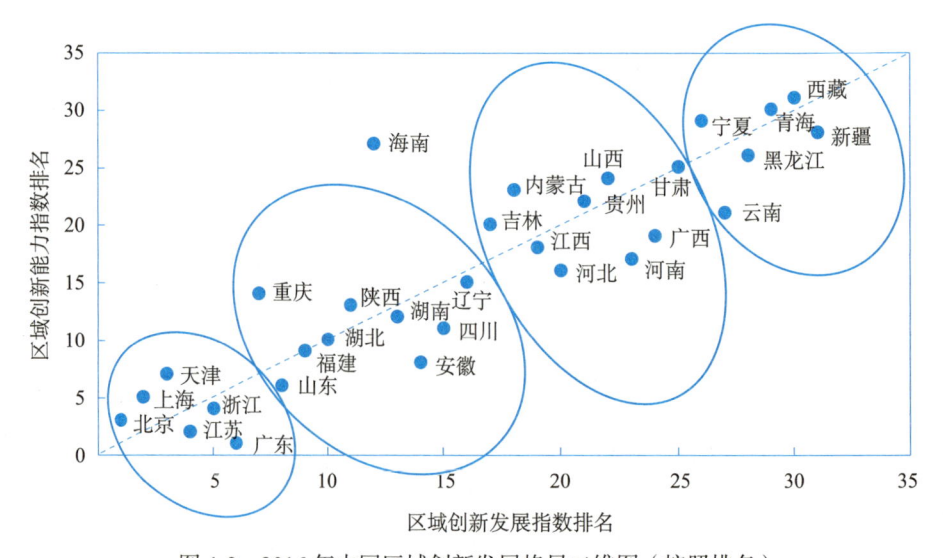

图1-2 2016年中国区域创新发展格局二维图（按照排名）

以将 31 个省区分为四个类型，即创新发展领先型省区、创新发展先进型省区、创新发展追赶Ⅰ型省区和创新发展追赶Ⅱ型省区。

创新发展领先型省区的区域创新发展指数和区域创新能力指数排名均在前 7 位。2008～2016 年，北京、上海、天津、江苏、广东、浙江 6 个省区始终是中国创新发展领先型省区。虽然在排名先后上略有变化，但并没有其他省区跃迁成为创新发展领先型省区打破这一格局。总体来看，创新发展领先型省区的分布比较稳定，且主要聚集在京津冀城市群、长三角城市群和粤港澳大湾区城市群。这三大城市群是中国区域发展三大战略——京津冀协同发展、长江经济带发展和粤港澳大湾区建设的核心区域，在实现中国区域创新发展中发挥引领作用。

创新发展先进型省区的区域创新发展指数和区域创新能力指数排名均在前 17 名以内。2008～2016 年，创新发展先进型省区分布格局发生了明显变化。2008 年，创新发展先进型省区主要包括山东、福建、陕西、辽宁、湖北、重庆、四川、湖南 8 个省区。2016 年，创新发展先进型省区主要包括山东、福建、湖北、重庆、安徽、湖南、陕西、四川、辽宁 9 个省区，其中安徽为新进入创新发展先进型省区行列的省区。山东区域创新能力指数始终是创新发展先进型省区之首，且逐渐拉大与福建的差距，两者区域创新能力指数差值由 5.48 增加到 13.22，2011 年山东省区域创新发展指数超过福建省；安徽呈"崛起"之势，从创新发展追赶Ⅰ型省区跃升为创新发展先进型省区，且处于中游水平；辽宁从创新发展先进型省区中游跌至下游。总体来看，创新发展先进型省区范围有所扩大，主要分布在东部和中西部经济比较发达的省区。这些地区经济水平相对发达，创新发展水平和创新能力建设与创新发展领先型省区差距较小。

创新发展追赶Ⅰ型省区的区域创新发展指数和区域创新能力指数排名均在前 25 名以内。2008～2016 年，创新发展追赶Ⅰ型省区分布出现较大调整。2008 年，创新发展追赶型Ⅰ省区包括安徽、吉林、河南、河北、黑龙江、山西、江西、内蒙古、广西、宁夏、海南 11 个省区，2016 年，创新发展追赶Ⅰ型省区包括河北、江西、吉林、河南、内蒙古、广西、贵州、山西、甘肃、海南 10 个省区。黑龙江、宁夏两省区从创新发展追赶Ⅰ型省区跌落至创新发展追赶Ⅱ型省区。贵州和甘肃从创新发展追赶Ⅱ型省区跃迁为创新发展追赶Ⅰ型省区中游行列，进步显著。

创新发展追赶Ⅱ型省区的区域创新发展指数和区域创新能力指数排名

均在25名以外。创新发展追赶Ⅱ型省区主要位于我国西部地区，2008年创新发展追赶Ⅱ型省区包括云南、甘肃、贵州、青海、新疆、西藏6个省区，2016年创新发展追赶Ⅱ型省区包括云南、黑龙江、宁夏、新疆、青海、西藏6个省区。这些地区经济发展水平相对落后，创新基础设施建设不完善，创新发展水平较低。

中国区域创新发展呈现梯次发展格局，并存在梯队"跃迁"和"跌落"现象。一是区域创新发展已经形成明显的四梯队发展格局。2008年，31个省区基本上沿"均衡发展线"零散分布，4个类型的省区之间还没有形成明显的聚类。2016年，中国各区域创新发展已出现明显的聚集现象：以山东省、辽宁省、甘肃省为分界点，创新发展领先型省区、创新发展先进型省区、创新发展追赶Ⅰ型省区、创新发展追赶Ⅱ型省区之间出现明显的聚集现象。二是区域创新发展过程中同时存在梯队"跃迁"和"跌落"的可能。安徽从创新发展追赶Ⅰ型省区跃迁为创新发展先进型省区，贵州、甘肃从创新发展追赶Ⅱ型省区跃升为创新发展追赶Ⅰ型省区。相反，黑龙江、宁夏两地区从创新发展追赶Ⅰ型省区跌落为创新发展追赶Ⅱ型省区。这种"跃迁"和"跌落"会直接改变中国的区域创新发展格局。

第四节　中国区域创新发展面临的重大问题

一、区域创新发展差距呈扩大趋势

中国区域创新发展地区差距呈现扩大趋势，区域创新发展水平和区域创新能力仍呈现"东强西弱、南强北弱"的发展格局，创新资源在领先型省区的集聚效应更加明显。2008~2016年，安徽省实现从创新发展追赶Ⅰ型省区向创新发展先进型省区的跃迁，贵州省、甘肃省实现从创新发展追赶Ⅱ型省区向创新发展追赶Ⅰ型省区的跃迁。但是没有省区实现向创新发展领先型省区的跃升，且创新发展领先型省区的区域创新发展指数和区域创新能力指数平均值与先进型省区、追赶Ⅰ型省区、追赶Ⅱ型省区平均值的差距不断扩大。

2008～2016 年，从区域创新发展指数平均值来看，创新发展领先型省区与创新发展先进型省区的差值由 19.32 扩大至 24.40，创新发展先进型省区与创新发展追赶Ⅰ型省区的差值由 3.97 扩大至 6.25。从区域创新能力指数平均值来看，创新发展领先型省区与创新发展先进型省区的差值由 13.83 扩大至 24.67，创新发展先进型省区与创新发展追赶Ⅰ型省区的差值由 4.80 扩大至 10.60。

二、区域创新能力与区域创新发展水平失衡

区域创新能力的提升是区域实现创新发展的必要条件。区域创新能力对提升区域创新发展水平具有一定的滞后期，因此区域创新能力与区域创新发展水平失衡是区域创新发展过程中的必然结果。2008～2016 年，31 个省区分布逐步向"均衡发展线"靠拢，区域创新能力与区域创新发展水平趋向均衡状态，但是，仍有部分省区严重偏离"均衡发展线"（图 1-3、图 1-4）。一是区域创新能力指数排名远高于区域创新发展指数排名，属于"发展水平失衡"，表明其区域创新发展水平滞后于区域创新能力建设。2016 年广东、安徽、四川、河北、河南、广西、云南等省区出现明显的"发展水平失衡"现象。但由于能力驱动发展具有滞后期，表明这些省区后续发展势头强劲，区

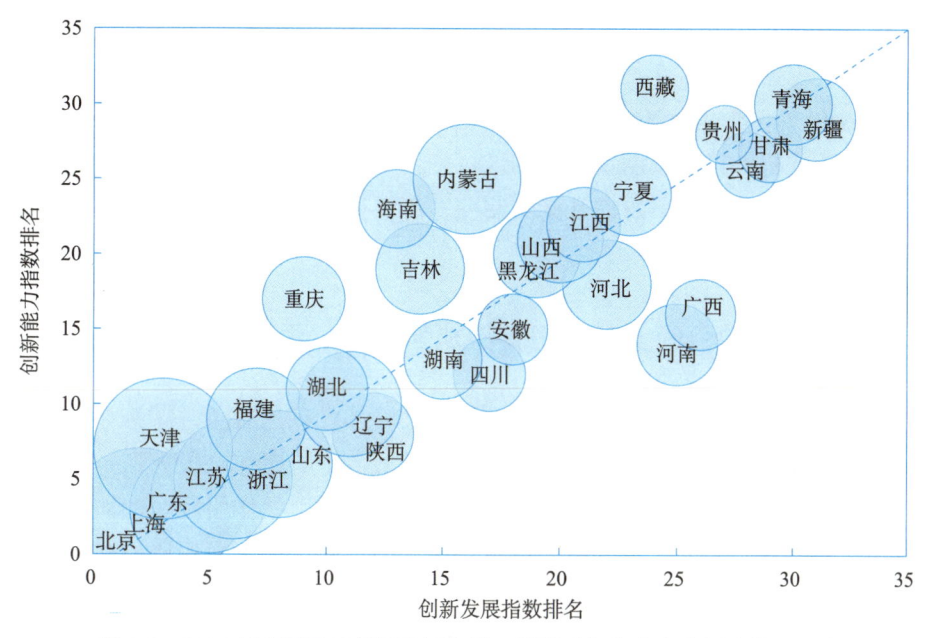

图 1-3 2008 年中国区域创新发展格局二维图（气泡大小表征人均 GDP）

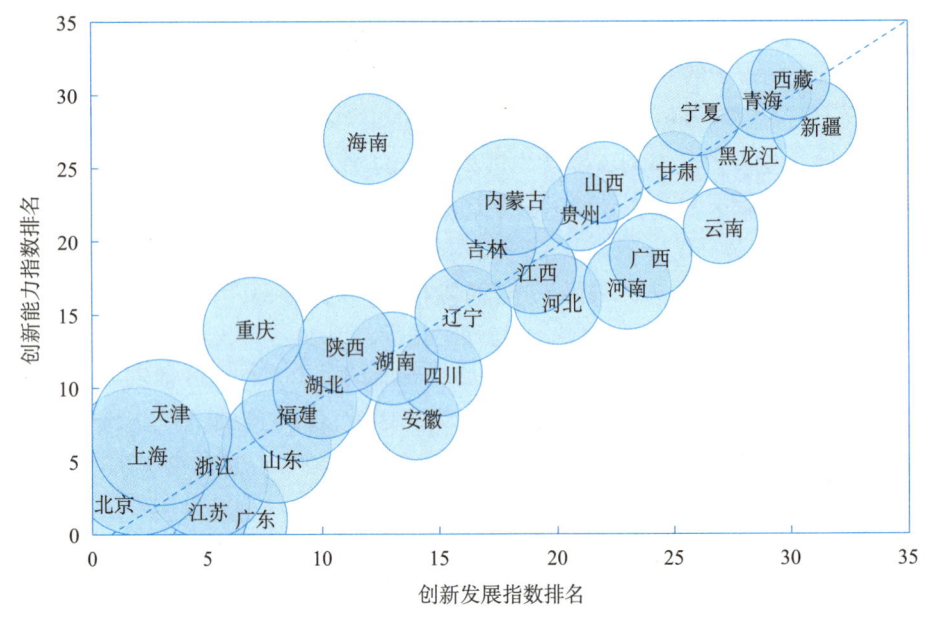

图 1-4　2016 年中国区域创新发展格局二维图（气泡大小表征人均 GDP）

域创新发展水平会得到较大提升。二是区域创新能力指数排名远低于区域创新发展指数排名，属于"能力失衡"，表明其区域创新发展水平超前于区域创新能力建设。2016 年，天津、重庆、内蒙古、海南等省区出现明显的"能力失衡"现象，以海南最为显著，2016 年海南区域创新发展指数排名 31 个省区第 12 位，但其区域创新能力指数在 31 个省区排名第 27 位。这些省区虽然具备了超出其区域创新能力的区域创新发展水平，但是未来发展后劲不足，区域创新发展水平的提升受到制约，需要在区域创新能力建设上尽快取得突破。

三、创新的引领支撑作用有待加强

目前，我国已经出现了北京、上海、天津、广东、浙江、江苏等创新发展领先型省区，区域创新能力和区域创新发展水平均走在全国前列。但总体来看，我国区域发展中创新对经济社会发展的支撑引领作用还有待加强，我国创新发展领先型省区与国际上创新型国家的创新发展水平相比还存在一些差距。荷兰是公认的创新型国家，人口总数约 1672 万，2018 年人均 GDP 达到 5.37 万美元，排名全球第 14 位，单位能耗产生的 GDP 为 7.5 美元 / 千克标准煤（2015年数据），每万人有效发明专利数为96.44件（2017年数据）。北京人口为2171万人，在人口总量上与荷兰相近，但2018年北京的人均GDP约为2.13万美元，居全国第1位，约为荷兰人均GDP的40%，单位能耗产生的GDP为5.6美元/千克标准煤（2016年数据）[1]，每万人有效发明专利数为76.72件（2016年数据）。韩国人口总数约5175万人，2018年人均GDP为3.03万美元，居全球第28位，单位能耗产生的GDP为3.5美元/千克标准煤（2015年数据），每万人有效发明专利数为187.5件（2017年数据）[2]。浙江省人口约5657万人，在人口总量上与韩国相近，但2018年人均GDP约为1.39万美元，约为韩国人均GDP的46%，单位能耗产生的GDP为3.5美元/千克标准煤（2016年数据），每万人有效发明专利数为16.35件（2016年数据）。

第五节 2035年中国区域创新发展政策取向

党的十九大提出，2035年我国要基本实现社会主义现代化，经济实力、科技实力大幅提升，跻身创新型国家前列；2050年我国要建成世界现代化强国。当前，我国区域创新发展差距持续扩大、创新能力和创新发展水平失衡，总体呈现梯次发展的格局。要基本实现社会主义现代化目标，中国区域创新发展既要解决区域发展不充分的问题，也要解决不平衡的问题。一方面，需要统筹考虑发展现代化都市圈、培育国家创新发展新引擎、推进区域经济社会一体化发展，以加快区域创新驱动转型升级；另一方面，需要推进区域创新实现智慧专业化发展、发展"飞地型"开发创新经济合作区，以促进区域协调发展。

---

[1] 为统一标准，按照国家外汇管理局提供的每日汇价进行加权平均计算，2016年美元兑人民币平均汇率为6.6423。
[2] 荷兰、韩国数据来自世界银行世界发展指标（WDI）数据库。其中，能源消耗世界银行采用标准油当量，我国采用标准煤当量。按照《综合能耗计算通则》（GB2589—81）规定，1吨标准油当量=1.4286标准煤当量。

一、持续推进东部区域经济社会一体化发展

京津冀地区、长三角地区及粤港澳大湾区有望在2035年实现经济一体化发展，率先达到发达国家水平，进而引领全国区域创新发展水平的提高。这些地区地理位置优越，自然资源丰富、创新要素集聚，是我国创新能力和创新发展水平最高的地区。随着《京津冀协同发展规划纲要》（2015）、《粤港澳大湾区发展规划纲要》（2019）《长江三角洲区域一体化发展规划纲要》（2019）三个规划的发布，意味着京津冀地区、长三角地区和粤港澳大湾区一体化发展已经成为国家战略，迫切需要加强全面创新改革，推进基础设施建设，支撑东部区域科技、经济、社会一体化高质量发展。

一是加快区域内实现交通网络一体化发展。完善交通基础设施网络布局，建立多层次、高密度的轨道交通体系，提升大中小城市、城乡之间互联互通水平，全面提升区域内人员流动和物质流动的效能。二是推进区域内科技创新一体化发展。加快推进京津冀协同创新共同体、长三角科技创新共同体、粤港澳大湾区区域协同创新共同体建设，推动建设北京、上海和粤港澳大湾区科技创新中心，发挥北京怀柔、上海张江、安徽合肥、粤港澳大湾区综合性科学中心在科创中心建设中的支撑引领作用，在东部地区率先建成全球创新高地。三是推动区域内产业创新发展一体化。有为政府和有效市场相结合，根据区域内的资源禀赋和产业结构差异，促进区域内创新要素的有序流动和合理配置，降低交易成本，避免产业恶性竞争和重复建设，实现区域内部产业创新驱动转型升级与优势整合。四是推动区域内公共服务一体化发展。推进区域公共服务体系数字转型和共建共享，深化区域内公共医疗卫生、教育培训、社会保障、交通运输和文化服务等领域合作，提升优质公共服务资源一体化供给和均等化共享水平。

二、支持中西部区域培育国家创新发展新引擎

在中西部区域加快培育国家创新发展新引擎已经成为我国现代化目标能否实现的关键。从国家战略层面来看，京津冀、长三角、粤港澳三个区域创新发展引擎难以带动整个国家创新发展水平达到现代化强国目标。因此，需要发挥中西部区域特色优势，把握产业技术革命发展机遇，加大全社会研发投入水平，以区域创新体系和能力建设为重点，培育引领带动区域创新发展

的新引擎。一是支持成都、重庆、武汉、西安等科教资源密集的中西部国家中心城市，建设科技创新中心和综合性国家科学中心，在中西部区域形成国家创新发展新引擎。二是支持中西部区域以国家创新型城市为核心建设区域创新型城市群和都市圈，形成区域创新发展增长极。三是发挥中西部区域国家自主创新示范区、国家级新区、自贸区的示范作用，深化体制机制改革，探索中西部区域创新驱动高质量发展新模式。

三、推进区域创新驱动智慧专业化发展

中国幅员辽阔，区域间自然资源禀赋和创新要素分布差异较大，需要制定差异化的区域创新发展政策，把握数字转型战略机遇，推进区域智慧专业化发展，探索适应区域资源禀赋条件和特色优势的创新发展道路。一是建立国家智慧专业化战略平台，着力建设区域创新发展项目库、人才库、政策库，建立信息资源共享、发展经验分享的机制，促进区域政产学研金的合作。二是推进区域创新体系与能力建设。紧密结合国家创新能力建设布局，深化体制机制改革，探索中西部区域创新驱动高质量发展新模式。优化区域创新体系和创新发展政策环境，推动区域内高校、科研院所、企业协同创新发展；结合区域特色和产业特征，以构筑现代化经济体系为目标，强化企业创新能力建设，提升企业综合竞争力。三是推动区域实现经济社会发展数字转型。加快数字转型基础设施建设，从区域自然资源禀赋和产业需求出发，积极推进数字技术的集成应用，实现数字技术产业化、产业发展数字化，支持传统产业数字转型升级，创造新模式、新业态，推动产业发展范式实现创新驱动数字转型。四是创新驱动区域社会公共服务体系数字转型发展。以构建低成本、高质量、广覆盖、高效率的基本公共服务体系为目标，推动创新驱动的社会公共服务体系数字转型，提升公共安全、环境保护、公共教育、卫生医疗、健康养老、住房保障公共服务能力和水平，提供更低成本、更高质量、更高效率的基本公共服务。

四、加快培育和发展现代化创新型都市圈

联合国《2018年版世界城市化展望》预测，中国城市化率将在2030年达到70.6%，2050年达到80%。2018年中国城市化率达到60%，城市化仍

具有较大的发展空间和潜力，人口随着产业发展持续向大中城市集聚，创新型都市圈将成为未来中国新型城镇化的主体形态。创新型都市圈是以创新型中心城市为核心、以一定空间距离内周边创新型中小城市为支撑的城市创新发展命运共同体，是提高区域公共基础设施投资效率、实现高质量城市化发展目标的有效形式。创新型中心城市的发展水平决定创新型都市圈的发展水平，创新型中心城市的辐射带动作用决定创新型都市圈的发展速度。创新型城市具有创新体系健全、创新要素集聚、创新效益好、创新效率高、辐射范围广、带动作用强等特点。因此应以创新型城市建设为着力点，在东、中、西部和东北地区加快发展和培育一批现代化创新型都市圈，逐步形成优势互补、产业协作的大中小创新型城市协调发展的圈层格局，缩小城市之间、城乡之间的差距，实现创新驱动经济社会高质量发展。

一是强化都市圈中心城市的枢纽功能，提升中心城市的核心竞争力和辐射带动能力。增强中心城市经济枢纽功能，提高中心城市的经济密度和经济发展质量；完善中心城市交通枢纽功能，加快形成1小时通勤圈的都市圈空间形态；增强中心城市的创新枢纽功能，推动创新要素向中心城市集聚，加快制造业转型升级，提升中心城市的产业竞争力。加快发展生产性服务业，推动服务业和制造业深度融合，形成以现代服务经济为主的产业结构。二是强化创新型中心城市与创新型中小城市命运共同体建设。顺应产业升级和人口流动趋势，强化中心城市与周边中小城市的分工协作，推动北京、上海、广州、深圳、重庆、天津、成都、苏州、武汉等中心城市非核心功能向周边中小城市疏解，形成城市功能互补，产业错位发展的合理布局。三是不断增强创新型中小城市的制造业基础能力及产业转移承接能力。充分利用中小城市土地资源相对丰富、劳动力成本相对较低的优势，加快基础设施和公共服务体系建设，优化营商环境，积极承接创新型中心城市的产业转移，推动制造业规模化、特色化、集群化发展，形成以先进制造业为主的产业结构。

五、发展"飞地型"开放创新经济合作区

发展"飞地型"开放创新经济合作区有利于落实区域协调发展战略。发展"飞地型"开放创新经济合作区既是发达中心城市利用创新要素相对富裕且创新能力快速提升的优势解决城市发展资源成本快速攀升问题的战略举措，也是中小型城镇嵌入发达中心城市经济系统乃至全球价值链的战略机

遇。发展"飞地型"开放创新经济合作区可以分为国家政府主导模式和地方政府主导模式两类，合作双方行政上隶属于不同地区甚至于不同国家，具有发展目标互补、发展阶段互补、发展优势互补和软硬环境互补等特征。因此，面向 2035 年的区域经济发展应该注重不同发展阶段的地区间合作，在更高的水平上推进改革开放，探索发展国内外"飞地型"开放创新经济合作模式，构建区域创新发展命运共同体，为实现创新驱动、区域协调高质量发展提供重要支撑。

支持发展"飞地型"开放创新国际经济合作区。支持中国与中小规模创新型国家签署政府间合作协议，借鉴中国新加坡合作共建的苏州工业园实践经验，合作共建"飞地型"开放创新国际经济合作区，在"平等合作、互惠共赢"前提下全方位探索多层次合作模式，既为创新型中小规模发达国家提供广阔市场和发展空间，也为中国区域中心城市融入全球创新网络和价值链带来更多发展新机遇，特别要充分发挥瑞士、以色列、新加坡等中小规模创新型国家的人才、技术、资本、管理、品牌和网络等优势，充分发挥中国创新领先型中心城市创新体系健全、创新要素集聚、综合型枢纽功能强大的比较优势，加速全球资金、技术、人才等创新要素合理高效流动，提升"飞地型"开放创新国际经济合作区国际竞争力。

支持发展"飞地型"区域创新发展经济合作区。鼓励国内创新领先型中心城市与创新追赶型城市签署跨行政区合作协议，借鉴深圳汕尾经济合作区实践经验，合作共建"飞地型"区域创新发展经济合作区，在构建区域创新发展命运共同体愿景目标引领下，深化互惠共赢价值观统领下的体制机制改革，支持探索全方位、多层次合作模式，既为创新领先型中心城市创新驱动产业转型、新兴产业发展和传统制造业转移提供广阔空间，也为创新追赶型城市承接产业转移、进入全球化产业分工体系、融入都市圈创新发展网络和分享高水平城市社会管理和公共服务经验带来更多机遇，发挥创新领先型中心城市人才、技术、资金、管理、品牌等优势，发挥创新追赶型城市生产要素成本低、土地资源开放空间充足等比较优势，加速创新要素合理高效流动，提升"飞地型"开放创新国际经济合作区国际竞争力。

第二章
中国区域创新发展水平

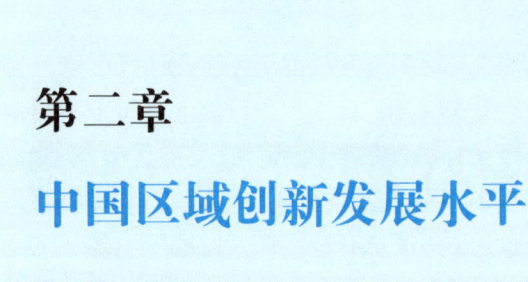

区域创新、协调、可持续发展是实现世界科技强国和社会主义现代化强国建设目标的重要保障，必须明确区域创新发展的内涵和外延，深刻理解现代化强国建设与区域创新发展水平之间的关系，建立一套科学的创新发展水平评价指标体系与评价方法，长期监测中国区域创新发展水平的演进，识别影响区域创新发展水平的关键因素，制定优化创新资源配置和提升区域创新发展水平的创新政策，加快形成区域协调发展新格局。

第一节 区域创新发展指数

区域创新发展水平是一个区域科学技术、产业、社会、生态发展水平的集中体现。区域创新发展是指一种发展状态，区域创新发展水平的提高是一个渐进和累积的过程。区域创新发展是创新驱动的发展，既体现了创新促进经济、社会、生态发展的结果，也体现了科技创新能力本身的发展演进。因此，区域创新发展水平可以从区域科学技术发展、区域产业创新发展、区域社会创新发展、区域绿色集约发展、区域创新条件发展五个方面进行测度。

区域创新发展指数由区域科学技术发展指数、区域产业创新发展指数、区域社会创新发展指数、区域绿色集约发展指数、区域创新条件发展指数 5 项一级指数构成。区域科学技术发展指数由 4 项二级指标构成，区域产业创新发展指数由 4 项二级指标构成，区域社会创新发展指数由 8 项二级指标构成，区域绿色集约发展指数由 5 项二级指标构成，区域创新条件发展指数由 7 项二级指标构成。区域创新发展指标体系如表 2-1 所示。

表 2-1 区域创新发展指标体系

一级指数	二级指标
区域科学技术发展指数	人均 R&D（研究与试验发展）经费支出
	每万人 R&D 人员数量
	每万人本国有效发明专利数
	每万人 SCI（科学引文索引）论文数
区域产业创新发展指数	全员劳动生产率①
	高技术产业主营业务收入占制造业主营业务收入比例
	服务业增加值占比
	新产品销售收入占主营业务收入比例
区域社会创新发展指数	城镇人口占总人口的比例
	GDP 中非农产业的比例
	城镇居民人均可支配收入与全国平均数的比例
	大专以上学历人口比例
	每万人口在校大学生数
	人口预期寿命
	每千人口卫生技术人员数
	社区服务机构覆盖率
区域绿色集约发展指数	单位能耗对应的 GDP
	单位废水对应的 GDP
	工业固体废物综合利用率
	单位主要污染物排放量对应的 GDP
	单位建成区面积对应的 GDP

---

① 全员劳动生产率 = 工业增加值 / 全部从业人员平均数。由于工业增加值统计数据难以获得，本书中采用人均主营业务收入代替全员劳动生产率，可以在一定程度上反映产业全员劳动生产率的发展水平，下同。

续表

一级指数	二级指标
区域创新条件发展指数	人均邮电业务总量
	每百万人口研究实验平台数量
	每百万人口产业创新平台数量
	每百万人口创新服务平台数量
	拥有网站的企业比例
	有电子商务活动的企业比例
	政府网站绩效

本书选择北京市、天津市、河北省、山西省、内蒙古自治区、辽宁省、吉林省、黑龙江省、上海市、江苏省、浙江省、安徽省、福建省、江西省、山东省、河南省、湖北省、湖南省、广东省、广西壮族自治区、重庆市、四川省、贵州省、云南省、陕西省、甘肃省、青海省、宁夏回族自治区、新疆维吾尔自治区、海南省和西藏自治区等31个省区作为评价样本集。台湾省、香港特别行政区、澳门特别行政区由于部分数据缺失和统计口径无可比性，未纳入评价样本集。受行政区划的影响，各省区创新资源禀赋呈现出较大的差距，致使各区域创新发展各项指标之间存在较大的差异。

第二节 中国区域创新发展水平演进

总体而言，中国各省区区域创新发展指数呈现较大差别。2016年，北京区域创新发展指数达到86.90，远高于其他省区，显示出很强的区域创新发展水平。同年，上海区域创新发展指数为68.29，居31个省区第2位。天津、江苏、浙江、广东等省区的区域创新发展指数为45～60。中西部地区中，重庆、湖北、陕西、湖南、安徽、四川等省区区域创新发展水平相对较好，2016年区域创新发展指数位于31个省区中上游。2016年，山西、河南、广西、甘肃、宁夏、云南、黑龙江、青海、西藏、新疆区域创新发展指数排名居31个省区后10位，其中7个省区位于西部地区，2个省区位于中部地区，1个省区位于东北地区（图2-1）。

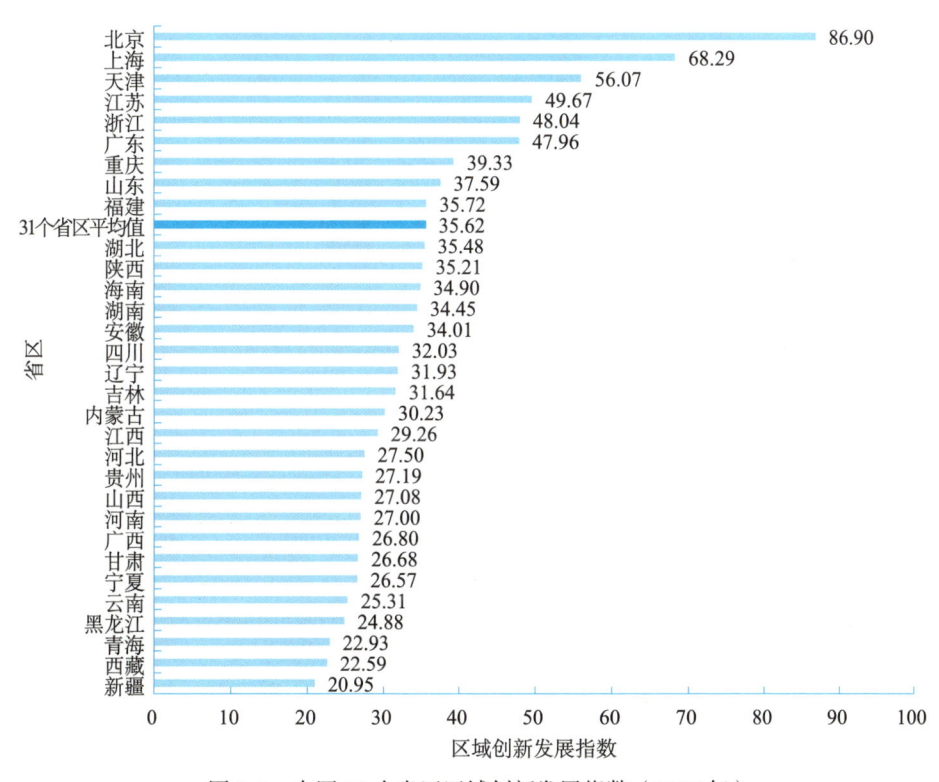

省区	区域创新发展指数
北京	86.90
上海	68.29
天津	56.07
江苏	49.67
浙江	48.04
广东	47.96
重庆	39.33
山东	37.59
福建	35.72
31个省区平均值	35.62
湖北	35.48
陕西	35.21
海南	34.90
湖南	34.45
安徽	34.01
四川	32.03
辽宁	31.93
吉林	31.64
内蒙古	30.23
江西	29.26
河北	27.50
贵州	27.19
山西	27.08
河南	27.00
广西	26.80
甘肃	26.68
宁夏	26.57
云南	25.31
黑龙江	24.88
青海	22.93
西藏	22.59
新疆	20.95

图 2-1　中国 31 个省区区域创新发展指数（2016 年）

区域创新发展水平与区域人均 GDP 总体呈现正相关关系。东部发达地区人均 GDP 相对较高，其区域创新发展水平也相对较高。2016 年，北京、上海、天津、江苏、浙江的人均 GDP 排名居 31 个省区前 5 位，其区域创新发展指数排名也居 31 个省区前 5 位。值得指出的是，安徽、四川、贵州、甘肃、山西等省区区域创新发展水平排名超前于人均 GPD 排名，表明这些省区经济发展质量相对较好。而宁夏、青海、内蒙古、新疆、黑龙江、吉林、福建等省区区域创新发展水平排名明显滞后于人均 GDP 排名，在一定程度上表明这些省区经济转型发展任务依然艰巨（图 2-2）。

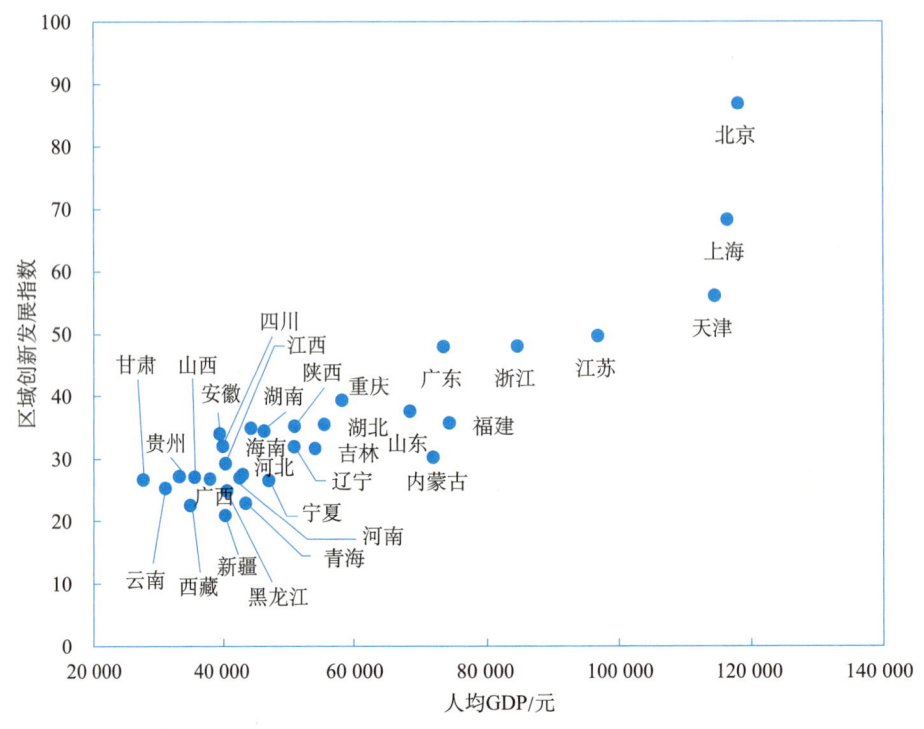

图 2-2　中国区域创新发展指数与人均 GDP 的关系（2016 年）

一、中国区域创新发展指数演进

2008～2016 年，中国各省区区域创新发展水平均有不同程度的提升。31 个省区区域创新发展指数平均值从 2008 年的 23.24 持续增加到 2016 年的 35.62。2008 年，中国有 8 个省区区域创新发展指数高于 31 个省区平均值；到 2016 年，中国有 9 个省区区域创新发展指数高于 31 个省区平均值（图 2-3）。

2008～2016 年，从各省区区域创新发展指数排名变化情况来看，北京、上海、天津连续 9 年稳居 31 个省区前 3 位，显示出相对较强的创新发展水平；江苏、浙江、广东区域创新发展指数排名第 4～6 位，不同年份排名略有变化。安徽、贵州和甘肃区域创新发展指数排名有较快提升。2008～2016 年，安徽区域创新发展指数排名从第 18 位提升到第 14 位，贵州则从第 27 位快速提升到第 21 位，甘肃从第 29 位上升至第 25 位。同期，辽宁、黑龙江和西藏区域创新发展指数排名则呈大幅下滑趋势，分别从第 11 位、第 19 位和第 24 位下滑到第 16 位、第 28 名和第 30 位（表 2-2）。

第二章 中国区域创新发展水平

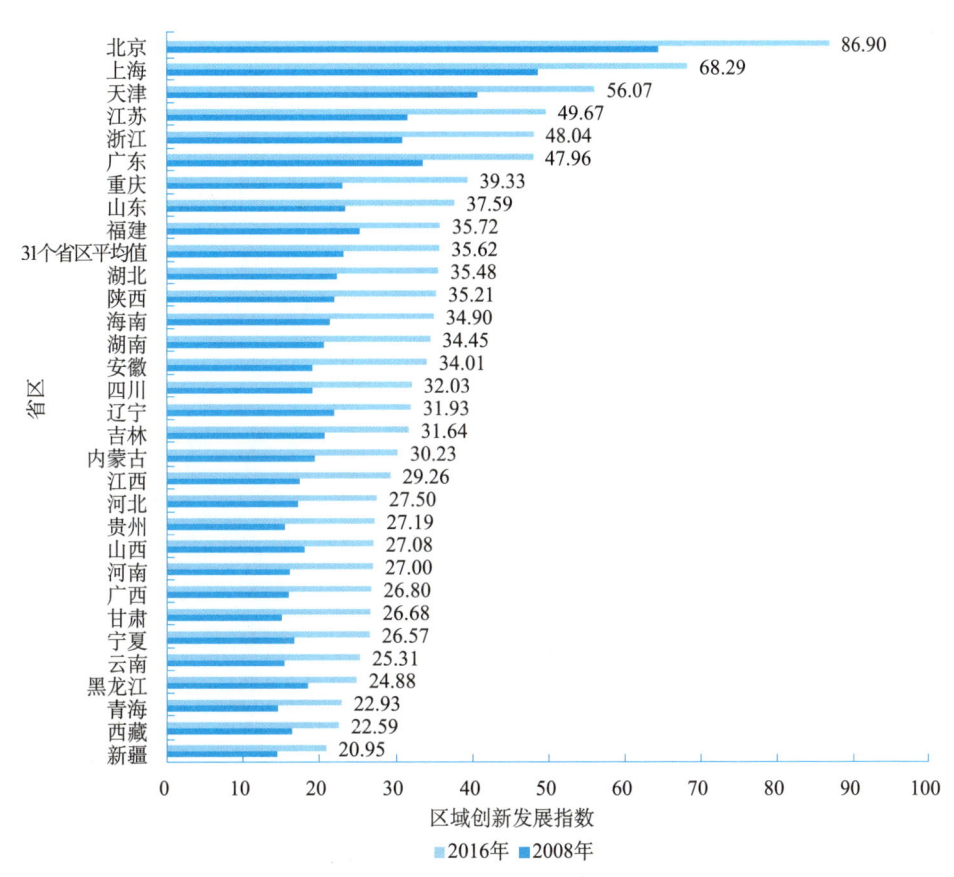

图 2-3 中国 31 个省区区域创新发展指数演进（2008 年、2016 年）

图中数值为 2016 年区域创新发展指数值

省区	北京	上海	天津	江苏	浙江	广东	重庆	山东	福建	31个省区平均值	湖北	陕西	海南	湖南	安徽	四川	辽宁	吉林	内蒙古	江西	河北	贵州	山西	河南	广西	甘肃	宁夏	云南	黑龙江	青海	西藏	新疆
2016年指数	86.90	68.29	56.07	49.67	48.04	47.96	39.33	37.59	35.72	35.62	35.48	35.21	34.90	34.45	34.01	32.03	31.93	31.64	30.23	29.26	27.50	27.19	27.08	27.00	26.80	26.68	26.57	25.31	24.88	22.93	22.59	20.95

表 2-2 中国 31 个省区区域创新发展指数排名（2008～2016 年）

省区	2008 年	2009 年	2010 年	2011 年	2012 年	2013 年	2014 年	2015 年	2016 年
北 京	1	1	1	1	1	1	1	1	1
上 海	2	2	2	2	2	2	2	2	2
天 津	3	3	3	3	3	3	3	3	3
江 苏	5	5	5	5	4	4	4	4	4
浙 江	6	6	6	6	6	6	6	6	5
广 东	4	4	4	4	5	5	5	5	6
重 庆	9	10	8	9	9	7	8	7	7
山 东	8	8	9	7	7	8	7	8	8
福 建	7	7	7	8	8	9	9	9	9

续表

省区	2008年	2009年	2010年	2011年	2012年	2013年	2014年	2015年	2016年
湖　北	10	13	11	10	13	10	11	10	10
陕　西	12	11	10	11	12	13	13	12	11
海　南	13	15	13	12	10	12	12	11	12
湖　南	15	14	12	15	15	14	14	13	13
安　徽	18	18	16	17	16	16	15	14	14
四　川	17	17	19	18	18	18	17	16	15
辽　宁	11	12	14	13	11	11	10	15	16
吉　林	14	9	15	14	14	15	16	17	17
内蒙古	16	16	17	16	17	17	18	19	18
江　西	21	23	20	20	19	19	20	18	19
河　北	22	21	21	24	26	26	25	20	20
贵　州	27	27	24	25	27	27	27	25	21
山　西	20	20	23	22	21	25	26	27	22
河　南	25	26	26	26	24	22	24	22	23
广　西	26	25	22	27	25	24	21	24	24
甘　肃	29	29	27	23	23	20	22	21	25
宁　夏	23	22	25	21	22	21	23	23	26
云　南	28	28	28	28	28	28	28	28	27
黑龙江	19	19	18	19	20	23	19	26	28
青　海	30	30	29	30	29	30	31	30	29
西　藏	24	24	31	31	31	31	29	29	30
新　疆	31	31	30	29	30	29	30	31	31

从各省区区域创新发展指数年均增速来看，2008～2016年，中国区域创新发展水平总体呈现三个典型特征。一是区域创新发展水平提升较快的省区主要集中在中西部地区。安徽区域创新发展指数提升最快，年均增速达7.44%；区域创新发展指数年均增速高于31个省区平均值增速的省区有20个，其中15个省区位于中西部地区。二是东北地区创新发展水平下降趋势明显且增速减缓。吉林、辽宁、黑龙江区域创新发展指数年均增速均低于31个省区平均值增速，且黑龙江以3.76%的年均增速居最末位。三是东部省区区

域创新发展水平提升相对缓慢。除海南、山东、浙江和江苏外，大部分东部省区区域创新发展指数年均增速低于 31 个省区平均值增速。上海、北京的年均增速低于 5%（图 2-4）。

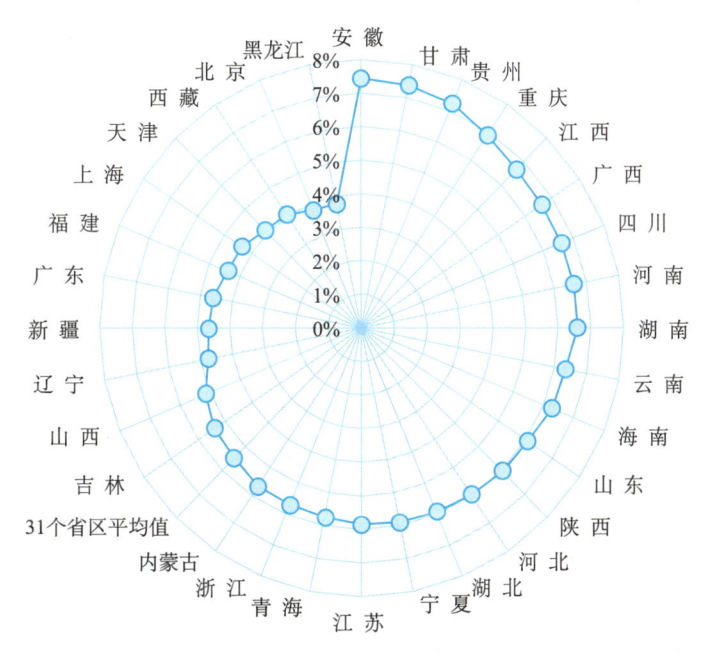

图 2-4 中国 31 个省区区域创新发展指数年均增速（2008～2016 年）

二、中国区域科学技术发展指数演进

区域科学技术发展水平是区域产业创新发展、区域社会创新发展、区域绿色集约发展、区域创新条件发展的重要科技支撑。区域科学技术发展指数由人均 R&D 经费支出、每万人 R&D 人员数量、每万人本国有效发明专利数、每万人 SCI 论文数等 4 项二级指标构成。

东部发达省区科学技术发展水平相对较高。2016 年，区域科学技术发展指数排名居 31 个省区前 7 位省区主要位于东部沿海地区。2016 年，北京区域科学技术发展指数达 99.98，远高于其他省区；上海区域科学技术发展指数为 55.44，居 31 个省区第 2 位；天津和江苏区域科学技术发展指数分别为 39.54 和 33.55，居 31 个省区第 3～4 位。区域科学技术发展水平相对落后省区主要位于中西部地区。2016 年，区域科学技术发展指数排名居 31 个省区后 10 位省区中有 9 个省区位于中西部地区，其中广西、新疆、青海、贵州、西藏区域科学技术发展指数排名居31个省区后5位，全部为西部省区（图2-5）。

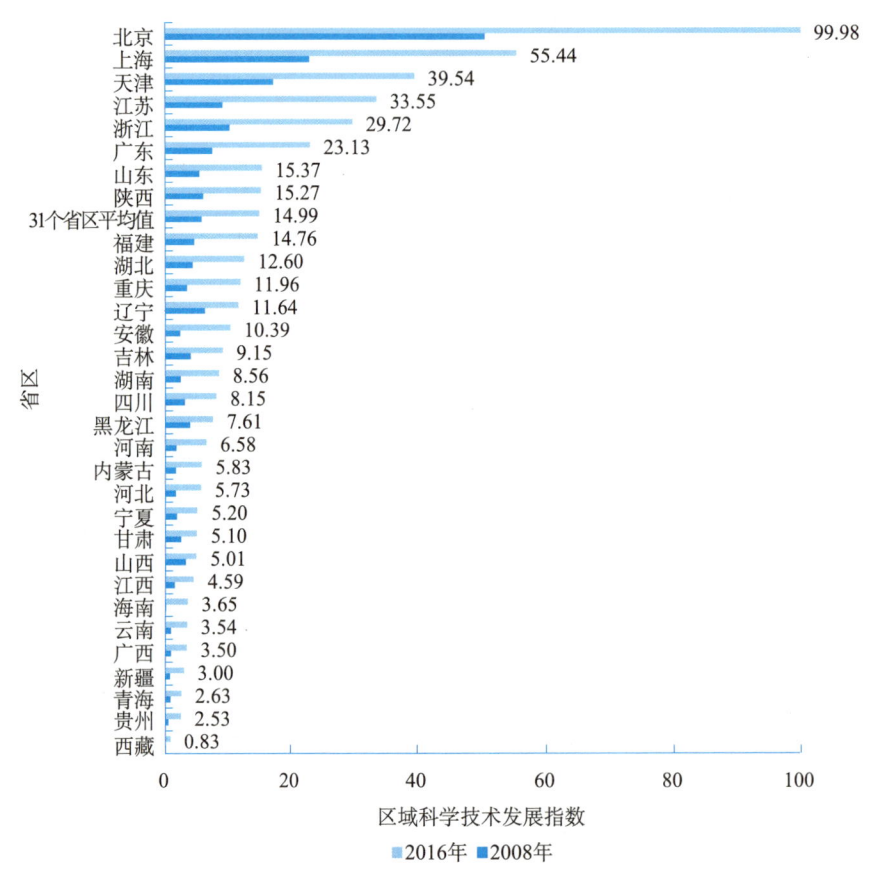

省区	2016年
北京	99.98
上海	55.44
天津	39.54
江苏	33.55
浙江	29.72
广东	23.13
山东	15.37
陕西	15.27
31个省区平均值	14.99
福建	14.76
湖北	12.60
重庆	11.96
辽宁	11.64
安徽	10.39
吉林	9.15
湖南	8.56
四川	8.15
黑龙江	7.61
河南	6.58
内蒙古	5.83
河北	5.73
宁夏	5.20
甘肃	5.10
山西	5.01
江西	4.59
海南	3.65
云南	3.54
广西	3.50
新疆	3.00
青海	2.63
贵州	2.53
西藏	0.83

图2-5 中国31个省区区域科学技术发展指数演进（2008年、2016年）

图中数值为2016年区域科学技术发展指数值

从各省区区域科学技术发展指数年均增速来看，2008～2016年，大部分省区科学技术发展水平都有较快增长。31个省区中有26个省区区域科学技术发展指数年均增速高于10%。其中，海南区域科学技术发展指数增长较快，年均增速达53.43%；而山西区域科学技术发展指数增长最为缓慢，年均增速仅为5.54%。从空间分布来看，东部省区科学技术发展水平相对有较快提升，但北京科学技术发展水平较高，增长相对缓慢，2008～2016年年均增速仅为8.92%；中西部地区科学技术发展水平增长有较大差异，西藏、贵州、安徽、广西、新疆、云南、内蒙古等中西部省区科学技术发展指数快速增长，年均增速居31个省区前10位。但是，陕西、甘肃、山西等省区则增长相对缓慢，年均增速低于31个省区平均值增速且排名居31个省区后10位；吉林、黑龙江、辽宁3个省区科学技术发展水平提升均相对缓慢，年均增速分别为10.58%、8.37%和7.83%，居31个省区后10位（图2-6）。

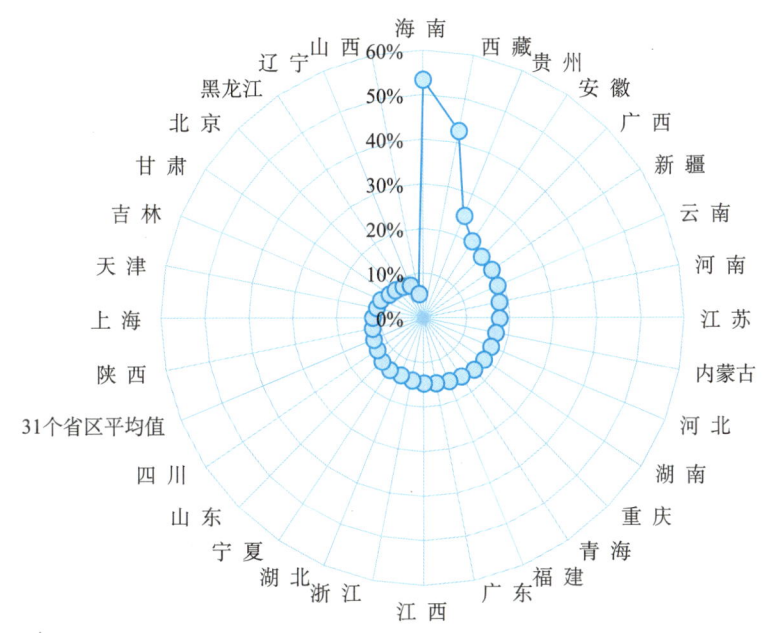

图2-6 中国31个省区区域科学技术发展指数年均增速（2008~2016年）

三、中国区域产业创新发展指数演进

区域产业创新发展水平是一个长期积累的结果，强调走高质量发展道路，提高全要素生产率，加快发展方式转变、经济结构优化、增长动力转换，实现区域经济创新力和竞争力的持续增强。区域产业创新发展指数由全员劳动生产率、高技术产业主营业务收入占制造业主营业务收入比例、服务业增加值占比、新产品销售收入占主营业务收入比例等4项二级指标构成。

从各省区区域产业创新发展水平看，东部沿海地区产业创新发展水平相对较高。2016年，区域产业创新发展指数排名前6位的省区主要位于东部沿海地区。北京和上海区域产业创新发展指数分别为80.38和72.79，居31个省区前2位。除山西外，中部地区其他省区区域产业创新发展指数排名整体上处于31个省区中间位置，湖南区域产业创新发展指数为42.22，排名居31个省区第10位，在中部地区排名居第1位；湖北和安徽区域产业创新发展指数分别为 40.06 和 38.76，排名居 31 个省区第 13 和 14 位。西部省区产业创新发展水平有较大差异。重庆区域产业创新发展指数为 53.97，排名居 31 个省区第 6 位、西部地区第 1 位，但青海、新疆、西藏、宁夏等西部省区区域产业创新发展指数均低于 30，排名居 31 个省区后 5 位（图 2-7）。

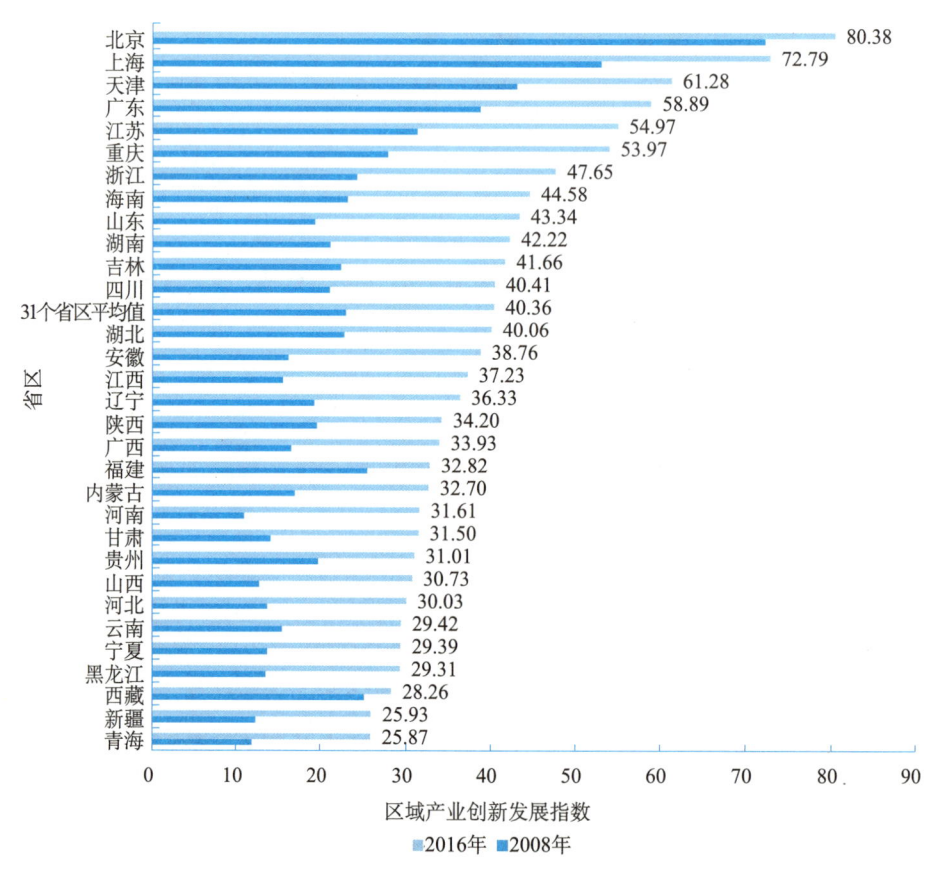

省区	2016年
北京	80.38
上海	72.79
天津	61.28
广东	58.89
江苏	54.97
重庆	53.97
浙江	47.65
海南	44.58
山东	43.34
湖南	42.22
吉林	41.66
四川	40.41
31个省区平均值	40.36
湖北	40.06
安徽	38.76
江西	37.23
辽宁	36.33
陕西	34.20
广西	33.93
福建	32.82
内蒙古	32.70
河南	31.61
甘肃	31.50
贵州	31.01
山西	30.73
河北	30.03
云南	29.42
宁夏	29.39
黑龙江	29.31
西藏	28.26
新疆	25.93
青海	25.87

图 2-7 中国 31 个省区区域产业创新发展指数演进（2008 年、2016 年）
图中数值为 2016 年区域产业创新发展指数值

从各省区区域产业创新发展指数年均增速来看，2008~2016 年，中西部地区部分省区区域产业创新发展指数年均增速相对较快。河南、山西、安徽、江西 4 个中部省区区域产业创新发展指数年均增速在 10% 以上，排名均位于 31 个省区前 4 位。年均增速排名前 10 位的省区中，还包括甘肃、青海、宁夏 3 个西部省区，山东、河北 2 个东部省区。值得指出的是，大部分东部省区产业创新发展水平提升相对缓慢。其中，北京、福建、上海、天津、广东 5 个省区年均增速排名居 31 个省区后 10 位（图 2-8）。

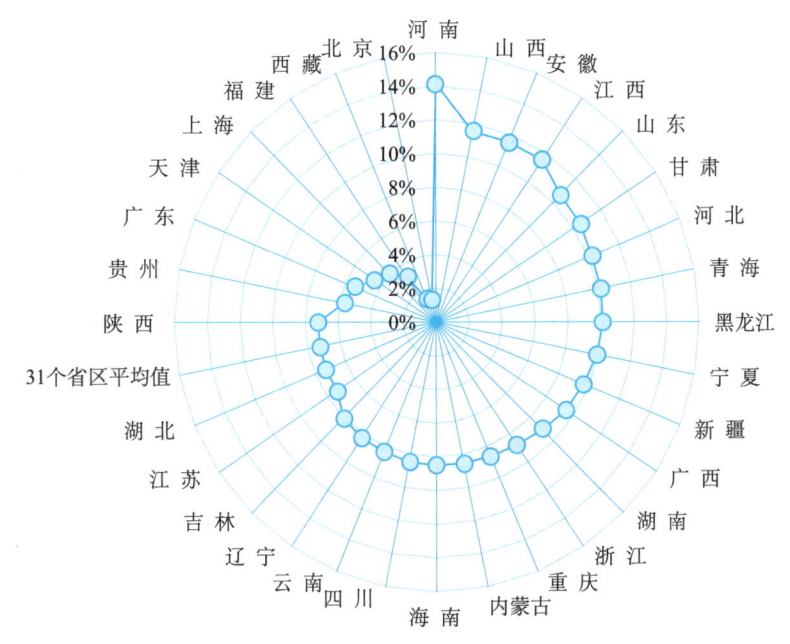

图 2-8　中国 31 个省区区域产业创新发展指数年均增速（2008～2016 年）

四、中国区域社会创新发展指数演进

区域社会创新发展水平是衡量一个地区经济、社会、文化、科技水平的重要标志，也是衡量一个地区社会组织程度和管理水平的重要标志。区域社会创新发展指数由城镇人口占总人口的比例、GDP 中非农产业的比例、城镇居民人均可支配收入与全国平均水平的比例、大专以上学历人口比例、每万人口在校大学生数、人口预期寿命、每千人口卫生技术人员数、社区服务机构覆盖率等 8 项二级指标构成。

从各省区社会创新发展水平看，东部省区区域社会创新发展指数整体高于中西部省区。2016 年，东部省区中，北京、上海、天津、江苏、浙江、广东的区域社会创新发展指数居 31 个省区前 6 位。其中，北京的区域社会创新发展指数达到 85.76，远高于其他省区。东部省区中，河北区域社会创新发展指数相对靠后，为 37.74，排名居 31 个省区后 10 位。大部分西部省区区域社会创新发展指数排名相对靠后，只有陕西、重庆、内蒙古区域社会创新发展指数超过 31 个省区平均值，分别居 31 个省区第 8 位、第 9 位和第 12 位。中部 6 个省区区域社会创新发展指数均低于 31 个省区平均值。东北地区中，辽宁表现较好，区域社会创新发展指数为50.70，居31个省区第7位，而吉林、黑龙江的区域社会创新发展指数均低于31个省区平均值（图2-9）。

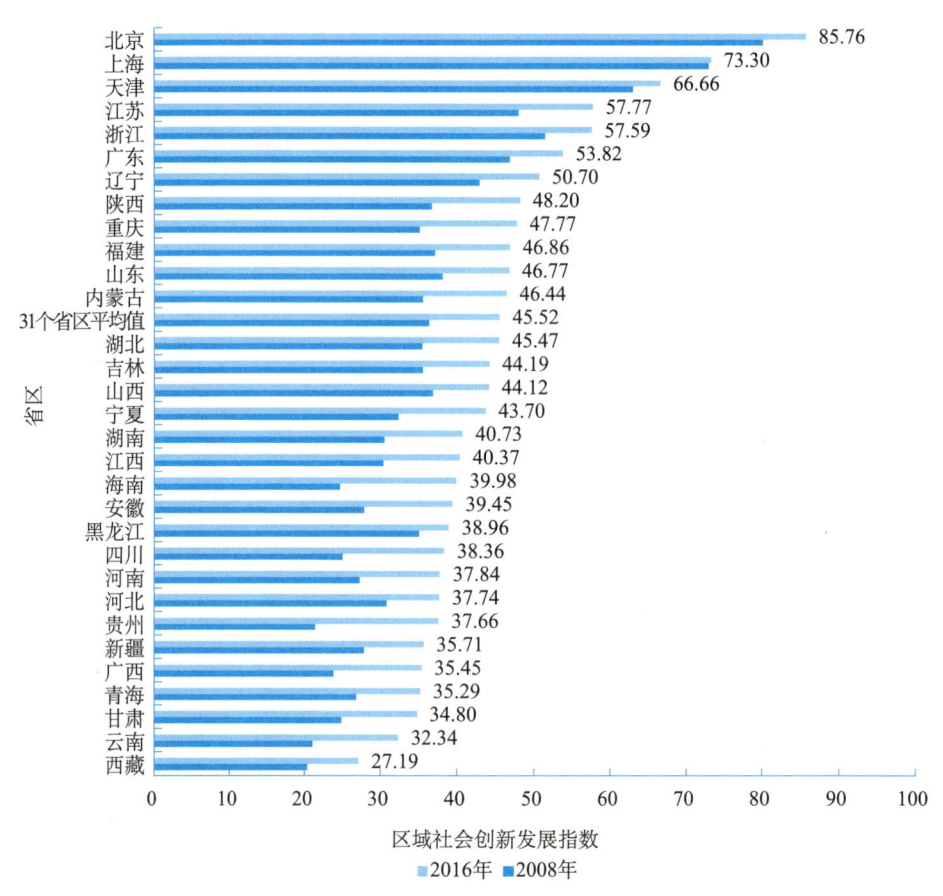

省区	2016年区域社会创新发展指数
北京	85.76
上海	73.30
天津	66.66
江苏	57.77
浙江	57.59
广东	53.82
辽宁	50.70
陕西	48.20
重庆	47.77
福建	46.86
山东	46.77
内蒙古	46.44
31个省区平均值	45.52
湖北	45.47
吉林	44.19
山西	44.12
宁夏	43.70
湖南	40.73
江西	40.37
海南	39.98
安徽	39.45
黑龙江	38.96
四川	38.36
河南	37.84
河北	37.74
贵州	37.66
新疆	35.71
广西	35.45
青海	35.29
甘肃	34.80
云南	32.34
西藏	27.19

图2-9 中国31个省区区域社会创新发展指数演进（2008年、2016年）
图中数值为2016年区域社会创新发展指数值

从各省区社会创新发展指数年均增速来看，2008～2016年，贵州、海南、云南、四川和广西区域社会创新发展指数增长相对较快，年均增速均高于5%，居31个省区前5位。其他省区区域社会创新发展指数增长相对缓慢，年均增速均低于5%。结合空间分布来看，西部省区社会创新发展水平提升相对较快。区域社会创新发展指数年均增速排名前10位省区中，有7个位于西部地区。东部地区社会创新发展水平提升相对缓慢，区域社会创新发展指数年均增速排名后10位省区中，有上海、天津、北京、浙江、广东、江苏等6个东部经济发达省区。其中，上海区域社会创新发展指数年均增速仅为0.05%。这主要是由于这些经济发达省区社会创新发展基础较好，提升空间有限（图2-10）。

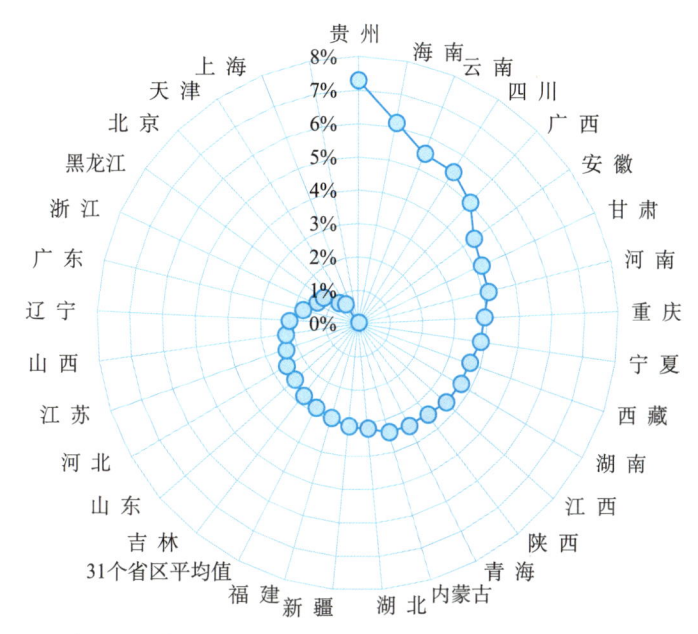

图 2-10　中国 31 个省区区域社会创新发展指数年均增速（2008~2016 年）

五、中国区域绿色集约发展指数演进

区域绿色集约发展是一个地区人与自然和谐的发展，是生产发展、生活富裕、生态良好、土地资源能源利用率高的发展，强调在经济社会发展的同时，节约资源和保护环境、提高土地利用效率和效益，最大限度地减少对生态系统的影响。区域绿色集约发展指数由单位能耗对应的 GDP、单位废水对应的 GDP、工业固体废物综合利用率、单位主要污染物排放量对应的 GDP、单位建成区面积对应的 GDP 等 5 项二级指标构成。

从各省区绿色集约发展水平来看，2016 年，东部地区普遍优于中西部地区和东北地区。东部省区北京、上海、天津、浙江、江苏、广东、福建、山东区域绿色集约发展指数排名居 31 个省区前 8 位，其中北京区域绿色集约发展指数达 79.81，远高于其他省区。西部省区绿色集约发展水平相对偏低，其中陕西绿色集约发展指数居西部地区第 1 位，但居 31 个省区第 10 位。区域绿色集约发展指数排名居 31 个省区后 10 位的省区中，有 6 个省区位于西部地区。中部地区绿色集约发展水平整体居 31 个省区中等偏上，湖南、安徽、河南、湖北 4 个省区绿色集约发展指数均高于 31 个省区平均值，其中湖南居 31 个省区第 9 位。东北地区绿色集约发展水平整体偏弱。吉林、黑龙江、辽宁区域绿色集约发展指数分别为 41.19、30.23、24.85，分别居 31 个省区第 14 位、23 位、27 位（图 2-11）。

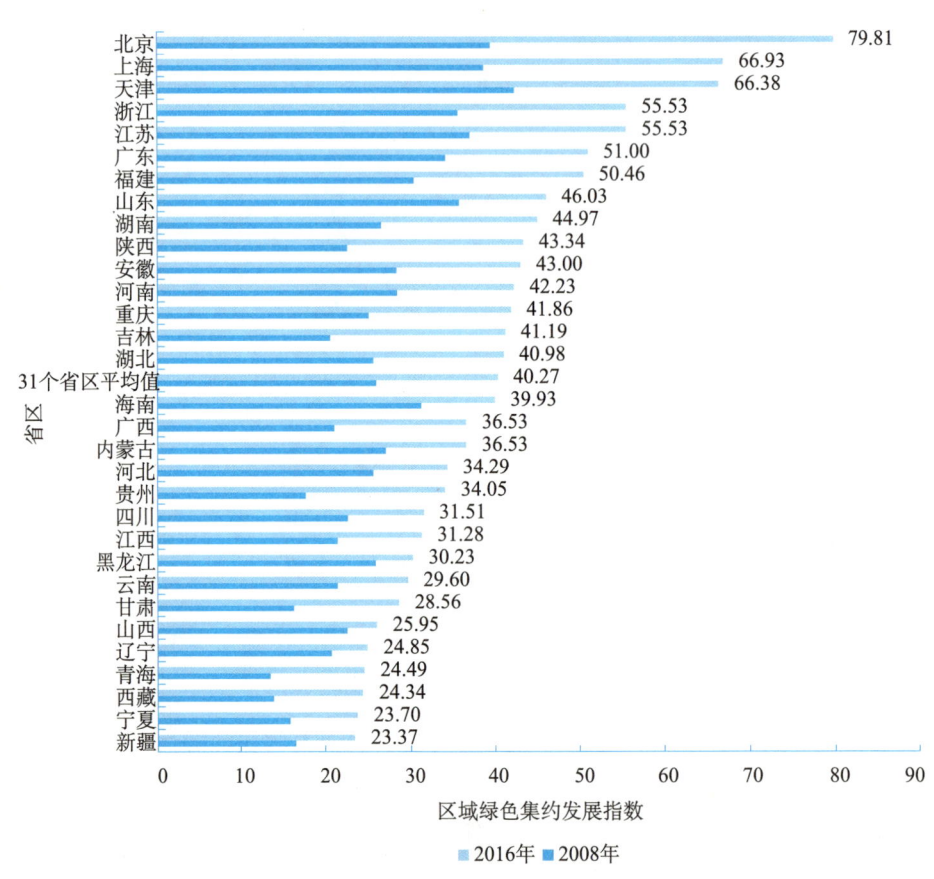

省区	2016年
北京	79.81
上海	66.93
天津	66.38
浙江	55.53
江苏	55.53
广东	51.00
福建	50.46
山东	46.03
湖南	44.97
陕西	43.34
安徽	43.00
河南	42.23
重庆	41.86
吉林	41.19
湖北	40.98
31个省区平均值	40.27
海南	39.93
广西	36.53
内蒙古	36.53
河北	34.29
贵州	34.05
四川	31.51
江西	31.28
黑龙江	30.23
云南	29.60
甘肃	28.56
山西	25.95
辽宁	24.85
青海	24.49
西藏	24.34
宁夏	23.70
新疆	23.37

图 2-11　中国 31 个省区区域绿色集约发展指数演进（2008 年、2016 年）
图中数值为 2016 年区域绿色集约发展指数值

从各省区区域绿色集约发展水平情况来看，2008～2016 年，东部省区北京、上海、天津、浙江绿色集约发展指数持续增加，且年均增速高于 31 个省区平均值增速。其中，北京以 9.21% 的增速居 31 个省区第 1 位。西部省区绿色集约发展指数显著提升。年均增速排名前 10 位的省区中，有 6 个位于西部地区。河北、山东、海南区域绿色集约发展指数增长相对缓慢，年均增速排名居 31 个省区后 10 位。东北省区中，吉林区域绿色集约发展指数增长较快，年均增速排名居31个省区第2位，但辽宁、黑龙江区域绿色集约发展指数提升缓慢，年均增速排名居31个省区倒数第3位和第2位（图2-12）。

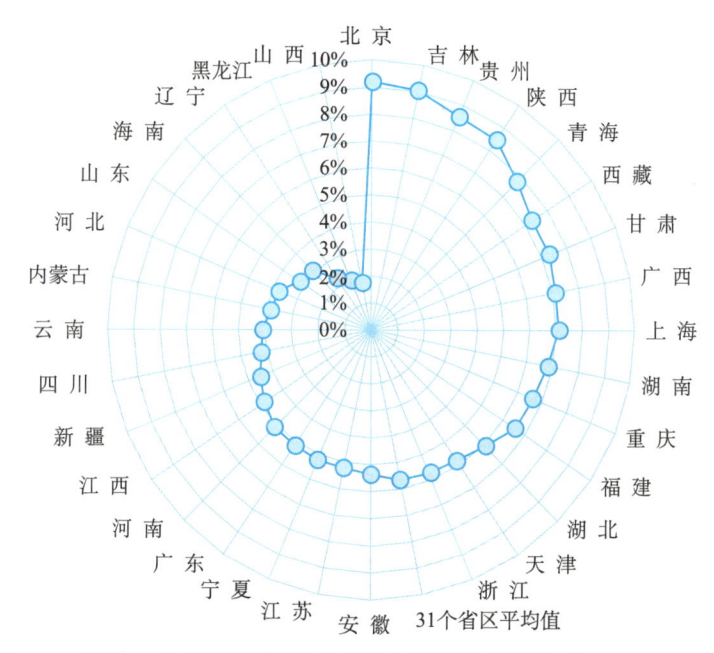

图2-12 中国31个省区区域绿色集约发展指数年均增速（2008～2016年）

六、中国区域创新条件发展指数演进

区域创新条件发展水平是区域科学技术、产业、社会创新发展和绿色集约发展的重要物质基础。区域创新条件发展指数由人均邮电业务总量、每百万人口研究实验平台数量、每百万人口产业创新平台数量、每百万人口创新服务平台数量、拥有网站的企业比例、有电子商务活动的企业比例、政府网站绩效等7项二级指标构成。

从各省区区域创新条件发展水平来看，东部地区明显优于其他地区。2016年，区域创新条件发展指数排名前8位的省区均位于东部地区，其中北京区域创新条件发展指数为91.13，远高于其他省区；海南由于其创新和人口规模较小，区域创新条件发展指数相对较高，居31个省区第5位。西部和东北地区的大部分省区区域创新条件发展指数相对滞后。2016年，内蒙古、宁夏、江西、山西、青海、广西、河南、吉林、黑龙江、新疆区域创新条件发展指数排名居 31 个省区后 10 位，其中 5 个省区位于西部地区，2 个省区位于东北地区，3 个位于中部地区（图 2-13）。

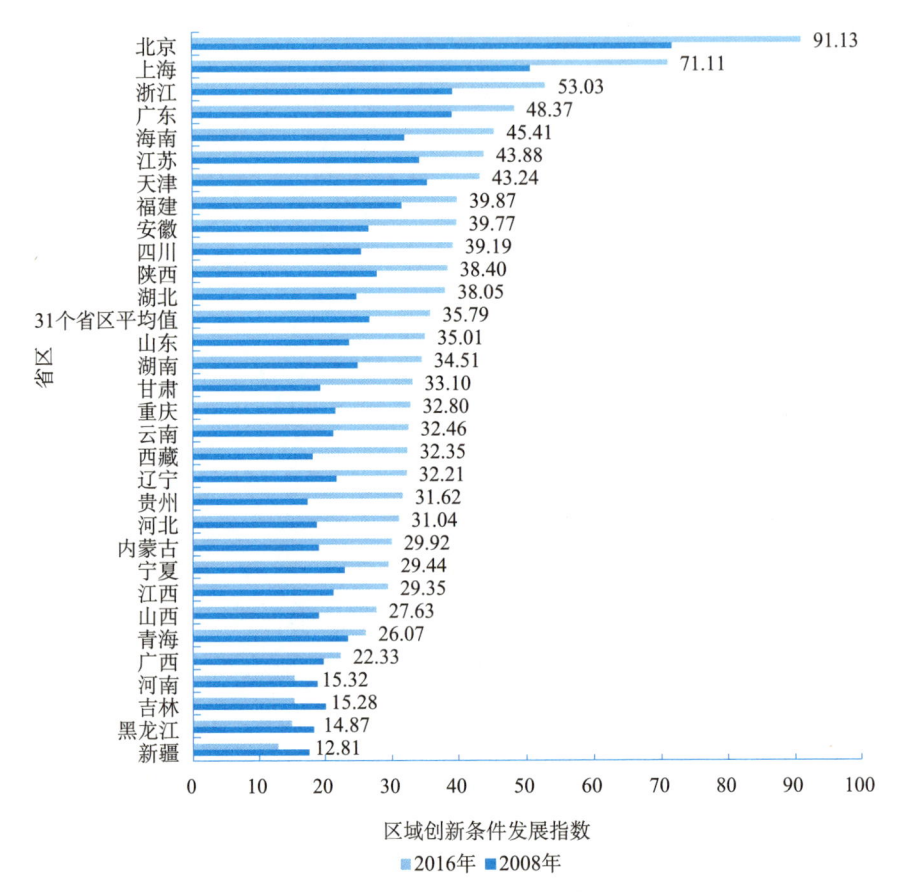

省区	2016年
北京	91.13
上海	71.11
浙江	53.03
广东	48.37
海南	45.41
江苏	43.88
天津	43.24
福建	39.87
安徽	39.77
四川	39.19
陕西	38.40
湖北	38.05
31个省区平均值	35.79
山东	35.01
湖南	34.51
甘肃	33.10
重庆	32.80
云南	32.46
西藏	32.35
辽宁	32.21
贵州	31.62
河北	31.04
内蒙古	29.92
宁夏	29.44
江西	29.35
山西	27.63
青海	26.07
广西	22.33
河南	15.32
吉林	15.28
黑龙江	14.87
新疆	12.81

图 2-13 中国 31 个省区区域创新条件发展指数（2008 年、2016 年）
图中数值为 2016 年区域创新条件发展指数值

从各省区区域创新条件发展水平情况来看，2008～2016 年，西部地区部分省区区域创新条件发展指数有较快提升，中部地区区域创新条件发展指数的提升速度整体处于中等偏下水平。贵州、西藏、甘肃、内蒙古、四川、云南、重庆等西部省区区域创新条件发展指数年均增速在 5%～8%，排名居 31 个省区前 10 位；而东部地区大部分省区区域创新条件发展指数年均增速排名居 31 个省区中游。值得指出的是，河南、黑龙江、吉林、新疆区域创新条件发展指数呈震荡下降态势（图 2-14）。

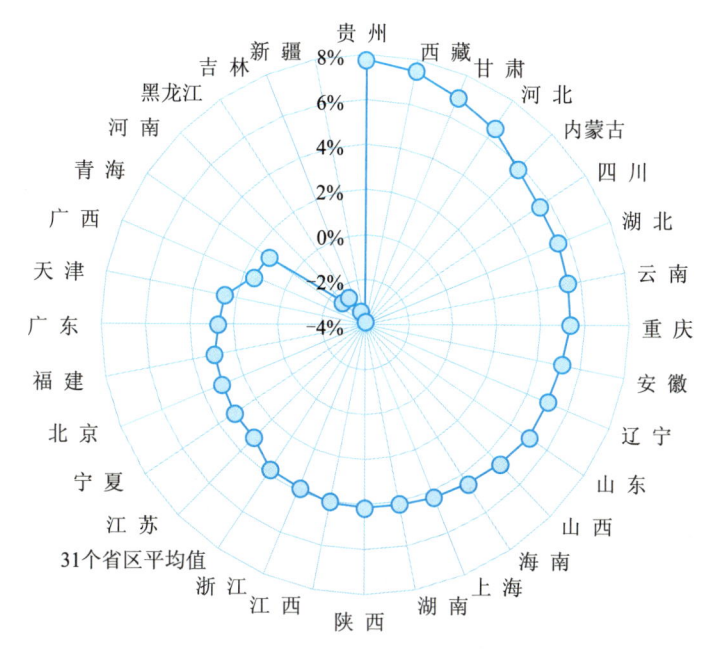

图 2-14　中国 31 个省区区域创新条件发展指数年均增速（2008～2016 年）

第三章

中国区域创新能力

提升区域创新能力是建设社会主义现代化强国的重要内容，是提升区域竞争力的重要基础。区域创新能力体现在区域产业发展水平和产业结构优化程度上。创新能力强的区域，知识和技术密集型产业所占比重通常较高，能更多地提供高附加值的产品和服务。区域创新能力还体现在创新活动效率和效益上，创新能力强的区域必须是创新效率高、创新效益好，并能有效驱动经济社会全面协调可持续发展的区域。

第一节 区域创新能力指数

区域创新能力是指一个区域在一定发展环境和条件下，从事科学发现、技术发明并将创新成果商业化和获取经济回报的能力。广义上讲，区域创新能力是指一个区域整合创新资源并将创新资源转化为财富的能力，是一个区域促进经济社会发展的综合能力。区域创新能力可以从区域创新活动的规模、效率和创新环境三个方面加以测度。其中，区域创新活动的规模和效率又可以分别从区域创新投入、创新条件、创新产出和创新影响等四个方面加以测度，区域创新环境可以从区域资金环境、人才环境和制度环境等三个方面加以测度。

区域创新能力指数由区域创新实力指数、区域创新效力指数和区域创新创业环境指数 3 项一级指数构成。其中，区域创新实力指数由区域创新投入实力指数、区域创新条件实力指数、区域创新产出实力指数和区域创新影响实力指数等 4 项二级指数构成，区域创新效力指数由区域创新投入效力指数、区域创新条件效力指数、区域创新产出效力指数和区域创新影响效力指数等 4 项二级指数构成，区域创新创业环境指数由区域资金环境指数、区域人才环境指数和区域制度环境指数 3 项二级指数构成。区域创新能力指标体系如表 3-1 所示。

表 3-1　区域创新能力指标体系

一级指数	二级指数	三级指标
区域创新实力指数	区域创新投入实力指数	R&D 人员全时当量
		R&D 经费支出
	区域创新条件实力指数	互联网宽带接入用户数
		邮电业务总量
		有效发明专利数
		研究实验平台数量
		产业创新平台数量
		检测检验平台数量
		创新服务平台数量
	区域创新产出实力指数	发明专利申请量
		发明专利授权量
		实用新型和外观设计专利申请量
		实用新型和外观设计专利授权量
		PCT（《专利合作条约》）专利申请量
		SCI 论文数
	区域创新影响实力指数	大中型工业企业新产品销售收入
		地区生产总值
		高技术产业利润总额

续表

一级指数	二级指数	三级指标
区域创新效力指数	区域创新投入效力指数	R&D人员比例
		R&D经费支出占地区生产总值的比例
	区域创新条件效力指数	人均邮电业务总量
		每万人口有效发明专利数
		每百万人研究实验平台数量
		每百万人产业创新平台数量
		每百万人检测检验平台数量
		每百万人创新服务平台数量
	区域创新产出效力指数	单位R&D人员发明专利申请量
		单位R&D人员发明专利授权量
		单位R&D人员实用新型和外观设计专利申请量
		单位R&D人员实用新型和外观设计专利授权量
		单位R&D人员PCT专利申请量
		单位R&D人员SCI论文数
	区域创新影响效力指数	大中型工业企业新产品销售收入占主营业务收入比重
		人均地区生产总值
		劳动生产率
		单位能耗产生的GDP
		单位建成区面积GDP产出
		单位工业废水排放量对应的主营业务收入
		工业固体废物综合利用率
		单位主要污染物排放量对应的GDP
区域创新创业环境指数	区域资金环境指数	工业企业研究开发费用加计扣除执行情况
		高新技术企业（简称高企）税收优惠
		地方政府对创新活动的扶持程度（该指标通过地方政府财政科技拨款占财政支出的比重来衡量）
	区域人才环境指数	大专以上学历人口比例
		地方政府对教育的重视程度（该指标通过地方政府财政支出中教育经费所占比重来衡量）
		城镇居民人均可支配收入与全国平均数的比例

续表

一级指数	二级指数	三级指标
区域创新创业环境指数	区域制度环境指数	区域知识产权案件的结案率
		政府网站绩效

本书选择北京市、天津市、河北省、山西省、内蒙古自治区、辽宁省、吉林省、黑龙江省、上海市、江苏省、浙江省、安徽省、福建省、江西省、山东省、河南省、湖北省、湖南省、广东省、广西壮族自治区、重庆市、四川省、贵州省、云南省、陕西省、甘肃省、青海省、宁夏回族自治区、新疆维吾尔自治区、海南省和西藏自治区等31个省区作为评价样本集。台湾省、香港特别行政区、澳门特别行政区由于部分数据缺失和统计口径的可比性，未纳入评价样本集。受行政区划的影响，各省区创新资源禀赋呈现出较大的差距，致使区域创新能力各项指标之间存在较大的差异。

第二节　中国区域创新能力演进

从区域创新能力指数来看，我国东部地区的区域创新能力普遍优于中西部地区和东北地区。2016年，区域创新能力指数排名前10位的地区主要集中在东部发达地区，其中广东、江苏、北京、浙江、上海、山东、天津等东部省区的区域创新能力指数排名居31个省区前7位，福建居31个省区第9位。中部地区安徽和湖北2个省区的区域创新能力指数排名居31个省区第8位和第10位，是进入区域创新能力指数排名前10位中仅有的中部省区。除四川、陕西、重庆外，西部地区的区域创新能力普遍较弱，其中贵州、内蒙古、甘肃、新疆、宁夏、青海、西藏等省区区域创新能力指数排名均在后10位，此外东部地区的海南、东北地区的黑龙江和中部地区的山西区域创新能力指数排名也居31个省区后10位（图3-1）。

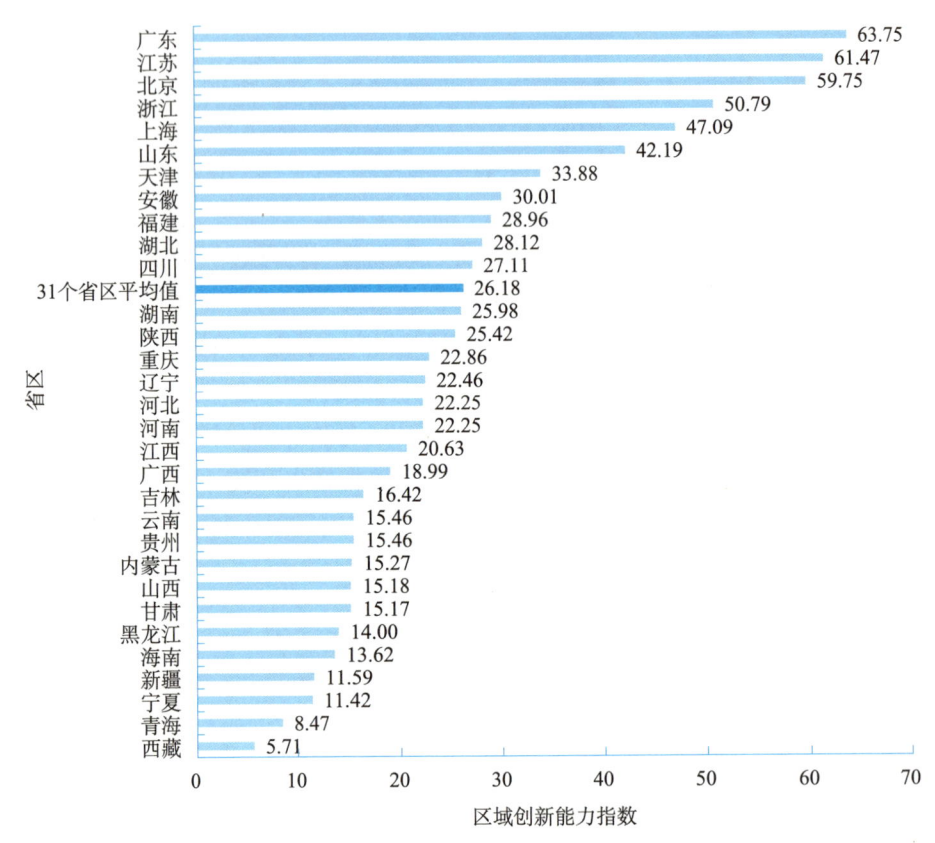

省区	区域创新能力指数
广东	63.75
江苏	61.47
北京	59.75
浙江	50.79
上海	47.09
山东	42.19
天津	33.88
安徽	30.01
福建	28.96
湖北	28.12
四川	27.11
31个省区平均值	26.18
湖南	25.98
陕西	25.42
重庆	22.86
辽宁	22.46
河北	22.25
河南	22.25
江西	20.63
广西	18.99
吉林	16.42
云南	15.46
贵州	15.46
内蒙古	15.27
山西	15.18
甘肃	15.17
黑龙江	14.00
海南	13.62
新疆	11.59
宁夏	11.42
青海	8.47
西藏	5.71

图 3-1　中国 31 个省区区域创新能力指数（2016 年）

区域创新能力与区域经济发展水平总体呈现正相关关系。东部发达省区经济发展水平较高，其区域创新能力指数排名也比较靠前。北京、上海、天津、江苏、浙江、广东、福建、山东具有较高的经济发展水平，人均 GDP 较高，其区域创新能力也相对较高，均位于前 10 名之内。同时，广东、江苏、浙江、山东等东部省区的区域创新能力超前于经济发展水平（以区域创新能力指数排名和人均 GDP 排名对比）；北京、上海、天津、福建等省区的区域创新能力滞后于经济发展水平。

值得指出的是，安徽、湖南、江西、河南、山西、湖北中部省区，四川、云南、广西、贵州、甘肃等西部省区的区域创新能力超前于经济发展水平，表现出较强的经济发展潜力。同时，辽宁、黑龙江、吉林东北地区三省及重庆、新疆、内蒙古、宁夏、青海、西藏等西部省区的创新能力滞后于经济发展水平（图 3-2）。

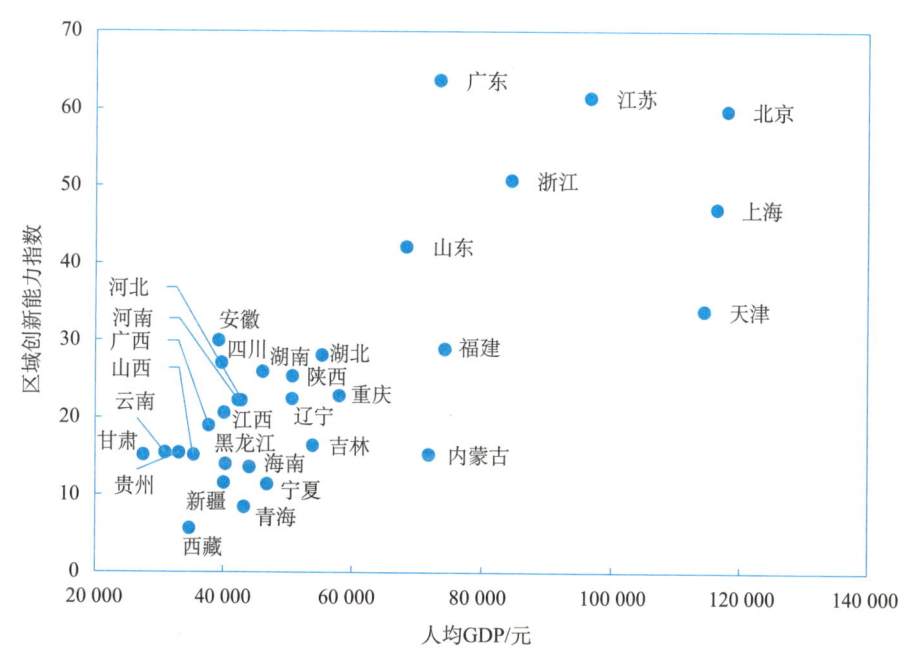

图 3-2 中国区域创新能力指数与区域经济发展水平的关系（2016 年）

一、中国区域创新能力指数演进

2008~2016 年，中国区域创新能力指数总体呈上升态势，各省区均实现不同程度的增长。区域创新能力指数 31 个省区平均值由 15.64 增加至 26.18，超过 31 个省区平均值省区由 13 个下降到 11 个。其中，陕西、辽宁的区域创新发展指数由高于 31 个省区平均值变为低于 31 个省区平均值（图 3-3）。

从区域创新能力指数历年排名变化情况来看，总体上各省区的区域创新能力指数排名相对稳定。2008~2016 年，区域创新能力指数排名前 5 位的省区始终集中在广东、江苏、北京、浙江、上海；山东区域创新能力指数排名始终居于第 6 位，天津一直处于第 7 位。同期，中西部地区的安徽、重庆、江西、云南、贵州等省区域创新能力指数排名有显著提升。其中，安徽区域创新能力指数排名由第 15 位快速提高到第 8 位，重庆由第 17 位快速提高到第 14 位，江西、云南和贵州也分别由第 22 位、第 26 位和第 28 位快速提高到第 18 位、第 21 位和第 22 位。但是，东北地区和部分西部省区的区域创新能力指数排名则呈快速下滑态势。2008~2016 年，辽宁创新能力指数排名由第 10 位震荡下滑到第 15 位，吉林从第 19 位下降到第 20 位，黑龙江从第 20 位下降到第 26 位；陕西从第 8 位下降至 13 位，山西、宁夏也分别从第 21 位、第 24 位下滑到第 24 位、第 29 位（表 3-2）。

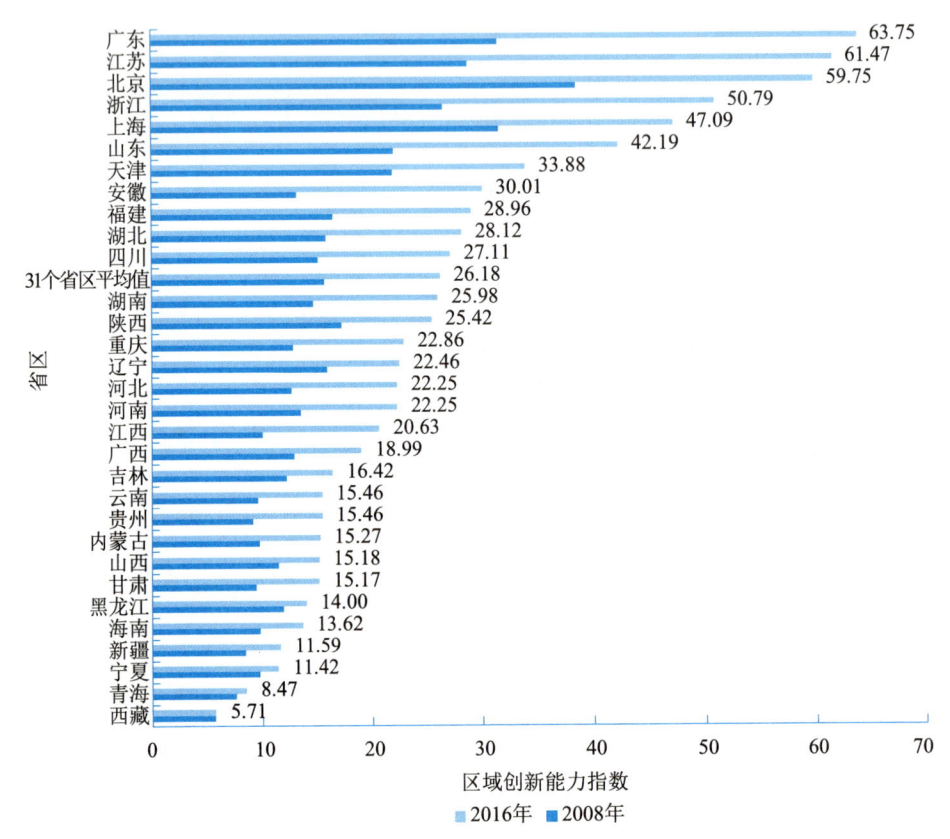

省区	2016年区域创新能力指数
广东	63.75
江苏	61.47
北京	59.75
浙江	50.79
上海	47.09
山东	42.19
天津	33.88
安徽	30.01
福建	28.96
湖北	28.12
四川	27.11
31个省区平均值	26.18
湖南	25.98
陕西	25.42
重庆	22.86
辽宁	22.46
河北	22.25
河南	22.25
江西	20.63
广西	18.99
吉林	16.42
云南	15.46
贵州	15.46
内蒙古	15.27
山西	15.18
甘肃	15.17
黑龙江	14.00
海南	13.62
新疆	11.59
宁夏	11.42
青海	8.47
西藏	5.71

图 3-3　中国 31 个省区区域创新能力指数演进（2008 年、2016 年）

图中数值为 2016 年区域创新能力指数值

表 3-2　中国 31 个省区区域创新能力指数排名（2008～2016 年）（单位：位）

省区	2008年	2009年	2010年	2011年	2012年	2013年	2014年	2015年	2016年
广东	3	3	2	3	3	3	3	3	1
江苏	4	4	3	2	1	2	2	2	2
北京	1	1	1	1	2	1	1	1	3
浙江	5	5	5	5	5	4	4	4	4
上海	2	2	4	4	4	5	5	5	5
山东	6	6	6	6	6	6	6	6	6

续表

省区	2008年	2009年	2010年	2011年	2012年	2013年	2014年	2015年	2016年
天津	7	7	7	7	7	7	7	7	7
安徽	15	15	12	10	12	9	8	8	8
福建	9	8	8	9	9	8	10	9	9
湖北	11	10	10	11	11	10	9	11	10
四川	12	12	13	13	10	11	11	10	11
湖南	13	13	14	14	14	13	12	13	12
陕西	8	9	9	12	13	12	13	12	13
重庆	17	16	15	16	16	16	16	17	14
辽宁	10	11	11	8	8	14	14	14	15
河北	18	17	17	17	19	17	17	16	16
河南	14	14	16	15	15	15	15	15	17
江西	22	22	23	22	21	22	21	18	18
广西	16	21	21	21	22	20	18	19	19
吉林	19	18	19	18	18	19	20	21	20
云南	26	24	24	24	24	28	24	24	21
贵州	28	28	27	27	27	26	22	20	22
内蒙古	25	23	22	23	25	23	23	23	23
山西	21	19	20	19	20	21	25	27	24
甘肃	27	26	26	25	23	24	27	22	25
黑龙江	20	20	18	20	17	18	19	26	26
海南	23	27	25	26	26	25	26	25	27
新疆	29	29	28	28	28	27	28	28	28
宁夏	24	25	30	29	30	29	29	29	29
青海	30	30	29	30	29	30	30	30	30
西藏	31	31	31	31	31	31	31	31	31

总体来看，中国区域创新能力指数整体上呈现三个典型特征。一是区域创新能力指数增长较快的地区仍主要集中在东部地区。2008～2016年，江苏、广东、山东、浙江等4个省区进入区域创新能力指数年均增速前10位。二是中部地区区域创新能力指数年均增速整体较好。安徽、江西、湖北、湖南4个中部省区区域创新能力指数年均增速高于31个省区平均值。其中，安徽区域创新能力指数增长最快，年均增速为10.86%，居31个省区第1位；江西区域创新能力指数年均增速达到9.45%，居31个省区第3位。三

是区域创新能力指数增长相对缓慢的省区主要集中在西部和东北地区。其中，西部地区新疆、宁夏、青海、西藏的年均增速均在4.50%以下；东北地区辽宁、吉林、黑龙江区域创新能力指数年均增速分别为4.42%、3.77%和2.06%。

此外，四川、重庆2个西部省区的年均增速相对较快，位于31个省区前10位。北京、天津、上海3个东部省区区域创新能力指数年均增速低于31个省区平均值（图3-4）。

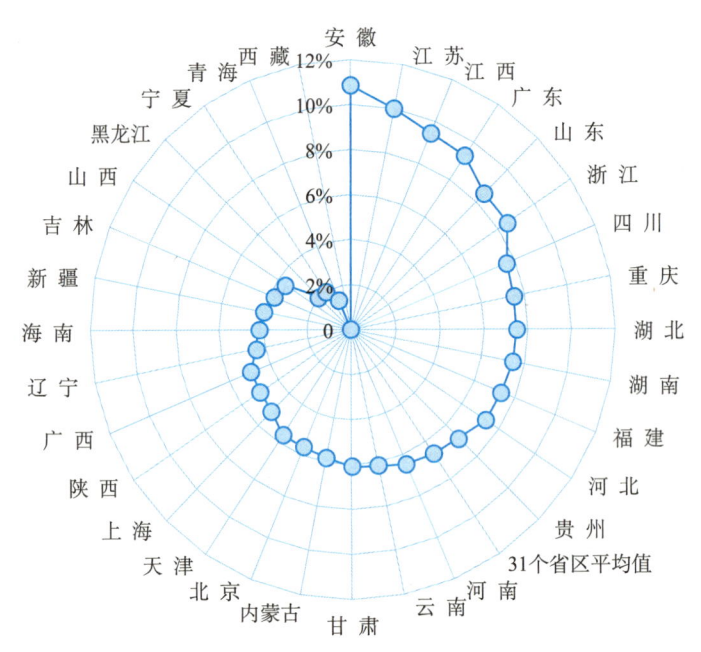

图3-4 中国31个省区区域创新能力指数年均增速（2008～2016年）

二、中国区域创新实力指数演进

区域创新实力指数是构成区域创新能力指数的3项一级指数之一，由区域创新投入实力指数、区域创新条件实力指数、区域创新产出实力指数和区域创新影响实力指数等4项二级指数、18项三级指标表征，反映了区域创新活动的规模。

从区域创新实力指数看，我国各省区的区域创新实力有较大差异。2016年，广东、江苏、浙江、山东、北京、上海、四川、河南、湖北、安徽的区域创新实力指数居 31 个省区前 10 位，其中广东和江苏的区域创新实力指数分别为 89.02 和 83.74，远远领先于其他省区；浙江、山东、北京 3 个省区紧随其后，区域创新实力指数分别为 54.75、52.86 和 49.86；上海区域创新实力指数为 35.05。2016 年，有 21 个省区的区域创新实力指数低于 31 个省区平均值，其中福建、湖南、天津、河北、辽宁、陕西、重庆、江西 8 个省区的区域创新实力指数在 10～21，广西、吉林、黑龙江、云南、山西、内蒙古、贵州、甘肃、新疆、宁夏、海南、青海、西藏等 13 个省区的区域创新实力指数低于 10，其中西藏创新实力指数仅 0.30（图 3-5）。

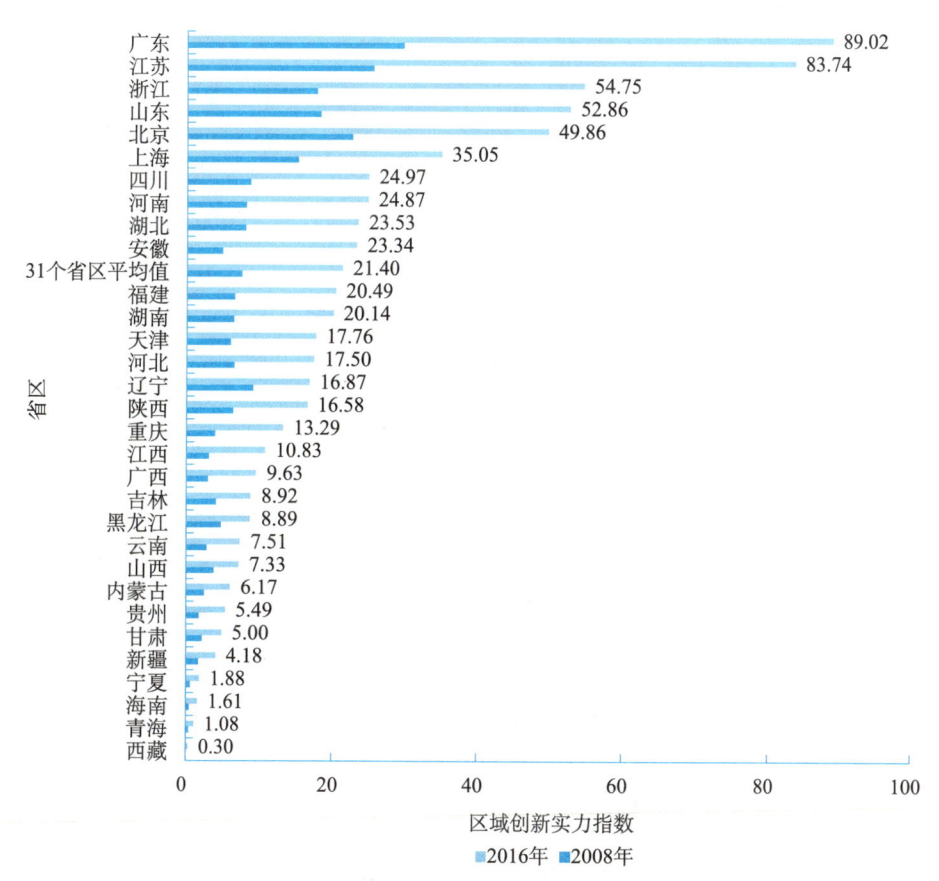

图 3-5 中国 31 个省区区域创新实力指数演进（2008 年、2016 年）
图中数值为 2016 年区域创新实力指数值

从区域创新实力指数年均增速看，2008～2016 年，31 个省区均呈现不同程度的增长态势。西藏区域创新实力指数增速最快，年均增速达 28.25%，但由于其区域创新实力基础较弱，区域创新实力指数排名仍处于第 31 位。安徽的年均增速达 21.20%，居第 2 位，区域创新实力指数排名从 2008 年的第 16 位快速提升到 2016 年的第 10 位。江西、重庆、广西、宁夏、贵州、四川等中西部省区区域创新实力指数年均增速较快，在 14%～17%，但其区域创新实力相对较弱。处于发达地区的江苏、湖南、浙江、福建、广东、天津等省区表现出区域创新实力基础好、发展势头强劲的显著特征，年均增速高于 31 个省区平均值增速。13 个省区区域创新实力指数年均增速低于平均水平，其中吉林、山西、辽宁和黑龙江的区域创新实力指数年均增速低于 10%（图 3-6）。

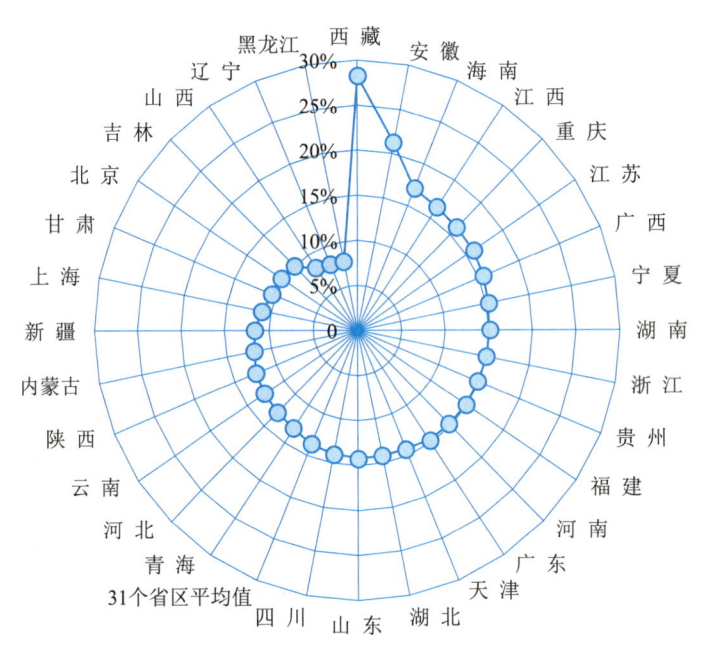

图 3-6　中国 31 个省区区域创新实力指数年均增速（2008～2016 年）

（一）中国区域创新投入实力指数演进

区域创新投入实力指数用以测度区域创新投入规模的大小，由区域的 R&D 人员全时当量和 R&D 经费支出 2 项三级指标构成。

各区域创新投入实力存在较大的差距，东部发达省区创新投入规模普遍较大。2016 年，共有 11 个省区的区域创新投入实力指数超过 31 个省区平均值。江苏和广东区域创新投入实力指数排名前 2 位，分别为 99.80 和

97.44，与其他省区有较大差距。山东、浙江、北京区域创新投入实力指数在59~67；上海区域创新投入实力指数为42.65；河南、湖北、四川、天津、安徽5个省区区域创新实力指数高于31个省区平均值。福建、湖南、河北等20个省区区域创新投入实力指数低于31个省区平均值，其中甘肃、贵州、新疆、宁夏、海南、青海、西藏等7个省区区域创新投入实力指数低于5（图3-7）。

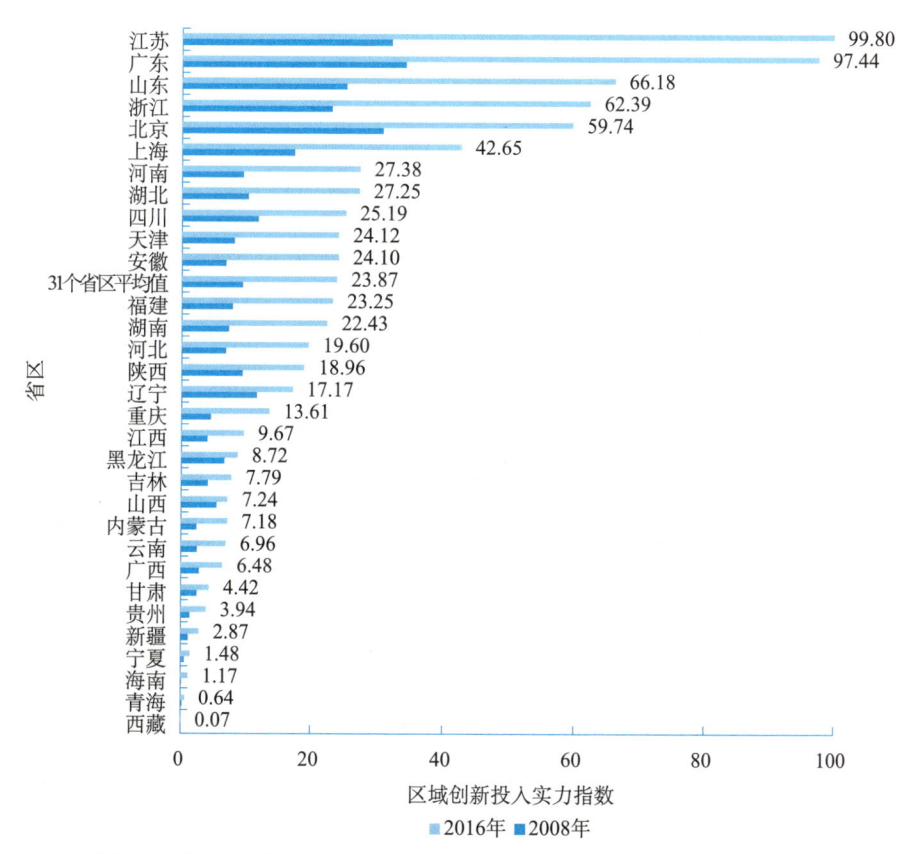

省区	2016年
江苏	99.80
广东	97.44
山东	66.18
浙江	62.39
北京	59.74
上海	42.65
河南	27.38
湖北	27.25
四川	25.19
天津	24.12
安徽	24.10
31个省区平均值	23.87
福建	23.25
湖南	22.43
河北	19.60
陕西	18.96
辽宁	17.17
重庆	13.61
江西	9.67
黑龙江	8.72
吉林	7.79
山西	7.24
内蒙古	7.18
云南	6.96
广西	6.48
甘肃	4.42
贵州	3.94
新疆	2.87
宁夏	1.48
海南	1.17
青海	0.64
西藏	0.07

图3-7 中国31个省区区域创新投入实力指数演进（2008年、2016年）
图中数值为2016年区域创新投入实力指数值

从2008~2016年区域创新投入实力指数年均增速来看，西藏增长最快，年均增速为57.81%，远超其他省区；海南区域创新投入实力指数年均增速排名居31个省区第2位，年均增速达28.79%。西藏和海南2个省区区域创新投入实力指数年均增速较高，主要是由于这两个省区创新投入规模过小，虽然年均增速很高，但其区域创新投入实力指数排名仍然比较落后。安徽、江苏、湖南、重庆、内蒙古、福建、天津、河南等8个省区区域创新投入实力指数年均增速排名进入 31 个省区排名前 10 位,年均增速在 14%～17%;辽宁、山西、黑龙江 3 个省区区域创新投入实力指数年均增速排名居后 3 位,年均增速均小于 5%(图 3-8)。

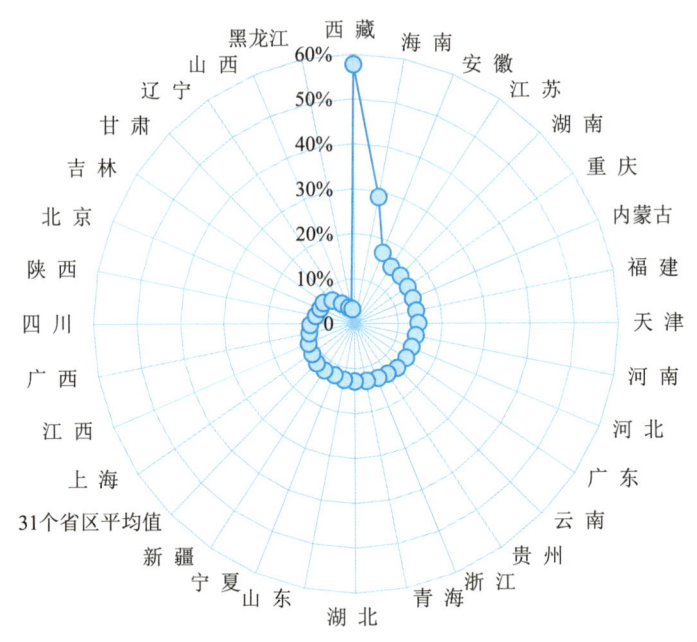

图 3-8　中国 31 个省区区域创新投入实力指数年均增速(2008～2016 年)

(二)中国区域创新条件实力指数演进

区域创新条件实力指数测度区域创新基础条件的优劣,由互联网宽带接入用户数、邮电业务总量、有效发明专利数、研究实验平台数量、产业创新平台数量、检测检验平台数量、创新服务平台数量等 7 项三级指标表征。

我国区域创新条件实力表现出明显的区域差异。2016 年,有 11 个省区创新条件实力指数超过 31 个省区平均值。广东、江苏、北京、浙江、山东、上海等省区区域创新条件实力指数排名居 31 个省区前 6 位,其中广东区域创新条件实力指数为 75.85,远超其他省区;江苏、北京紧随其后,区域创新条件实力指数分别为 64.77 和 64.22;浙江和山东区域创新条件实力指数分别为 50.92 和 50.59;上海区域创新条件实力指数为 41.17。西部省区区域创新条件实力相对较弱。2016 年,广西、吉林、甘肃、贵州、内蒙古、新疆、宁夏、海南、青海、西藏等省区区域创新条件实力指数排名居 31 个省区后 10 位,其中有 8 个省区在西部地区（图 3-9）。

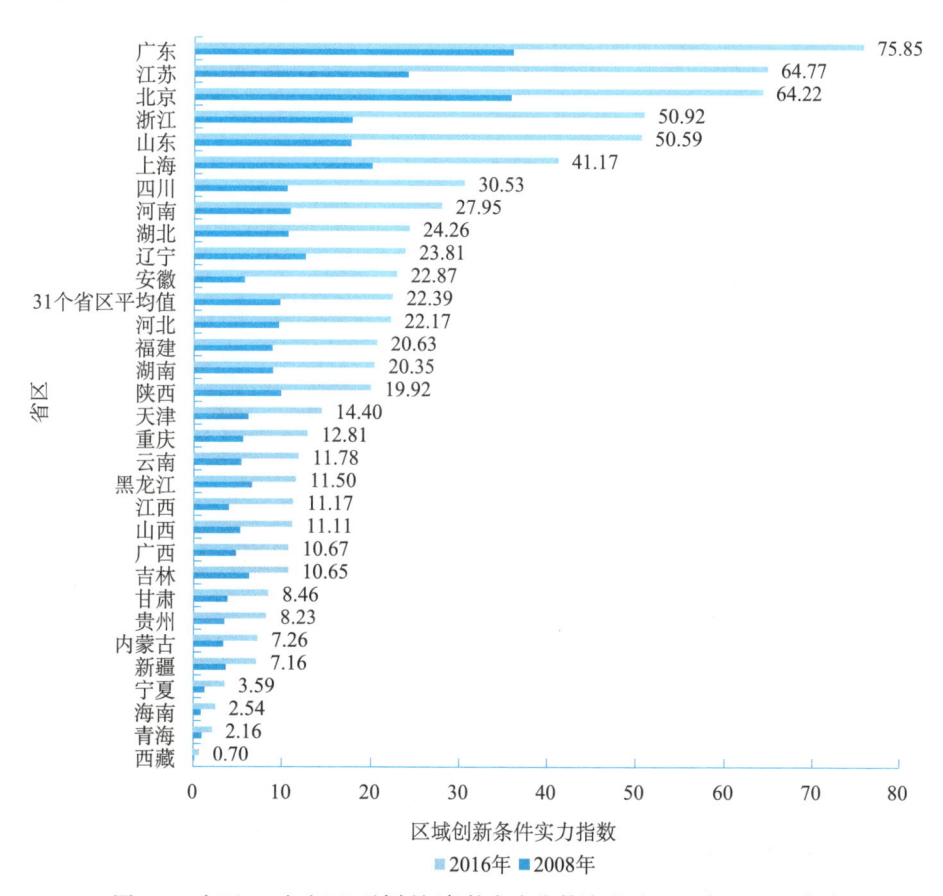

图 3-9　中国 31 个省区区域创新条件实力指数演进（2008 年、2016 年）
图中数值为 2016 年区域创新条件实力指数值

省区	2016年指数值
广东	75.85
江苏	64.77
北京	64.22
浙江	50.92
山东	50.59
上海	41.17
四川	30.53
河南	27.95
湖北	24.26
辽宁	23.81
安徽	22.87
31个省区平均值	22.39
河北	22.17
福建	20.63
湖南	20.35
陕西	19.92
天津	14.40
重庆	12.81
云南	11.78
黑龙江	11.50
江西	11.17
山西	11.11
广西	10.67
吉林	10.65
甘肃	8.46
贵州	8.23
内蒙古	7.26
新疆	7.16
宁夏	3.59
海南	2.54
青海	2.16
西藏	0.70

从区域创新条件实力指数年均增速看，2008～2016 年，西藏、安徽、四川、山东、浙江、海南、宁夏、江西、江苏、河南、贵州、天津、福建、河北等 14 个省区区域创新条件实力指数年均增速超过 31 个省区平均值增速。其中西藏以 24.42% 的年均增速居 31 个省区首位，安徽以 18.77% 的年均增速居第 2 位。区域创新条件实力指数年均增速排名居后 10 位的省区主要集中在西部和东北地区，尤其东北三省辽宁、黑龙江、吉林区域创新条件实力指数年均增速分别为 8.35%、7.11% 和 6.70%，与其他省区差距逐渐拉大（图 3-10）。

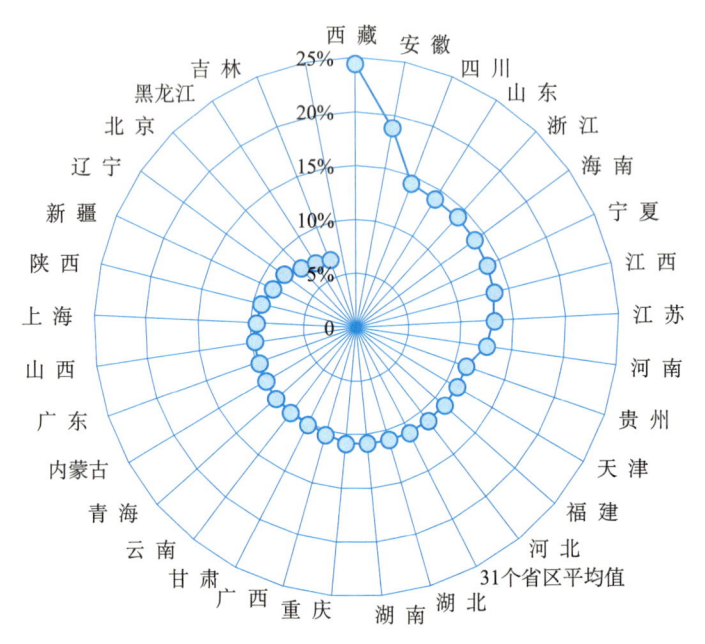

图 3-10　中国 31 个省区区域创新条件实力指数年均增速（2008～2016 年）

（三）中国区域创新产出实力指数演进

区域创新产出实力指数用以测度区域创新产出规模的大小，由发明专利申请量、发明专利授权量、实用新型和外观设计专利申请量、实用新型和外观设计专利授权量、PCT 专利申请量、SCI 论文数等 6 项三级指标表征。

从各省区区域创新产出实力指数来看，东部地区遥遥领先于中西部和东北地区。2016 年，有 9 个省区的区域创新产出实力指数超过 31 个省区平均值。广东区域创新产出实力指数为 82.79，居 31 个省区第 1 位，远超过其他地区；江苏区域创新产出实力指数为 73.05，居第 2 位；北京、浙江区域创新产出实力指数分别为 55.15 和 51.58，排名居第 3 位和第 4 位；山东、上海、安徽、四川排名在第 5 位至第 8 位，区域创新产出实力指数均在 20 以上。湖北、福建、陕西、天津、河南、湖南、辽宁、重庆等 8 个省区区域创新产出实力指数位于 10～20。广西、河北、黑龙江、江西、吉林等省区区域创新产出实力指数位于 5～10。云南、山西、甘肃、贵州、新疆、内蒙古、宁夏、海南、青海、西藏等省区区域创新产出实力指数在5以下，排名居后10位。排名居后10位的省区主要位于西部地区，与东部地区的省区形成巨大差距（图3-11）。

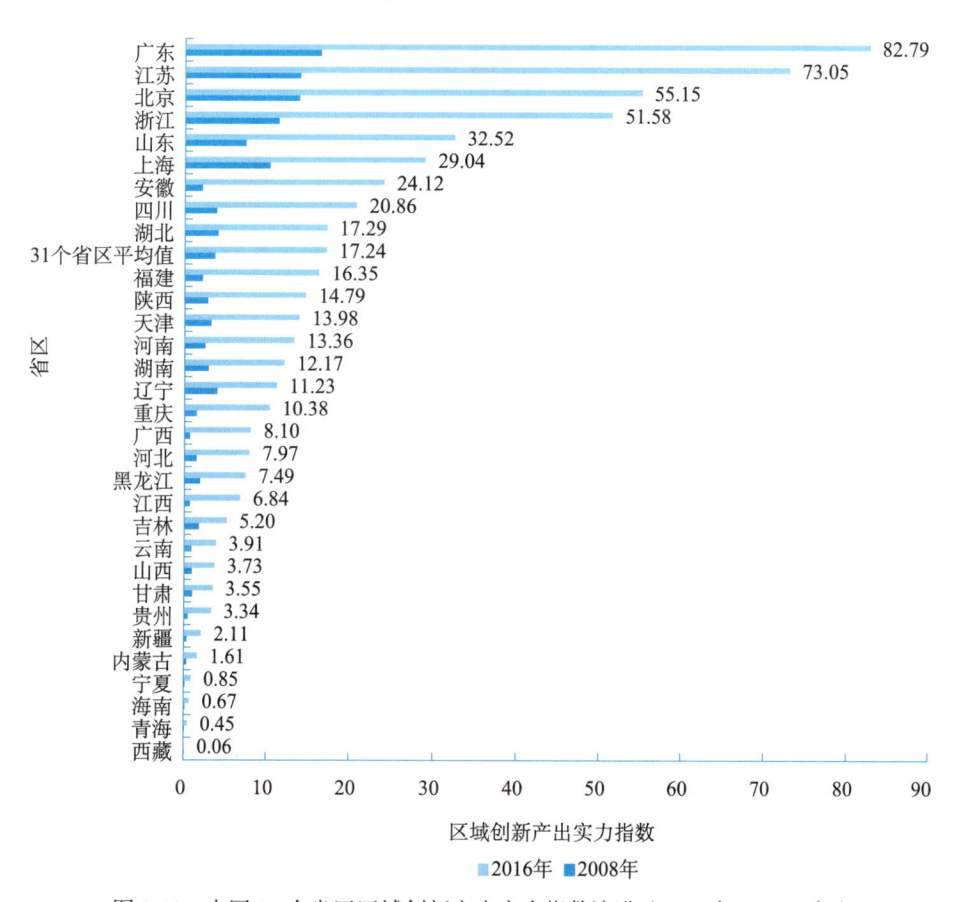

省区	2016年指数
广东	82.79
江苏	73.05
北京	55.15
浙江	51.58
山东	32.52
上海	29.04
安徽	24.12
四川	20.86
湖北	17.29
31个省区平均值	17.24
福建	16.35
陕西	14.79
天津	13.98
河南	13.36
湖南	12.17
辽宁	11.23
重庆	10.38
广西	8.10
河北	7.97
黑龙江	7.49
江西	6.84
吉林	5.20
云南	3.91
山西	3.73
甘肃	3.55
贵州	3.34
新疆	2.11
内蒙古	1.61
宁夏	0.85
海南	0.67
青海	0.45
西藏	0.06

图 3-11　中国 31 个省区区域创新产出实力指数演进（2008 年、2016 年）

图中数值为 2016 年区域创新产出实力指数值

从区域创新产出实力指数年均增速看，2008～2016年总体上呈现欠发达地区年均增速高于发达地区的态势。2008～2016年，区域创新产出实力指数年均增速排名前10位的省区中，有8个省区在中西部地区。其中，广西、安徽、江西年均增速居31个省区前3位，均为中西部地区，表明中西部与东部省区在区域创新产出实力上的差距在逐渐缩小。山东、湖南、湖北、山西、北京、黑龙江、甘肃、吉林、辽宁、上海等省区区域创新产出实力指数年均增速排名居31个省区后10位。其中，山东、北京、上海等东部省区都是创新产出规模大的省区，但区域创新产出实力指数年均增速排名靠后，在13%～21%。值得指出的是，东北三省创新产出实力居31个省区中下水平，年均增速居31个省区后10位，与其他区域创新产出实力差距不断扩大（图3-12）。

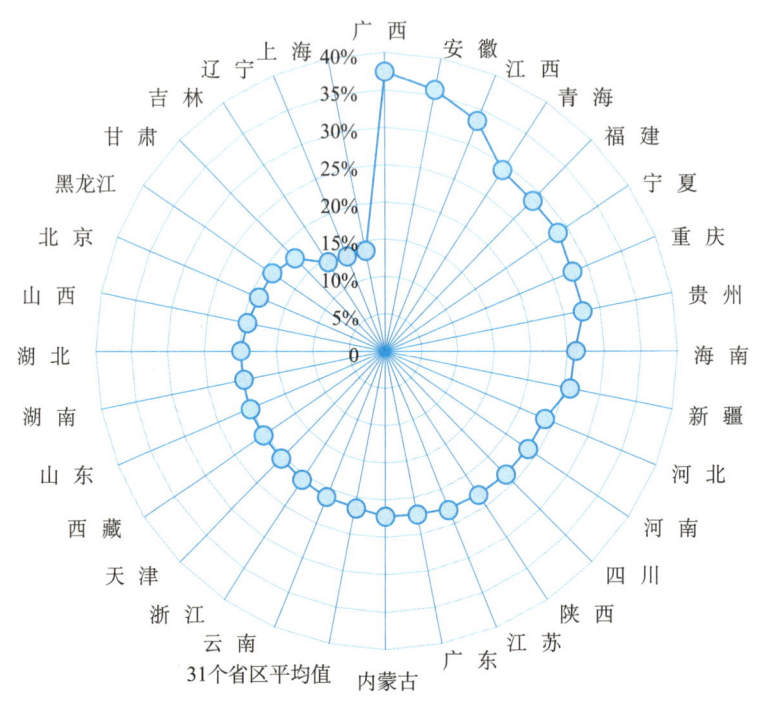

图3-12　中国31个省区区域创新产出实力指数年均增速（2008～2016年）

（四）中国区域创新影响实力指数演进

区域创新影响实力指数由大中型工业企业新产品销售收入、地区生产总值、高技术产业利润总额等3项三级指标表征。

区域创新影响实力指数与区域经济发展水平密切相关。2016年，有10个省区区域创新影响实力指数超过31个省区平均值。广东省区域创新影响实力指数达到100.00，居第1位。江苏紧跟其后，区域创新影响实力指数为97.34。山东、浙江区域创新影响实力指数分列第3位和第4位。河南、上海、湖南、湖北、四川、安徽等省区区域创新影响实力指数排名前10位。区域创新影响实力指数排名居后10位的省区，除山西、海南外，其他均为西部和东北省区（图3-13）。

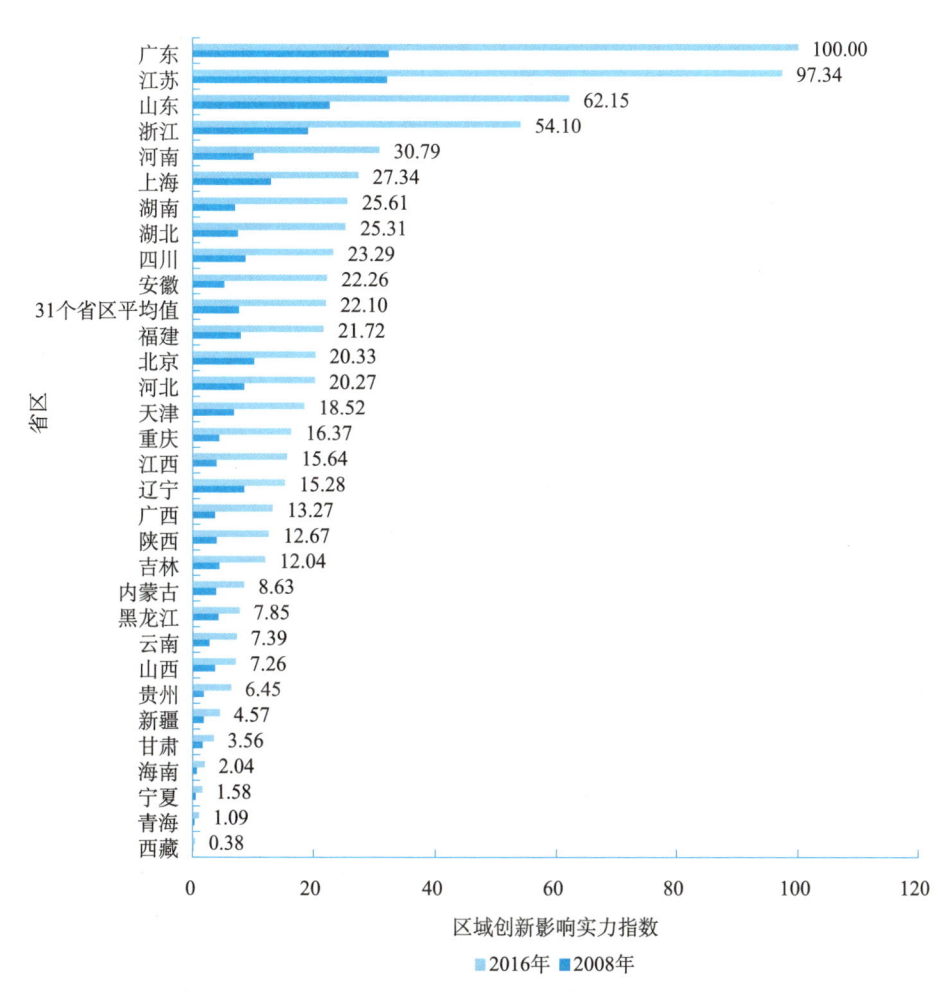

图 3-13 中国 31 个省区区域创新影响实力指数演进（2008 年、2016 年）
图中数值为 2016 年区域创新影响实力指数值

从各省区区域创新影响实力指数年均增速看，2008～2016 年部分中西部省区的年均增速高于东部省区。年均增速位于前 10 位的省区均位于中西部地区。其中，西藏区域创新影响实力指数年均增速达到 38.49%，远高于其他地区；安徽、江西、重庆、贵州、湖南、广西、宁夏、青海、湖北区域创新影响实力指数年均增速位于 16%～20%。上海、北京、山西、黑龙江和辽宁区域创新影响实力指数年均增速排名居后 5 位，年均增速均低于 10%（图 3-14）。

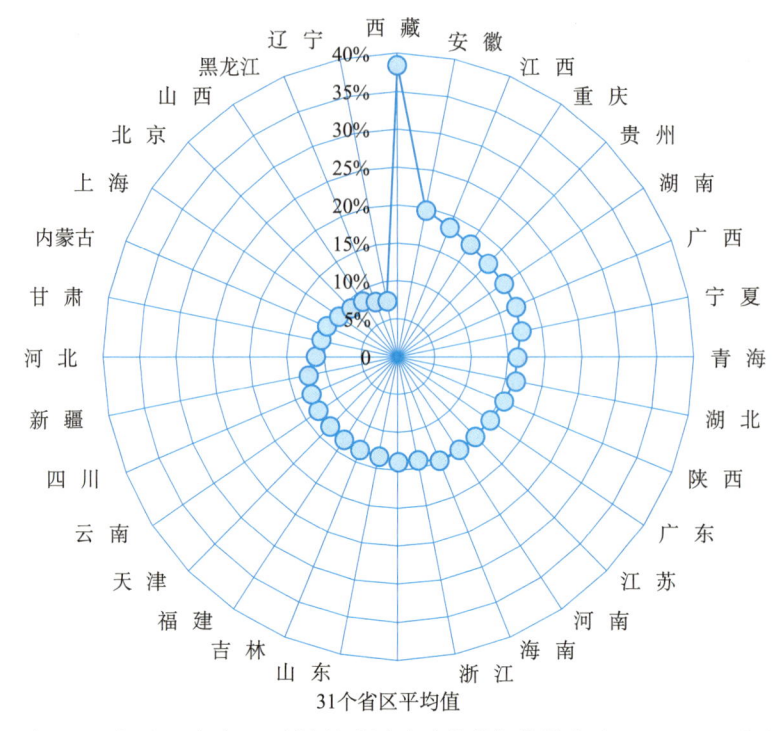

图 3-14　中国 31 个省区区域创新影响实力指数年均增速（2008～2016 年）

三、中国区域创新效力指数演进

区域创新效力指数用以测度各区域的创新效率和效益，由区域创新投入效力指数、区域创新产出效力指数、区域创新条件效力指数和区域创新影响效力指数等 4 项二级指数、22 项三级指标构成。

2016 年，北京、上海和天津等 3 个直辖市的区域创新效力指数排名前 3 位，说明这 3 个直辖市创新效率比其他区域更高，创新效益较其他区域更好。其中，北京区域创新效力指数遥遥领先，为 70.71，远高于其他地区；上海排名第 2 位，区域创新效力指数为 54.49；天津区域创新效力指数为 48.67，居 31 个省区第 3 位。安徽、陕西作为中西部省区进入区域创新效力指数排名前 10 位。排名前 10 位省区中，北京、上海、天津、福建、安徽、陕西的区域创新实力指数排名分别居 31 个省区的第 5 位、第 6 位、第 13 位、第 11 位、第 10 位和第 16 位，低于其区域创新效力指数排名，表明这些省区创新效率和效益相对较高。除海南和山西外，区域创新效力指数排名居后 10 位的省区主要位于西部和东北地区（图3-15）。

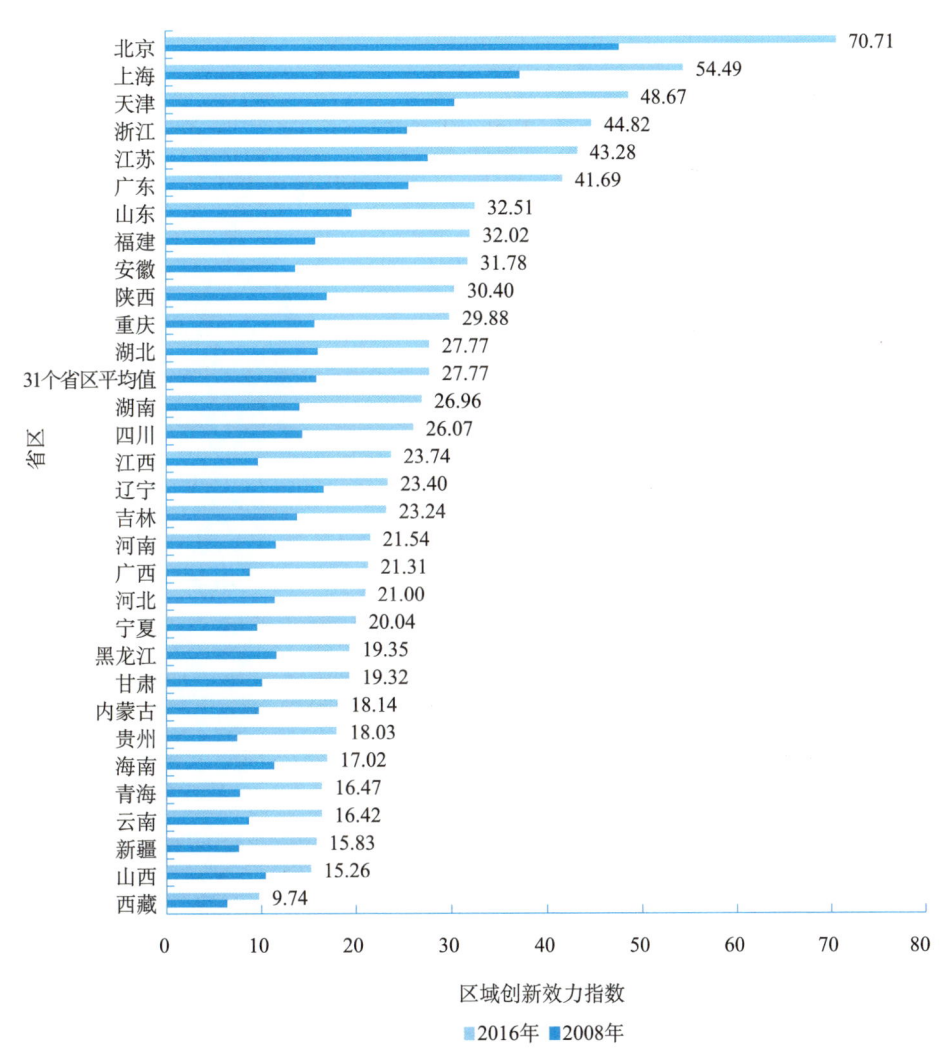

省区	2016年
北京	70.71
上海	54.49
天津	48.67
浙江	44.82
江苏	43.28
广东	41.69
山东	32.51
福建	32.02
安徽	31.78
陕西	30.40
重庆	29.88
湖北	27.77
31个省区平均值	27.77
湖南	26.96
四川	26.07
江西	23.74
辽宁	23.40
吉林	23.24
河南	21.54
广西	21.31
河北	21.00
宁夏	20.04
黑龙江	19.35
甘肃	19.32
内蒙古	18.14
贵州	18.03
海南	17.02
青海	16.47
云南	16.42
新疆	15.83
山西	15.26
西藏	9.74

图3-15 中国31个省区区域创新效力指数演进（2008年、2016年）
图中数值为2016年区域创新效力指数值

从各省区区域创新效力指数年均增速来看，2008～2016年大部分省区增长相对缓慢，但中西部地区年均增速总体高于东部地区。年均增速排名前10位的省区中，除福建外，其他9个省区均位于中西部地区。31个省区平均值的年均增速在8%以下，有13个省区年均增速低于31个省区平均值增速。江西、广西、贵州虽然区域创新效力指数排名靠后，但是年均增速居前

3位，这主要是由于这些省区创新规模较小；北京、上海、天津、江苏4个省区2016年区域创新效力指数排名居前5位，但年均增速排名相对较低，均低于31个省区平均值增速（图3-16）。

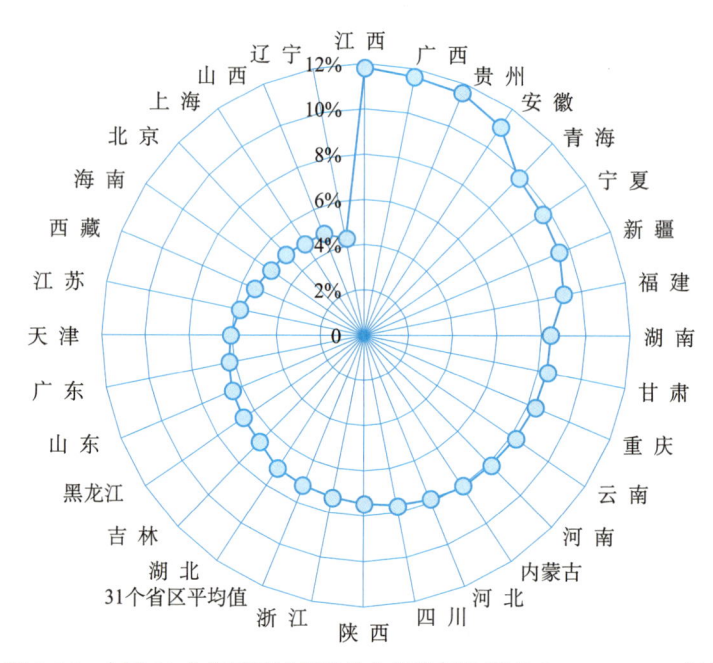

图3-16 中国31个省区区域创新效力指数年均增速（2008～2016年）

（一）中国区域创新投入效力指数演进

区域创新投入效力指数由R&D人员比例和R&D经费支出占地区生产总值的比例2项三级指标表征。

从区域创新投入效力指数来看，北京2016年区域创新投入效力指数达到80.28，远高于其他区域。天津和上海区域创新投入效力指数分别为66.97和59.66，排名居第2位和第3位。安徽、陕西、湖北作为中西部省区进入区域创新投入效力指数排名前10位。其中，北京、上海、天津、安徽和陕西的区域创新投入实力指数排名分别居31个省区第5位、第6位、第10位、第11位和第15位，低于其区域创新投入效力指数排名，表明这些省区的创新投入效率和效益相对较高。除海南、山西和江西外，区域创新投入效力指数排名居31个省区后10位的均位于西部地区（图3-17）。

第三章 中国区域创新能力

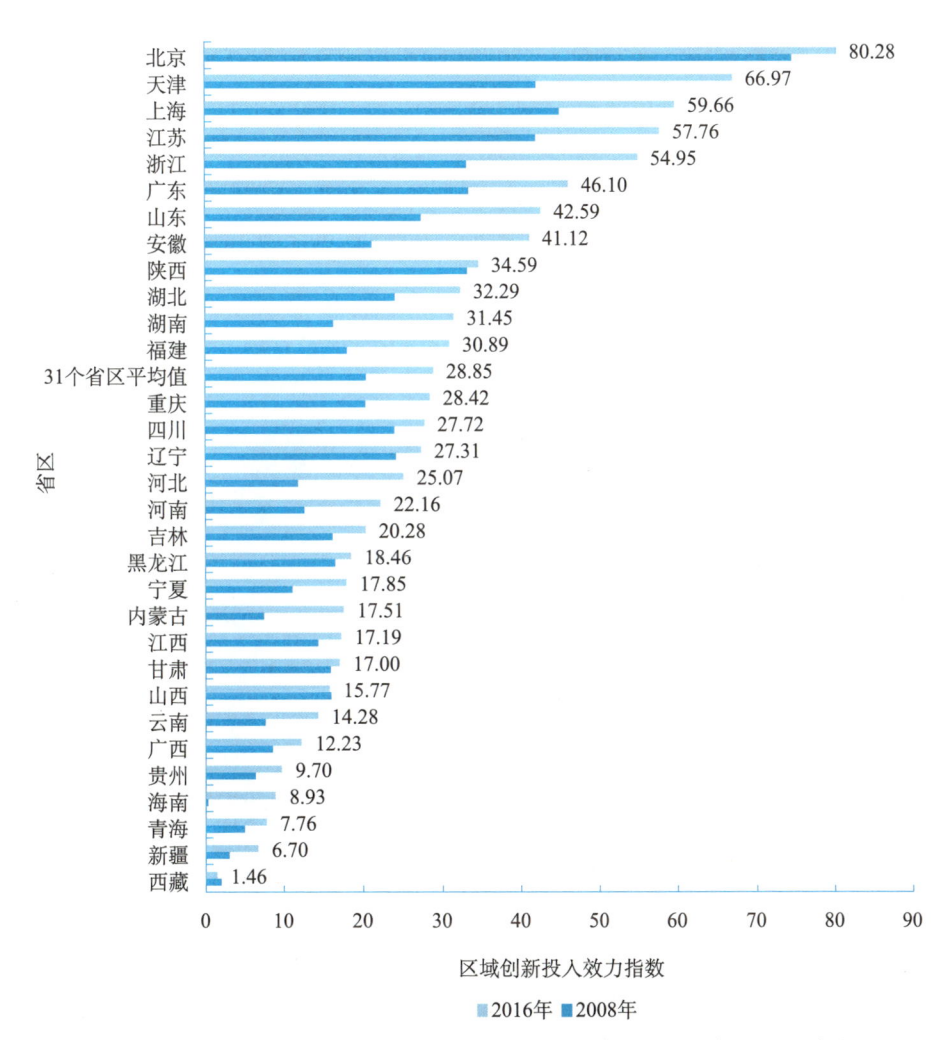

图 3-17 中国31个省区区域创新投入效力指数演进（2008年、2016年）

省区	2016年
北京	80.28
天津	66.97
上海	59.66
江苏	57.76
浙江	54.95
广东	46.10
山东	42.59
安徽	41.12
陕西	34.59
湖北	32.29
湖南	31.45
福建	30.89
31个省区平均值	28.85
重庆	28.42
四川	27.72
辽宁	27.31
河北	25.07
河南	22.16
吉林	20.28
黑龙江	18.46
宁夏	17.85
内蒙古	17.51
江西	17.19
甘肃	17.00
山西	15.77
云南	14.28
广西	12.23
贵州	9.70
海南	8.93
青海	7.76
新疆	6.70
西藏	1.46

图中数值为2016年区域创新投入效力指数值

从区域创新投入效力指数年均增速来看，2008～2016年大部分省区增长相对缓慢，但中西部地区年均增速总体高于东部地区。年均增速排名前10位的省区中，有内蒙古、新疆、安徽、湖南、云南、河南6个中西部省区。31个省区年均增速的平均值在5%以下，有15个省区年均增速低于31个省区平均值的年均增速。海南、内蒙古、新疆虽然区域创新投入效力指数排名靠后，但是其年均增速居前3位，这主要是由于这些省区创新规模较小；北京、上海、江苏3个省区2016年区域创新投入效力指数排名居前5位，但年均增速排名相对较低，均低于31个省区平均值增速（图3-18）。

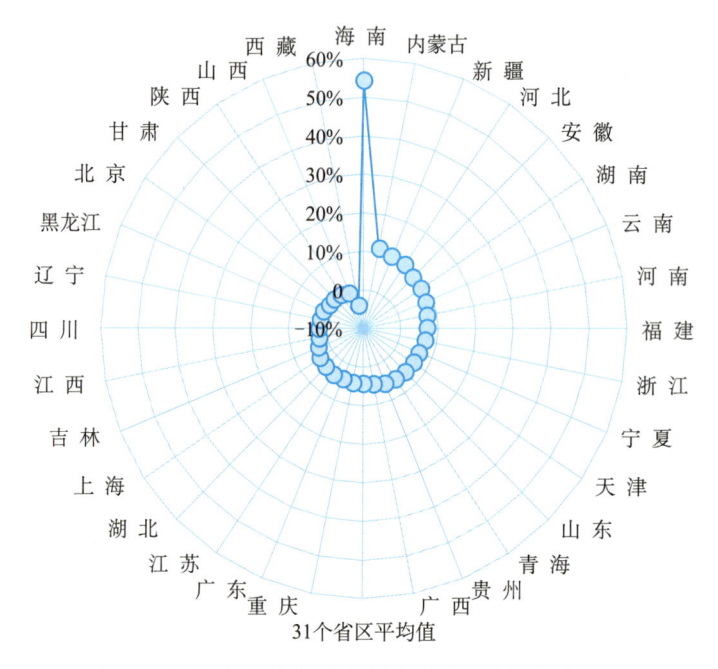

图3-18 中国31个省区区域创新投入效力指数年均增速（2008～2016年）

（二）中国区域创新产出效力指数演进

区域创新产出效力指数由单位R&D人员发明专利申请量、单位R&D人员发明专利授权量、单位R&D人员实用新型和外观设计专利申请量、单位R&D人员实用新型和外观设计专利授权量、单位R&D人员PCT专利申请量、单位R&D人员SCI论文数6项三级指标表征。

从区域创新产出效力指数看，2016年广东和北京区域创新产出效力指数居31个省区前2位，显示出较其他区域更高的创新产出效率。江西、四川、重庆、陕西、广西、安徽、甘肃等中西部地区显示出比许多东部发达地区更高的区域创新产出效率，区域创新产出效力指数在30～40，这主要是上述中西部省区R&D人员较少、R&D经费投入不高的情况下，创新产出相对较高造成的（图3-19）。

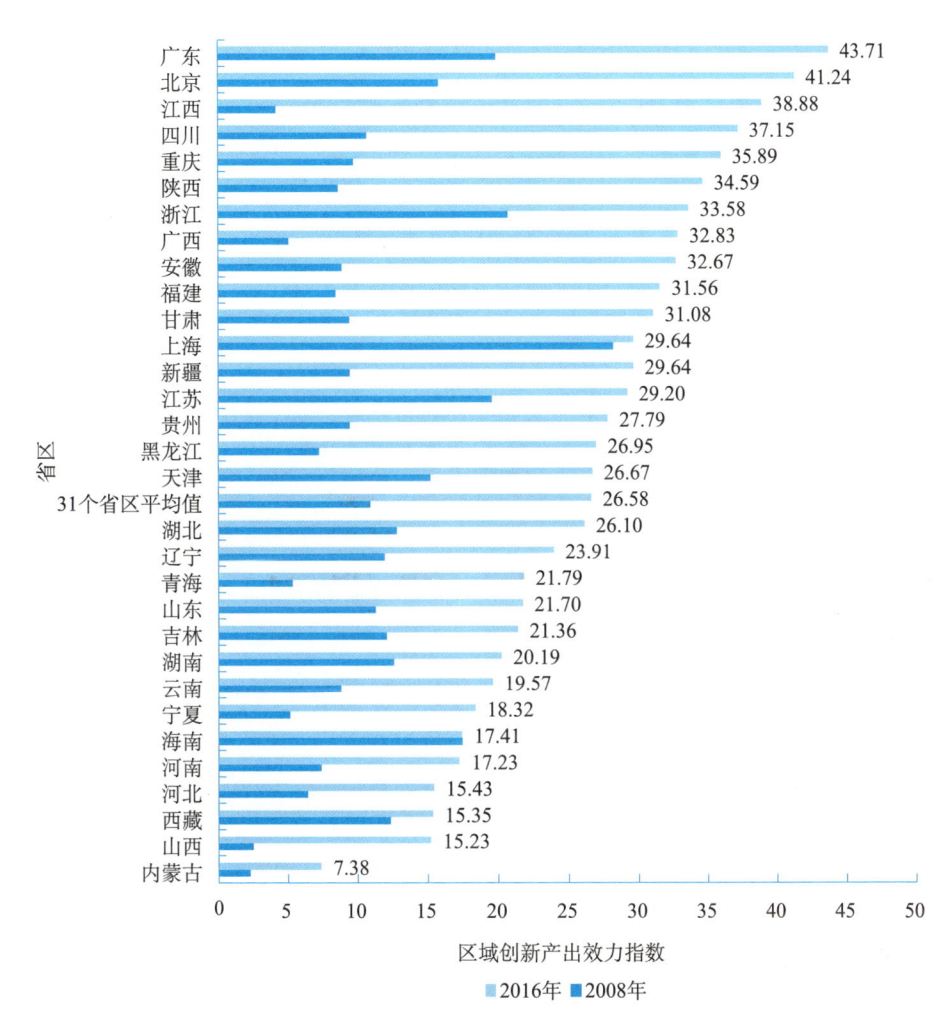

图 3-19　中国 31 个省区区域创新产出效力指数演进（2008 年、2016 年）

图中的数值为 2016 年区域创新产出效力指数值

从区域创新产出效力指数年均增速看，2008～2016 年部分省区呈较快增长态势。除福建外，区域创新产出效力指数年均增速排名居前 10 位的省区均位于中西部和东北地区。其中，江西区域创新产出效力指数年均增速居首位，高达 32.32%；广西区域创新产出效力指数年均增速居第 2 位，为 26.33%。大部分东部省区区域创新产出效力指数年均增速相对较低，上海和海南 2 个省区区域创新产出效力指数年均增速低于 1%（图 3-20）。

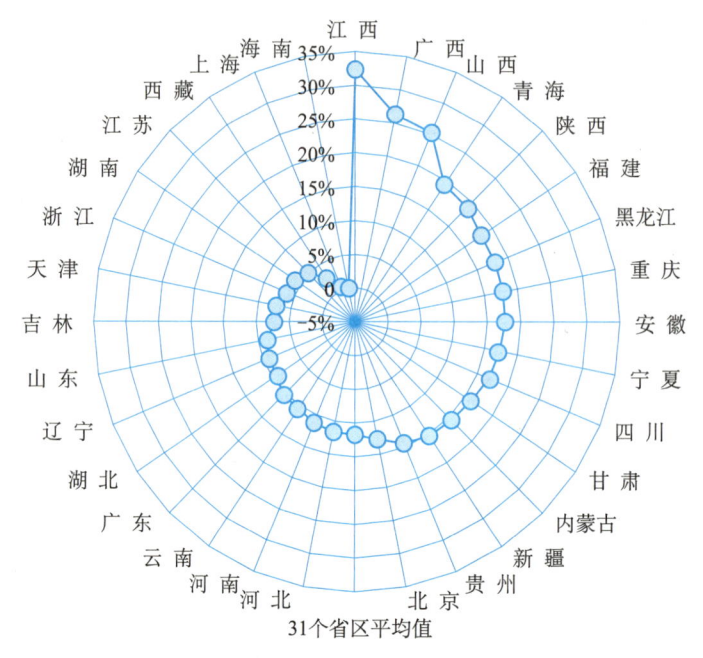

图 3-20 中国 31 个省区区域创新产出效力指数年均增速（2008～2016 年）

（三）中国区域创新条件效力指数演进

区域创新条件效力指数由人均邮电业务总量、每万人口有效发明专利数、每百万人研究实验平台数量、每百万人产业创新平台数量、每百万人检测检验平台数量、每百万人创新服务平台数量 6 项三级指标表征。

从各区域创新条件效力指数看，东部地区部分省区明显高于其他区域。2016 年，北京区域创新条件效力指数为 91.30，遥遥领先其他省区；同年，上海区域创新条件效力指数为 56.02，居 31 个省区第 2 位；浙江、天津、广东区域创新条件效力指数分别为 28.83、28.20 和 22.83，分别居 31 个省区第 3～5 位。广西、江西、贵州、云南、河北、河南、山西、湖南、新疆、黑龙江区域创新条件效力指数排名居后 10 位，除河北和黑龙江外均位于中西部地区，表明中西部省区与东部省区在创新条件上有巨大的差距（图 3-21）。

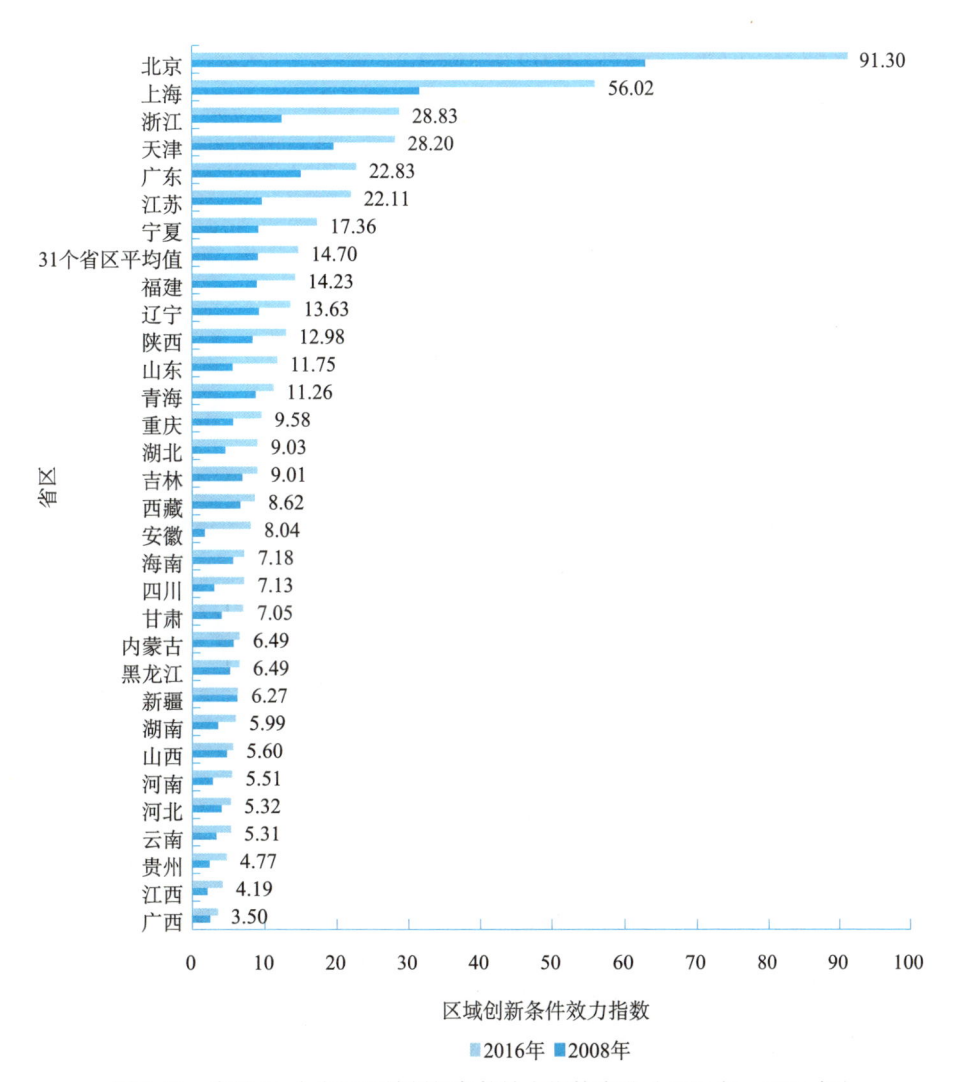

图 3-21　中国 31 个省区区域创新条件效力指数演进（2008 年、2016 年）

图中的数值为 2016 年区域创新条件效力指数值

从区域创新条件效力指数年均增速看，部分中西部省区区域创新条件改善速度高于东部地区，但仍有一些中西部地区创新条件效率和效益提升缓慢。2008～2016 年，区域创新条件效力指数年均增速排名前 10 位的省区中，有 7 个省区位于中西部地区，其中安徽区域创新条件效力指数年均增速为 21.59%，排名居 31 个省区第 1 位。同期，区域创新条件效力指数年均增速排名后 10 位的省区中，有 7 个省区位于中西部和东北地区，其中新疆区域创新条件效力指数年均增速仅为 0.1%（图 3-22）。

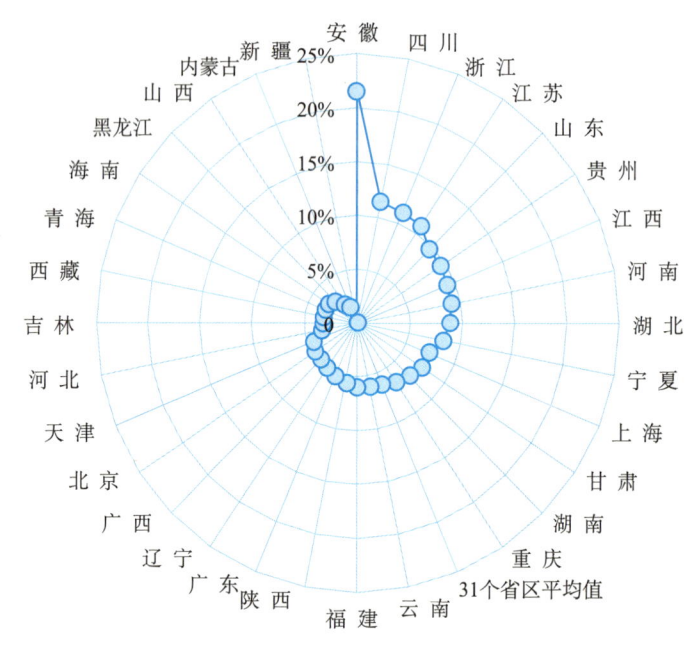

图 3-22　中国 31 个省区区域创新条件效力指数年均增速（2008～2016 年）

（四）中国区域创新影响效力指数演进

区域创新影响效力指数由大中型工业企业新产品销售收入占主营业务收入比重、人均地区生产总值、劳动生产率、单位能耗产生的 GDP、单位建成区面积 GDP 产出、单位工业废水排放量对应的主营业务收入、工业固体废物综合利用率、单位主要污染物排放量对应的 GDP 等 8 项三级指标表征。

从各区域创新影响效力指数看，东部地区区域创新影响效力指数普遍高于中西部和东北地区。2016 年，区域创新影响效力指数排名前 8 位的省区均为东部发达省区，天津、上海、北京 3 个直辖市区域创新影响效力指数居前 3 位，明显高于其他省区；江苏、浙江区域创新影响效力指数紧随其后，排名居 4～5 位。区域创新影响效力指数排名居后 10 位的省区有贵州、辽宁、宁夏、云南、黑龙江、青海、山西、甘肃、新疆、西藏，其中 7 个省区位于西部地区，2 个省区位于东北地区，1 个省区位于中部地区（图 3-23）。

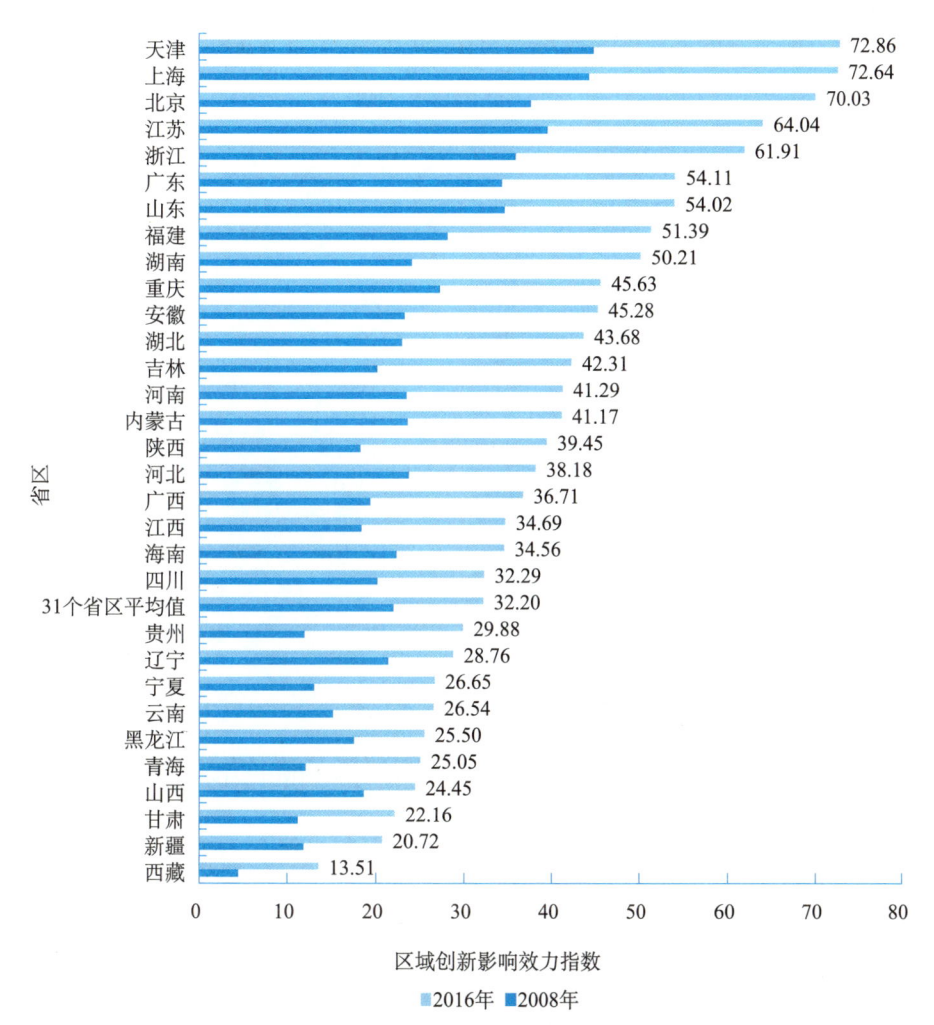

图 3-23 中国 31 个省区区域创新影响效力指数演进（2008 年、2016 年）
图中的数值为 2016 年区域创新创新影响效力指数值

省区	2016年
天津	72.86
上海	72.64
北京	70.03
江苏	64.04
浙江	61.91
广东	54.11
山东	54.02
福建	51.39
湖南	50.21
重庆	45.63
安徽	45.28
湖北	43.68
吉林	42.31
河南	41.29
内蒙古	41.17
陕西	39.45
河北	38.18
广西	36.71
江西	34.69
海南	34.56
四川	32.29
31个省区平均值	32.20
贵州	29.88
辽宁	28.76
宁夏	26.65
云南	26.54
黑龙江	25.50
青海	25.05
山西	24.45
甘肃	22.16
新疆	20.72
西藏	13.51

从区域创新影响效力指数年均增速来看，中西部和东北地区部分省区年均增速相对较高，与东部地区创新影响效率和效益差距逐渐缩小。2008～2016 年，区域创新影响效力指数年均增速排名居前 10 位的省区均位于中西部和东北地区；其中，西藏和贵州区域创新影响效力指数年均增速分别为 14.59% 和 12.16%，排名居 31 个省区第 1 位和第 2 位。区域创新影响效力指数年均增速排名后 10 位的省区中，包括天津、江苏、河北、广东、山东、海南 6 个东部省区。黑龙江、辽宁、山西的区域创新影响效力指数年均

增速不足 5%，排名居 31 个省区后 3 位（图 3-24）。

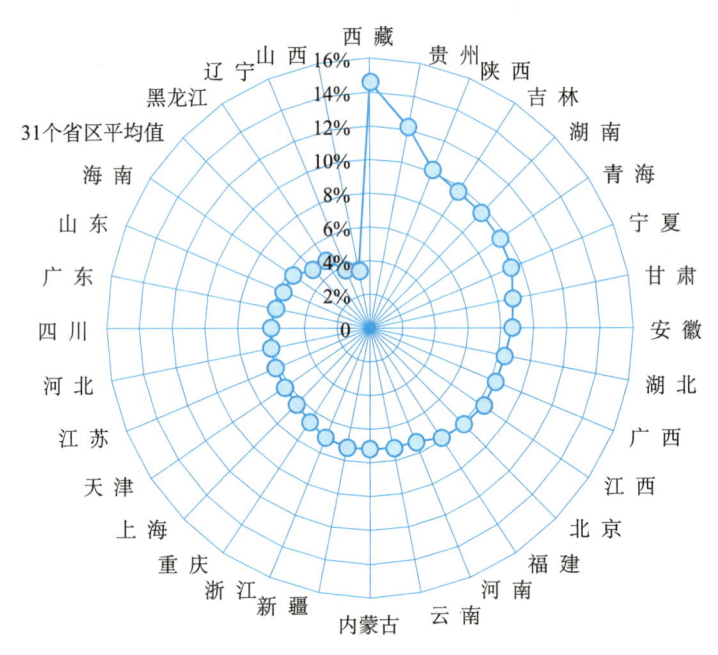

图 3-24　中国 31 个省区区域创新影响效力指数年均增速（2008～2016 年）

四、中国区域创新创业环境指数演进

区域创新创业环境指数由区域资金环境指数、区域人才环境指数、区域制度环境指数等 3 项二级指数构成。

2008～2016 年，各区域创新创业环境指数有增有减。北京、广东、上海、浙江、江苏 5 个省区的区域创新创业环境指数均有不同程度增长，并明显优于其他省区。2016 年，这 5 个省区区域创新创业环境指数在 50～60。陕西、广西两省区域创新创业环境指数高于 31 个省区平均值，但是低于其 2008 年的指数值。河南、新疆、吉林、黑龙江、宁夏、西藏、青海 7 个省区区域创新创业指数不增反降，排名居 31 个省区后 10 位（图 3-25）。

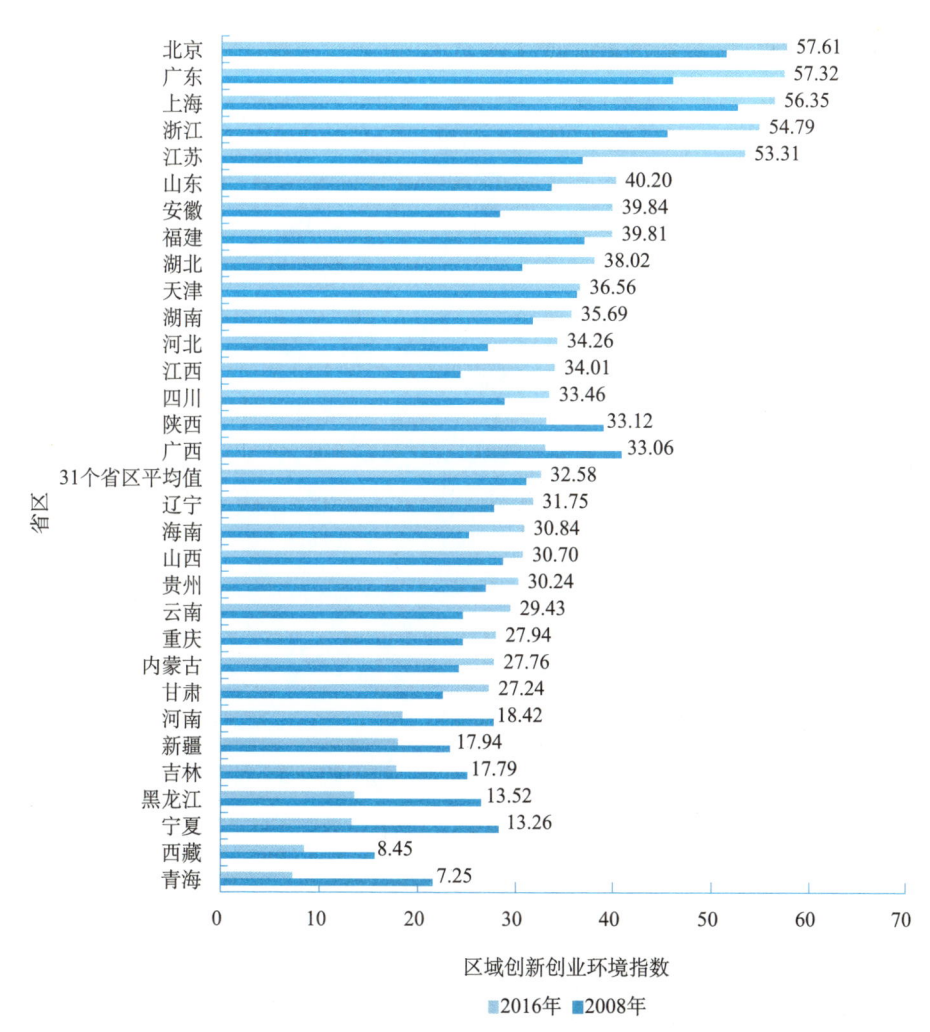

图 3-25 中国31个省区区域创新创业环境指数演进（2008年、2016年）

图中的数值为2016年区域创新创业环境指数值

2008～2016年，各区域创新创业环境指数年均增速普遍处于较低水平。东部江苏、广东、浙江3个经济发达省区在区域创新创业环境指数较高的情况下，年均增速仍居前10位。江苏区域创新创业环境指数年均增速居31个省区第1位，达到4.74%，广东和浙江区域创新创业环境指数年均增速分别为2.78%和2.37%。中西部地区年均增速呈两极分化趋势：安徽、江西、湖北、甘肃、云南5个中西部省区区域创新创业环境指数年均增速居前10位，陕西、广西、新疆、河南、西藏、宁夏和青海区域创新创业环境指数年均增速为负，呈现下降态势（图3-26）。

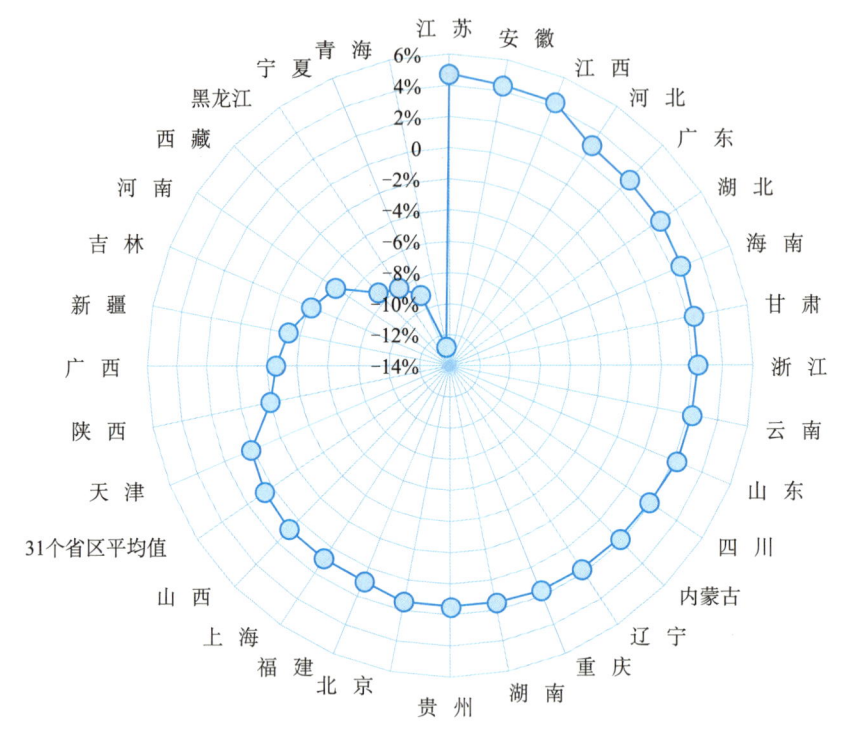

图3-26 中国31个省区区域创新创业环境指数年均增速（2008～2016年）

（一）中国区域资金环境指数演进

区域资金环境指数由工业企业研究开发费用加计扣除执行情况、高企税收优惠、地方政府对创新活动的扶持程度3项三级指标表征。

东部地区区域资金环境优于中西部地区，中部地区又优于东北和西部地区。2016年，有9个省区区域资金环境指数高于31个省区平均值，包括7个东部省区，2个中部省区。广东区域资金环境明显优于其他省区，2016年区域资金环境指数为69.15，排名居31个省区首位。江苏、浙江、上海3个省区区域资金环境指数排名居2～4位，分别为53.55、48.04和47.13。安徽和湖北区域资金环境指数分别为33.84和24.15，居第6位和第7位。区域资金环境指数排名居后10位的省区中，除黑龙江外均位于西部地区（图3-27）。

第三章　中国区域创新能力

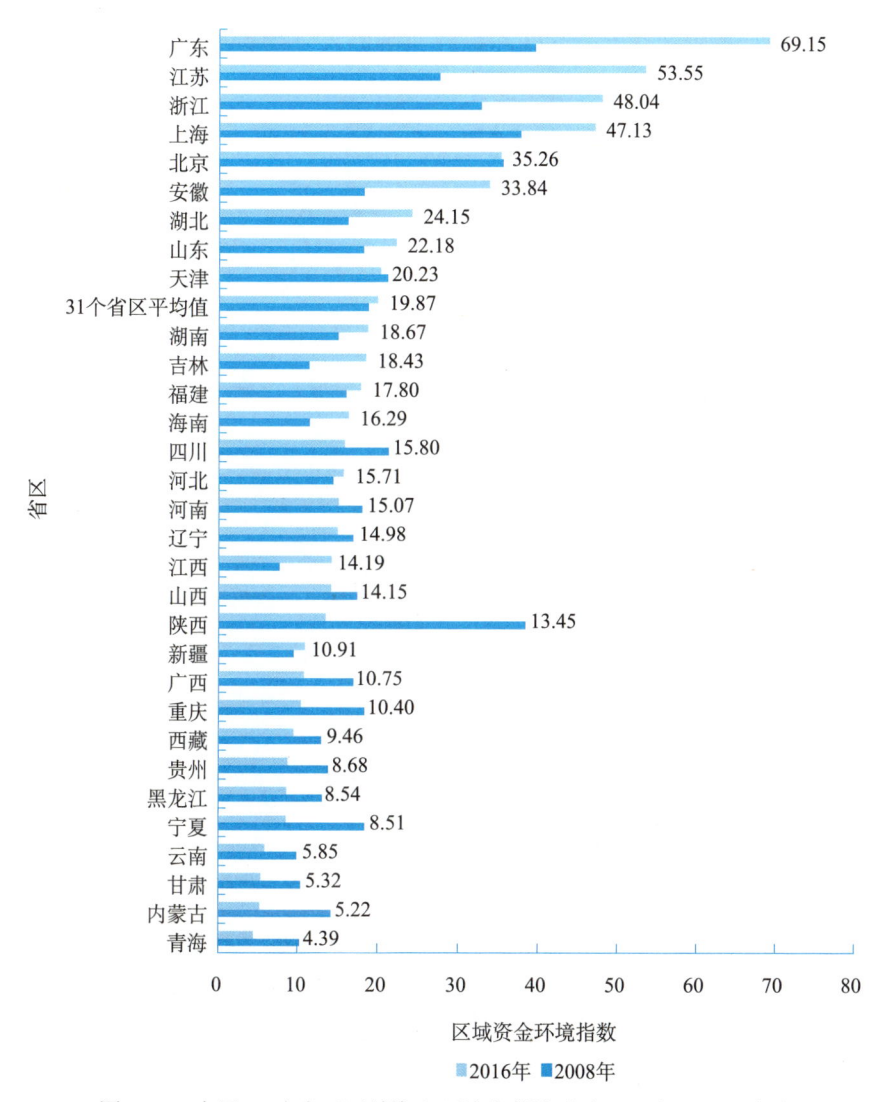

省区	2016年
广东	69.15
江苏	53.55
浙江	48.04
上海	47.13
北京	35.26
安徽	33.84
湖北	24.15
山东	22.18
天津	20.23
31个省区平均值	19.87
湖南	18.67
吉林	18.43
福建	17.80
海南	16.29
四川	15.80
河北	15.71
河南	15.07
辽宁	14.98
江西	14.19
山西	14.15
陕西	13.45
新疆	10.91
广西	10.75
重庆	10.40
西藏	9.46
贵州	8.68
黑龙江	8.54
宁夏	8.51
云南	5.85
甘肃	5.32
内蒙古	5.22
青海	4.39

图 3-27　中国 31 个省区区域资金环境指数演进（2008 年、2016 年）
图中的数值为 2016 年区域资金环境指数值

从区域资金环境指数年均增速来看，东部和中部地区增速相对较快，大部分西部省区增长相对缓慢，甚至呈下降态势。2008～2016 年，江苏区域资金环境指数年均增速 8.66%，居 31 个省区第 1 位；江西、安徽紧随其后，区域资金环境指数年均增速分别为 8.08% 和 8.06%。值得注意的是，有 17 个省区区域资金环境指数出现不同程度的下降，包括北京、天津 2 个东部省区，河南、山西 2 个中部省区，辽宁、黑龙江 2 个东北省区，四川、西藏、广西、贵州、云南、重庆、甘肃、宁夏、青海、内蒙古、陕西 11 个西部省区，其中陕西该指数下降最为明显（图 3-28）。

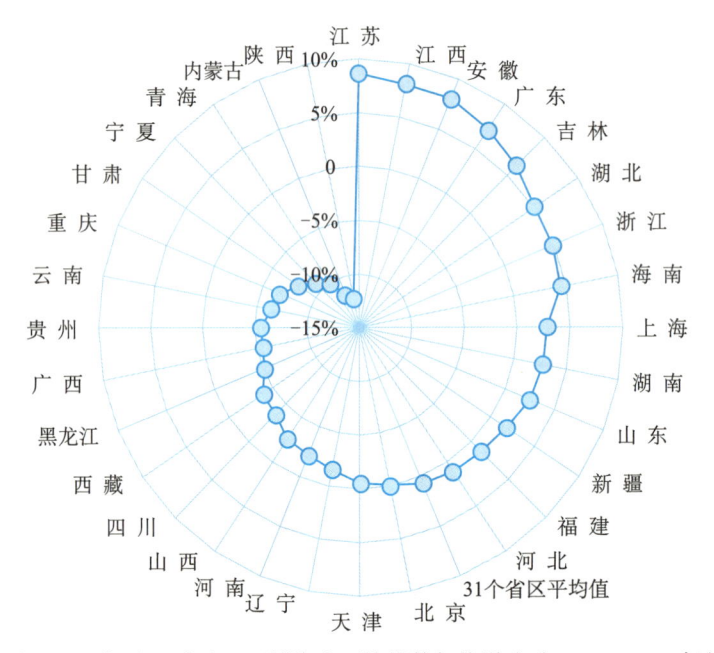

图 3-28　中国 31 个省区区域资金环境指数年均增速（2008～2016 年）

（二）中国区域人才环境指数演进

区域人才环境指数由大专以上学历人口比例、地方政府对教育的重视程度（通过地方政府财政支出中教育经费支出所占比重来衡量）、城镇居民人均可支配收入与全国平均数的比例 3 项三级指标表征。

从区域人才环境指数看，东部地区人才环境相对较好。2016 年，区域人才环境指数排名居前 10 位的省区主要集中在东部发达地区。其中，北京 2016 年区域人才环境指数达 76.96，远高于其他省区；上海和浙江区域人才环境指数紧跟其后，分别为 61.46 和 57.21。西部省区人才环境相对较差。2016 年区域人才环境指数排名居后 10 位的省区中，有 6 个位于西部地区，2 个位于东北地区。其中，西藏区域人才环境指数仅为 8.96，居最后 1 位（图 3-29）。

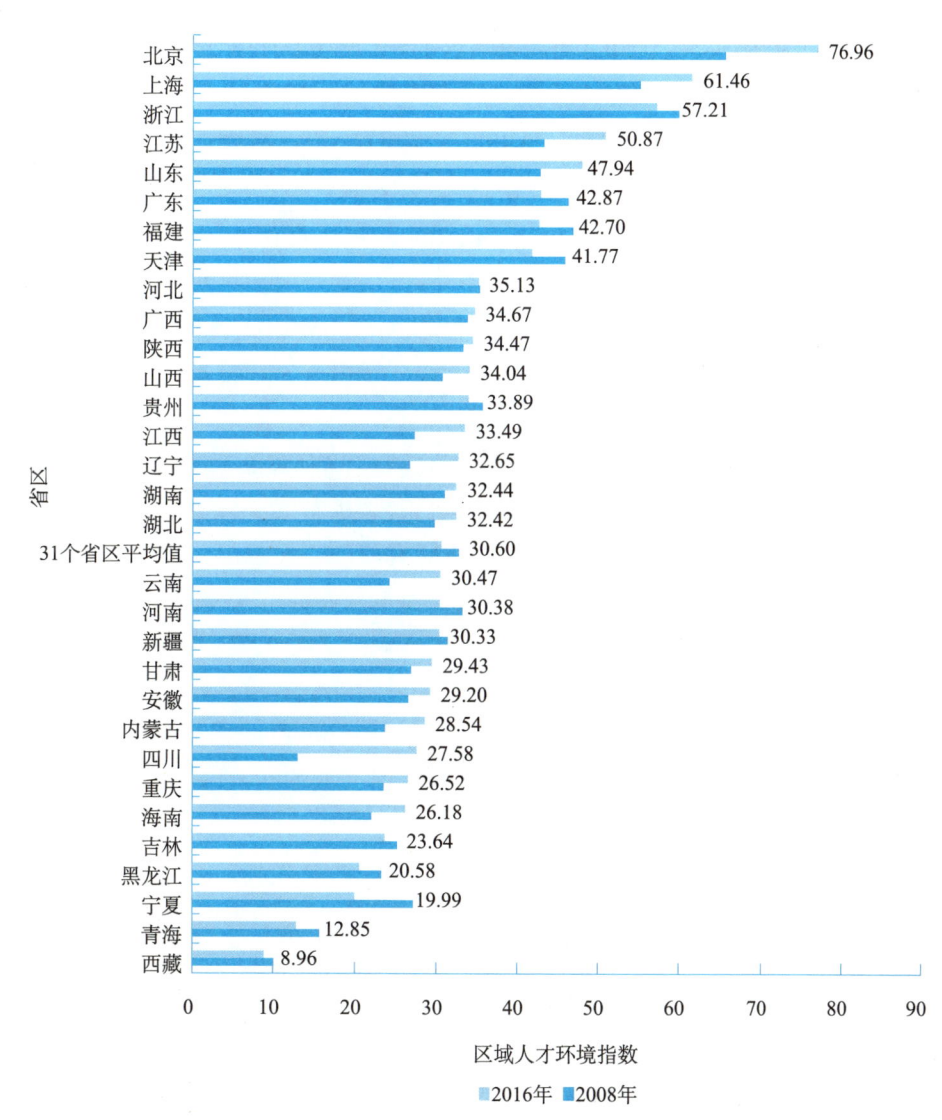

省区	2016年
北京	76.96
上海	61.46
浙江	57.21
江苏	50.87
山东	47.94
广东	42.87
福建	42.70
天津	41.77
河北	35.13
广西	34.67
陕西	34.47
山西	34.04
贵州	33.89
江西	33.49
辽宁	32.65
湖南	32.44
湖北	32.42
31个省区平均值	30.60
云南	30.47
河南	30.38
新疆	30.33
甘肃	29.43
安徽	29.20
内蒙古	28.54
四川	27.58
重庆	26.52
海南	26.18
吉林	23.64
黑龙江	20.58
宁夏	19.99
青海	12.85
西藏	8.96

图 3-29 中国 31 个省区区域人才环境指数演进（2008 年、2016 年）
图中的数值为 2016 年区域人才环境指数值

从区域人才环境指数年均增速来看，2008～2016 年，中西部省区人才环境改善明显，四川、云南、江西区域人才环境指数年均增速居前 3 位，其中四川区域人才环境指数的年均增速达到 9.86%。北京、山东、上海等东部发达省区人才环境改善相对缓慢，年均增速在 3% 以下。有 13 个省区的年均增速为负值，其中浙江、天津 2 个东部省区的年均增速为负，区域人才环境指数呈现下降趋势（图 3-30）。

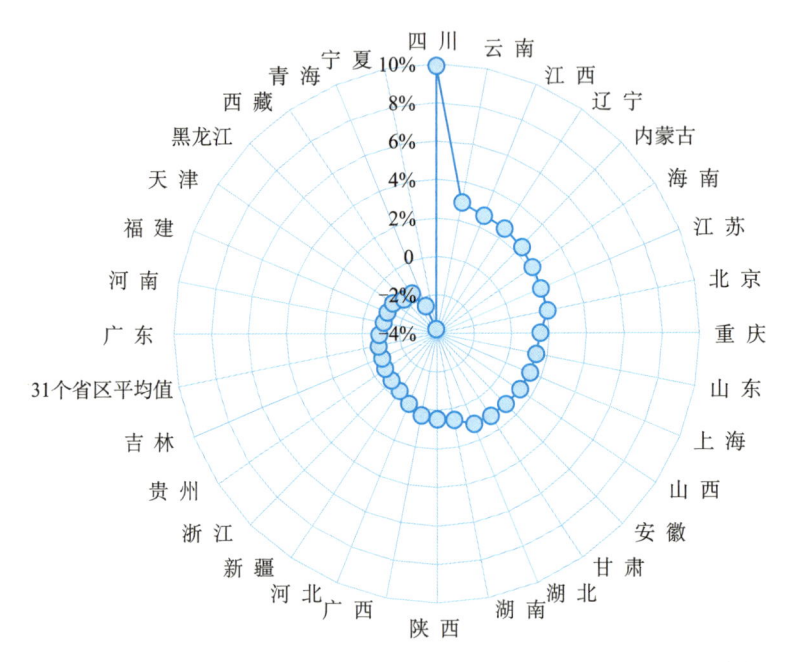

图 3-30　中国 31 个省区区域人才环境指数年均增速（2008～2016 年）

（三）中国区域制度环境指数演进

区域制度环境指数由区域知识产权案件的结案率、政府网站绩效 2 项三级指标表征。

从区域制度环境指数看，东部和中部地区明显优于西部和东北地区。2016 年，北京、上海、广东、浙江、福建区域制度环境指数排名居 31 个省区前 5 位，均为东部发达省区。湖北、四川、安徽、湖南、江苏区域制度环境指数排名居 6～10 位。新疆、黑龙江、宁夏、吉林、河南、西藏、青海 7 个省区的区域制度环境指数低于 31 个省区平均值，且低于 2008 年数值（图 3-31）。

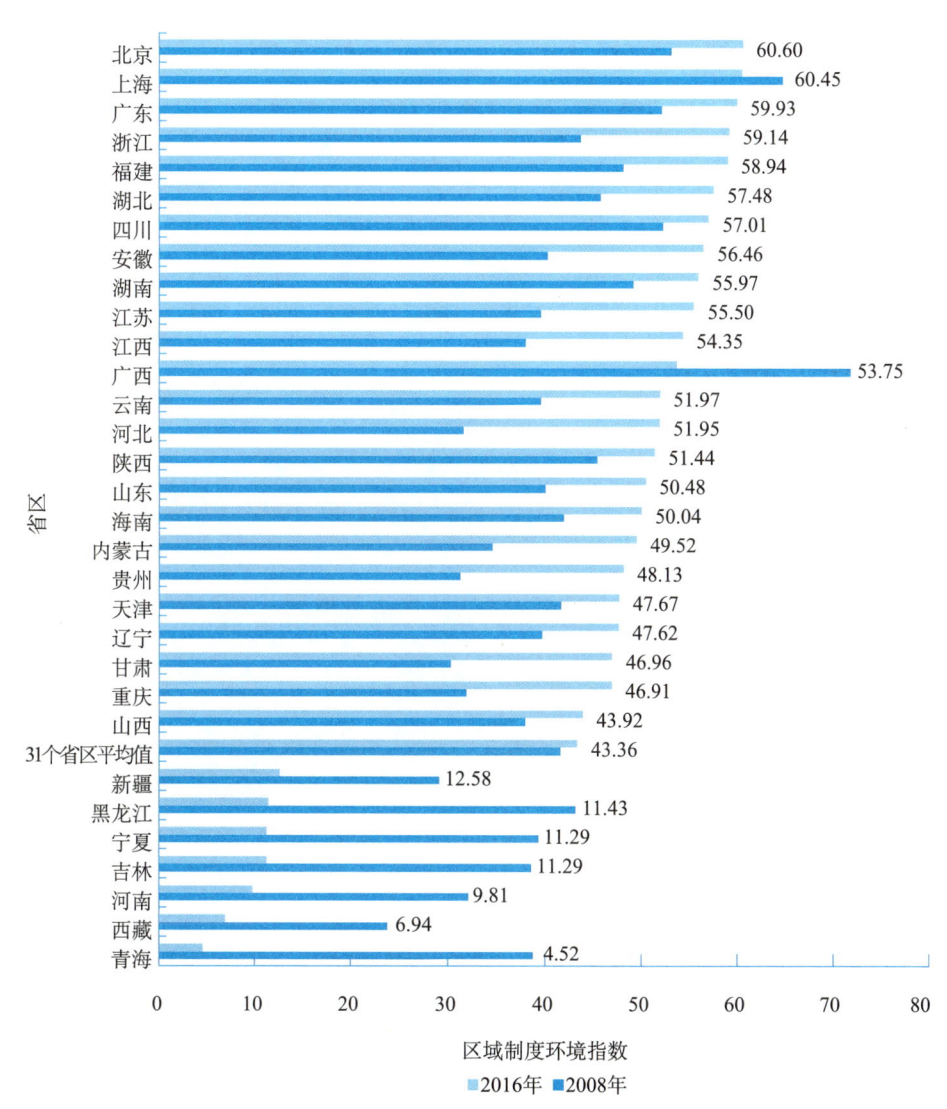

图 3-31 中国 31 个省区区域制度环境指数演进（2008 年、2016 年）
图中的数值为 2016 年区域制度环境指数值

从区域制度环境指数年均增速来看，中西部省区两极分化趋势明显。2008～2016 年，甘肃、贵州、重庆、内蒙古、江西、安徽、云南等中西部省区区域制度环境指数增速排名居 31 个省区前 10 位，其中甘肃区域制度环境指数年均增速为 5.64%，排名居第 2 位。青海、黑龙江、宁夏、西藏、吉林、河南等省区区域制度环境指数呈震荡下降趋势，其中青海区域制度环境指数年均增速达 −23.57%（图 3-32）。

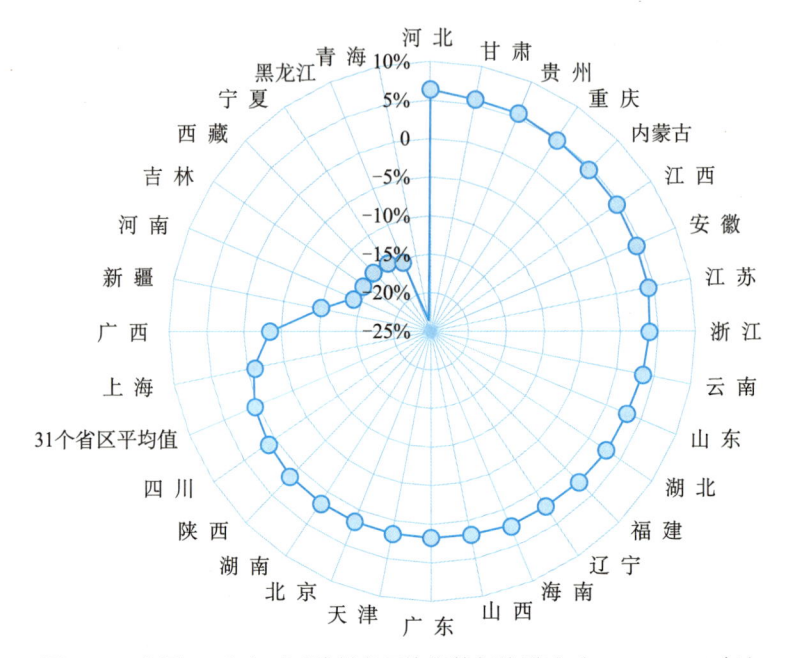

图 3-32　中国 31 个省区区域制度环境指数年均增速（2008～2016 年）

第四章

创新发展领先型省区

第一节 北 京 市

2016年，北京市区域创新发展指数在31个省区中居第1位，区域创新能力指数排名居第3位；人均GDP为11.8万元，约合1.78万美元[①]（图4-1），是创新发展领先型省区。

一、北京市区域创新发展水平演进

（一）北京市区域创新发展指数演进

2008~2016年，北京市区域创新发展指数始终在31个省区中居第1位，从64.50持续增长到86.90；同期，31个省区平均值从23.24增加到35.61，年均增速为5.48%。北京市区域创新发展指数增长相对缓慢，年均增速为3.80%（图4-2）。

---

① 美元对人民币汇率按照2016年世界银行官方数据6.644计算，下同。

图 4-1　北京市区域创新发展指数和区域创新能力指数演进

图 4-2　北京市区域创新发展指数历年变化情况（2008～2016 年）

从区域创新发展指数排名来看，2008～2016 年，北京市区域创新发展指数排名一直居第 1 位。从一级指数排名来看（表 4-1），同期北京市区域科学技术发展指数、区域产业创新发展指数、区域社会创新发展指数、区域创新条件发展指数均居第 1 位；区域绿色集约发展指数有所提升，从第 2 位波动上升至第 1 位。

表 4-1　北京市区域创新发展指数排名（2008～2016 年）

指数	2008 年	2009 年	2010 年	2011 年	2012 年	2013 年	2014 年	2015 年	2016 年
区域创新发展指数	1	1	1	1	1	1	1	1	1
——区域科学技术发展指数	1	1	1	1	1	1	1	1	1
——区域产业创新发展指数	1	1	1	1	1	1	1	1	1
——区域社会创新发展指数	1	1	1	1	1	1	1	1	1
——区域绿色集约发展指数	2	3	2	3	1	1	1	1	1
——区域创新条件发展指数	1	1	1	1	1	1	1	1	1

（二）北京市区域科学技术发展指数演进

2008～2016 年，北京市区域科学技术发展指数从 50.48 持续快速增加到 99.98，排名始终居第 1 位，年均增速为 8.92%，低于 31 个省区平均值的年均增速（12.40%）。具体来看，北京市区域科学技术发展指数远高于 31 个省区平均值，且从 2015 年开始北京市区域科学技术发展指数同比增速高于 31 个省区平均值的同比增速（简称 31 个省区同比增速）（图 4-3）。具体分析影响北京市区域科学技术发展指数的二级指标发现，北京市人均 R&D 经费支出从 3107.57 元持续快速增加到 6831.9 元，每万人本国有效发明专利数从 11.48 件持续快速增加到 76.72 件，每万人 SCI 论文数从 10.70 篇快速增加到 21.25 篇，且这些指标均居第 1 位。

图 4-3　北京市区域科学技术发展指数变化情况（2008～2016 年）

（三）北京市区域产业创新发展指数演进

2008～2016 年，北京市区域产业创新发展指数从 72.27 震荡上升到 80.38，排名一直保持第 1 位，年均增速为 1.34%，远低于 31 个省区平均值的年均增速（7.27%）。具体来看，北京市区域产业创新发展指数高于 31 个省区平均值，同比增速基本上低于 31 个省区同比增速（图 4-4），但总体上呈现上升趋势。具体分析影响北京市区域产业创新发展指数的二级指标发现，高技术产业主营业务收入占制造业主营业务收入比例和新产品销售收入占主营业务收入比例 2 项指标均出现不同程度的下降，分别从 28.2% 和 27.1% 震荡下降到 21.8% 和 20.7%；全员劳动生产率和服务业增加值占比则分别从 91.39 万元/人年和 75.4%，震荡增加到 189.06 万元/人年和 80.2%。

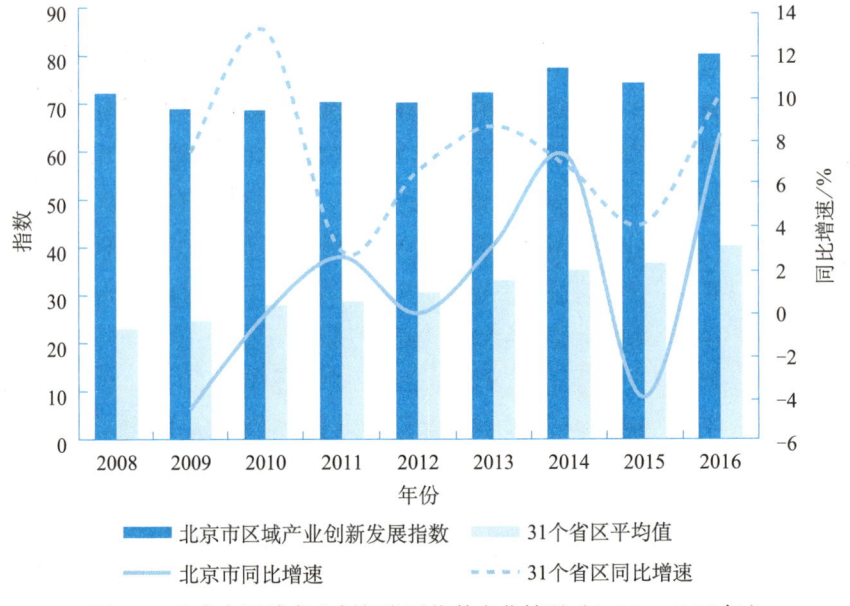

图 4-4 北京市区域产业创新发展指数变化情况（2008～2016 年）

（四）北京市区域社会创新发展指数

2008～2016 年，北京市区域社会创新发展指数从 80.19 震荡上升到 85.76，排名一直居第 1 位，年均增速为 0.84%，低于 31 个省区平均值的年均增速（2.84%）。具体来看，北京市区域社会创新发展指数均高于 31 个省区平均值，但同比增速多数年份低于 31 个省区同比增速（图 4-5）。北京市在

2015年同比增速有所上升的情况下，2016年同比增速为负，表现出一定程度的下降。具体分析影响北京市区域社会创新发展指数的二级指标发现，城镇居民人均可支配收入与全国平均数的比例、大专以上学历人口比例、社区服务机构覆盖率指标有较快增长，分别从165.5%、25.4%和64.6%震荡增加到177.4%、42.5%和95.0%。但是，北京市每万人口在校大学生数从330.67人持续下降到275.74人，每千人口卫生技术人员数则从12.2人震荡下降到10.8人。

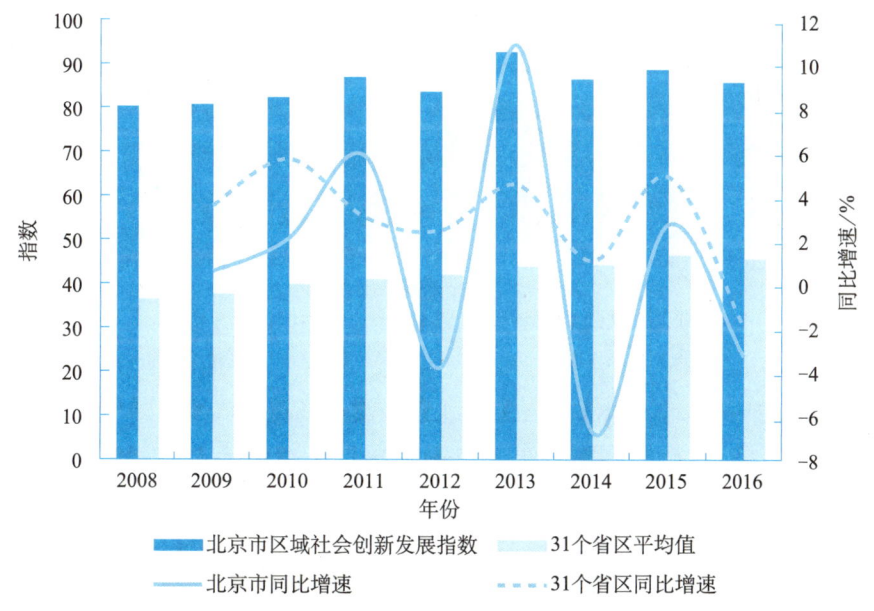

图4-5 北京市区域社会创新发展指数变化情况（2008～2016年）

（五）北京市区域绿色集约发展指数演进

2008～2016年，北京市区域绿色集约发展指数从39.45持续增长到79.81，排名从第2位上升到第1位，年均增速为9.21%，远高于31个省区平均值的年均增速（5.67%）。同期，31个省区平均值与北京市的差值逐渐增大，2011年起北京市区域绿色集约发展指数的同比增速远高于31个省区同比增速（图4-6）。具体分析影响北京市区域绿色集约发展指数的二级指标发现，北京市区域绿色集约发展指数的快速增长主要表现在节能降耗和土地集约利用方面。北京市单位能耗和单位废水对应的GDP分别从1.76万元/吨标准煤、981.38元/吨快速增长到3.69万元/吨标准煤、1542.44元/吨，工业固体废物综合利用率从 69.8% 快速提升到 86.2%，单位建成区面积对应的 GDP 从 8.48 亿元 / 千米^2 快速增加到 18.08 亿元 / 千米^2。

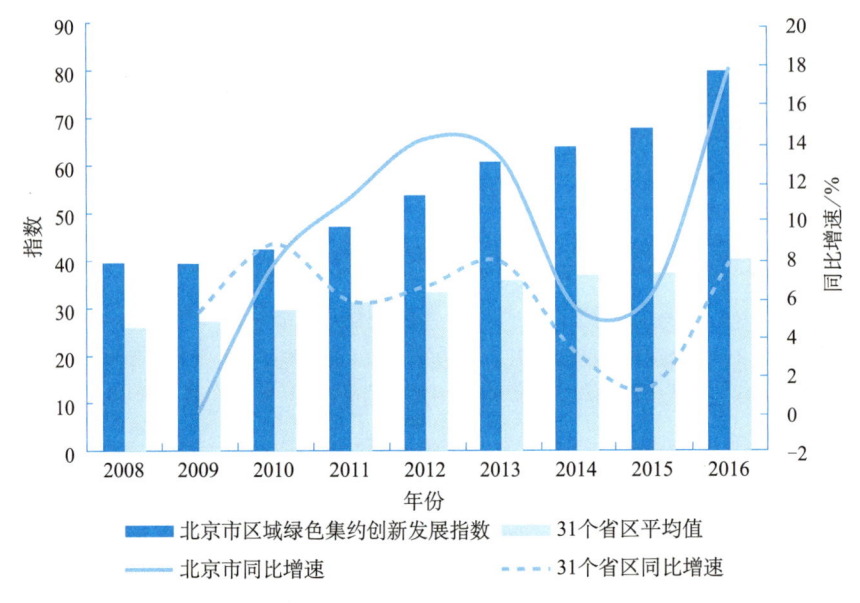

图 4-6　北京市区域绿色集约发展指数变化情况（2008～2016 年）

（六）北京市区域创新条件发展指数演进

2008～2016 年，北京市区域创新条件发展指数从 71.78 增加到 91.13，排名始终居第 1 位，年均增速为 3.03%，略低于 31 个省区平均值的年均增速（3.75%）。具体来看，北京市区域创新条件发展指数的增长呈现出波动特征，其中 2015 年同比增速高达 17.70%（图 4-7）。具体分析影响北京市区域创新条件发展指数的二级指标发现，北京市每百万人口产业创新平台数量、每百万人口创新服务平台数量分别从 5.76 个、28.35 个增加到 10.03 个、40.04 个，拥有网站的企业比例和有电子商务活动的企业比例分别从 59.5% 和 7.5% 增加到 64.4% 和 18.0%。但是，北京市人均邮电业务总量、每百万人口研究实验平台数量则有不同程度的下降，分别从 0.47 万元和 4.57 个下降到 0.45 万元和 4.00 个。

图 4-7　北京市区域创新条件发展指数变化情况（2008～2016 年）

二、北京市区域创新能力演进

（一）北京市区域创新能力指数演进

2008～2016 年，北京市区域创新能力指数处于前列，由 38.44 持续快速增长到 59.75，年均增速 5.67%。但从排名来看，自 2011 年开始北京市区域创新能力指数排名由第 1 位震荡降至 2016 年的第 3 位。同期，31 个省区平均值从 15.64 增加到 26.18，年均增速 6.65%，增速高于北京（图 4-8）。

从区域创新能力指数排名来看，北京市区域创新能力指数排名呈现出下降趋势，2008～2011 年居第 1 位，2016 年降至第 3 位。其中，2008～2016 年北京市区域创新效力指数保持绝对优势，一直位于第 1 位；区域创新实力指数有所下降，从第 3 位下降至第 5 位（表 4-2）。

（二）北京市区域创新实力指数演进

2008～2016 年，北京市区域创新实力指数从 22.71 持续增长到 49.86，排名从第 3 位降至第 5 位，年均增速 10.33%，低于 31 个省区平均值的年均增速（13.71%）。总体来看，北京市区域创新能力指数远高于 31 个省区平均

图 4-8 北京市区域创新能力指数历年变化情况（2008~2016 年）

表 4-2 北京市区域创新能力指数排名（2008~2016 年）

指数	2008 年	2009 年	2010 年	2011 年	2012 年	2013 年	2014 年	2015 年	2016 年
区域创新能力指数	1	1	1	1	2	1	1	1	3
——区域创新实力指数	3	3	3	3	4	5	5	5	5
——区域创新效力指数	1	1	1	1	1	1	1	1	1
——区域创新创业环境指数	2	2	1	1	2	1	1	1	1

值，同比增速波动不大，除 2011 年同比增速高于 31 个省区同比增速，2014 年同比增速与 31 个省区同比增速持平，2015 年略高于 31 个省区外，其余年份同比增速均低于 31 个省区同比增速（图 4-9）。

2008~2016 年，北京市区域创新投入实力指数、区域创新条件实力指数、区域创新产出实力指数和区域创新影响实力指数均呈现不同程度的增长（图 4-10）。北京市区域创新投入实力指数从 30.90 持续增长到 59.74，年均增速 8.59%。具体分析影响北京市区域创新投入实力指数的 2 项指标发现，R&D 人员全时当量和 R&D 经费支出分别从 19.0 万人年、550.3 亿元增加到 25.3 万人年、1484.6 亿元。

图 4-9　北京市区域创新实力指数变化情况（2008～2016 年）

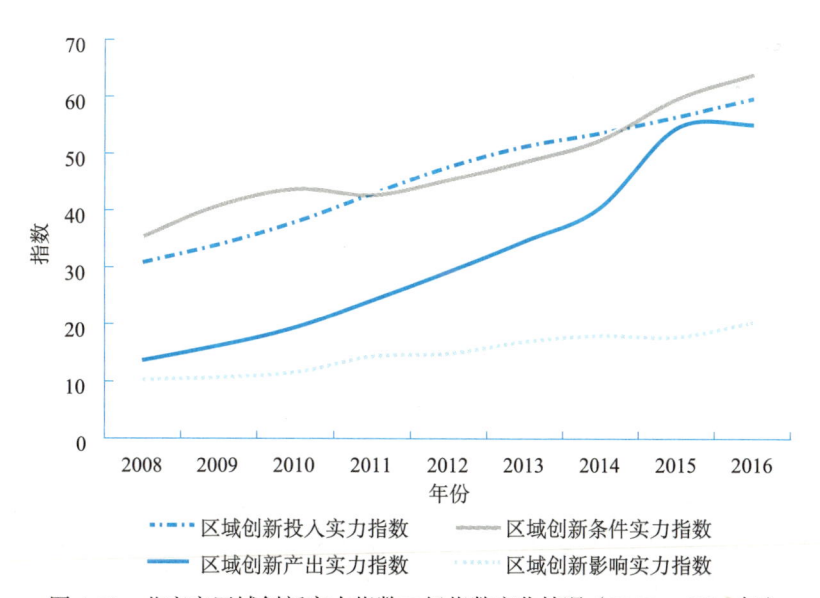

图 4-10　北京市区域创新实力指数二级指数变化情况（2008～2016 年）

2008～2016 年，北京市区域创新条件实力指数从 35.79 持续增加到 64.22，年均增速 7.58%。具体分析影响北京市区域创新条件实力指数的各项指标发现，北京市邮电业务总量从 839.67 亿元增加到 979.08 亿元，有效发明专利数从 2.03 万件增加到 16.67 万件。各种平台数量均有所增长，研究实验平台数量和产业创新平台数量分别从81个和102个增加到87个和218个,检测检验平台数量和创新服务平台数量分别从468个和502个增加到806个和870个。但北京市互联网宽带接入用户数有所上升,从455.3万户上升到475.8万户。

2008~2016年,北京市区域创新产出实力指数从13.90持续增长到55.15,年均增速18.80%。分析影响北京区域创新产出实力指数的指标发现,各项指标均有不同程度的增长。具体来看,北京市发明专利申请量和授权量分别由2.84万件和0.65万件增长到10.46万件和4.06万件,实用新型和外观设计专利申请量和授权量分别由1.51万件和1.13万件增加到8.45万件和6.00万件,PCT专利申请量和SCI论文数分别从625件和1.89万篇增加到6651件和4.62万篇。

2008~2016年,北京市区域创新影响实力指数从10.24震荡增加到20.33,年均增速8.95%。分析影响北京市区域创新影响实力指数的指标发现,北京市大中型工业企业新产品销售收入和地区生产总值分别从3058.91亿元、11 115.00亿元增加到4085.86亿元、25 669.13亿元,高技术产业利润总额从140.80亿元增加到321.03亿元。

(三)北京市区域创新效力指数演进

2008~2016年,北京市区域创新效力指数从47.69震荡增长到70.71,排名一直居第1位,年均增速5.05%,低于31个省区平均值的年均增速(7.19%)。总体来看,北京市区域创新效力指数远高于31个省区值,同比增速呈现波动特征。2016年其同比增速最低,为-3.15%(图4-11)。

2008~2016年,北京市区域创新投入效力指数、区域创新条件效力指数、区域创新产出效力指数和区域创新影响效力指数均出现不同程度的增长(图4-12)。同期,北京市区域创新投入效力指数从74.48震荡增长到80.28,年均增速0.94%。具体分析影响北京市区域创新投入效力指数的2项指标发现,R&D人员比例有所下降,从3.3%震荡下降到3.2%,R&D经费支出占地区生产总值的比例从5.0%震荡增加到5.8%,但投入强度仍居31个省区第1位。

2008~2016年,北京市区域创新条件效力指数从62.93震荡增加到91.30,年均增速4.76%。具体分析影响北京市区域创新条件效力指数的各项指标发现,每万人口有效发明专利数从11.48件快速增加到76.72件。每百万

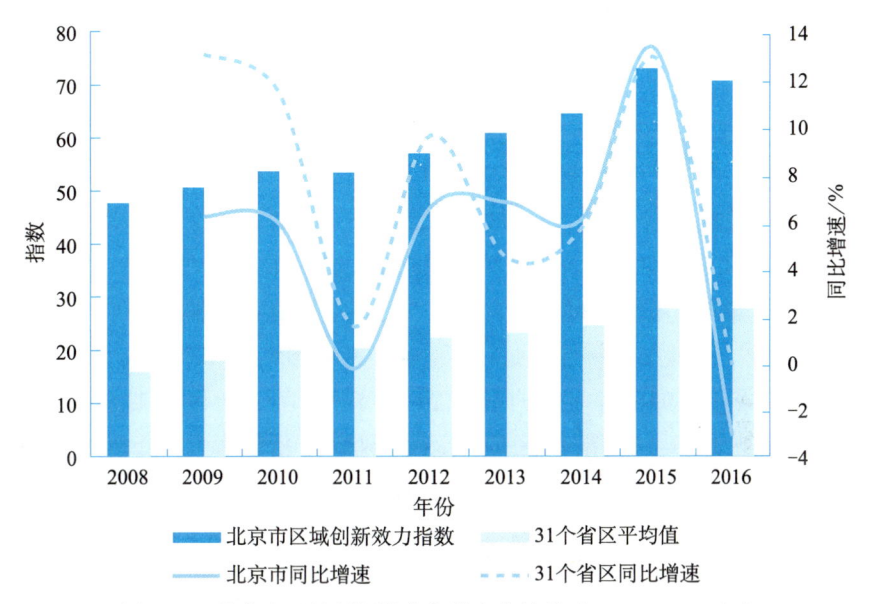

图 4-11　北京市区域创新效力指数变化情况（2008～2016 年）

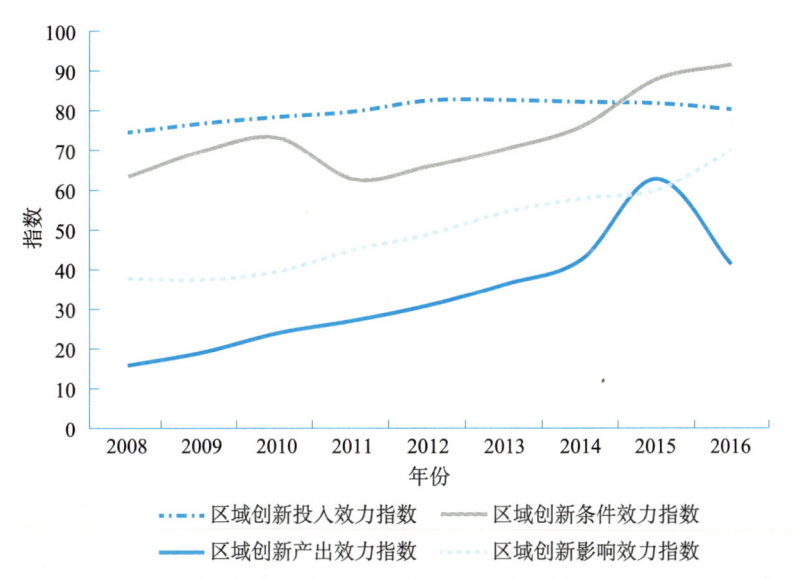

图 4-12　北京市区域创新效力指数二级指数变化情况（2008～2016 年）

人产业创新平台数量、每百万人检测检验平台数量和每百万人创新服务平台数量分别从 5.76 个、26.43 个和 28.35 个震荡增加 10.03 个、32.80 个和 40.04 个。但北京市部分指标有所下降，其中人均邮电业务总量从 0.47 万元下降到

0.45万元，每百万人研究实验平台数量从4.57个震荡下降到4.00个。

2008～2016年，北京市区域创新产出效力指数从15.75持续增长到41.24，年均增速12.79%。分析影响北京区域创新产出效力指数的指标发现，各项指标均有不同程度的增长。具体来看，北京市单位R&D人员发明专利申请量和授权量分别由14.98件/百人年和3.42件/百人年增长到41.31件/百人年和16.03件/百人年。单位R&D人员实用新型和外观设计专利申请量和授权量分别由7.97件/百人年和5.95件/百人年增加到33.35件/百人年和23.67件/百人年。单位R&D人员PCT专利申请量和SCI论文数分别从32.97件/万人年和9.99篇/百人年增加到262.54件/万人年和18.23篇/百人年。

2008～2016年，北京市区域创新影响效力指数从37.62持续增加到70.03，年均增速8.08%。分析影响北京市区域创新影响效力指数的指标发现，北京市人均地区生产总值分别从6.28万元增加到11.81万元，劳动生产率由19.49万元/人年增加到32.43万元/人年，单位能耗产生的GDP由1.76万元/吨标准煤增加到3.69万元/吨标准煤，单位建成区面积GDP产出由8.48亿元/千米^{2}增加到18.08亿元/千米^2，单位工业废水排放量对应的主营业务收入由995.58元/吨增加至1184.20元/吨，工业固体废物综合利用率由69.8%提升至86.2%、单位主要污染物排放量对应的GDP由296.31万元/吨上升至1566.48万元/吨。但是，北京市大中型工业企业新产品销售收入占主营业务收入比重有所下降，由27.13%震荡下降到20.73%。

（四）北京市区域创新创业环境指数演进

2008～2016年，北京市区域创新创业环境指数从51.39震荡增长到57.61，排名从第2位升至第1位，年均增速1.44%，高于31个省区平均值的年均增速（0.61%）。总体来看，北京市区域创新创业环境指数远高于31个省区值的年均增速，同比增速呈现波动特征，但波动幅度小于31个省区同比增速（图4-13）。

2008～2016年，北京市区域资金环境指数有所下降，区域人才环境指数和区域制度环境指数呈现不同程度的上升（图4-14）。2008～2016年北京市区域资金环境指数由35.49震荡下降到35.20，年均增速达到－0.08%。分析影响北京市区域资金环境指数的各项指标发现，北京市工业企业研究开发费用加计扣除执行情况由46.69%提高至50.70%、高企税收优惠由14.07亿元增加到 35.33 亿元。但是，北京地方政府财政科技拨款占财政支出的比重有所降低，由 5.7% 震荡降低到 4.5%。

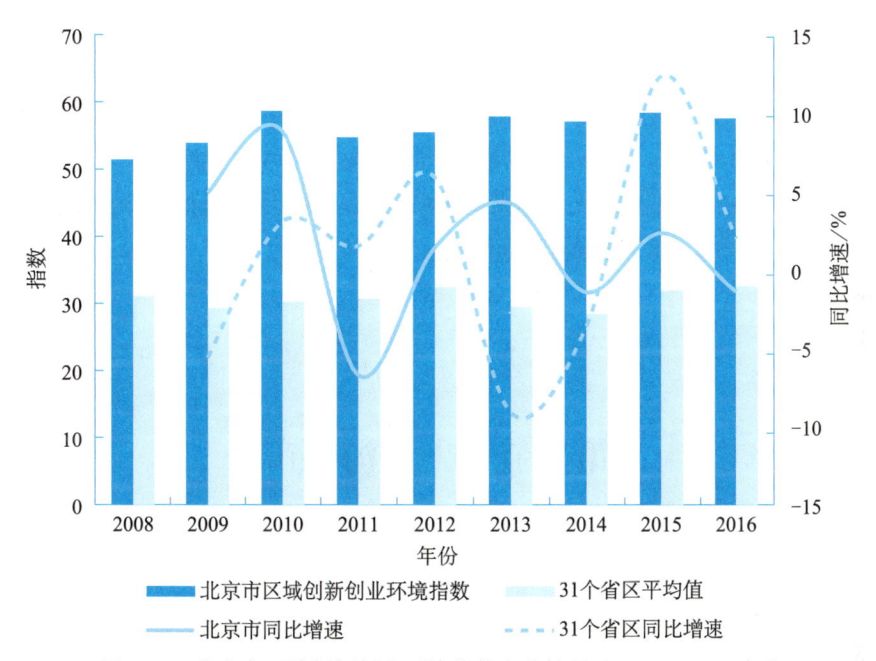

图 4-13　北京市区域创新创业环境指数变化情况（2008～2016 年）

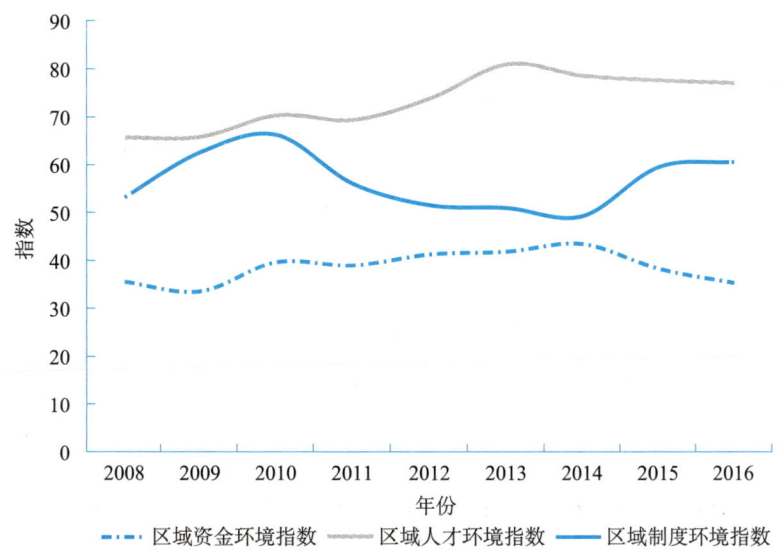

图 4-14　北京市区域创新创业环境指数二级指数变化情况（2008～2016 年）

2008~2016年，北京市区域人才环境指数由65.49震荡上升至76.96，年均增速2.04%。分析影响北京市区域人才环境指数的各项指标发现，北京市大专以上学历人口比例由25.4%上升至42.5%，城镇居民人均可支配收入与全国平均数的比例从165.5%上升至177.4%。但是北京市的地方政府财政支出中教育经费支出所占比重有所下降，由16.1%降至13.9%。

2008~2016年，北京市区域制度环境指数由53.18震荡上升至60.60，年均增速1.65%。具体来看，北京市区域知识产权案件的结案率由64.29%震荡上升至93.85%，政府网站绩效由82.2上升至89.5。

第二节 上 海 市

2016年，上海市区域创新发展指数在31个省区中居第2位，区域创新能力指数居第5位；人均GDP为11.6万元，约合1.75万美元，是创新发展领先型省区（图4-15）。

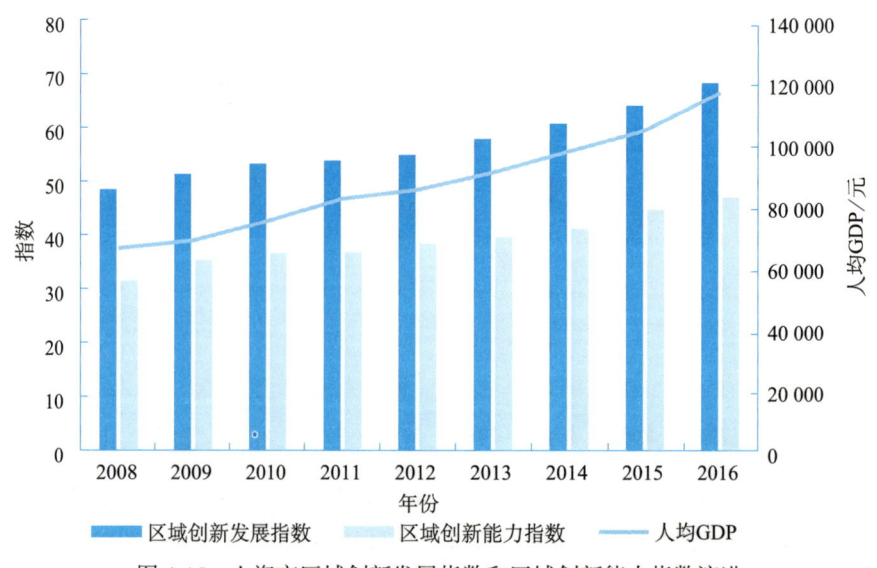

图4-15 上海市区域创新发展指数和区域创新能力指数演进

一、上海市区域创新发展水平演进

（一）上海市区域创新发展指数演进

2008～2016年，上海市区域创新发展指数从48.53持续增长到68.29，年均增速4.36%；同期，31个省区平均值从23.24增加到35.62，年均增速为5.48%。总体来看，上海市区域创新发展指数年均增速低于31个省区平均值的年均增速（图4-16）。

图4-16 上海市区域创新发展指数历年变化情况（2008～2016年）

从区域创新发展指数排名来看，2008～2016年，上海市区域创新发展指数排名一直居第2位。从一级指数来看（表4-3），同期，上海市区域科学技术发展指数、区域产业创新发展指数、区域社会创新发展指数、区域创新条件发展指数均居第2位，区域绿色集约发展指数维持在第2～3位。

表4-3 上海市区域创新发展指数排名（2008～2016年）

指数	2008年	2009年	2010年	2011年	2012年	2013年	2014年	2015年	2016年
区域创新发展指数	2	2	2	2	2	2	2	2	2
——区域科学技术发展指数	2	2	2	2	2	2	2	2	2
——区域产业创新发展指数	2	2	2	2	2	2	2	2	2
——区域社会创新发展指数	2	2	2	2	2	2	2	2	2
——区域绿色集约发展指数	3	2	3	2	3	3	3	3	2
——区域创新条件发展指数	2	2	2	2	2	2	2	2	2

（二）上海市区域科学技术发展指数演进

2008～2016年，上海市区域科学技术发展指数从23.05持续快速增加到55.44（图4-17），排名始终居第2位；年均增速11.60%，稍低于31个省区平均值的年均增速（12.40%）。具体来看，上海市区域科学技术发展指数远高于31个省区平均值，2014年后同比增速开始高于31个省区同比增速。具体分析影响上海市区域科学技术发展指数的二级指标发现，上海市人均R&D经费支出从1659.91元持续快速增加到4336.0元，每万人R&D人员数量从44.43人增加至76.0人，每万人本国有效发明专利数从5.99件持续快速增加到35.14件，每万人SCI论文数从5.04篇快速增加到10.26篇。

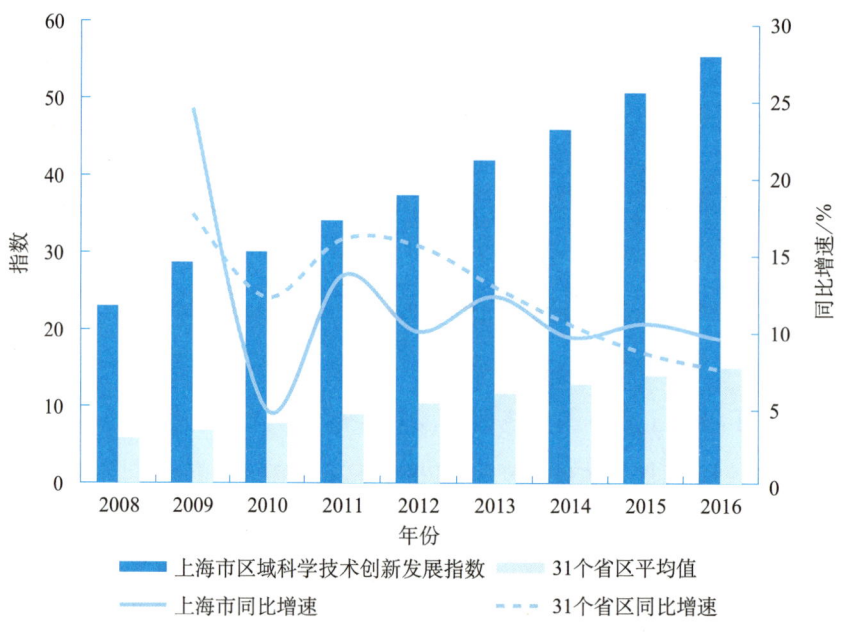

图4-17 上海市区域科学技术发展指数变化情况（2008～2016年）

（三）上海市区域产业创新发展指数演进

2008～2016年，上海市区域产业创新发展指数有较高增长，从53.05震荡上升到72.79，一直保持第2位，年均增速4.03%，低于31个省区平均值的年均增速（7.27%）。具体来看，上海市区域产业创新发展指数远高于31个省区平均值。除2014年外，2009～2016年上海市同比增速均低于31个省区同比增速（图4-18）。具体分析影响上海市区域产业创新发展指数的二级指标发现，全员劳动生产率、服务业增加值占比和新产品销售收入占主营业务收入比例3个指标均有所增长，分别从85.71万元/人年、56.0%和18.8%震荡增加到159.35万元/人年、69.8%和26.3%。但同期上海市高技术产业主营业务收入占制造业主营业务收入比例有所下降，从23.3%震荡下降至20.4%。

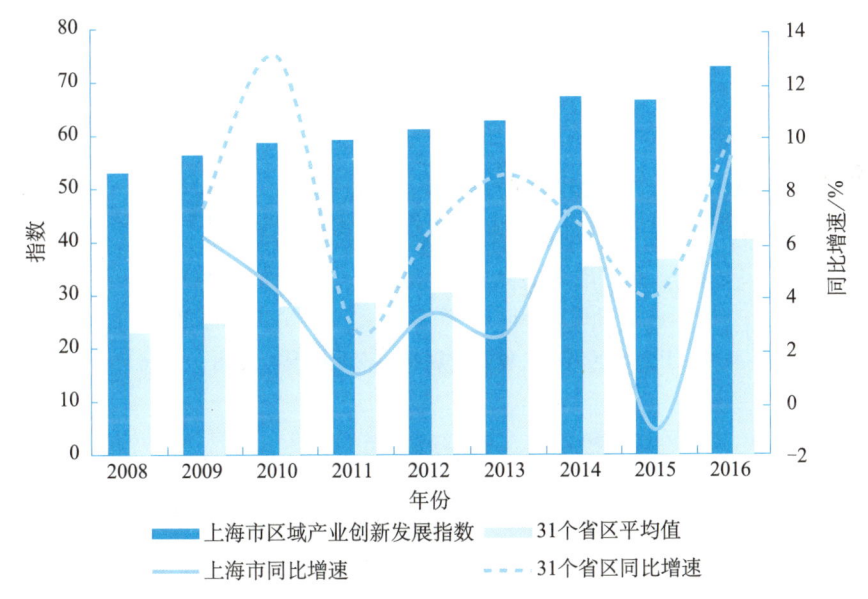

图4-18 上海市区域产业创新发展指数变化情况（2008～2016年）

（四）上海市区域社会创新发展指数演进

2008～2016年，上海市区域社会创新发展指数小幅上升，从72.99震荡上升到73.30，排名始终居第2位，年均增速0.05%，低于31个省区平均值的年均增速（2.84%）。具体来看，上海市区域社会创新发展指数高于31个省区平均值；除2013年外，2009～2016年上海市同比增速低于31个省区同比增速（图4-19）。分析影响上海市区域社会创新发展指数的二级指标发现，上海市城镇人口占总人口的比例、每万人口在校大学生数、每千人口卫生技术人员数和社区服务机构覆盖率分别从88.6%、234.89人、9.2人和54.0%震荡下降至87.9%、212.68人、7.4人和52.3%；城镇居民人均可支配收入与全国平均数的比例和大专以上学历人口比例指标有所增长，分别从178.5%和19.5%震荡增加到178.7%和28.6%。

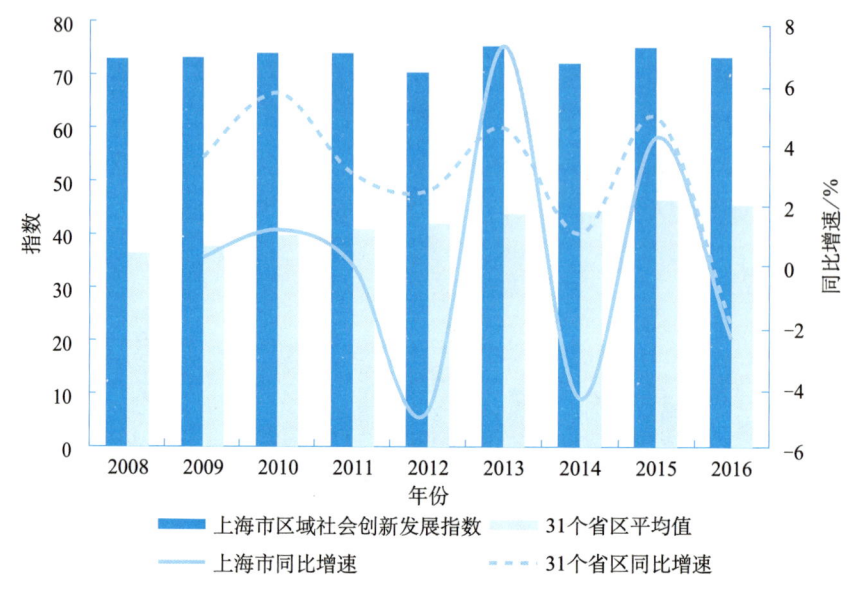

图 4-19　上海市区域社会创新发展指数变化情况（2008～2016 年）

（五）上海市区域绿色集约发展指数演进

2008～2016 年，上海市区域绿色集约发展指数从 38.65 持续增长到 66.93，排名稍有波动，2016 年居第 2 位，年均增速 7.10%，高于 31 个省区平均值的年均增速（5.67%）。从区域绿色集约发展指数的同比增速来看，2014 年开始，上海市同比增速明显高于 31 个省区同比增速（图 4-20）。具体分析影响上海市区域绿色集约发展指数的二级指标发现，上海市单位能耗和单位废水对应的 GDP 分别从 1.38 万元 / 吨标准煤、628.82 元 / 吨快速增长到 2.41 万元 / 吨标准煤、1276.45 元 / 吨，工业固体废物综合利用率从 94.9% 震荡增加到 95.6%，单位建成区面积对应的 GDP 从 14.09 亿元 / 千米^2 震荡增加到 28.21 亿元 / 千米^2。

（六）上海市区域创新条件发展指数演进

2008～2016 年，上海市区域创新条件发展指数从 50.78 震荡增加到 71.11，排名始终居第 2 位，年均增长率为 4.30%，略高于 31 个省区平均值的年均增速（3.75%）。具体来看，2015 年上海市区域创新条件发展指数出现较快增长，但其同比增速低于 31 个省区同比增速（图 4-21）。具体分析影响上海市区域创新条件发展指数的二级指标发现，上海市每百万人口产业创新

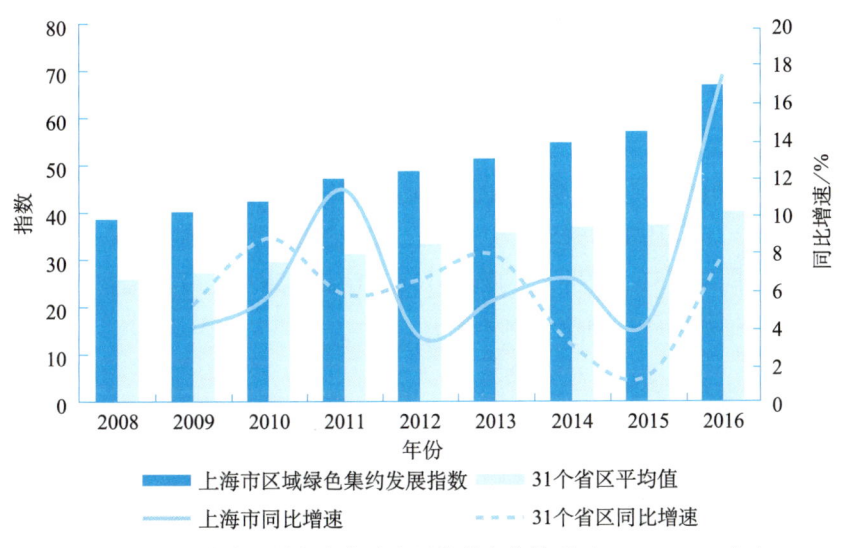

图 4-20　上海市区域绿色集约发展指数变化情况（2008～2016 年）

图 4-21　上海市区域创新条件发展指数变化情况（2008～2016 年）

平台数量、每百万人口创新服务平台数量分别从 1.21 个、15.65 个增加到 5.54 个、31.78 个人，拥有网站的企业比例和有电子商务活动的企业比例分别从 70.6% 和 5.7% 增加到 74.0% 和 12.5%。人均邮电业务总量从 0.45 万元下降到 0.44 万元，每百万人口研究实验平台数量则从 1.49 个上升到 1.53 个。

二、上海市区域创新能力演进

（一）上海市区域创新能力指数演进

2008～2016 年，上海市区域创新能力指数由 31.51 震荡增长到 47.09，年均增速 5.15%。但从排名来看，上海市区域创新能力指数排名由第 2 位逐步降至第 5 位。同期，31 个省区平均值从 15.64 增加到 26.18，年均增速 6.65%，高于上海市该指数的年均增速（图 4-22）。

图 4-22 上海市区域创新能力指数历年变化情况（2008～2016 年）

从区域创新能力指数排名来看，上海市区域创新能力指数排名呈现出下降趋势（表 4-4）：2008～2009 年居第 2 位，2013 年开始降至第 5 位。其中，上海市区域创新实力指数和区域创新效力指数排名稳定，2008～2016 年分别居第 6 位和第 2～3 位；区域创新创业环境指数排名有所波动，由第 1 位震荡下降至第 3 位。

表 4-4 上海市区域创新能力指数排名（2008～2016 年）

指数	2008 年	2009 年	2010 年	2011 年	2012 年	2013 年	2014 年	2015 年	2016 年
区域创新能力指数	2	2	4	4	4	5	5	5	5
——区域创新实力指数	6	6	6	6	6	6	6	6	6
——区域创新效力指数	2	2	2	2	3	2	2	2	2
——区域创新创业环境指数	1	1	2	1	2	2	3	3	3

（二）上海市区域创新实力指数演进

2008～2016年，上海市区域创新实力指数从15.23持续增长到35.05，排名一直居于第6位，年均增速10.98%，低于31个省区平均值的年均增速（13.71%）。总体来看，上海市区域创新实力指数远高于31个省区平均值，同比增速波动幅度小于31个省区同比增速且2013年后有上升趋势（图4-23）。

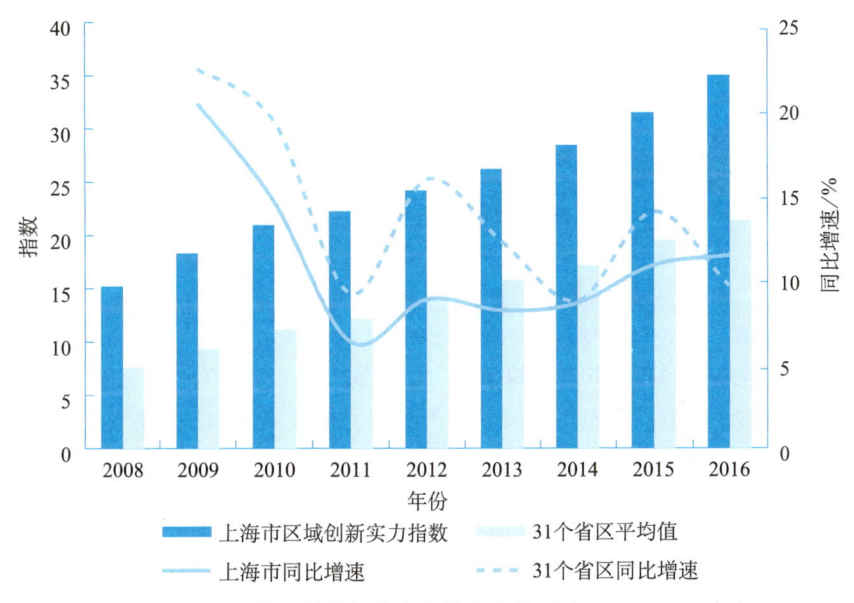

图4-23 上海市区域创新实力指数变化情况（2008～2016年）

2008～2016年，上海市区域创新投入实力指数、区域创新条件实力指数、区域创新产出实力指数和区域创新影响实力指数均实现高速增长（图4-24）。上海市区域创新投入实力指数从17.41持续增长到42.65，年均增速11.85%。具体分析影响上海市区域创新投入实力指数的2项指标发现，R&D人员全时当量和R&D经费支出分别从9.5万人年、355.4亿元增加到18.39万人年、1049.32亿元。

2008～2016年，上海市区域创新条件实力指数从20.06震荡增加到41.17，年均增速9.41%。具体分析影响上海市区域创新条件实力指数的各项指标发现，上海市互联网宽带接入用户数从611.3万户上升至635.71万户，邮电业务总量从971.26亿元增加到1074.22亿元，有效发明专利数从1.28万件增加到8.50万件。各种平台数量均有所增长，研究实验平台数量和产业创新平台数量分别从32个和26个增加到37和134个，检测检验平台数量和创

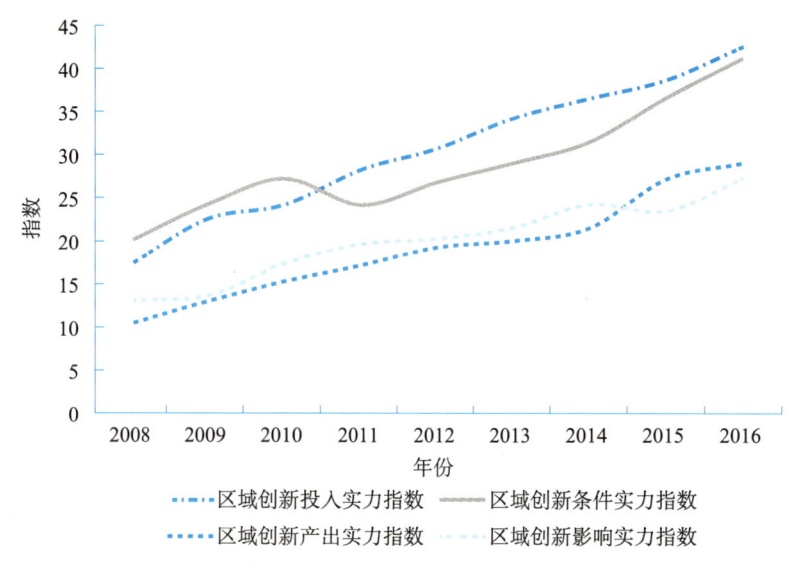

图 4-24　上海市区域创新实力指数二级指数变化情况（2008～2016 年）

新服务平台数量分别从 309 个和 335 个增加到 713 个和 769 个。

2008～2016 年，上海市区域创新产出实力指数从 10.42 持续增长到 29.04，年均增速 13.67%。分析影响上海区域创新产出实力指数的指标发现，各项指标均有不同程度的增长。具体来看，上海市发明专利申请量和授权量分别由 1.78 万件和 0.43 万件增长到 5.43 万件和 2.0 万件，实用新型和外观设计专利申请量和授权量分别由 3.50 万件和 2.02 万件增加到 6.56 万件和 4.41 万件，PCT 专利申请量和 SCI 论文数分别从 384 件和 1.08 万篇增加到 1560 件和 2.48 万篇。

2008～2016 年，上海市区域创新影响实力指数从 13.04 震荡增加到 27.34，年均增速 9.70%。分析影响上海市区域创新实力指数的指标发现，上海市大中型工业企业新产品销售收入和地区生产总值分别从 4894.85 亿元、14 069.86 亿元增加到 9033.48 亿元、28 178.65 亿元，高技术产业利润总额从 105.6 亿元增加到 334.57 亿元。

（三）上海市区域创新效力指数演进

2008～2016 年，上海市区域创新效力指数从 37.26 震荡增长到 54.49，排名第 2～3 位，年均增速 4.87%，低于 31 个省区平均值的年均增速（7.19%）。总体来看，上海市区域创新能力指数远高于 31 个省区平均值，同比增速呈现波动特征，且波动幅度与31个省区同比增速波动基本保持一致（图4-25）。

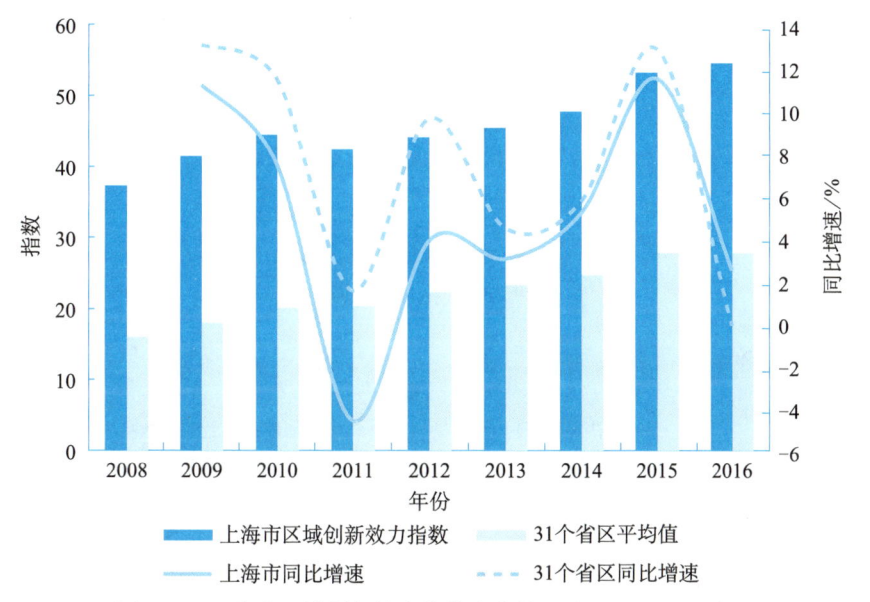

图4-25　上海市区域创新效力指数变化情况（2008～2016年）

2008～2016年，除区域创新产出效力指数增长缓慢外，上海市区域创新投入效力指数、区域创新条件效力指数和区域创新影响效力指数均实现较高增长（图4-26）。上海市区域创新投入效力指数从44.96震荡增长到59.66，年均增速3.60%。具体分析影响上海市区域创新投入效力指数的2项指标发现，R&D人员比例略有上升，从2.5%震荡上升到2.9%；R&D经费支出占地区生产总值的比例从2.5%震荡增加到3.7%，居31个省区第2位。

2008～2016年，上海市区域创新条件效力指数从31.59震荡增加到56.02，年均增速7.42%。具体分析影响上海市区域创新条件效力指数的各项指标发现，每万人口有效发明专利数从5.99件快速增加到35.14件，每百万人产业创新平台数量、每百万人检测检验平台数量和每百万人创新服务平台数量分别从1.21个、14.43个和15.65个震荡增加5.54个、26.46个和31.78个。但上海市部分指标有所下降，其中人均邮电业务总量从0.45万元下降到0.44万元，每百万人研究实验平台数量从1.49个震荡上升降到1.53个。

2008～2016年，上海市区域创新产出效力指数从28.17震荡上升到29.64，年均增速0.64%。分析影响上海市区域创新产出效力指数的指标发现，上海市单位R&D人员发明专利申请量和授权量分别由18.74件/百人年和4.48

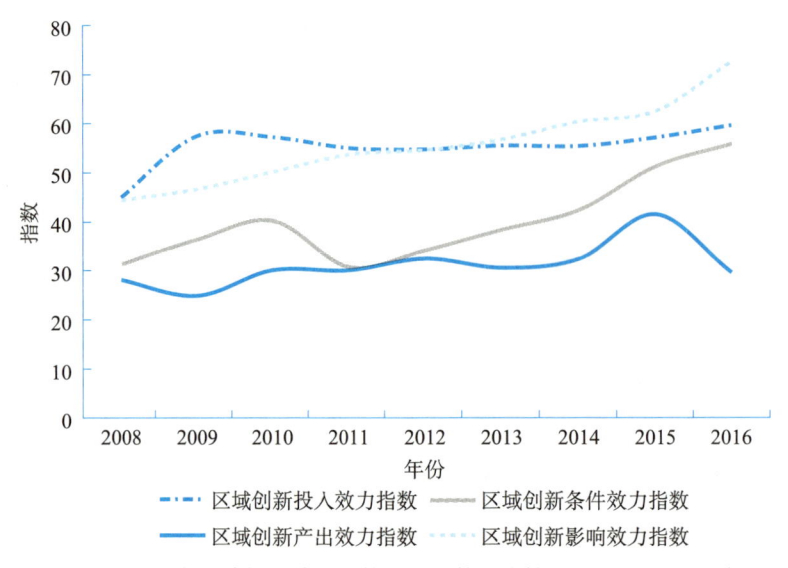

图 4-26　上海市区域创新效力指数二级指数变化情况（2008～2016 年）

件 / 百人年增长到 29.54 件 / 百人年和 10.92 件 / 百人年，申请量由 36.8 件 / 百人年下降到 35.66 件 / 百人年，单位 R&D 人员实用新型和外观设计专利、授权量由 21.24 件 / 百人年上升到 24.00 件 / 百人年，单位 R&D 人员 PCT 专利申请量从 40.37 件 / 万人年上升到 84.81 件 / 万人年，单位 R&D 人员 SCI 论文数从 11.33 篇 / 百人年增加到 13.49 篇 / 百人年。

2008～2016 年，上海市区域创新影响效力指数从 44.34 持续增加到 72.64，年均增速 6.36%。分析影响上海市区域创新影响效力指数的指标发现，上海市大中型工业企业新产品销售收入占主营业务收入比重由 18.76% 震荡上升到 26.33%，人均地区生产总值分别从 6.57 万元增加到 11.64 万元，劳动生产率由 37.30 万元 / 人年增加到 44.89 万元 / 人年，单位能耗产生的 GDP 由 1.38 万元 / 吨标准煤增加到 2.41 万元 / 吨标准煤，单位建成区面积 GDP 产出由 14.09 亿元 / 千米^2 增加到 28.21 亿元 / 千米^2，单位工业废水排放量对应的主营业务收入由 1166.04 元 / 吨增加至 1554.42 元 / 吨，工业固体废物综合利用率由 94.9% 提升至 95.6%，单位主要污染物排放量对应的 GDP 由 141.30 万元 / 吨上升至 880.54 万元 / 吨。

（四）上海市区域创新创业环境指数演进

2008～2016 年，上海市区域创新创业环境指数从 52.58 震荡增长到

56.35，年均增速 0.87%，高于 31 个省区平均值的年均增速（0.61%）。总体来看，上海市区域创新创业环境指数远高于 31 个省区平均值，同比增速呈现波动特征（图 4-27）。

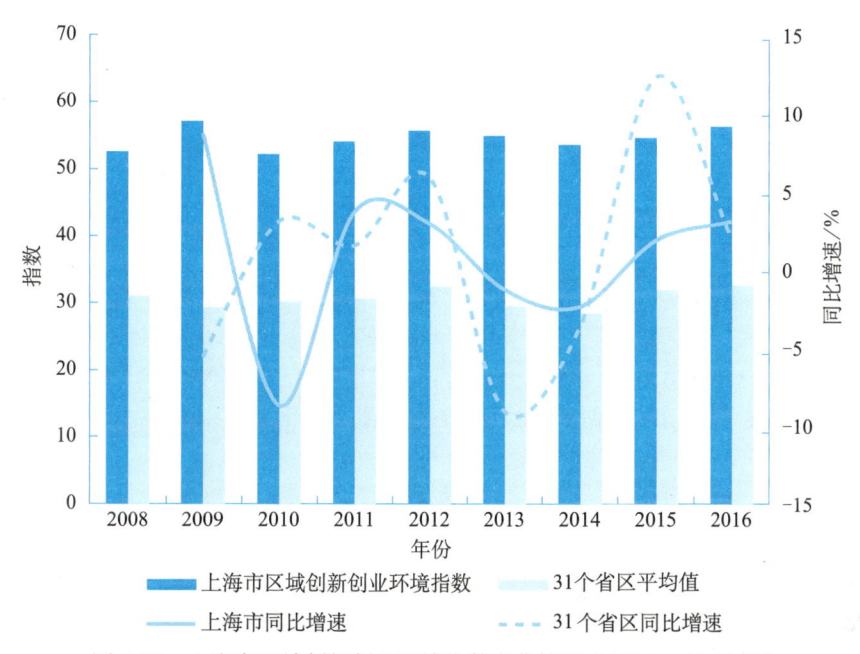

图 4-27　上海市区域创新创业环境指数变化情况（2008～2016 年）

2008～2016 年，上海市区域资金环境指数、区域人才环境指数和区域制度环境指数均实现不同程度的增长（图 4-28）。上海市区域资金环境指数由 37.78 震荡增加到 47.13，年均增速 2.80%。分析影响上海市区域资金环境指数的各项指标发现，上海市工业企业研究开发费用加计扣除执行情况一直保持在 100% 水平，高企税收优惠由 18.14 亿元增加到 49.23 亿元，地方政府财政科技拨款占财政支出的比重由 4.6% 震荡增加到 4.9%。

2008～2016 年，上海市区域人才环境指数由 55.16 震荡上升至 61.46，年均增速 1.36%。分析影响上海市区域人才环境指数的各项指标发现，上海市大专以上学历人口比例由 19.5% 上升至 28.6%、城镇居民人均可支配收入与全国平均数的比例从 178.5% 上升至 178.7%。但是上海市的地方政府财政支出中教育经费所占比重有所下降，由 12.6% 降至 12.2%。

2008～2016 年，上海市区域制度环境指数由 54.31 震荡上升至 60.45，年均增速 1.35。具体来看，上海市区域知识产权案件的结案率较高，虽有波

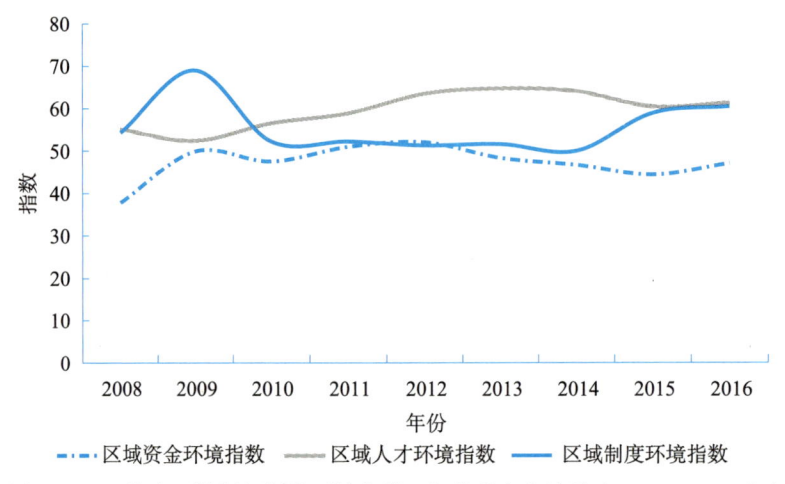

动，但 2016 年仍达到 100%；政府网站绩效由 77 上升至 88。

图 4-28　上海市区域创新创业环境指数二级指数变化情况（2008～2016 年）

第三节　天　津　市

2016 年，天津市区域创新发展指数在 31 个省区中居第 3 位，区域创新能力指数居第 7 位；人均 GDP 为 11.5 万元，约合 1.73 万美元（图 4-29），是创新发展领先型省区。

一、天津市区域创新发展水平演进

（一）天津市区域创新发展指数演进

2008～2016 年，天津市区域创新发展指数从 40.60 持续增长到 56.07，在 31 个省区中居第 3 位。同期，31 个省区平均值从 23.24 增加到 35.62，年均增速为 5.48%。天津市区域创新发展指数年均增速为 4.12%，低于 31 个省区平均值的年均增速（图 4-30）。

图 4-29　天津市区域创新发展指数和区域创新能力指数演进

图 4-30　天津市区域创新发展指数历年变化情况（2008～2016 年）

从区域创新发展指数排名来看，2008～2016 年，天津市区域创新发展指数排名稳定在第 3 位。从一级指数来看（表 4-5），同期，天津市区域科学技术发展指数、区域产业创新发展指数、区域社会创新发展指数排名均稳定在第 3 位；区域绿色集约发展指数由 2008～2011 年的第 1 位下降至 2016 年的第 3 位。区域创新条件发展指数有所下降，由第 5 位下降至第 7 位。

表 4-5 天津市区域创新发展指数排名（2008～2016 年）

指数	2008 年	2009 年	2010 年	2011 年	2012 年	2013 年	2014 年	2015 年	2016 年
区域创新发展指数	3	3	3	3	3	3	3	3	3
——区域科学技术发展指数	3	3	3	3	3	3	3	3	3
——区域产业创新发展指数	3	3	3	3	3	3	3	3	3
——区域社会创新发展指数	3	3	3	3	3	3	3	3	3
——区域绿色集约发展指数	1	1	1	1	2	2	2	2	3
——区域创新条件发展指数	5	5	5	5	5	6	7	7	7

（二）天津市区域科学技术发展指数演进

2008～2016 年，天津市区域科学技术发展指数从 17.17 持续快速增加到 39.54，一直居第 3 位，年均增速为 10.99%，低于 31 个省区平均值的年均增速（12.40%）。具体来看，天津市区域科学技术发展指数远高于 31 个省区平均值，2011 年同比增速开始放缓（图 4-31）。具体分析影响天津市区域科

图 4-31 天津市区域科学技术发展指数变化情况（2008～2016 年）

学技术发展指数的二级指标发现，天津市人均 R&D 经费支出从 1324.12 元持续快速增加到 3439.96 元，每万人口本国有效发明专利数从 3.33 件持续快速增加到 14.51 件，每万人 SCI 论文数从 2.45 篇快速增加到 5.19 篇，每万人 R&D 人员数量从 41.11 人增加至 76.43 人。

（三）天津市区域产业创新发展指数演进

2008～2016 年，天津市区域产业创新发展指数从 43.03 震荡上升到 61.28，排名稳居第 3 位，年均增速 4.52%，低于 31 个省区平均值的年均增速（7.27%）。具体来看，天津市区域产业创新发展指数高于 31 个省区平均值，同比增速波动幅度较大，多数年份同比增速低于 31 个省区同比增速（图 4-32）。具体分析影响天津市区域产业创新发展指数的二级指标发现，天津市全员劳动生产率从 97.01 万元/人年快速增长到 176.13 万元/人年，远高于北京、上海的平均水平，居 31 个省区第 1 位；新产品销售收入占主营业务收入比例从 21.3% 震荡增加到 21.8%，涨幅不明显；服务业增加值占比从 43.0% 震荡增加到 56.4%。值得指出的是，天津市高技术产业主营业务收入占制造业主营业务收入比例从 15.2% 震荡下降到 14.5%。

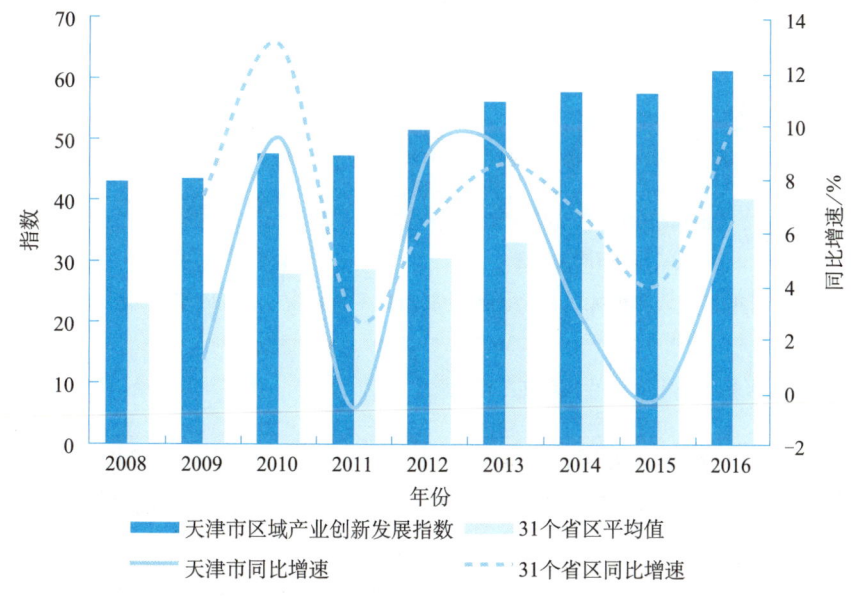

图 4-32　天津市区域产业创新发展指数变化情况（2008～2016 年）

（四）天津市区域社会创新发展指数演进

2008～2016年，天津市区域社会创新发展指数从63.04震荡上升到66.66，居第3位，年均增速为0.70%，低于31个省区平均值的年均增速（2.84%）。具体来看，天津市区域社会创新发展指数高于31个省区平均值，但同比增速在多数年份低于31个省区同比增速（图4-33）。总体来看，影响天津市区域社会创新发展指数的各项指标小幅增长或下降，波动幅度不大。具体分析各项指标发现，城镇人口占总人口比例、大专以上学历人口比例、社区服务机构覆盖率从77.2%、14.4%和24.2%增加至82.9%、24.3%和40.8%。但是，城镇居民人均可支配收入与全国平均数的比例、每千人口卫生技术人员数则分别从130.0%和6.7人下降至114.9%和6.1人。

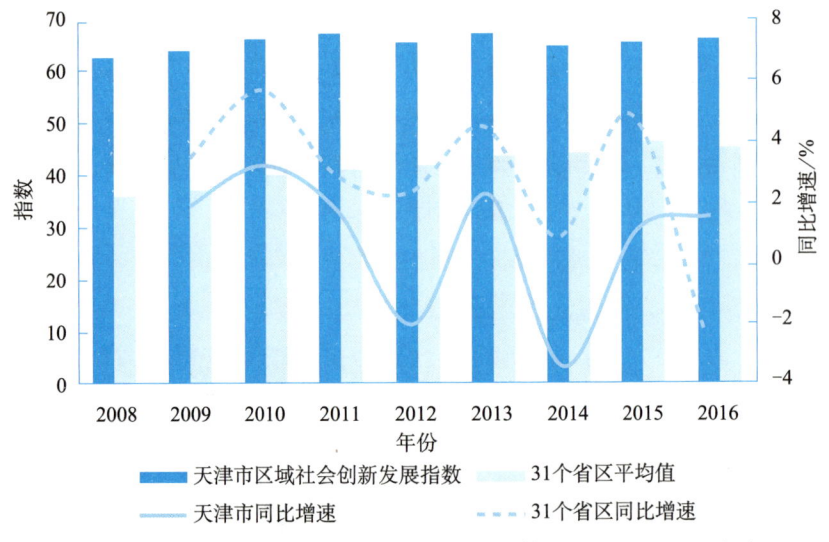

图4-33 天津市区域社会创新发展指数变化情况（2008～2016年）

（五）天津市区域绿色集约发展指数演进

2008～2016年，天津市区域绿色集约发展指数实现较快增长，从42.25增长到66.38，但排名却从第1名下降至第3名，年均增速5.81%，高于31个省区平均值的年均增速（5.67%）。总体来看，天津市区域绿色集约发展指数高于31个省区平均值，同比增速呈现波动特征（图4-34）。具体分析影响天津市区域绿色集约发展指数的二级指标发现，天津市单位能耗和单位废水对应的 GDP 分别从 1.25 万元/吨标准煤、1097.36 元/吨快速增长到 2.17 万元/吨标准煤、1953.95 元/吨，单位建成区面积对应的 GDP 从 10.48 亿元/千米^2 快速增加到 17.75 亿元/千米^2。但是，工业固体废物综合利用率有所下降，从 99.5% 下降到 99.0%。

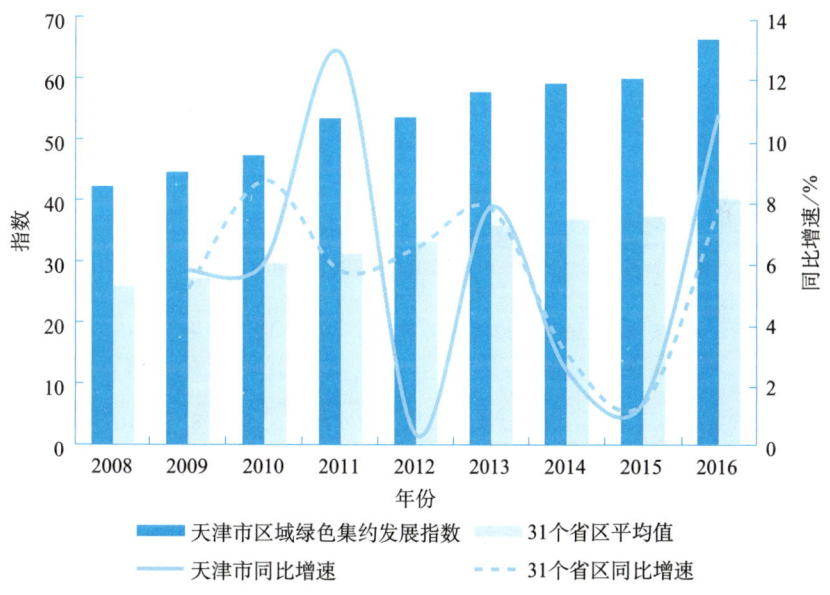

图 4-34　天津市区域绿色集约发展指数变化情况（2008～2016 年）

（六）天津市区域创新条件发展指数演进

2008～2016 年，天津市区域创新条件发展指数从 35.38 震荡增加到 43.24，排名从第 5 位下降到第 7 位，年均增速 2.54%，低于 31 个省区平均值的年均增速（3.75%）。总体来看，天津市区域创新条件发展指数稍高于 31 个省区平均值，同比增速波动水平与 31 个省区保持一致（图 4-35）。具体分析影响天津市区域创新条件发展指数的二级指标发现，天津市每百万人口产业创新平台数量、每百万人口创新服务平台数量、有电子商务活动的企业比例分别从 1.79 个、10.29 个和 5.4% 增加到 5.12 个、17.54 个和 8.4%。但是，天津市人均邮电业务总量、每百万人口研究实验平台数量、拥有网站的企业比例则有不同程度的下降，分别从 0.30 万元、0.51 个、53.3% 下降到 0.17 万元、0.45 个、52.8%。

图 4-35　天津市区域创新条件发展指数变化情况（2008～2016 年）

二、天津市区域创新能力演进

（一）天津市区域创新能力指数演进

2008～2016 年，天津市区域创新能力指数由 21.86 持续增长到 33.88，年均增速 5.63%。从排名来看，天津市区域创新能力指数一直居第 7 位。同期，31 个省区平均值从 15.64 增加到 26.18，年均增速 6.65%，高于天津市（图 4-36）。

从区域创新能力指数排名来看（表 4-6），天津市区域创新能力指数排名相对稳定，2008～2016 年一直居第 7 位。其中，天津市区域创新实力指数排名稍有上升，由第 15 位震荡上升至第 13 位；区域创新效力指数排名有所波动，但总体居第 3 位；区域创新创业环境指数排名有所下降，由第 9 位震荡下降至第 10 位。

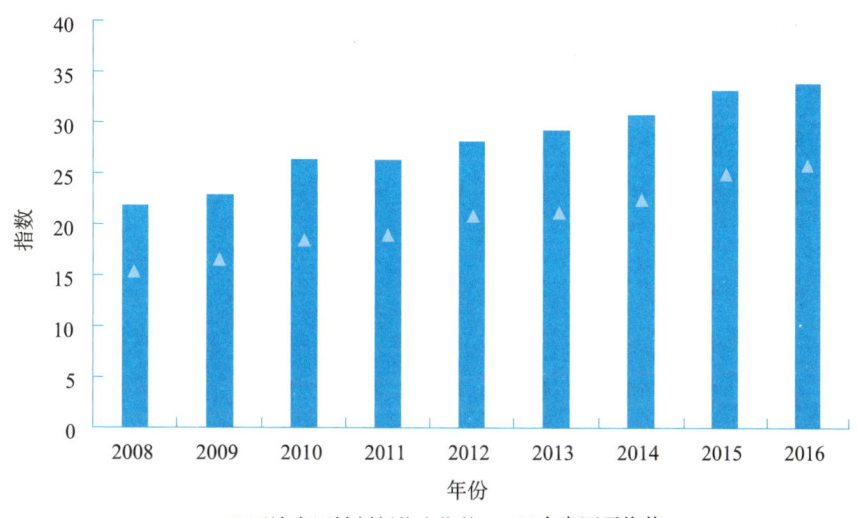

图 4-36 天津市区域创新能力指数历年变化情况（2008～2016 年）

表 4-6 天津市区域创新能力指数排名（2008～2016 年）

指数	2008 年	2009 年	2010 年	2011 年	2012 年	2013 年	2014 年	2015 年	2016 年
区域创新能力指数	7	7	7	7	7	7	7	7	7
——区域创新实力指数	15	15	16	15	14	14	14	14	13
——区域创新效力指数	3	3	4	4	4	3	3	3	3
——区域创新创业环境指数	9	7	4	6	7	6	6	8	10

（二）天津市区域创新实力指数演进

2008～2016 年，天津市区域创新实力指数从 6.13 持续增长到 17.76，排名由第 15 位上升至第 13 位，年均增速 14.22%，高于 31 个省区平均值的年均增速（13.71%）。总体来看，天津市区域创新实力指数低于 31 个省区平均值，2014～2016 年天津市同比增速低于 31 个省区同比增速（图 4-37）。

2008～2016 年，天津市区域创新投入实力指数、区域创新条件实力指数、区域创新产出实力指数和区域创新影响实力指数均实现高速增长（图 4-38）。天津市区域创新投入实力指数从 8.19 持续增长到 24.12，年均增速 14.46%。具体分析影响天津市区域创新投入实力指数的 2 项指标发现，R&D

人员全时当量和 R&D 经费支出分别从 4.83 万人年、155.72 亿元增加到 11.94 万人年、537.32 亿元。

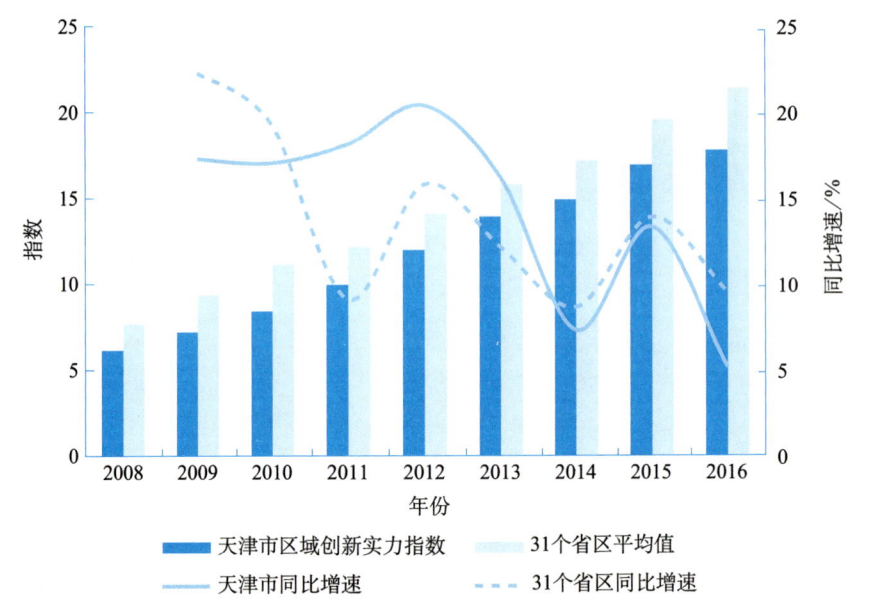

图 4-37　天津市区域创新实力指数变化情况（2008～2016 年）

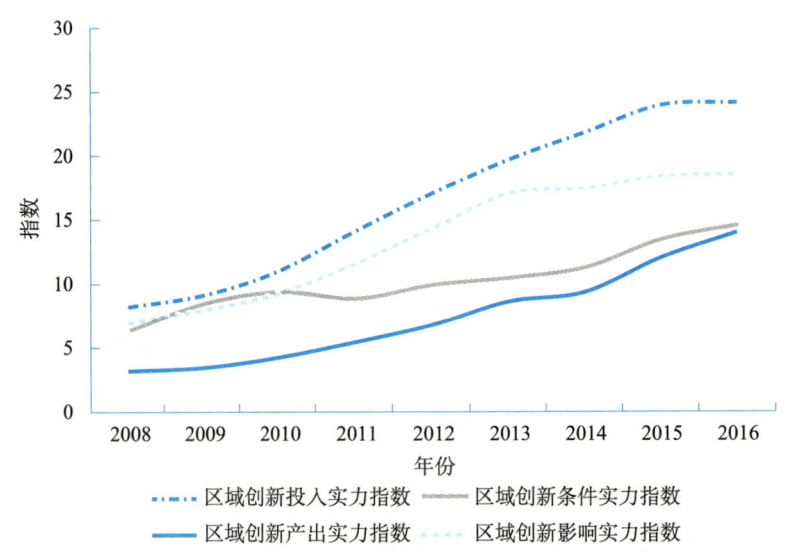

图 4-38　天津市区域创新实力指数二级指数变化情况（2008～2016 年）

2008～2016 年，天津市区域创新条件实力指数从 6.20 震荡增加到 14.40，年均增速 11.11%。具体分析影响天津市区域创新条件实力指数的各项指标发现，天津市互联网宽带接入用户数从 163.1 万户上升至 283.93 万户，有效发明专利数从 0.39 万件增加到 2.27 万件。其各种平台数量均有所增长，研究实验平台数量和产业创新平台数量分别从 6 个和 21 个增加到 7 个和 80 个，检测检验平台数量和创新服务平台数量分别从 114 个和 121 个增加到 236 个和 274 个。但是，天津市邮电业务总量从 356.96 亿元下降到 269.61 亿元。

2008～2016 年，天津市区域创新产出实力指数从 3.17 持续增长到 13.98，年均增速 20.38%。分析影响天津市区域创新产出实力指数的指标发现，各项指标均有不同程度的增长。具体来看，天津市发明专利申请量和授权量分别由 0.63 万件和 0.16 万件增长到 3.82 万件和 0.52 万件，实用新型和外观设计专利申请量和授权量分别由 1.19 万件和 0.52 万件增加到 6.84 万件和 3.45 万件，PCT 专利申请量和 SCI 论文数分别从 51 件和 0.29 万篇增加到 153 件和 0.81 万篇。

2008～2016 年，天津市区域创新影响实力指数从 6.94 持续增加到 18.52，年均增速 13.05%。分析影响天津市区域创新实力指数的指标发现，天津市大中型工业企业新产品销售收入和地区生产总值分别从 2750.18 亿元、6719.01 亿元增加到 5462.83 亿元、17 885.39 亿元，高技术产业利润从 70.4 亿元增加到 296.23 亿元。

（三）天津市区域创新效力指数演进

2008～2016 年，天津市区域创新效力指数从 30.42 震荡增长到 48.67，排名基本保持在第 3 位，年均增速 6.05%，低于 31 个省区平均值的年均增速（7.19%）。总体来看，天津市区域创新效力指数高于 31 个省区平均值，同比增速呈现波动特征，且波动幅度与 31 个省区同比增速波动基本保持一致（图 4-39）。

2008～2016 年，天津市区域创新投入效力指数和区域创新影响效力指数实现了快速增长，区域创新产出效力指数和区域创新条件效力指数增长缓慢（图 4-40）。天津市区域创新投入效力指数从 41.95 持续增长到 66.97，年均增速 6.02%。具体分析影响天津市区域创新投入效力指数的 2 项指标发现，R&D 人员比例从 2.4% 震荡上升到 4.2%，R&D 经费支出占地区生产总值的比例从 2.3% 震荡增加到 3.0%，居 31 个省区第 3 位。

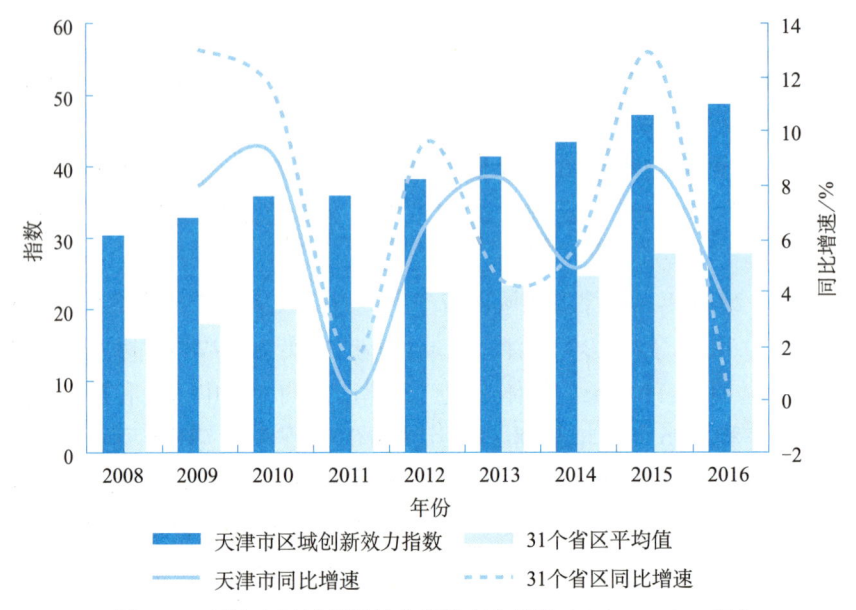

图 4-39　天津市区域创新效力指数变化情况（2008～2016 年）

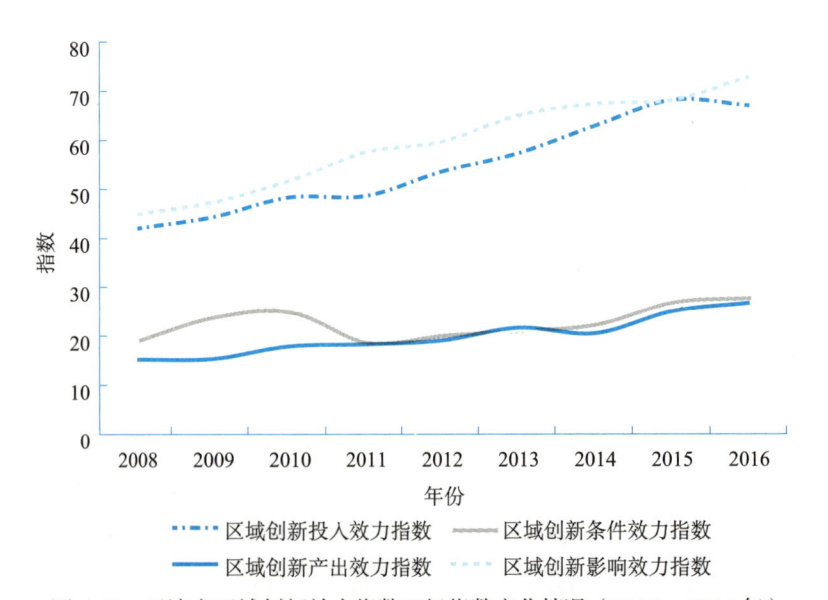

图 4-40　天津市区域创新效力指数二级指数变化情况（2008～2016 年）

2008～2016 年，天津市区域创新条件效力指数从 19.70 震荡增加到 28.20，年均增速 4.59%。具体分析影响天津市区域创新条件效力指数的各项指标发现，每万人口有效发明专利数从 3.33 件快速增加到 14.51 件，每百万人产业创新平台数量、每百万人检测检验平台数量和每百万人创新服务平台数量分别从1.79个、9.69个和10.29个震荡增加5.12个、13.12个和17.54个。但天津市部分指标有所下降，其中人均邮电业务总量从0.30万元下降到0.17万元，每百万人研究实验平台数量从0.51个震荡下降到0.45个。

2008~2016年，天津市区域创新产出效力指数从15.17震荡增加到26.67，年均增速7.31%。分析影响天津市区域创新产出效力指数的指标发现，天津市单位R&D人员发明专利申请量和授权量分别由12.99件/百人年和3.33件/百人年增长到31.96件/百人年和4.34件/百人年，单位R&D人员实用新型和外观设计专利申请量由24.71件/百人年增加到57.26件/百人年，单位R&D人员实用新型和外观设计专利授权量由10.71件/百人年上升到28.94件/百人年，单位R&D人员SCI论文数从5.96篇/百人年增加到6.79篇/百人年，单位R&D人员PCT专利申请量由10.55件/万人年增加到12.82件/万人年。

2008~2016年，天津市区域创新影响效力指数从44.85持续增加到72.86，年均增速6.25%。分析影响天津市区域创新影响效力指数的指标发现，天津市大中型工业企业新产品销售收入占主营业务收入比重由21.31%震荡上升到21.80%，人均地区生产总值从5.71万元增加到11.45万元，劳动生产率由33.49万元/人年增加到62.53万元/人年，单位能耗产生的GDP由1.25万元/吨标准煤增加到2.17万元/吨标准煤，单位建成区面积GDP产出由10.48亿元/千米^{2}增加到17.75亿元/千米^2，单位工业废水排放量对应的主营业务收入由2107.38元/吨增加至2827.86元/吨，工业固体废物综合利用率由99.5%下降至99.0%、单位主要污染物排放量对应的GDP由99.30万元/吨上升至609.37万元/吨。

（四）天津市区域创新创业环境指数演进

2008~2016年，天津市区域创新创业环境指数从36.23震荡增长到36.56，由第9位震荡下降至第10位，年均增速0.11%，低于31个省区平均值的年均增速（0.61%）。总体来看，天津市区域创新创业环境指数高于31个省区平均值，同比增速呈现波动特征，且有放缓趋势（图4-41）。

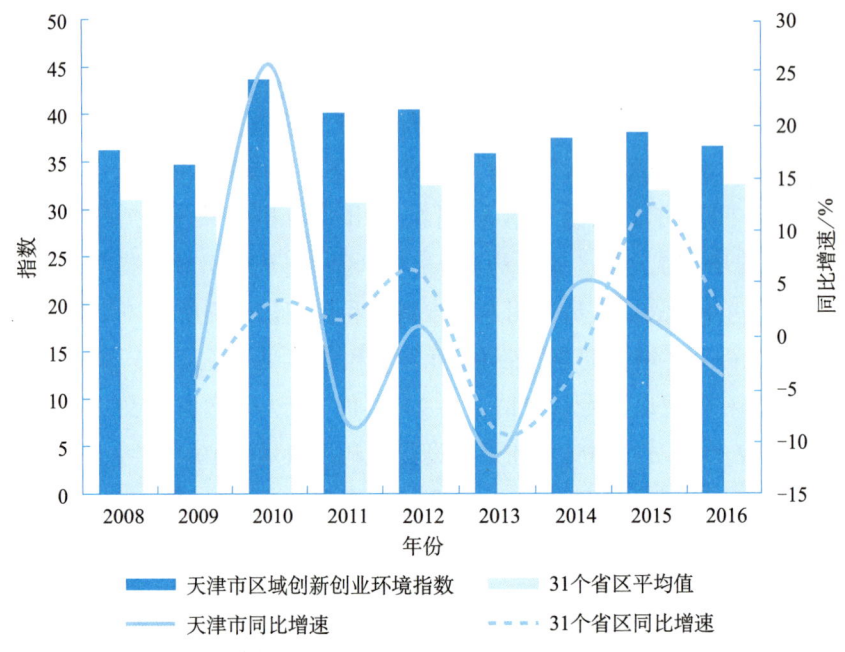

图 4-41　天津市区域创新创业环境指数变化情况（2008～2016 年）

2008～2016 年，天津市区域资金环境指数和区域人才环境指数均呈现小幅下降，区域制度环境指数波动较大，但仍呈现上升趋势（图 4-42）。区域资金环境指数由 21.14 震荡下降到 20.23，年均增速 -0.55%。分析影响天津市区域资金环境指数的各项指标发现，天津市工业企业研究开发费用加计扣除执行情况由 47.63% 下降至 19.38%，高企税收优惠减免由 3.22 亿元增加到 11.73 亿元，地方政府财政科技拨款占财政支出的比重略有增加，由 3.3% 震荡增加到 3.4%。

2008～2016 年，天津市区域人才环境指数由 45.88 震荡下降至 41.77，年均增速 -1.17%。分析影响天津市区域人才环境指数的各项指标发现，天津市大专以上学历人口比例由 14.4% 上升至 24.3%。但是，天津市城镇居民人均可支配收入与全国平均数的比例从 130.0% 下降至 114.9%，地方政府财政支出中教育经费所占比重有所下降，由 16.3% 降至 13.6%。

2008～2016 年，天津市区域制度环境指数由 41.66 震荡上升至 47.67，年均增速 1.70%。具体来看，天津市区域知识产权案件的结案率较高，从 80% 上升到 88.24%，政府网站绩效由 58.4 上升至 67.5。

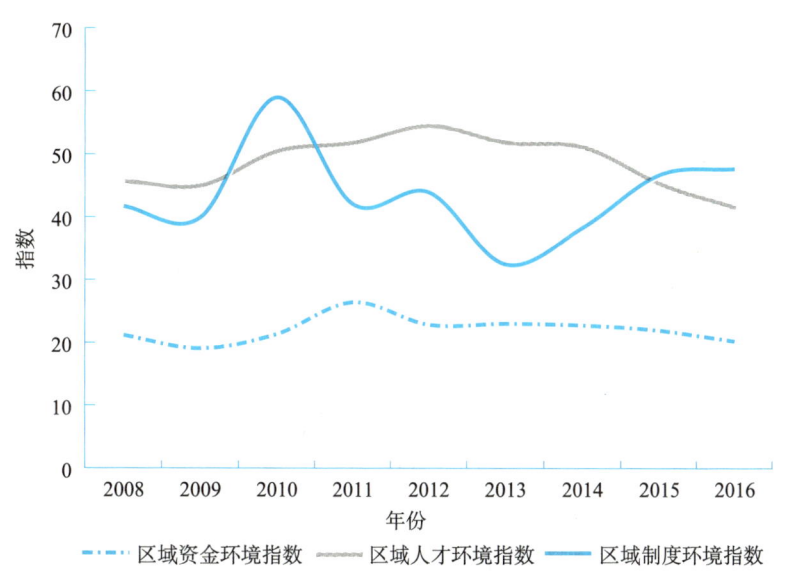

图 4-42　天津市区域创新创业环境指数二级指数变化情况（2008~2016 年）

第四节　江　苏　省

2016 年，江苏省区域创新发展指数排名居 31 个省区第 4 位，区域创新能力指数居第 2 位；人均 GDP 为 9.6 万元（图 4-43），约合 1.44 万美元，是创新发展领先型省区。

一、江苏省区域创新发展水平演进

（一）江苏省区域创新发展指数演进

2008~2016 年，江苏省区域创新发展指数从 31.50 持续增长到 49.67，排名从第 5 位提升至第 4 位；同期，31 个省区平均值从 23.24 增加到 35.62，年均增速为 5.48%。江苏省区域创新发展指数年均增速为 5.86%，高于 31 个省区平均值的年均增速（图 4-44）。

图 4-43　江苏省区域创新发展指数和区域创新能力指数演进

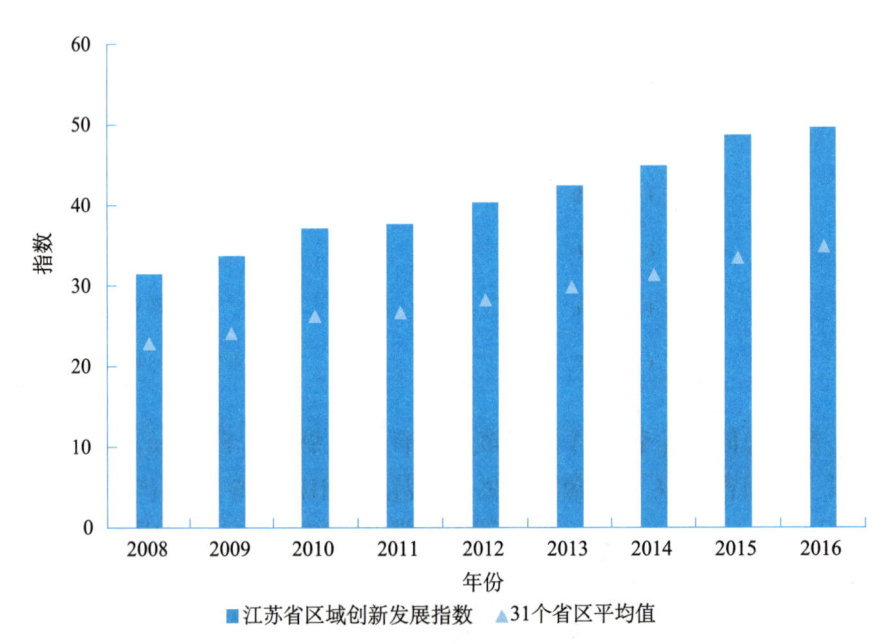

图 4-44　江苏省区域创新发展指数历年变化情况（2008～2016 年）

2008～2016 年，江苏省区域创新发展指数排名呈上升趋势，2012 年开始稳定居于第 4 位。从一级指数来看（表 4-7），江苏省区域产业创新发展指数、区域创新条件发展指数比较稳定，基本保持在第 5 位和第 6 位；区域科学技术发展指数略有提升，从第 5 位提高至第 4 位；区域社会创新发展指数和区域绿色集约发展指数排名则有小幅波动，分别从第 5 位、第 4 位变化到第 4 位、第 5 位。

表 4-7　江苏省区域创新发展指数排名（2008～2016 年）

指数	2008 年	2009 年	2010 年	2011 年	2012 年	2013 年	2014 年	2015 年	2016 年
区域创新发展指数	5	5	5	5	4	4	4	4	4
——区域科学技术发展指数	5	4	4	4	4	4	4	4	4
——区域产业创新发展指数	5	5	5	5	5	5	5	6	5
——区域社会创新发展指数	5	5	5	5	6	6	5	4	4
——区域绿色集约发展指数	4	4	4	4	4	4	4	4	5
——区域创新条件发展指数	6	6	6	6	6	5	5	5	6

（二）江苏省区域科学技术发展指数演进

2008～2016 年，江苏省区域科学技术发展指数从 9.17 持续快速增加到 33.55，排名从第 5 位上升至第 4 位，年均增速 17.60%，远高于 31 个省区平均值的年均增速（12.40%）。江苏省区域科学技术发展指数远高于 31 个省区平均值，同比增速基本稳定，与 31 个省区同比增速相差不大（图 4-45）。具

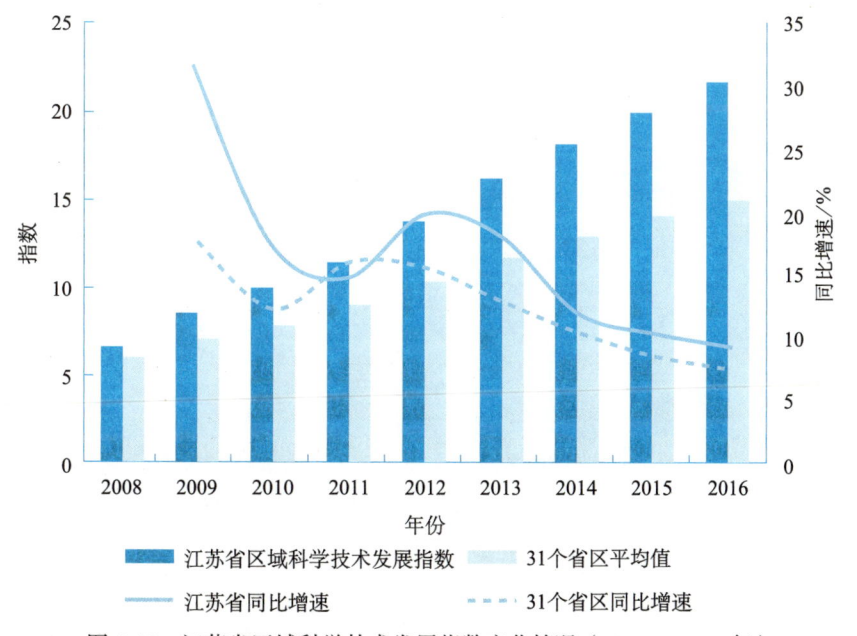

图 4-45　江苏省区域科学技术发展指数变化情况（2008～2016 年）

体分析影响江苏省区域科学技术发展指数的二级指标发现，江苏省人均R&D经费支出从748.41元持续快速增加到2533.91元，每万人R&D人员数量从25.17人快速增加到67.94人，每万人本国有效发明专利数从1.06件持续快速增加到18.36件，每万人SCI论文数从1.03篇快速增加到3.44篇。

（三）江苏省区域产业创新发展指数演进

2008～2016年，江苏省区域产业创新发展指数从31.29持续上升到54.97，但排名基本保持在第5名，年均增速7.30%，高于31个省区平均值的年均增速（7.27%）。总体上看，江苏省区域产业创新发展指数高于31个省区平均值，同比增速波动逐年降低（图4-46）。具体分析影响江苏省区域产业创新发展指数的二级指标发现，江苏省全员劳动生产率从60.22万元/人年提高到140.84万元/人年，高技术产业主营业务收入占制造业主营业务收入比例从17.6%增加至19.6%，服务业增加值占比从38.4%持续增加至50%，新产品销售收入占主营业务收入比例从10.9%增加到17.9%。

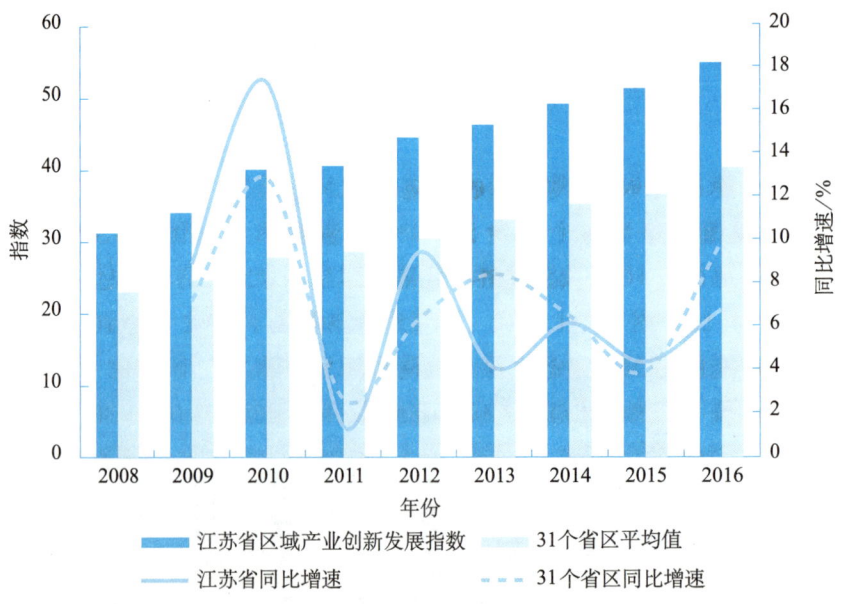

图4-46 江苏省区域产业创新发展指数变化情况（2008～2016年）

（四）江苏省区域社会创新发展指数演进

2008～2016年，江苏省区域社会创新发展指数从47.97震荡上升到

57.77，2016年排名居第4位，年均增速2.35%，低于31个省区平均值的年均增速（2.84%）。江苏省区域社会创新发展指数高于31个省区平均值，同比增速波动幅度较大：除2015年同比增速9.14%远高于31个省区同比增速外，多数年份基本低于31个省区同比增速（图4-47）。具体分析影响江苏省区域社会创新发展指数的二级指标发现，影响江苏省区域社会创新发展指数的各项指标基本有所增长。其中，城镇人口占总人口的比例由54.3%增加到67.7%，城镇居民人均可支配收入与全国平均数的比例从125.0%下降至124.3%，大专以上学历人口比例从6.7%增加到15.6%，每万人口在校大学生数和每千人口卫生技术人员数分别从202.61人和3.9人增加到218.26人和6.5人，社区服务机构覆盖率从78.1%增加至85.5%。

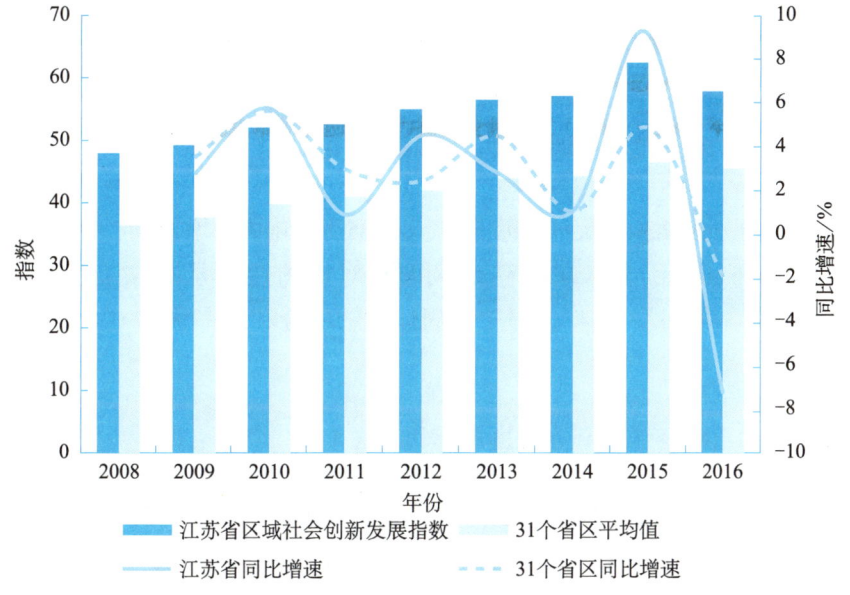

图4-47　江苏省区域社会创新发展指数变化情况（2008～2016年）

（五）江苏省区域绿色集约发展指数演进

2008～2016年，江苏省区域绿色集约发展指数有所增长，从39.96增长到55.53，但排名从第4位下降至第5位，年均增速5.22%，低于31个省区平均值的年均增速（5.67%）。总体来看，江苏省区域绿色集约发展指数高于31个省区平均值，同比增速呈现波动特征（图4-48）。具体分析影响江苏省区域绿色集约发展指数的二级指标发现，江苏省单位能耗和单位废水对

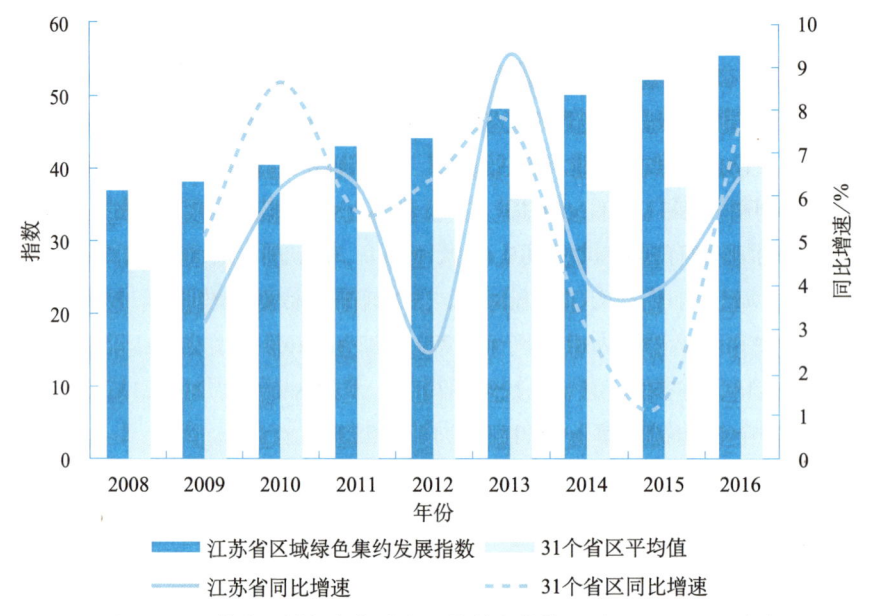

图 4-48　江苏省区域绿色集约发展指数变化情况（2008～2016 年）

应的 GDP 分别从 1.39 万元/吨标准煤、607.85 元/吨快速增长到 2.49 万元/吨标准煤、1255.03 元/吨，单位建成区面积对应的 GDP 从 10.67 亿元/千米^2 震荡增加到 18 亿元/千米^2，但工业固体废物综合利用率从 97.0% 逐渐下降到 89.4%。

（六）江苏省区域创新条件发展指数演进

2008～2016 年，江苏省区域创新条件发展指数从 34.23 震荡增加到 43.88，排名有所波动但总体居第 6 位，年均增速 3.15%，低于 31 个省区平均值的年均增速（3.75%）。江苏省区域创新条件发展指数高于 31 个省区平均值，同比增速波动趋势与 31 个省区同比增速波动趋势一致，2016 年同比增速有所放缓（图 4-49）。具体分析影响江苏省区域创新条件发展指数的二级指标发现，江苏省每百万人口产业创新平台数量、每百万人口创新服务平台数量分别从 0.52 个、6 个增加到 2.05 个、13.66 个，人均邮电业务总量从 0.21 万元增加至 0.23 万元，有电子商务活动的企业比例从 5.6% 提高到 9.6%。但是，每百万人口研究实验平台数量和拥有网站的企业比例均有不同程度的下降，分别从 0.26 个、72.7% 下降到 0.21 个、63.5%。

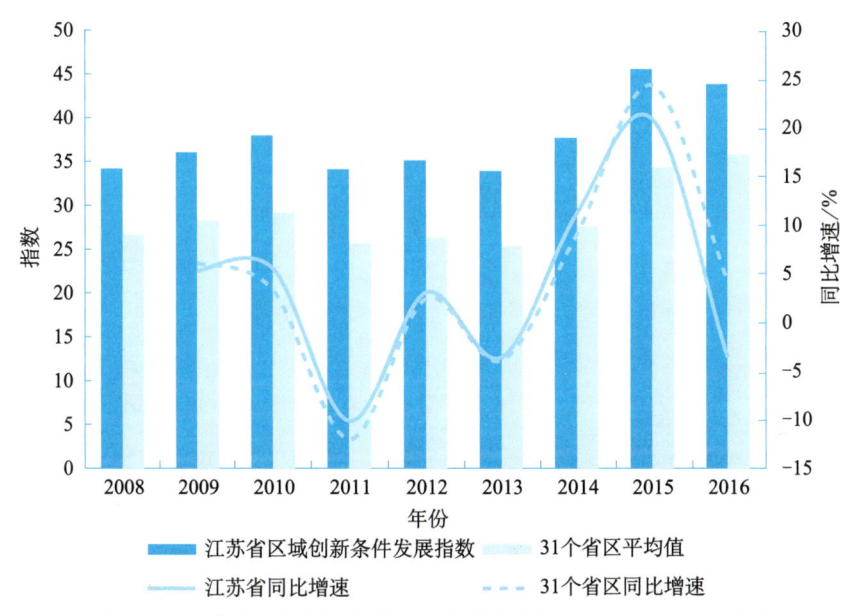

图 4-49　江苏省区域创新条件发展指数变化情况（2008～2016 年）

二、江苏省区域创新能力演进

（一）江苏省区域创新能力指数演进

2008～2016 年，江苏省区域创新能力指数由 28.66 持续增长到 61.47，年均增速 10.01%。同期，31 个省区平均值从 15.64 增加到 26.18，年均增速 6.65%（图 4-50）。

从区域创新能力指数排名来看，江苏省区域创新能力指数排名逐步上升，2008～2009 年排名居 31 个省区第 4 位，2010 年居第 3 位，2012 年居第 1 位，2013～2016 年居第 2 位（表 4-8）。其中，2008～2016 年，江苏省区域创新实力指数排名在 2012～2013 年居第 1 位，其余年份均居第 2 位；区域创新效力指数排名由第 4 位震荡下降至第 5 位；区域创新创业环境指数排名有所上升，由第 8 位震荡上升至第 5 位。

图 4-50　江苏省区域创新能力指数历年变化情况（2008～2016 年）

表 4-8　江苏省区域创新能力指数排名（2008～2016 年）

指数	2008 年	2009 年	2010 年	2011 年	2012 年	2013 年	2014 年	2015 年	2016 年
区域创新能力指数	4	4	3	2	1	2	2	2	2
——区域创新实力指数	2	2	2	2	1	1	2	2	2
——区域创新效力指数	4	4	3	3	2	4	4	5	5
——区域创新创业环境指数	8	5	6	5	6	5	5	5	5

（二）江苏省区域创新实力指数演进

2008～2016 年，江苏省区域创新实力指数从 25.59 持续增长到 83.74，排名大体居第 2 位，年均增速 15.97%，高于 31 个省区平均值的年均增速（13.71%）。总体来看，江苏省区域创新能力指数远高于 31 个省区平均值，同比增速有放缓趋势（图 4-51）。

2008～2016 年，江苏省区域创新投入实力指数、区域创新条件实力指数、区域创新产出效力指数、区域创新影响效力指数均呈现不同程度的增长（图 4-52）。江苏省区域创新投入实力指数从 32.19 持续增长到 99.80，年均增速 15.19%。具体分析影响江苏省区域创新投入实力指数的 2 项指标发现，R&D 人员全时当量和 R&D 经费支出分别从 19.53 万人年、580.91 亿元增加到 54.34 万人年、2026.87 亿元。

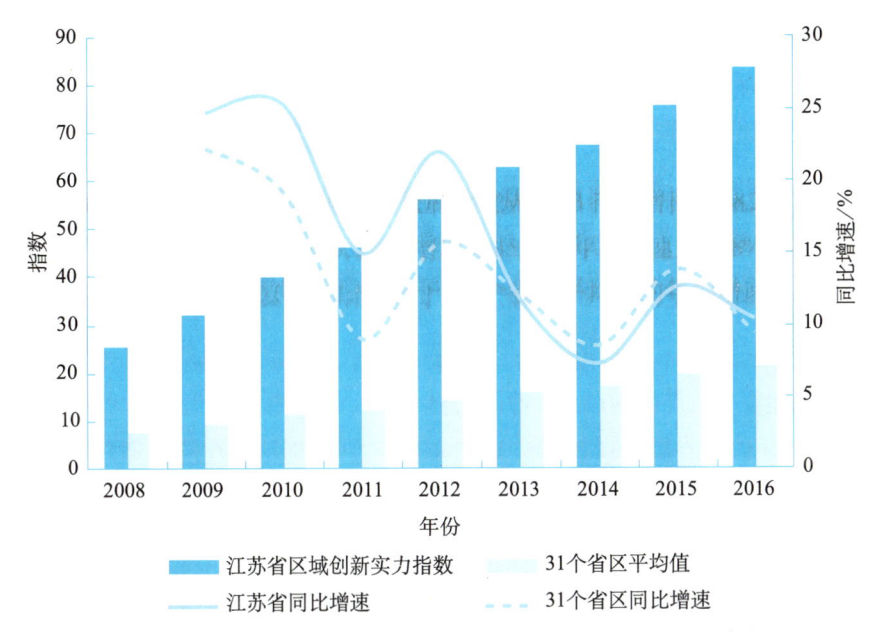

图 4-51 江苏省区域创新实力指数变化情况（2008～2016 年）

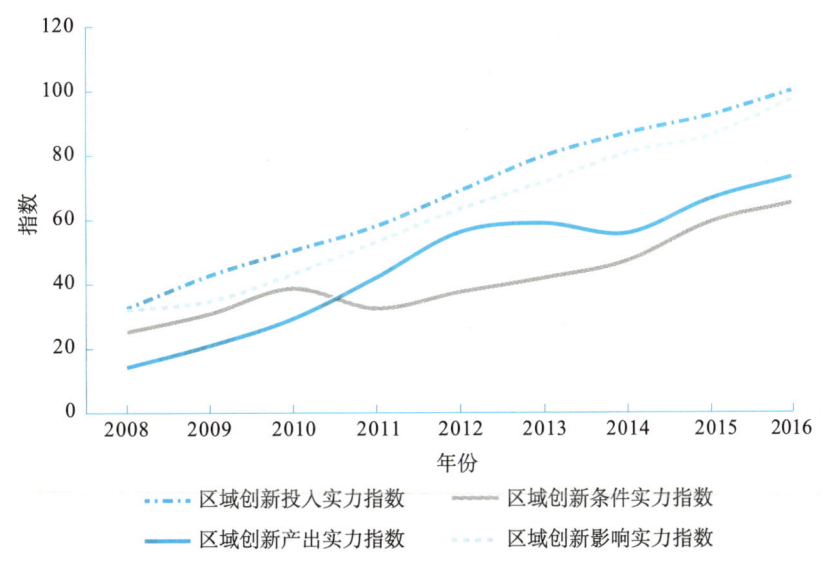

图 4-52 江苏省区域创新实力指数二级指数变化情况（2008～2016 年）

2008～2016 年，江苏省区域创新条件实力指数从 24.12 震荡增加到 64.77，年均增速 13.14%。具体分析影响江苏省区域创新条件实力指数的各项指标发现，江苏省互联网宽带接入用户数从 954.5 万户上升至 2685.24 万户，邮电业务总量从 1581.86 亿元上升到 1870.29 亿元，有效发明专利数从 0.82 万件增加到 14.69 万件。其各种平台数量均有所增长，产业创新平台数量和检测检验平台数量分别从 40 个和 432 个增加到 164 个和 920 个，创新服务平台数量从 461 个增加到 1093 个。但是，江苏省研究实验平台数量从 20 个减少到 17 个。

2008～2016 年，江苏省区域创新产出实力指数从 14.03 震荡增长到 73.05，年均增速 22.91%。分析影响江苏省区域创新产出实力指数的指标发现，各项指标均有不同程度的增长。具体来看，江苏省发明专利申请量和授权量分别由 2.26 万件和 0.35 万件增长到 18.46 万件和 4.10 万件，实用新型和外观设计专利申请量和授权量分别由 10.54 万件和 4.09 万件增加到 32.78 万件和 19.00 万件，PCT 专利申请量和 SCI 论文数分别从 215 件和 0.80 万篇增加到 3213 件和 2.75 万篇。

2008～2016 年，江苏省区域创新影响实力指数从 32.03 持续增加到 97.34，年均增速 14.91%。分析影响江苏省区域创新影响实力指数的指标发现，江苏省大中型工业企业新产品销售收入和地区生产总值分别从 7243.42 亿元、30 981.98 亿元增加到 28 084.67 亿元、77 388.28 亿元，高技术产业利润总额从 687.20 亿元增加到 2059.91 亿元。

（三）江苏省区域创新效力指数演进

2008～2016 年，江苏省区域创新效力指数从 27.67 震荡增长到 43.28，2016 年排名居第 5 位，年均增速 5.75%，低于 31 个省区平均值的年均增速（7.19%）。总体来看，江苏省区域创新能力指数高于 31 个省区平均值，同比增速呈现波动特征，且波动幅度较大，2013 年同比增速为 -13.49%，远低于 31 个省区同比增速 4.43%（图 4-53）。

2008～2016 年，江苏省区域创新投入效力指数、区域创新条件效力指数、区域创新产出效力指数和区域创新影响效力指数均呈现波动增长态势（图 4-54）。区域创新投入效力指数从 41.95 震荡增长到 57.76，年均增速 4.08%。具体分析影响江苏省区域创新投入效力指数的 2 项指标发现，R&D 人员比例从 2.8% 震荡上升到 3.6%，R&D 经费支出占地区生产总值的比例从 1.9% 震荡增加到 2.6%，居 31 个省区第 5 位。

2008～2016 年，江苏省区域创新条件效力指数从 9.67 震荡增加到 22.11，

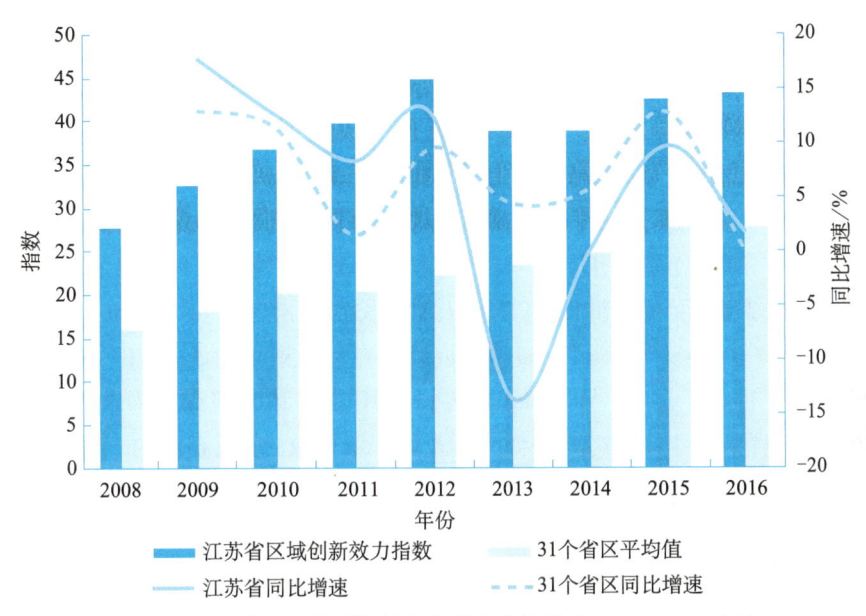

图 4-53　江苏省区域创新效力指数变化情况（2008～2016 年）

图 4-54　江苏省区域创新效力指数二级指数变化情况（2008～2016 年）

年均增速 10.89%。具体分析影响江苏省区域创新条件效力指数的各项指标发现，人均邮电业务总量从 0.20 万元上升到 0.23 万元，每万人口有效发明专利数从 1.07 件快速增加到 18.36 件，每百万人产业创新平台数量、每万人检测检验平台数量和每万人创新服务平台数量分别从 0.52 个、5.57 个和 5.94 个震荡增加 2.05 个、10.12 个和 13.66 个。但江苏省部分指标有所下降，每百万人研究实验平台数量从 0.26 个震荡下降到 0.21 个。

2008～2016 年，江苏省区域创新产出效力指数从 19.53 震荡增加到 29.20，年均增速 5.16%。分析影响江苏省区域创新产出效力指数的指标发现，江苏省各项指标均有所增长。其中，单位 R&D 人员发明专利申请量和授权量分别由 11.57 件/百人年和 1.80 件/百人年增长到 33.97 件/百人年和 7.54 件/百人年，单位 R&D 人员实用新型和外观设计专利申请量由 53.96 件/百人年增加到 60.32 件/百人年，单位 R&D 人员实用新型和外观设计专利授权量由 20.95 件/百人年上升到 34.98 件/百人年，单位 R&D 人员 PCT 专利申请量由 11.01 件/万人年上升到 59.12 件/万人年，单位 R&D 人员 SCI 论文数从 4.11 篇/百人年增加到 5.28 篇/百人年。

2008～2016 年，江苏省区域创新影响效力指数从 39.55 震荡增加到 64.04，年均增速 6.21%。分析影响江苏省区域创新影响效力指数的指标发现，江苏省大中型工业企业新产品销售收入占主营业务收入比重由 10.88% 震荡上升到 17.94%，人均地区生产总值分别从 3.99 万元增加到 9.67 万元，劳动生产率由 43.78 万元/人年增加到 51.69 万元/人年，单位能耗产生的 GDP 由 1.39 万元/吨标准煤增加到 2.49 万元/吨标准煤，单位建成区面积 GDP 产出由 10.67 亿元/千米^2 增加到 18.00 亿元/千米^2，单位工业废水排放量对应的主营业务收入由 1305.82 元/吨增加至 2539.48 元/吨，单位主要污染物排放量对应的 GDP 由 96.64 万元/吨上升至 392.41 万元/吨。但是，工业固体废物综合利用率有所下降，由 97.0% 下降至 89.4%。

（四）江苏省区域创新创业环境指数演进

2008～2016 年，江苏省区域创新创业环境指数从 36.80 震荡增长到 53.31，由第 8 位逐步上升至第 5 位，年均增速 4.74%，高于 31 个省区平均值的年均增速（0.61%）。总体来看，江苏省区域创新创业环境指数高于 31 个省区平均值，同比增速呈现波动特征，且有放缓趋势（图 4-55）。

2008～2016 年江苏省区域资金环境指数、区域人才环境指数和区域制度环境指数呈现波动增长态势（图 4-56）。区域资金环境指数由 27.55 震荡增加到 53.55，年均增速 8.66%。分析影响江苏省区域资金环境指数的各项指

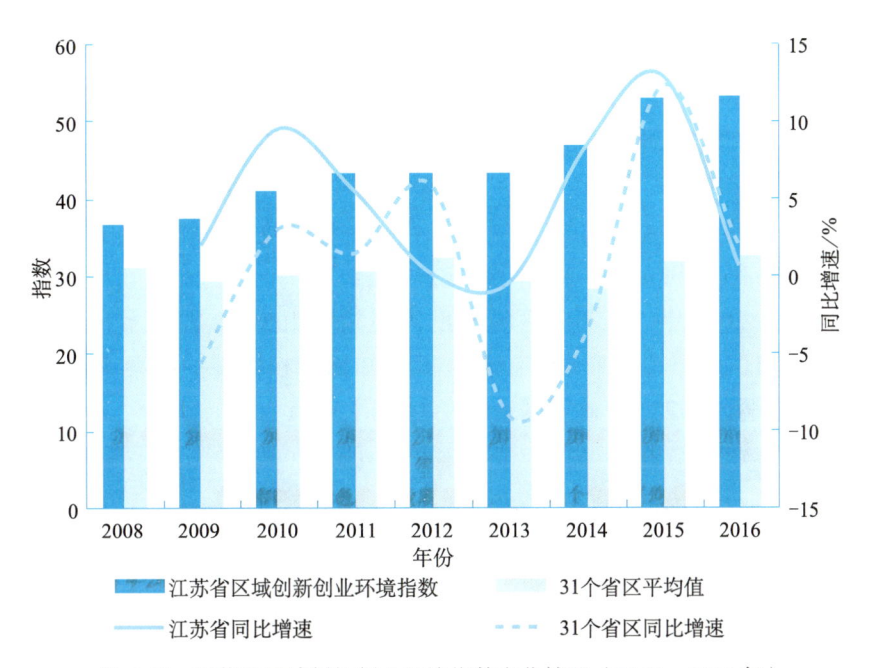

图 4-55　江苏省区域创新创业环境指数变化情况（2008～2016 年）

图 4-56　江苏省区域创新创业环境指数二级指数变化情况（2008～2016 年）

标发现，江苏省工业企业研究开发费用加计扣除执行情况由 38.42% 提高至 47.98%、高企税收优惠由 42.15 亿元增加到 120.99 亿元。其地方政府财政科技拨款占财政支出的比重略有增加，由 2.8% 震荡增加到 3.8%。

2008～2016 年，江苏省区域人才环境指数由 43.26 震荡上升至 50.87，年均增速 2.05%。分析影响江苏省区域人才环境指数的各项指标发现，江苏省大专以上学历人口比例由 6.7% 上升至 15.6%，城镇居民人均可支配收入与全国平均数的比例从 125.0% 下降到 124.3%，地方政府财政支出中教育经费所占比重略有上升，由 18.2% 增至 18.5%。

2008～2016 年，江苏省区域制度环境指数由 39.58 震荡上升至 55.50，年均增速 4.32%。具体来看，江苏省区域知识产权案件的结案率较高，由 38.82% 上升至 92.25%，政府网站绩效由 63 上升至 80.7。

第五节 广 东 省

2016 年，广东省区域创新发展指数排名在 31 个省区中居第 6 位，区域创新能力指数居第 1 位；人均 GDP 为 7.3 万元，约合 1.10 万美元，是创新发展领先型省区（图 4-57）。

图 4-57 广东省区域创新发展指数和区域创新能力指数演进

一、广东省区域创新发展水平演进

(一) 广东省区域创新发展指数演进

2008～2016 年，广东省区域创新发展指数从 33.48 震荡增长到 47.96，排名有所下降，从第 4 位降至第 6 位。同期，31 个省区平均值从 23.24 增加到 35.62，年均增速为 5.48%。广东省创新发展指数增长相对缓慢，年均增速为 4.60%，略低于 31 个省区平均值的年均增速（图 4-58）。

从一级指数来看（表 4-9），2008～2016 年，广东省区域科学技术发展指数、区域产业创新发展指数排名稳定，分别保持在第 6 位和第 4 位；区域社会创新发展指数在第 5 位至第 6 位徘徊；区域绿色集约发展指数从第 7 位震荡上升至第 6 位；区域创新条件发展指数排名稳定保持在第 4 位。

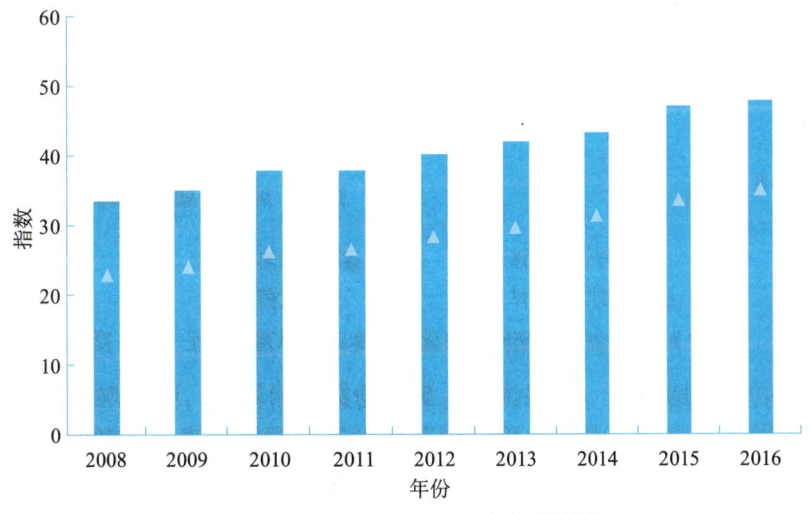

图 4-58 广东省区域创新发展指数历年变化情况（2008～2016 年）

表 4-9 广东省区域创新发展指数排名（2008～2016 年）

指数	2008 年	2009 年	2010 年	2011 年	2012 年	2013 年	2014 年	2015 年	2016 年
区域创新发展指数	4	4	4	4	5	5	5	5	6
——区域科学技术发展指数	6	6	6	6	6	6	6	6	6
——区域产业创新发展指数	4	4	4	4	4	4	4	4	4
——区域社会创新发展指数	6	6	6	6	5	5	6	5	6

续表

指数	2008年	2009年	2010年	2011年	2012年	2013年	2014年	2015年	2016年
——区域绿色集约发展指数	7	7	7	7	8	8	8	6	6
——区域创新条件发展指数	4	4	4	4	4	4	4	4	4

（二）广东省区域科学技术发展指数演进

2008~2016年，广东省区域科学技术发展指数从7.57持续快速增加到23.13，年均增速14.98%，远高于31个省区平均值的年均增速（12.40%）。总体来看，广东省区域科学技术发展指数同比增速2011年达到峰值，此后同比增速有所放缓（图4-59）。具体分析影响广东省区域科学技术发展指数的二级指标发现，广东省各项指标均有所增长，其中人均R&D经费支出从507.997元持续快速增加到1850.30元，每万人R&D人员数量从24.13人快速增加到46.88人，每万人本国有效发明专利数从1.62件持续快速增加到15.32件，每万人SCI论文数从0.46篇快速增加到1.47篇。

图4-59 广东省区域科学技术发展指数变化情况（2008~2016年）

（三）广东省区域产业创新发展指数演进

2008~2016年，广东省区域产业创新发展指数从38.70震荡上升到58.89，排名居第4位，年均增速5.39%，低于31个省区平均值的年均增速

（7.27%）。广东省区域产业创新发展指数高于 31 个省区平均值，同比增速波动较大（图 4-60）。广东省区域产业创新发展指数的各项指标均有不同幅度的增长，具体分析影响广东省区域产业创新发展指数的二级指标发现，广东省全员劳动生产率从 42.44 万元 / 人年震荡上升至 89.95 万元 / 人年；高技术产业主营业务收入占制造业主营业务收入比例从 25.4% 震荡上升至 29.2%，这个比例居全国第 1 位；服务业增加值占比和新产品销售收入占主营业务收入比例分别从 44.4%、11.8% 增加至 52.0%、22.2%。

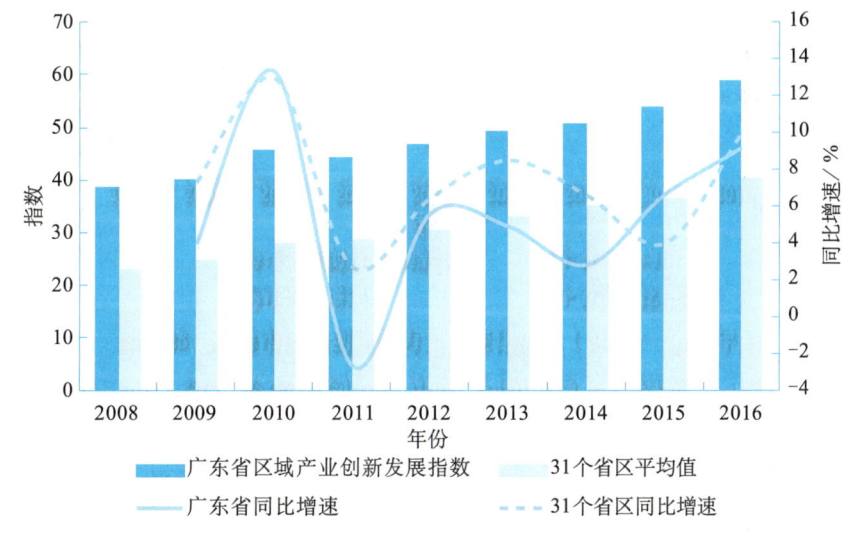

图 4-60　广东省区域产业创新发展指数变化情况（2008～2016 年）

（四）广东省区域社会创新发展指数演进

2008～2016 年，广东省区域社会创新发展指数从 46.84 震荡上升到 53.82，排名处在第 5 位至第 6 位，年均增速 1.75%，低于 31 个省区平均值的年均增速（2.84%）。广东省区域社会创新发展指数高于 31 个省区平均值（图 4-61）。具体分析影响广东省区域社会创新发展指数的二级指标发现，广东省城镇人口占总人口的比例从 63.4% 持续增加至 69.2%；大专以上学历人口比例、社区服务机构覆盖率指标有所增长，分别从 6.5% 和 62.0% 震荡增加到 12.8% 和 83.1%。同时，广东省每万人口在校大学生数从 122.95 人持续增加到 172.1 人，每千人口对应的卫生技术人员数则从 4.6 人震荡增加到 6.0 人。但是，广东省城镇居民人均可支配收入与全国平均数的比例有所下降，从 132.1% 下降至 116.7%。

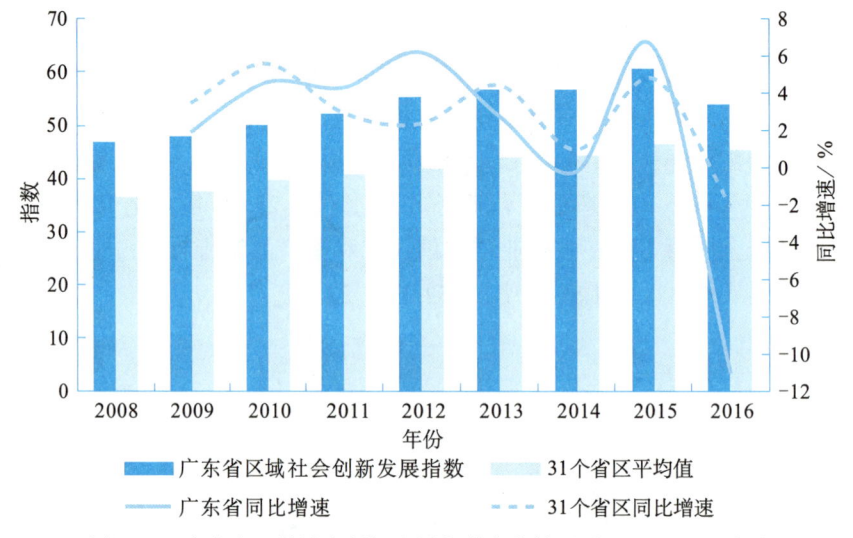

图 4-61　广东省区域社会创新发展指数变化情况（2008～2016 年）

（五）广东省区域绿色集约发展指数演进

2008～2016 年，广东省区域绿色集约发展指数从 34.13 增长到 51.00，排名从第 7 位震荡上升到第 6 位，年均增速 5.15%，略低于 31 个省区平均值的年均增速（5.67%）。总体来看，广东省区域绿色集约发展指数高于 31 个省区平均值，同比增速呈现波动特征（图 4-62）。具体分析影响广东省区域

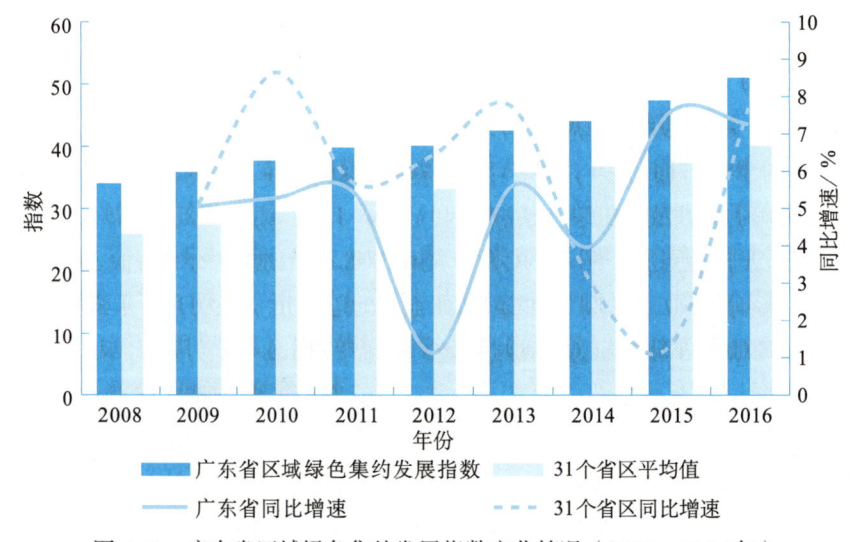

图 4-62　广东省区域绿色集约发展指数变化情况（2008～2016 年）

绿色集约发展指数的二级指标，广东省单位能耗和单位废水对应的GDP分别从1.57万元/吨标准煤、543.24元/吨快速增长到2.59万元/吨标准煤、861.75元/吨，工业固体废物综合利用率从83.8%震荡提升到84.8%，单位建成区面积对应的GDP从8.90亿元/千米^{2}快速增加到13.92亿元/千米^2。

（六）广东省区域创新条件发展指数演进

2008～2016年，广东省区域创新条件发展指数从39.13震荡增加到48.37，排名保持在第4位，年均增速2.69%，低于31个省区平均值的年均增速（3.75%）。总体来看，广东省区域创新条件发展指数高于31个省区平均值，同比增速呈现波动特征，且波动趋势与31个省区同比增速保持一致（图4-63）。具体分析影响广东省区域创新条件发展指数的二级指标发现，广东省每百万人口产业创新平台数量、每百万人口创新服务平台数量分别从0.56个、5.60个增加到1.39个、11.97个，拥有网站的企业比例和有电子商务活动的企业比例分别从63.2%和7.7%增加到65.8%和11.6%。广东省人均邮电业务总量、每百万人口研究实验平台数量则有不同程度的下降，分别从0.37万元和0.11个下降到0.35万元和0.10个。

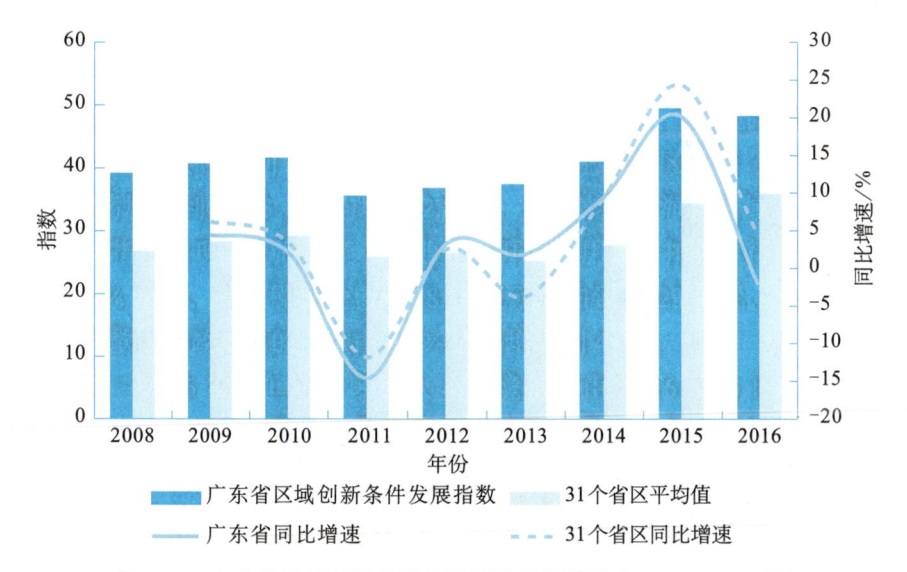

图4-63　广东省区域创新条件发展指数变化情况（2008～2016年）

二、广东省区域创新能力演进

(一) 广东省区域创新能力指数演进

2008～2016 年,广东省区域创新能力指数由 31.39 持续增长到 63.75,年均增速 9.26%。同期,31 个省区平均值从 15.64 增加到 26.18,年均增速 6.65%(图 4-64)。

从区域创新能力指数排名来看,广东省区域创新能力指数排名逐步上升,2008～2015 年居第 2～3 位,2016 年跃升至第 1 位(表 4-10)。其中,2008～2016 年,广东省区域创新实力指数排名一直稳居前 2 位;区域创新效力指数排名有所下降,由第 5 位下降至第 6 位;区域创新创业环境指数排名由第 3 位震荡上升至第 2 位。

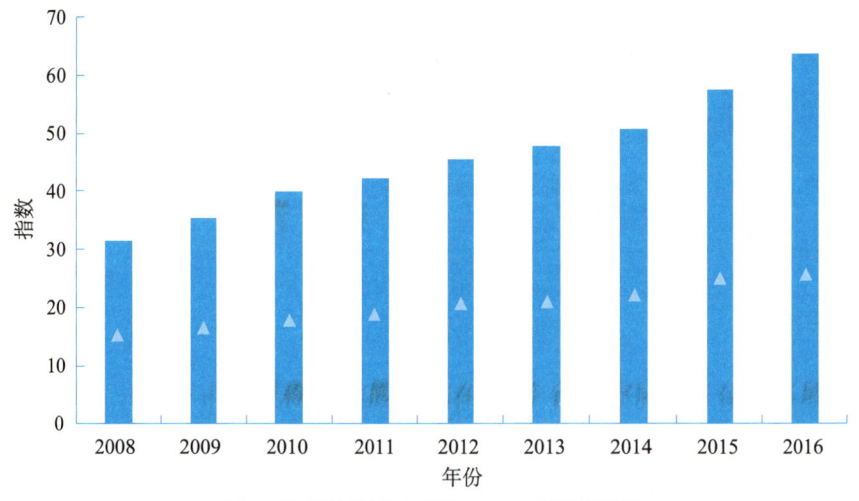

图 4-64 广东省区域创新能力指数历年变化情况(2008～2016 年)

表 4-10 广东省区域创新能力指数排名(2008～2016 年)

指数	2008 年	2009 年	2010 年	2011 年	2012 年	2013 年	2014 年	2015 年	2016 年
区域创新能力指数	3	3	2	3	3	3	3	3	1
——区域创新实力指数	1	1	1	1	2	2	1	1	1
——区域创新效力指数	5	5	5	5	6	6	6	6	6
——区域创新创业环境指数	3	3	5	4	3	4	4	4	2

（二）广东省区域创新实力指数演进

2008~2016年，广东省区域创新实力指数从29.78持续增长到89.02，排名大体居第1位，年均增速14.67%，高于31个省区平均值的年均增速（13.71%）。总体来看，广东省区域创新实力指数远高于31个省区平均值，同比增速呈现波动特征与31个省区同比增速波动幅度基本保持一致（图4-65）。

图4-65　广东省区域创新实力指数变化情况（2008~2016年）

2008~2016年，广东省区域创新投入实力指数、区域创新条件实力指数、区域创新产出实力指数、区域创新影响实力指数均呈现高速增长（图4-66）。区域创新投入实力指数从34.25持续增长到97.44，年均增速13.96%。具体分析影响广东省区域创新投入实力指数的2项指标发现，R&D人员全时当量和R&D经费支出分别从23.87万人年、502.56亿元增加到51.56万人年、2035.14亿元。

2008~2016年，广东省区域创新条件实力指数从36.01震荡增加到75.85，年均增速9.76%。具体分析影响广东省区域创新条件实力指数的各项指标发现，广东省互联网宽带接入用户数从1442.25万户上升至2779.39万户，邮电业务总量从3688.66亿元上升到3877.56亿元，有效发明专利数从1.60万件增加到16.85万件。其各种平台数量均有所增长，产业创新平台数量和检测检验平台数量分别从55个和533个增加到153个和1231个；创新

图 4-66　广东省区域创新实力指数二级指数变化情况（2008～2016 年）

服务平台数量从 554 个增加到 1317 个。

2008～2016 年，广东省区域创新产出实力指数从 16.53 持续增长到 82.79，年均增速 22.31%。分析影响广东省区域创新产出实力指数的指标发现，各项指标均有不同程度的增长。具体来看，广东省发明专利申请量和授权量分别由 2.81 万件和 0.76 万件增长到 15.56 万件和 3.86 万件，实用新型和外观设计专利申请量和授权量分别由 7.58 万件和 5.44 万件增加到 35.01 万件和 22.04 万件，PCT 专利申请量和 SCI 论文数分别从 3120 件和 0.46 万篇增加到 23 574 件和 1.61 万篇。

2008～2016 年，广东省区域创新影响实力指数从 32.33 持续增加到 100.00，年均增速 15.16%。分析影响广东省区域创新影响实力指数的指标发现，广东省大中型工业企业新产品销售收入和地区生产总值分别从 7469.55 亿元、36 796.71 亿元增加到 28 671.41 亿元、80 854.91 亿元，高技术产业利润总额从 538.30 亿元增加到 2094.23 亿元。

（三）广东省区域创新效力指数演进

2008～2016 年，广东省区域创新效力指数从 25.65 震荡增长到 41.69，排名居第 5～6 位，年均增速 6.26%，低于 31 个省区平均值的年均增速（7.19%）。总体来看，广东省区域创新效力指数高于 31 个省区平均值，同比增速呈现波动特征且波动幅度较大（图 4-67）。

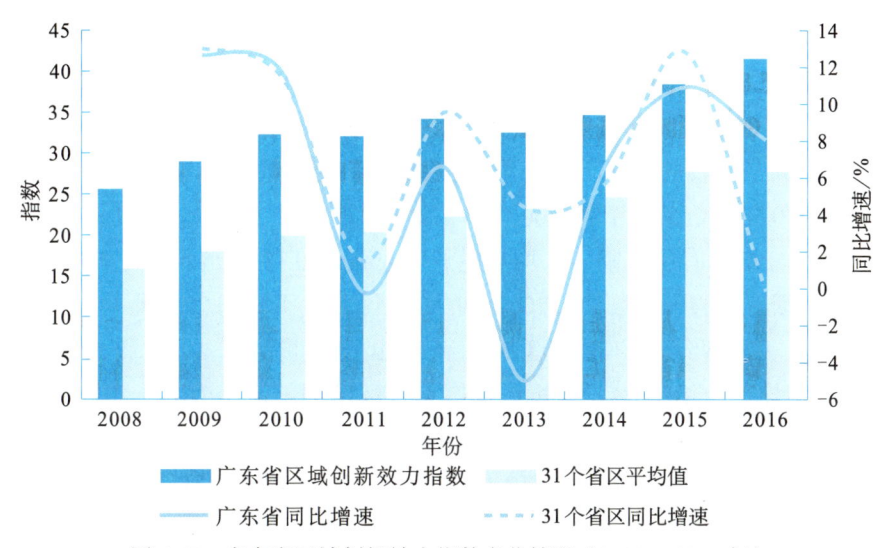

图 4-67　广东省区域创新效力指数变化情况（2008～2016 年）

2008～2016 年，广东省区域创新投入效力指数、区域创新条件效力指数、区域创新产出效力指数和区域创新影响效力指数呈现波动增长趋势，但幅度不大（图 4-68）。区域创新投入效力指数从 33.33 震荡增长到 46.10，年均增速 4.14%。具体分析影响广东省区域创新投入效力指数的 2 项指标发现，R&D 人员比例从 2.4% 震荡上升到 2.6%；R&D 经费支出占地区生产总值的比例从 1.4% 增加到 2.5%，居 31 个省区第 5 位。

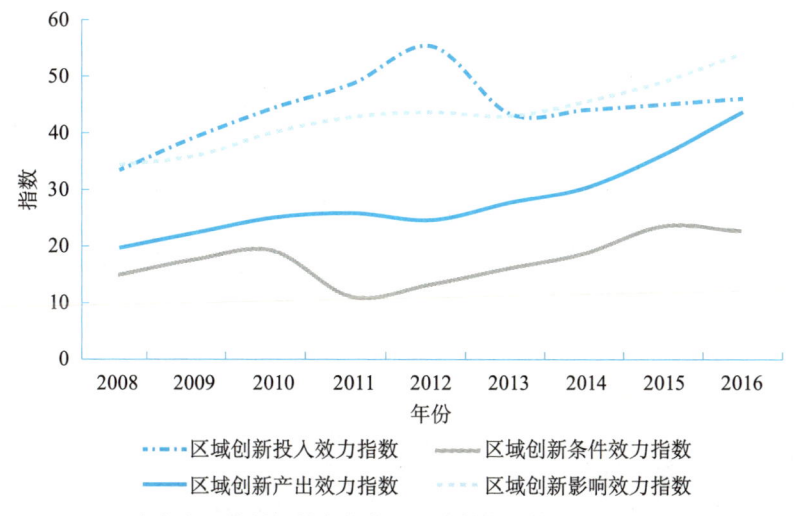

图 4-68　广东省区域创新效力指数二级指数变化情况（2008～2016 年）

2008~2016 年，广东省区域创新条件效力指数从 15.08 震荡增加到 22.83，年均增速 5.32%。具体分析影响广东省区域创新条件效力指数的各项指标发现，每万人口有效发明专利数从 1.62 件快速增加到 15.32 件，每百万人产业创新平台数量、每百万人检测检验平台数量和每百万人创新服务平台数量分别从 0.56 个、5.39 个和 5.60 个震荡增加 1.39 个、10.05 个和 11.97 个。但广东省部分指标有所下降，人均邮电业务总量从 0.37 万元下降到 0.35 万元，每百万人研究实验平台数量从 2008 年的 0.11 个震荡下降到 2016 年的 0.10 个。

2008~2016 年，广东省区域创新产出效力指数从 19.82 震荡增加到 43.71，年均增速 10.39%。分析影响广东省区域创新产出效力指数的指标发现，广东省各项指标均有所增长。其中，单位 R&D 人员发明专利申请量和授权量分别由 11.77 件/百人年和 3.19 件/百人年增长到 30.17 件/百人年和 7.49 件/百人年，单位 R&D 人员实用新型和外观设计专利申请量由 31.75 件/百人年增加到 67.89 件/百人年，单位 R&D 人员实用新型和外观设计专利授权量由 22.80 件/百人年上升到 42.74 件/百人年，单位 R&D 人员 PCT 专利申请量由 130.72 件/万人年上升到 457.17 件/万人年，单位 R&D 人员 SCI 论文数从 1.92 篇/百人年增加到 3.13 篇/百人年。

2008~2016 年，广东省区域创新影响效力指数从 34.35 震荡增加到 54.11，年均增速 5.84%。分析影响广东省区域创新影响效力指数的指标发现，广东省大中型工业企业新产品销售收入占主营业务收入比重由 11.79% 持续上升到 22.20%，人均地区生产总值分别从 3.72 万元增加到 7.35 万元，劳动生产率由 36.51 万元/人年增加到 41.30 万元/人年，单位能耗产生的 GDP 由 1.57 万元/吨标准煤增加到 2.59 万元/吨标准煤，单位建成区面积 GDP 产出由 8.90 亿元/千米^2 增加到 13.92 亿元/千米^2，单位工业废水排放量对应的主营业务收入由 935.32 元/吨增加至 1376.47 元/吨，工业固体废物综合利用率由 83.8% 升至 84.8%，单位主要污染物排放量对应的 GDP 由 120.61 万元/吨上升至 547.04 万元/吨。

（四）广东省区域创新创业环境指数演进

2008~2016 年，广东省区域创新创业环境指数从 46.02 震荡增长到 57.32，2016 年排名居 31 个省区第 2 位，年均增速 2.78%，高于 31 个省区平均值的年均增速（0.61%）。总体来看，广东省区域创新创业环境指数高于 31 个省区平均值，同比增速呈现波动特征（图 4-69）。

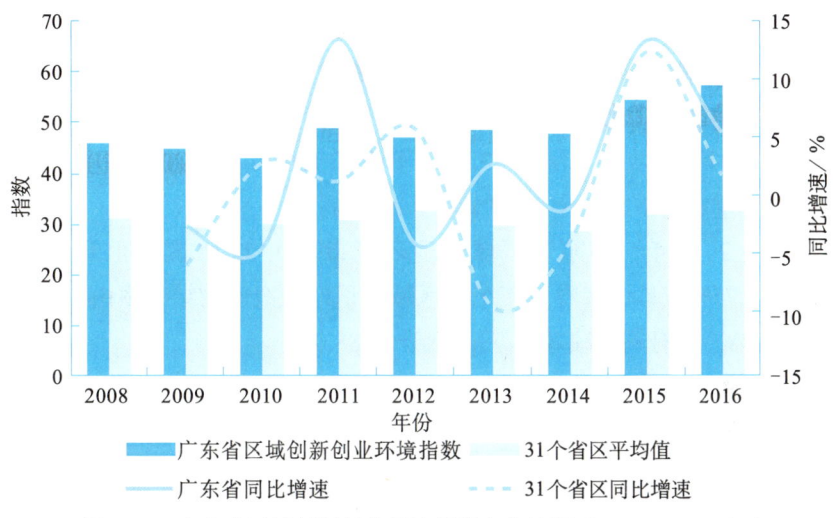

图 4-69　广东省区域创新创业环境指数变化情况（2008～2016 年）

2008～2016 年广东省区域资金环境指数、区域人才环境指数、区域制度环境指数均呈现较大波动特征，其中区域人才环境指数出现下降趋势（图 4-70）。区域资金环境指数由 39.61 震荡增加到 69.15，年均增速 7.21%。分析影响广东省区域资金环境指数的各项指标发现，广东省工业企业研究开发费用加计扣除执行情况由 37.63% 提高至 86.45%；高新技术企业税收优惠由 76.93 亿元增加到 131.37 亿元；地方政府财政科技拨款占财政支出的比重有所增加，由 3.5% 震荡增加到 5.5%。

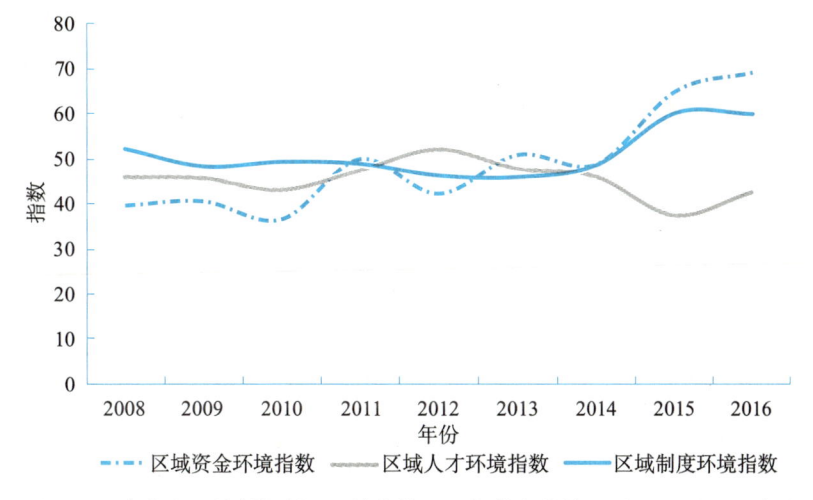

图 4-70　广东省区域创新创业环境指数二级指数变化情况（2008～2016 年）

2008～2016年，广东省区域人才环境指数由46.26震荡下降至42.87，年均增速-0.95%。分析影响广东省区域人才环境指数的各项指标发现，广东省大专以上学历人口比例由6.5%上升至12.8%。但是，其城镇居民人均可支配收入与全国平均数的比例从132.1%下降到116.7%；财政支出中教育经费支出所占比重有所下降，由18.6%降至17.2%。

2008～2016年，广东省区域制度环境指数由52.18震荡上升至59.93，年均增速1.75%。具体来看，广东省区域知识产权案件的结案率由99.50%下降至95.39%，政府网站绩效由73.3上升至88.0。

第六节 浙 江 省

2016年，浙江省区域创新发展指数排名在31个省区中居第5位，区域创新能力指数居第4位；人均GDP为8.5万元，约合1.28万美元（图4-71），是创新发展领先型省区。

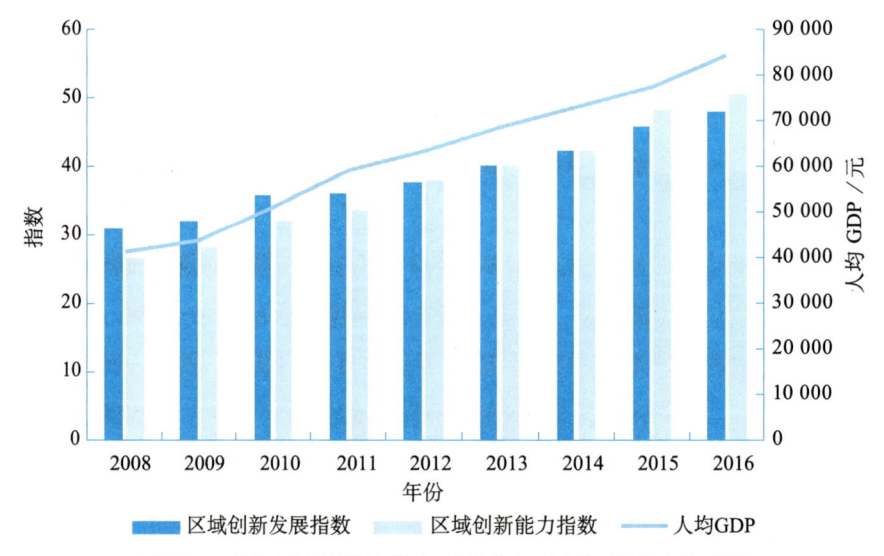

图4-71 浙江省区域创新发展指数和区域创新能力指数演进

一、浙江省区域创新发展水平演进

（一）浙江省区域创新发展指数演进

2008～2016年，浙江省区域创新发展指数从30.85增长到48.04；同期，31个省区平均值从23.24增加到35.62，年均增速为5.48%。浙江省区域创新发展指数增速稍高于31个省区平均值的增速，年均增速为5.69%（图4-72）。

图4-72　浙江省区域创新发展指数历年变化情况（2008～2016年）

从区域创新发展指数排名来看，2008～2016年，浙江省区域创新发展指数总体处于31个省区前列，排名从第6位提升至第5位。从一级指数来看（表4-11），同期，浙江省区域产业创新发展指数排名有所上升，由第9位提升至第7位；区域绿色集约发展指数排名从第6位提升至第4位；区域创新条件发展指数一直保持31个省区第3位。但浙江省区域科学技术发展指数和区域社会创新发展指数排名均有所下降。

表4-11　浙江省区域创新发展指数排名（2008～2016年）

指数	2008年	2009年	2010年	2011年	2012年	2013年	2014年	2015年	2016年
区域创新发展指数	6	6	6	6	6	6	6	6	5
——区域科学技术发展指数	4	5	5	5	5	5	5	5	5

续表

指数	2008年	2009年	2010年	2011年	2012年	2013年	2014年	2015年	2016年
——区域产业创新发展指数	9	9	7	8	8	8	8	7	7
——区域社会创新发展指数	4	4	4	4	4	4	4	6	5
——区域绿色集约发展指数	6	6	5	5	5	5	5	5	4
——区域创新条件发展指数	3	3	3	3	3	3	3	3	3

（二）浙江省区域科学技术发展指数演进

2008～2016年，浙江省区域科学技术发展指数从10.25持续增加到29.72，排名从第4位下降到第5位，年均增速14.23%，高于31个省区平均值的年均增速（12.40%）。总体来看，浙江省区域科学技术发展指数高于31个省区平均值，多年同比增速高于31个省区同比增速，但增速有放缓趋势（图4-73）。具体分析影响浙江省区域科学技术发展指数的二级指标发现，浙江省区域科学技术发展指数各项指标均有所增长。其中，人均R&D经费支出从661.11元持续快速增加到2022.59元，每万人R&D人员数量从30.62人增加到67.36人，每万人本国有效发明专利数从1.47件持续快速增加到16.35件，每万人SCI论文数从1.10篇快速增加到2.45篇。

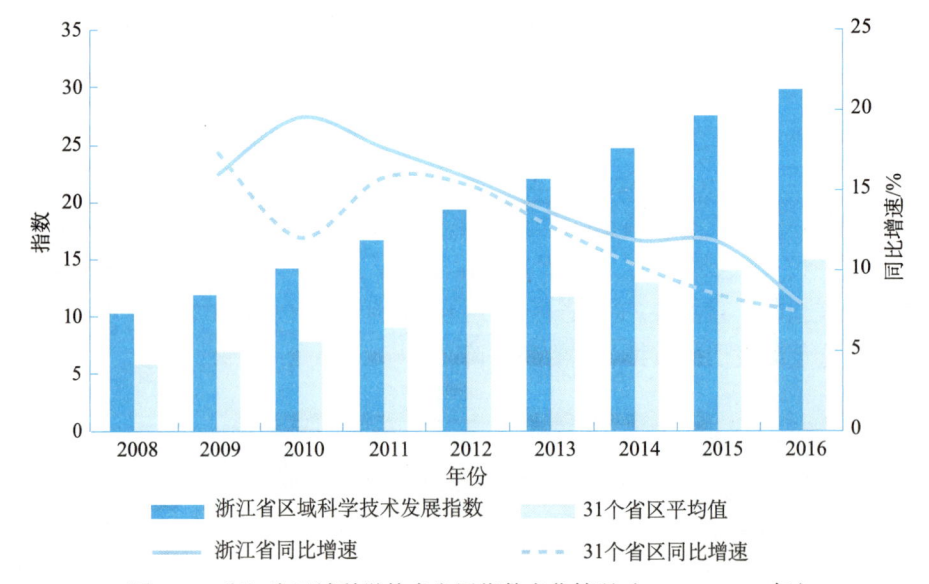

图4-73 浙江省区域科学技术发展指数变化情况（2008～2016年）

（三）浙江省区域产业创新发展指数演进

2008～2016年，浙江省区域产业创新发展指数从24.30震荡增长到47.65，排名从第9位上升至第7位，年均增速8.78%，高于31个省区平均值的年均增速（7.27%）。总体来看，浙江省区域产业创新发展指数高于31个省区平均值，同比增速呈现波动特征（图4-74）。具体分析影响浙江省区域产业创新发展指数的二级指标发现，浙江省区域产业创新发展指数的各项指标均有所增长。其中，高技术产业主营业务收入占制造业主营业务收入比例和新产品销售收入占主营业务收入比例2项指标分别从6.6%和16.1%震荡上升至9.0%和32.7%，全员劳动生产率和服务业增加值占比则分别从48.65万元/人年和41.0%，增加到94.82万元/人年和51.0%。

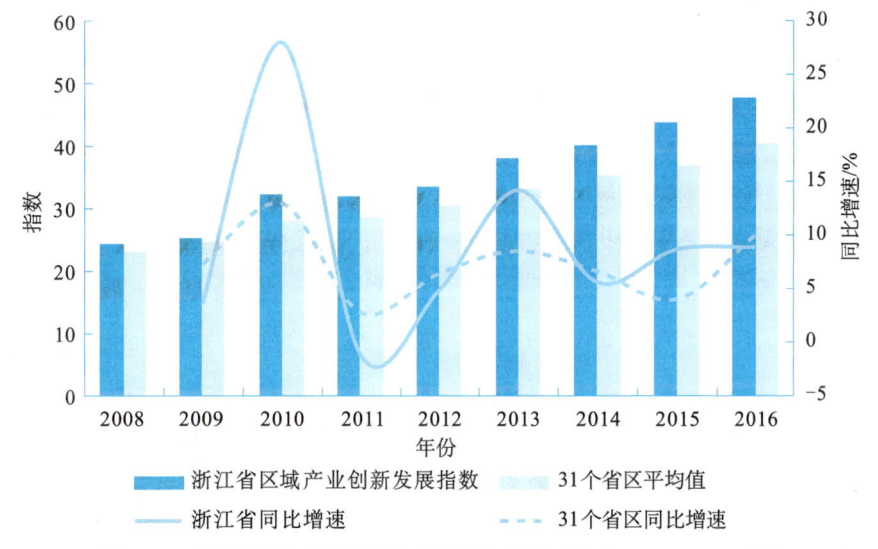

图4-74　浙江省区域产业创新发展指数变化情况（2008～2016年）

（四）浙江省区域社会创新发展指数演进

2008～2016年，浙江省区域社会创新发展指数从51.45震荡上升到57.59，排名从第4位下降至第5位，年均增速1.42%，远低于31个省区平均值的年均增速（2.84%）。总体来看，浙江省区域社会创新发展指数高于31个省区平均值，多数年份同比增速低于31个省区同比增速（图4-75）。具体分析影响浙江省区域社会创新发展指数的二级指标发现，大专以上学历人口比例、每万人口在校大学生数、每千人口卫生技术人员数分别从 9.0%、159.67 人和 5.2 人震荡增加到 14.3%、178.20 人和 7.7 人。此外，浙江省城镇居民人均可支配收入与全国平均数的比例维持在 150% 左右，社区服务机构覆盖率从 60.8% 下降到 47.3%。

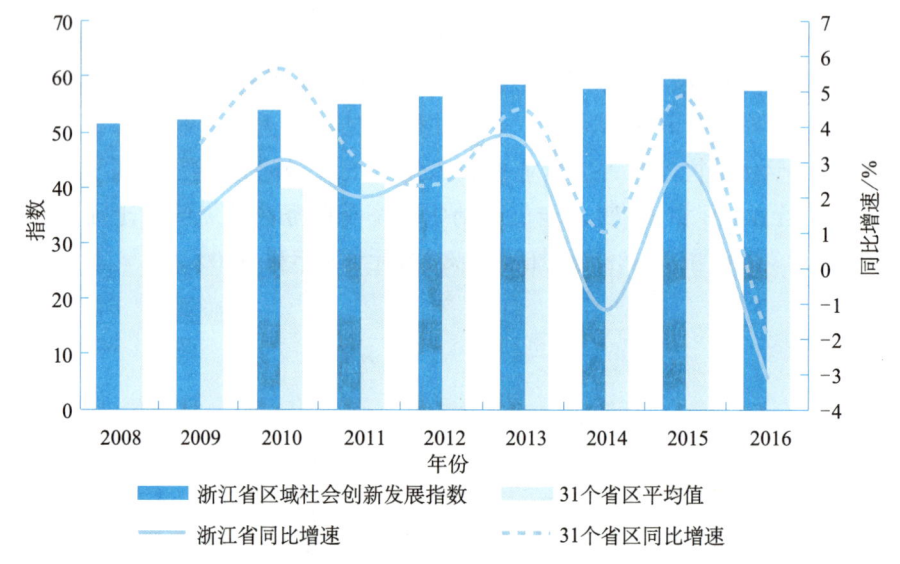

图 4-75　浙江省区域社会创新发展指数变化情况（2008～2016 年）

（五）浙江省区域绿色集约发展指数演进

2008～2016 年，浙江省区域绿色集约发展指数从 35.56 持续增长到 55.53，排名从第 6 位上升至第 4 位，年均增速 5.73%，稍高于 31 个省区平均值的年均增速（5.67%）。总体来看，浙江省区域绿色集约发展指数高于 31 个省区平均值，两者同比增速趋势基本一致（图 4-76）。具体分析影响浙江省区域绿色集约发展指数的二级指标发现，浙江省单位能耗和单位废水对应的 GDP 分别从 1.42 万元/吨标准煤、612.56 元/吨快速增长到 2.33 万元/吨标准煤、1096.68 元/吨，工业固体废物综合利用率从 87.3% 快速提升到 92.1%，单位建成区面积对应的 GDP 从 11.07 亿元/千米^2 增加到 17.68 亿元/千米^2。

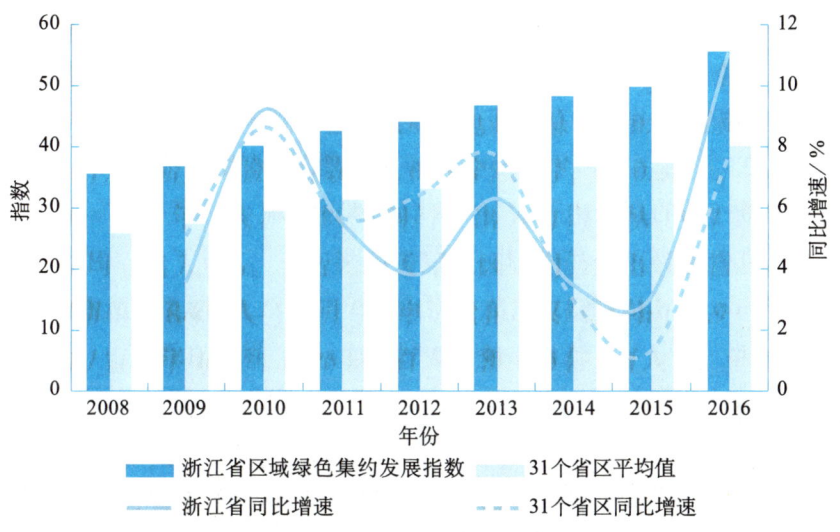

图 4-76　浙江省区域绿色集约发展指数变化情况（2008～2016 年）

（六）浙江省区域创新条件发展指数演进

2008～2016 年，浙江省区域创新条件发展指数从 39.21 震荡增加到 53.03，排名保持在第 3 名，年均增速 3.85%，高于 31 个省区平均值的年均增速（3.75%）。总体来看，浙江省区域创新条件发展指数高于 31 个省区平均值，同比增速呈现波动特征（图 4-77）。具体分析影响浙江省区域创新条

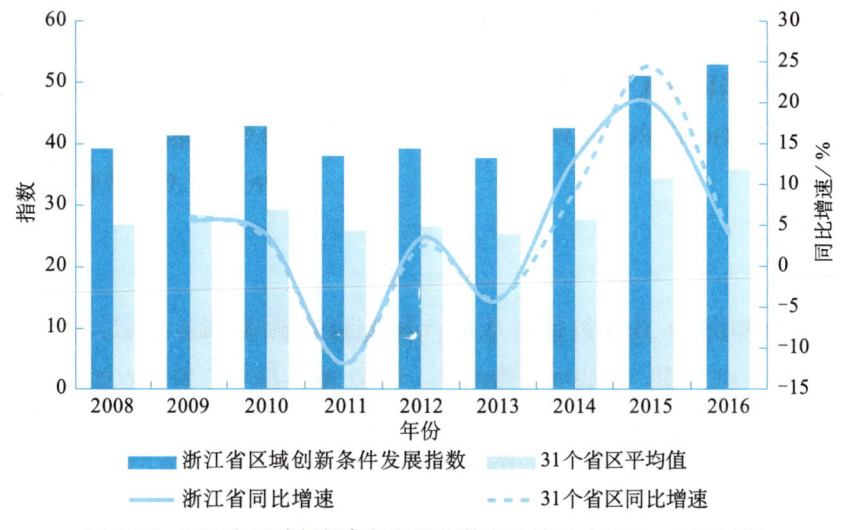

图 4-77　浙江省区域创新条件发展指数变化情况（2008～2016 年）

件发展指数的二级指标发现，浙江省各项指标均有所增长。其中，人均邮电业务总量、每百万人口研究实验平台数量和每百万人口产业创新平台数量有不同程度的提升，分别从0.30万元、0.17个和0.54个震荡增加到0.42万元、0.23个和2.72个，每百万人口创新服务平台数量从4.97个增加到11.82个，有电子商务活动的企业比例从11.5%增加到14.9%。但浙江省拥有网站的企业比例有所下降，从64.6%逐步下降到58.1%。

二、浙江省区域创新能力演进

（一）浙江省区域创新能力指数演进

2008～2016年浙江省区域创新能力指数由26.43持续增长到50.79，年均增速8.51%。同期，31个省区平均值从15.64增加到26.18，年均增速6.65%（图4-78）。

图4-78 浙江省区域创新能力指数历年变化情况（2008～2016年）

从区域创新能力指数排名来看，浙江省区域创新能力指数排名逐步上升，2008～2016年逐步由第5位上升至第4位（表4-12）。其中，浙江省区域创新实力指数排名由第5位上升至第3位；区域创新效力指数由第6位上升至第4位；区域创新创业环境指数在第3位上下波动。

表 4-12　浙江省区域创新能力指数排名（2008～2016 年）

指数	2008 年	2009 年	2010 年	2011 年	2012 年	2013 年	2014 年	2015 年	2016 年
区域创新能力指数	5	5	5	5	5	4	4	4	4
——区域创新实力指数	5	5	5	5	5	4	4	3	3
——区域创新效力指数	6	6	6	6	5	5	5	4	4
——区域创新创业环境指数	4	4	3	4	3	3	3	2	4

（二）浙江省区域创新实力指数演进

2008～2016 年，浙江省区域创新实力指数从 17.85 持续增长到 54.75，排名由第 5 位升至第 3 位，年均增速 15.04%，高于 31 个省区平均值的年均增速（13.71%）。总体来看，浙江省区域创新实力指数远高于 31 个省区平均值，但同比增速呈现波动特征（图 4-79）。

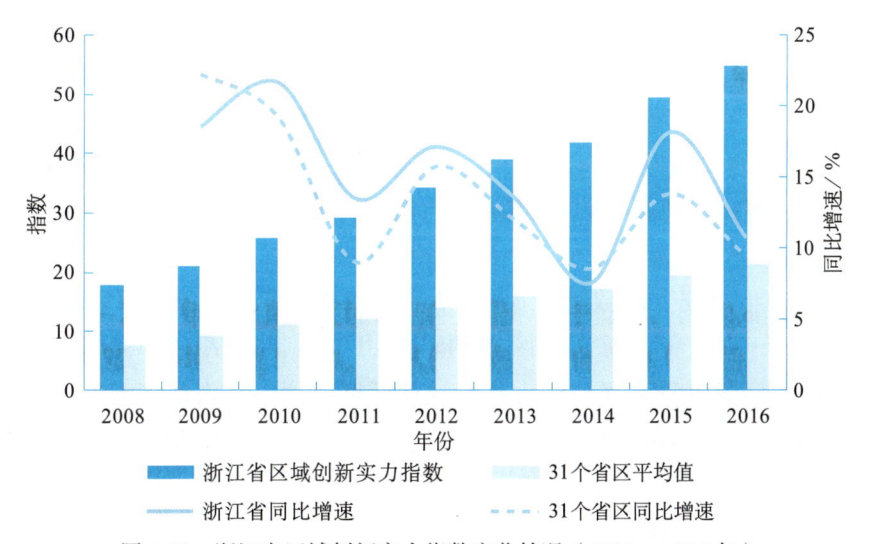

图 4-79　浙江省区域创新实力指数变化情况（2008～2016 年）

2008～2016 年，浙江省区域创新投入实力指数、区域创新条件实力指数、区域创新产出实力指数和区域创新影响实力指数均呈现高速增长，以区域创新产出实力指数最为明显（图 4-80）。区域创新投入实力指数从 23.08 持续增长到 62.39，年均增速 13.24%。具体分析影响浙江省区域创新投入实力指数的 2 项指标发现，R&D 人员全时当量和 R&D 经费支出分别从 15.96 万人年、344.57 亿元增加到 37.66 万人年、1130.63 亿元。

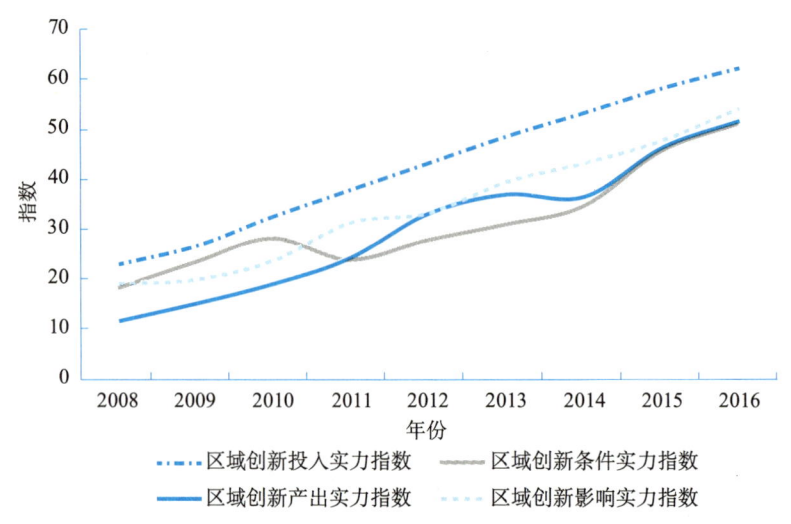

图 4-80　浙江省区域创新实力指数二级指数变化情况（2008～2016 年）

2008～2016 年，浙江省区域创新条件实力指数从 17.79 震荡增加到 50.92，年均增速 14.05%。具体分析影响浙江省区域创新条件实力指数的各项指标发现，浙江省互联网宽带接入用户数从 822.05 万户上升至 2159.71 万户，邮电业务总量从 1574.21 亿元上升到 2367.23 亿元，有效发明专利数从 0.77 万件增加到 9.14 万件。其各种平台数量均有所增长，研究实验平台数量和产业创新平台数量分别从 9 个和 28 个增加到 13 个和 152 个，检测检验平台数量和创新服务平台数量分别从 242 个和 259 个增加到 596 个和 661 个。

2008～2016 年，浙江省区域创新产出实力指数从 11.44 震荡增长到 51.58，年均增速 28.07%。分析影响浙江省区域产出实力指数的指标发现，各项指标均有不同程度的增长。具体来看，浙江省发明专利申请量和授权量分别由 1.21 万件和 0.33 万件增长到 9.33 万件和 2.66 万件，实用新型和外观设计专利申请量和授权量分别由 7.79 万件和 4.97 万件增加到 29.99 万件和 19.49 万件，PCT 专利申请量和 SCI 论文数分别从 177 件和 0.57 万篇增加到 1214 件和 1.37 万篇。

2008～2016 年，浙江省区域创新影响实力指数从 19.08 持续增加到 54.10，年均增速 13.91%。分析影响浙江省区域创新影响实力指数的指标发现，浙江省大中型工业企业新产品销售收入和地区生产总值分别从 6408.15 亿元、21 462.69 亿元增加到 21 396.83 亿元、47 251.36 亿元，高技术产业利润总额从 182.40 亿元增加到 616.57 亿元。

（三）浙江省区域创新效力指数演进

2008～2016 年，浙江省区域创新效力指数从 25.51 增长到 44.82，排名由第 6 位升至第 4 位，年均增速 7.30%，高于 31 个省区平均值的年均增速（7.19%）。总体来看，浙江省区域创新效力指数高于 31 个省区平均值，同比增速呈现波动特征，且波动幅度与 31 个省区同比增速波动幅度基本保持一致（图 4-81）。

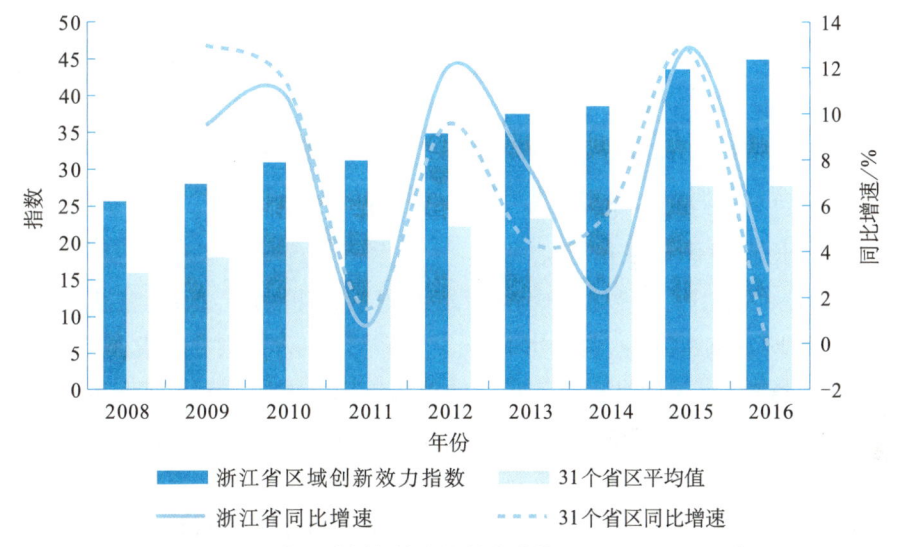

图 4-81　浙江省区域创新效力指数变化情况（2008～2016 年）

2008～2016 年，浙江省区域创新投入效力指数、区域创新条件效力指数、区域创新产出效力指数和区域创新影响效力指数均呈现不同程度的增长（图 4-82）。区域创新投入效力指数从 33.06 持续增长到 54.95，年均增速 6.56%。具体分析影响浙江省区域创新投入效力指数的 2 项指标发现，R&D 人员比例从 2.2% 震荡上升到 3.5%；R&D 经费支出占地区生产总值的比例从 1.6% 持续增加到 2.4%，居 31 个省区第 6 位。

2008～2016 年，浙江省区域创新条件效力指数从 12.44 震荡增加到 28.83，年均增速 11.08%。影响浙江省区域创新条件效力指数的各项指标均有所增长。其中，人均邮电业务总量从 0.30 万元上升到 0.42 万元，每万人口有效发明专利数从 1.47 件快速增加到 16.35 件，每百万人研究实验平台数量和每百万人产业创新平台数量分别从 0.17 个和 0.54 个增加到 0.23 个和 2.72 个，每百万人检测检验平台数量和每百万人创新服务平台数量分别从 4.64 个

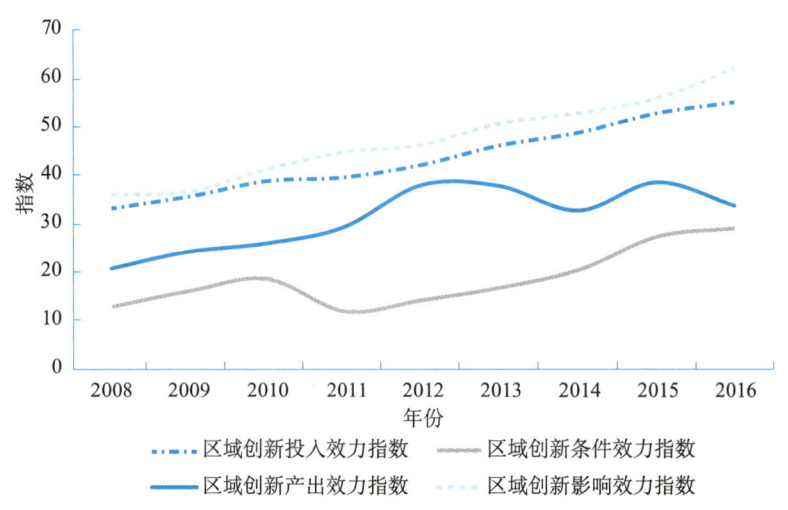

图 4-82 浙江省区域创新效力指数二级指数变化情况（2008~2016 年）

和 4.97 个增加到 9.04 个和 11.82 个。

2008~2016 年，浙江省区域创新产出效力指数从 20.68 震荡增加到 33.58，年均增速 6.25%。分析影响浙江省区域产出效力指数的指标发现，浙江省各项指标均有所增长。其中，单位 R&D 人员发明专利申请量和授权量分别由 7.56 件 / 百人年和 2.05 件 / 百人年增长到 24.77 件 / 百人年和 7.06 件 / 百人年，单位 R&D 人员实用新型和外观设计专利申请量由 48.79 件 / 百人年增加到 79.64 件 / 百人年，单位 R&D 人员实用新型和外观设计专利授权量由 31.13 件 / 百人年上升到 51.75 件 / 百人年，单位 R&D 人员 SCI 论文数从 3.59 篇 / 百人年震荡增加到 3.63 篇 / 百人年，单位 R&D 人员 PCT 专利申请量由 11.09 件 / 万人年上升到 32.24 件 / 万人年。

2008~2016 年，浙江省区域创新影响效力指数从 35.87 持续增加到 61.91，年均增速 7.06%。分析影响浙江省区域创新影响效力指数的指标发现，浙江省大中型工业企业新产品销售收入占主营业务收入比重由 16.13% 震荡上升到 32.69%，人均地区生产总值分别从 4.12 万元增加到 8.45 万元，劳动生产率由 28.96 万元 / 人年增加到 44.54 万元 / 人年，单位能耗产生的 GDP 由 1.42 万元 / 吨标准煤增加到 2.33 万元 / 吨标准煤，单位建成区面积 GDP 产出由 11.07 亿元 / 千米^2 增加到 17.68 亿元 / 千米^2，单位工业废水排放量对应的主营业务收入由 1134.06 元 / 吨增加至 1519.15 元 / 吨，工业固体废物综合利用率由 87.3% 上升至 92.1%，单位主要污染物排放量对应的 GDP 由 110.32 万元 / 吨上升至 568.54 万元 / 吨。

（四）浙江省区域创新创业环境指数演进

2008～2016 年，浙江省区域创新创业环境指数从 45.43 震荡增长到 54.79，2016 年排名第 4 位，年均增速 2.37%，高于 31 个省区平均值的年均增速（0.61%）。总体来看，浙江省区域创新创业环境指数高于 31 个省区平均值，同比增速呈现波动特征（图 4-83）。

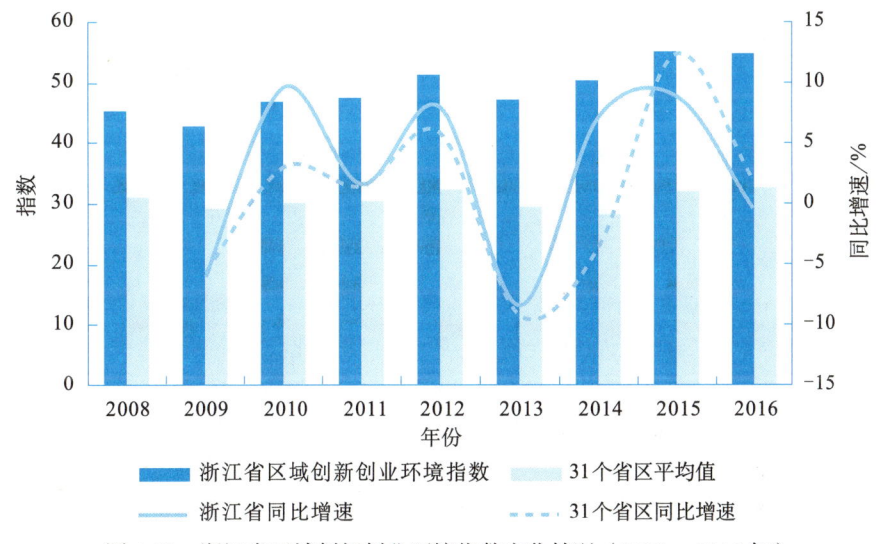

图 4-83　浙江省区域创新创业环境指数变化情况（2008～2016 年）

2008～2016 年，浙江省区域资金环境指数、区域制度环境指数有所增长，但区域人才环境指数有所下降（图 4-84）。浙江省区域资金环境指数由 32.77 震荡增加到 48.04，年均增速 4.90%。分析影响浙江省区域资金环境指数的各项指标发现，浙江省工业企业研究开发费用加计扣除执行情况由 76.67% 震荡下降至 73.32%；高企税收优惠由 23.11 亿元增加到 86.25 亿元；地方政府财政科技拨款占财政支出的比重变化不大，虽有所波动但仍维持在 3.9%。

2008～2016 年，浙江省区域人才环境指数由 59.86 震荡下降至 57.21，年均增速 -0.56%。分析影响浙江省区域人才环境指数的各项指标发现，浙江省大专以上学历人口比例由 9.0% 上升至 14.3%；城镇居民人均可支配收入与全国平均数的比例略有下降，从 152.1% 下降到 146.3%；地方政府财政支出中教育经费所占比重由 20.6% 下降至 18.6%。

2008～2016 年，浙江省区域制度环境指数由 43.66 震荡上升至 59.14，年均增速 3.87%。具体来看，浙江省区域知识产权案件的结案率由 75.00% 上升至 99.72%，政府网站绩效由 63.0 上升至 85.7。

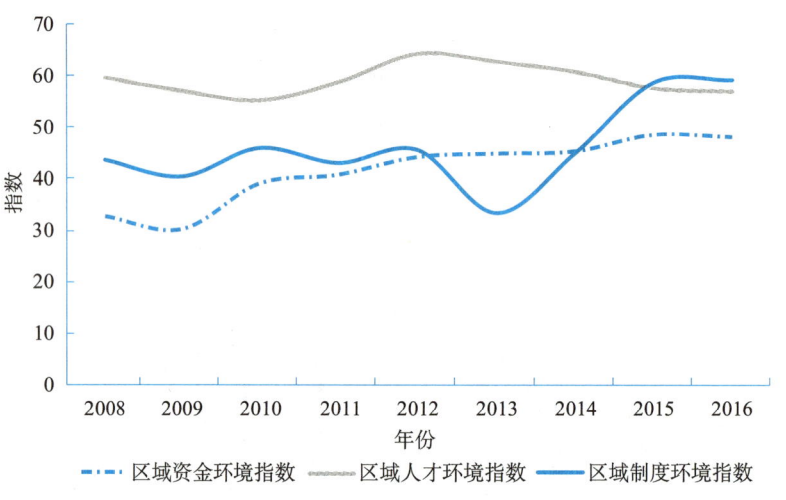

图 4-84 浙江省区域创新创业环境指数二级指数变化情况（2008~2016 年）

第五章

创新发展先进型省区

第一节 山 东 省

2016年山东省区域创新发展指数排名在31个省区中居第8位，区域创新能力指数居第6位；人均GDP为6.8万元，约合1.02万美元（图5-1），是创新发展先进型省区。

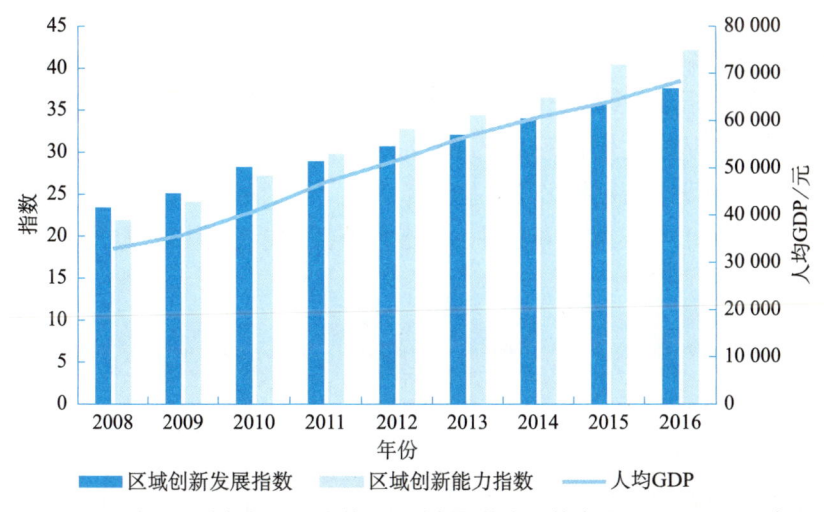

图5-1 山东省区域创新发展指数和区域创新能力指数演进（2008～2016年）

一、山东省区域创新发展水平演进

(一)山东省区域创新发展指数演进

2008~2016年,山东省区域创新发展指数从23.44持续增长到37.59,高于31个省区平均水平,排名总体维持在第8位。同期,31个省区平均值从23.24增加到35.62,年均增速为5.48%。山东省区域创新发展指数增速快于31个省区平均值的增速,年均增速为6.08%(图5-2)。

图5-2 山东省区域创新发展指数历年变化情况(2008~2016年)

从区域创新发展指数排名来看(表5-1),2008~2016年,山东省区域产业创新发展指数从第17位上升至第9位,进步显著。其间,区域科学技术发展指数排名从第9位震荡提升到第7位;同期,区域社会创新发展指数和区域绿色集约发展指数排名总体呈下降趋势,分别从第8位、第5位下降至第11位、第8位;区域创新条件发展指数排名保持在第13~15位。

表5-1 山东省区域创新发展指数排名(2008~2016年)

指数	2008年	2009年	2010年	2011年	2012年	2013年	2014年	2015年	2016年
区域创新发展指数	8	8	9	7	7	8	7	8	8
——区域科学技术发展指数	9	9	9	7	7	8	9	8	7
——区域产业创新发展指数	17	16	11	9	9	9	9	9	9

续表

指数	2008年	2009年	2010年	2011年	2012年	2013年	2014年	2015年	2016年
——区域社会创新发展指数	8	9	9	10	11	11	11	11	11
——区域绿色集约发展指数	5	5	6	6	7	7	7	8	8
——区域创新条件发展指数	14	15	13	14	13	15	13	15	13

（二）山东省区域科学技术发展指数演进

2008~2016年，山东省区域科学技术发展指数从5.51持续增加到15.37，从2011年起均高于31个省区平均值。山东省该指数的年均增速为13.68%，高于31个省区平均值的年均增速（12.40%）。从同比增速看，山东省同比增速2011年达到峰值后整体呈下降趋势，波动幅度大于31个省区同比增速（图5-3）。其中，山东省人均R&D经费支出从460.57元持续快速增加到1574.43元，每万人R&D人员数量从17.04人持续增加到30.31人，每万人本国有效发明专利数从0.53件持续增加到6.23件，每万人SCI论文数从0.48篇增加到1.33篇。

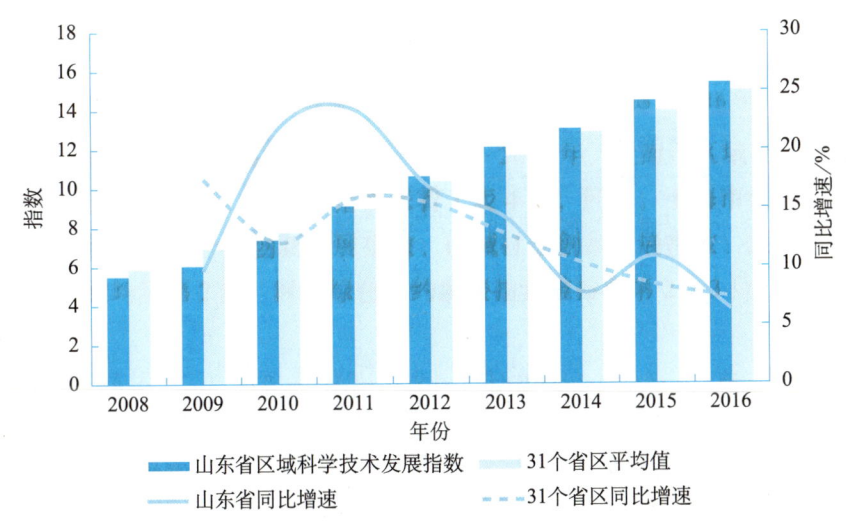

图5-3 山东省区域科学技术发展指数变化情况（2008~2016年）

（三）山东省区域产业创新发展指数演进

2008～2016年，山东省区域产业创新发展指数从19.29持续增加至43.34，从2010年起均高于31个省区平均水平。从增速看，该指数年均增速为10.65%，高于31个省区平均值的年均增速（7.27%）。自2011年开始，其同比增速趋势基本与31个省区同比增速趋势相同（图5-4）。从二级指标来看，山东省区域产业创新发展指数的迅速提高主要由于其各项指标迅速增长。其中，全员劳动生产率从67.97万元/人年增加到166.31万元/人年；服务业增加值占比从33.5%增加到46.7%，提升幅度较大；高技术产业主营业务收入占制造业主营业务收入比例和新产品销售收入占主营业务收入比例小幅增长，分别从6.2%和9.0%上升到8.1%和10.8%。

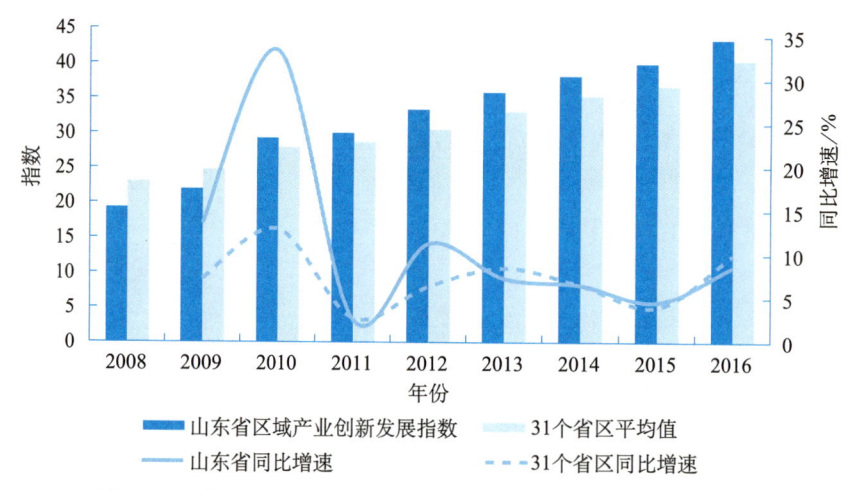

图5-4 山东省区域产业创新发展指数变化情况（2008～2016年）

（四）山东省区域社会创新发展指数演进

2008～2016年，山东省区域社会创新发展指数从38.20震荡上升到46.77，年均增速为2.56%，低于31个省区平均值的年均增速（2.84%）。从同比增速看，山东省同比增速呈现震荡下降趋势，且与31个省区同比增速趋势基本相同（图5-5）。具体来讲，城镇人口占总人口的比例、GDP中非农产业的比例，大专以上学历人口比例、每万人口在校大学生数、人口预期寿命、每千人口卫生技术人员数均呈增长态势。城镇人口占总人口的比例从 47.6% 持续增加到 59.0%，每万人口在校大学生数从 162.90 人持续增加到 200.65 人，每千人口卫生技术人员数从 4.0 人持续增加到 6.5 人，三者增幅较大。但是，山东省社区服务机构覆盖率从 24.5% 下降到 13.8%，下降幅度较大；城镇居民可支配收入与全国平均数的比例从 109.1% 震荡下降到 105.3%。

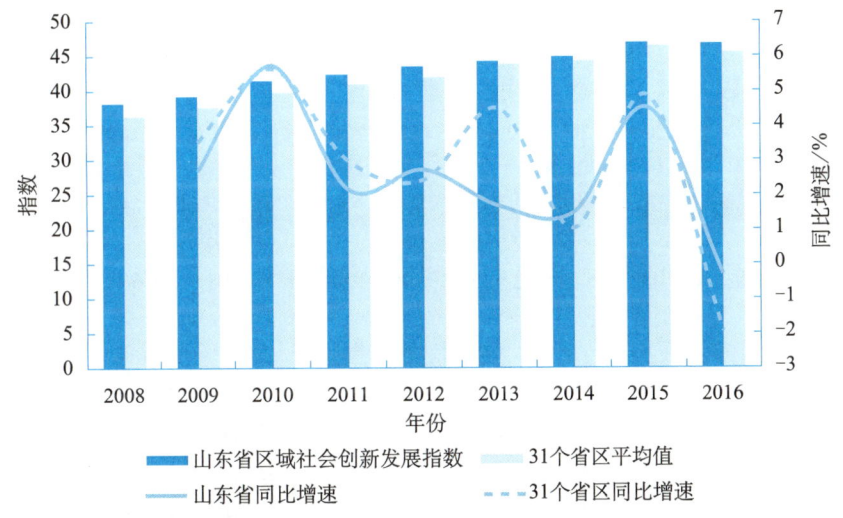

图 5-5　山东省区域社会创新发展指数变化情况（2008～2016 年）

（五）山东省区域绿色集约发展指数演进

2008～2016 年，山东省区域绿色集约发展指数从 35.74 增长到 46.03，均高于 31 个省区平均值，年均增速为 3.21%，低于 31 个省区平均值的年均增速（5.67%）。从同比增速看，山东省同比增速总体呈震荡下降趋势，且波动幅度较大（图 5-6）。其中，山东省单位能耗和单位废水对应的 GDP 分别从 1.01 万元 / 吨标准煤、861.86 元 / 吨快速增长到 1.76 万元 / 吨标准煤、1340.14 元 / 吨，单位主要污染物排放量对应的 GDP 从 73.87 万元 / 吨增加到 210.10 万元 / 吨，单位建成区面积对应的 GDP 从 9.49 亿元 / 千米^2 增加到 14.19 亿元 / 千米^2。但是，山东省工业固体废物综合利用率呈下降趋势，从 90.6% 降低到 76.3%。

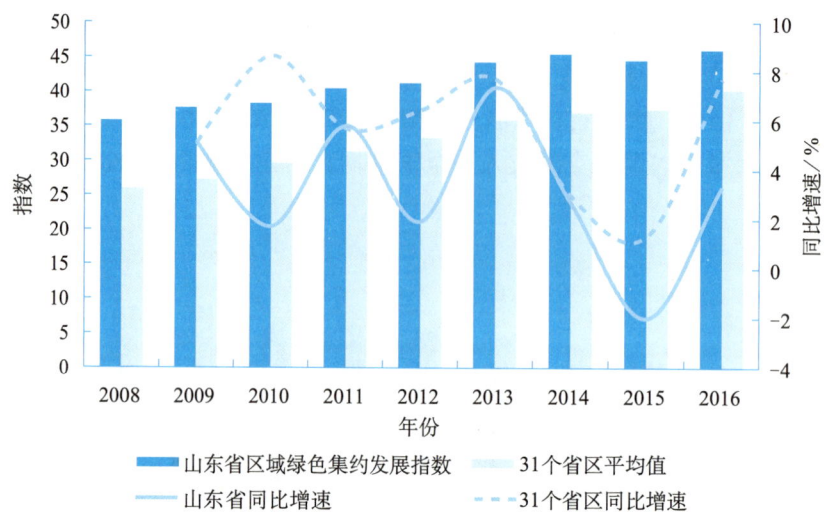

图 5-6　山东省区域绿色集约发展指数变化情况（2008～2016 年）

（六）山东省区域创新条件发展指数演进

2008～2016 年，山东省区域创新条件发展指数从 23.70 增加到 35.01，年均增速为 5.00%，高于 31 个省区平均值的年均增速（3.75%）。除 2016 年外，该指数均低于 31 个省区平均值。从同比增速看，山东省同比增速总体呈震荡上升趋势，与同期 31 个省区同比增速变化趋势基本相同（图 5-7）。其

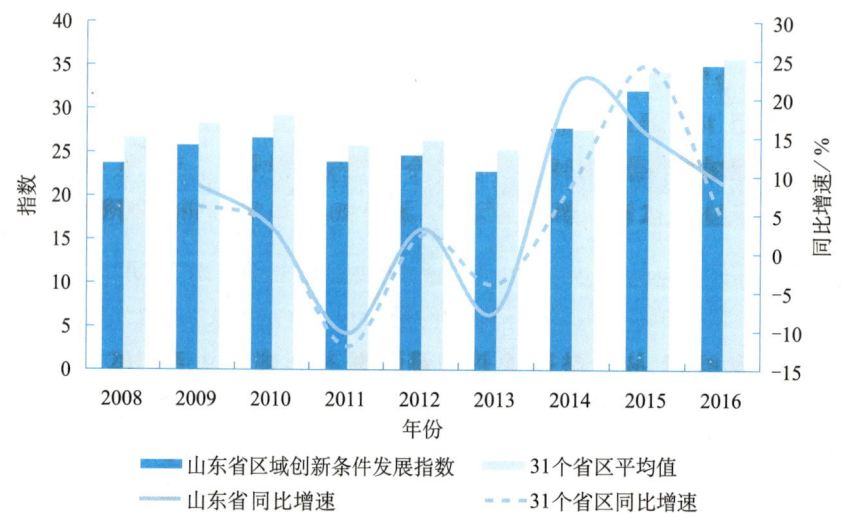

图 5-7　山东省区域创新条件发展指数变化情况（2008～2016 年）

中，山东省拥有网站的企业比例和有电子商务活动的企业比例分别从 49.3% 和 4.6% 增加到 53.8% 和 9.9%，政府网站绩效从 55.4 提升到 70.4，每百万人口研究实验平台数量从 0.03 个增加到 0.06 个，每百万人口产业创新平台数量从 0.57 个增加到 2.64 个，每百万人口创新服务平台数量从 3.05 个增加到 6.58 个。但是，山东省人均邮电业务总量从 0.16 万元下降到 0.12 万元，呈小幅下降趋势。

二、山东省区域创新能力演进

（一）山东省区域创新能力指数演进

2008～2016 年，山东省区域创新能力指数从 21.92 增长到 42.19，排名一直居第 6 位；同期，31 个省区平均值从 15.64 增加到 26.18，年均增速 6.65%，山东省区域创新能力指数增长相对较快，年均增速为 8.53%（图 5-8）。

图 5-8　山东省区域创新能力指数历年变化情况（2008～2016 年）

2008～2016 年，山东省区域创新创业环境指数排名呈上升趋势，从第 10 位震荡上升至第 6 位。区域创新实力指数保持在第 3～4 位。区域创新效力指数保持在第 7～8 位（表 5-2）。

表 5-2 山东省区域创新能力指数排名（2008～2016 年）

指数	2008 年	2009 年	2010 年	2011 年	2012 年	2013 年	2014 年	2015 年	2016 年
区域创新能力指数	6	6	6	6	6	6	6	6	6
——区域创新实力指数	4	4	4	4	3	3	3	4	4
——区域创新效力指数	7	7	7	7	7	7	7	8	7
——区域创新创业环境指数	10	9	9	8	9	8	7	7	6

（二）山东省区域创新实力指数演进

2008～2016 年，山东省区域创新实力指数从 18.31 持续增加至 52.86，均远高于 31 个省区平均值。山东省该指数的年均增速为 14.17%，高出 31 个省区平均值的年均增速（13.17%）。山东省同比增速呈现震荡下降趋势，与 31 个省区趋势基本相同（图 5-9）。

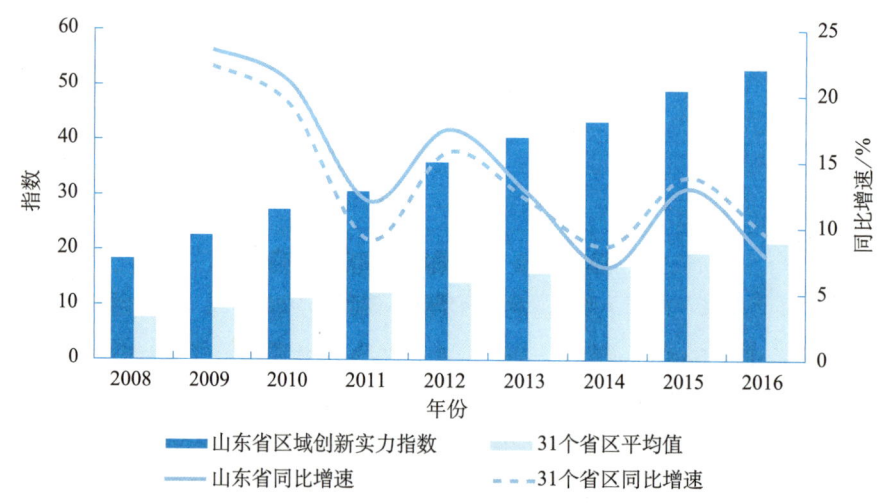

图 5-9 山东省区域创新实力指数变化情况（2008～2016 年）

2008～2016 年，山东省区域创新投入实力指数、区域创新条件实力指数、区域创新产出实力指数和区域创新影响实力指数均出现高速增长（图 5-10）。山东省区域创新投入实力指数从 25.35 增加到 66.18。其中，山东省 R&D 人员全时当量从 16.04 万人年增加至 30.15 万人年，R&D 经费支出从 433.72 亿元持续增加至 1566.09 亿元。

2008～2016 年，山东省区域创新条件实力指数从 17.66 增加到 50.59。其中，互联网宽带接入用户数从 743.51 万户持续增加至 2366.53 万户，有效

图 5-10　山东省区域创新实力指数二级指数变化情况（2008～2016 年）

发明专利数从 4956 件持续增加至 62 005 件，研究实验平台数量从 3 个增加到 6 个，产业创新平台数量从 54 个增加至 263 个，检测检验平台数量从 265 个增加至 576 个，创新服务平台数量从 287 个持续增加至 655 个。

2008～2016 年，山东省区域创新产出实力指数从 7.45 增加到 32.52。其中，发明专利申请量从 13 714 件持续增加至 88 359 件，发明专利授权量从 1845 件持续提升至 19 404 件，实用新型和外观设计专利申请量从 46 533 件增加至 124 552 件，实用新型和外观设计专利授权量从 24 843 件增加至 78 689 件，PCT 专利申请量从 111 件增加至 1399 件，SCI 论文数从 4523 篇持续提升至 13 250 篇。

2008～2016 年，山东省区域创新影响实力指数从 22.76 增加到 62.15。其中，山东省大中型工业企业新产品销售收入从 5587.69 亿元持续增加至 16 313.42 亿元，地区生产总值从 30 933.28 亿元提升至 68 024.49 亿元，高技术产业利润总额从 226.60 亿元增加至 952.67 亿元。

（三）山东省区域创新效力指数演进

2008～2016 年，山东省区域创新效力指数从 19.68 增加至 32.51，均远高于 31 个省区平均值，年均增速为 6.48%，低于 31 个省区平均值的年均增速（7.19%）。山东省同比增速波动明显，且与 31 个省区同比增速趋势基本相同（图 5-11）。

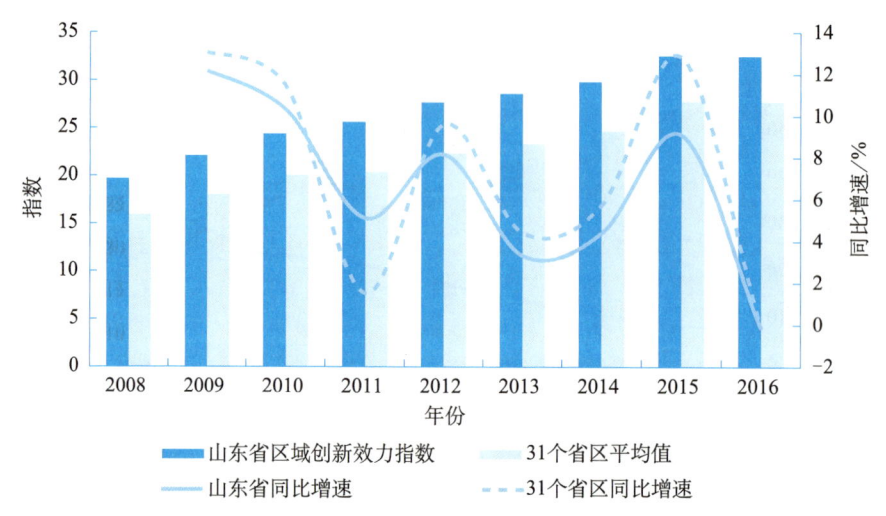

图 5-11　山东省区域创新效力指数变化情况（2008～2016 年）

2008～2016 年，山东省区域创新投入效力指数、区域创新条件效力指数、区域创新产出效力指数、区域创新影响效力指数呈现不同程度的增长（图 5-12）。山东省创新投入效力指数从 27.26 增加到 42.59。其中，R&D 人员比例从 1.8% 持续增加至 2.5%，R&D 经费支出占地区生产总值的比例从 1.4% 提升至 2.3%。

图 5-12　山东省区域创新效力指数二级指数变化情况（2008～2016 年）

2008～2016 年，山东省区域创新条件指效力数从 5.61 增加到 11.75。其中，每万人口有效发明专利数从 0.53 件增加至 6.23 件，每百万人研究实验平台数量从 0.03 个增加至 0.06 个，每百万人产业创新平台数量从 0.57 个增加至 2.64 个，每百万人检测检验平台数量从 2.81 个增加至 5.17 个，每百万人创新服务平台数量从 3.05 个提升至 6.58 个。

2008~2016 年，山东省区域创新产出效力指数从 11.25 增加到 21.70。其中，单位 R&D 人员发明专利申请量从 8.55 件/百人年提升至 29.31 件/百人年，单位 R&D 人员发明专利授权量从 1.15 件/百人年提升至 6.44 件/百人年，单位 R&D 人员实用新型和外观设计专利申请量从 29.01 件/百人年提升至 41.31 件/百人年，单位 R&D 人员实用新型和外观设计专利授权量从 15.49 件/百人年提升至 26.10 件/百人年，单位 R&D 人员 PCT 专利申请量从 6.92 件/万人年增加至 46.40 件/万人年，单位 R&D 人员 SCI 论文数从 2.82 篇/百人年提升至 4.39 篇/百人年。

2008~2016 年，山东省区域创新影响效力指数从 34.60 增加到 54.02。其中，山东省大中型工业企业新产品销售收入占主营业务收入比重从 8.98% 提升至 10.83%，人均地区生产总值从 32 848 元持续增加至 63 981 元，劳动生产率从 34.32 万元/人年持续增加至 55.97 万元/人年，单位能耗产生的 GDP 从 1.01 万元/吨标准煤持续增加至 1.76 万元/吨标准煤，单位工业废水排放量对应的主营业务收入从 1732.95 元/吨增加至 2967.74 元/吨，单位主要污染物排放量对应的 GDP 从 73.87 万元/吨上升至 210.10 万元/吨。

（四）山东省区域创新创业环境指数演进

2008~2016 年，山东省区域创新创业环境指数从 33.65 震荡增加至 40.20，均高于 31 个省区平均水平。该指数的年均增速为 2.25%，高于 31 个省区平均值的年均增速（0.61%）。该指数的同比增速波动较大，与 31 个省区趋势有一定差异（图 5-13）。

2008~2016 年，山东省区域资金环境指数、区域人才环境指数和区域制度环境指数均有小幅提升（图 5-14）。山东省区域资金环境指数从 18.14 增加到 22.18。其中，工业企业研究开发费用加计扣除执行情况从 39.32% 下降至 16.80%，高新技术企业税收优惠从 180 715 万元增加至 487 333 万元。

2008~2016 年，山东省区域人才环境指数从 42.79 增加到 47.94。其中，大专以上学历人口比例从 5.2% 提升至 11.4%，地方政府财政支出中教育经费所占比重从 20.4% 提升至 20.9%。

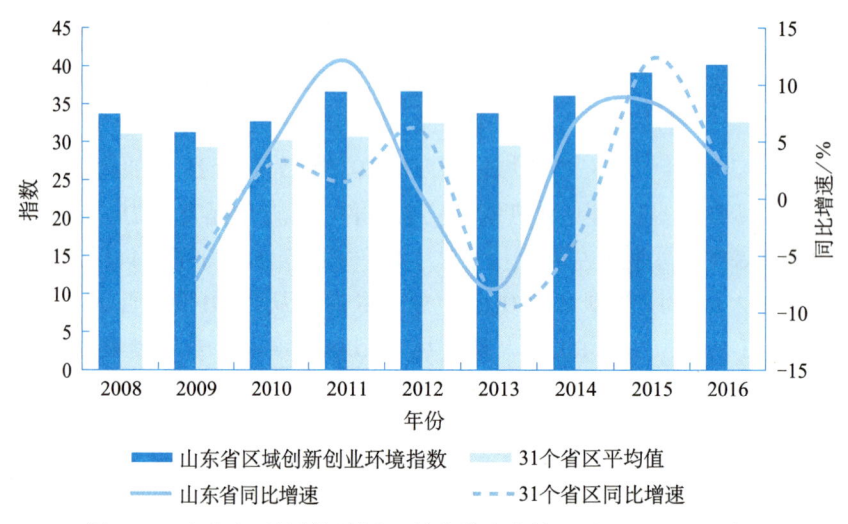

图 5-13　山东省区域创新创业环境指数变化情况（2008～2016 年）

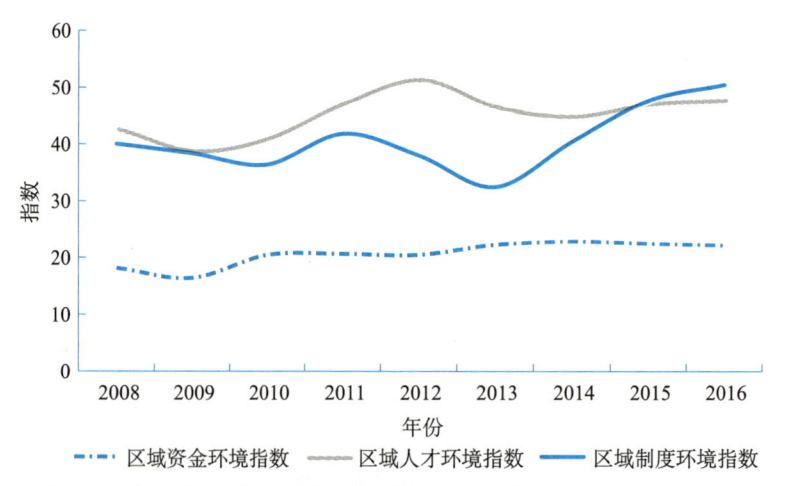

图 5-14　山东省区域创新创业环境指数二级指数变化情况（2008～2016 年）

2008～2016 年，山东省区域制度环境指数从 40.01 增加到 50.48。其中，区域知识产权案件的结案率从 80.22% 提升至 98.74%；政府网站绩效从 55.4 提升至 70.4，提升幅度较大。

第二节 福 建 省

2016年,福建省区域创新发展指数在31个省区中居第9位,区域创新能力指数居第9位;人均GDP为7.4万元,约合1.11万美元(图5-15),是创新发展先进型省区。

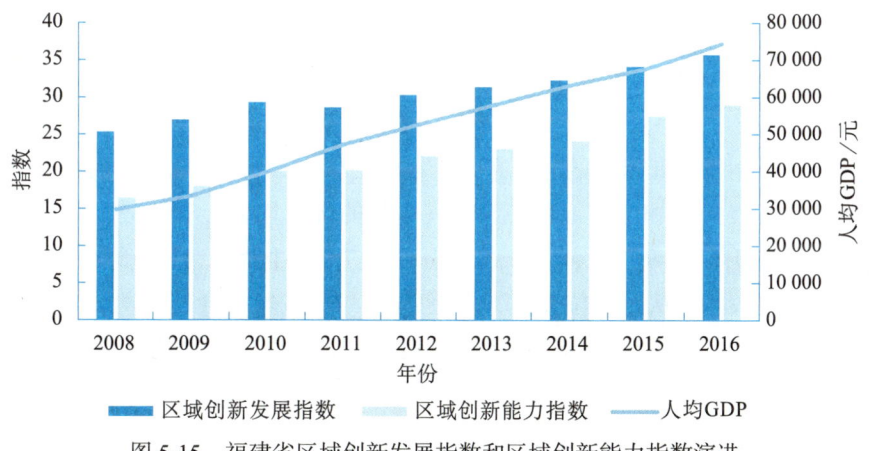

图 5-15 福建省区域创新发展指数和区域创新能力指数演进

一、福建省区域创新发展水平演进

(一)福建省区域创新发展指数演进

2008～2016年,福建省区域创新发展指数从25.31持续增长到35.72,排名由第7位下降至第9位;同期,31个省区平均值从23.24增加到35.62,年均增速为5.48%。福建省区域创新发展指数增长相对较慢,年均增速为4.40%(图5-16)。

图 5-16　福建省区域创新发展指数历年变化情况（2008～2016 年）

从区域创新发展指数的一级指数排名来看，2008～2016 年，福建省区域科学技术发展指数和区域绿色集约发展指数的排名均呈上升趋势，分别从第 10 位震荡提升到第 9 位，从第 9 位提升至第 7 位；区域产业创新发展指数排名总体降幅较大，从第 7 位震荡下降至第 19 位；区域社会创新发展指数的排名呈小幅下降趋势，从第 9 位震荡下降到第 10 位。同期，区域创新条件发展指数排名第 7～8 位（表 5-3）。

表 5-3　福建省区域创新发展指数排名（2008～2016 年）

指数	2008 年	2009 年	2010 年	2011 年	2012 年	2013 年	2014 年	2015 年	2016 年
区域创新发展指数	7	7	7	8	8	9	9	9	9
——区域科学技术发展指数	10	11	10	10	8	9	8	9	9
——区域产业创新发展指数	7	10	10	12	12	20	20	19	19
——区域社会创新发展指数	9	8	8	8	9	9	10	10	10
——区域绿色集约发展指数	9	8	8	8	6	6	6	7	7
——区域创新条件发展指数	8	7	7	8	7	7	8	8	8

（二）福建省区域科学技术发展指数演进

2008～2016 年，福建省区域科学技术发展指数从 4.70 持续增加到

14.76，除 2012 和 2014 年外均低于 31 个省区平均值。福建省该指数的年均增速为 15.38%，高于 31 个省区平均值的年均增速（12.40%）。福建省和 31 个省区同比增速均总体呈震荡下降趋势（图 5-17）。区域科学技术发展指数的 4 项指标均呈上升趋势，其中福建省人均 R&D 经费支出从 282.10 元持续增加到 1172.67 元，每万人 R&D 人员数量从 16.29 人持续增加到 34.11 人，每万人本国有效发明专利数从 0.40 件持续增加到 6.14 件，每万人 SCI 论文数从 0.53 篇增加到 1.39 篇。

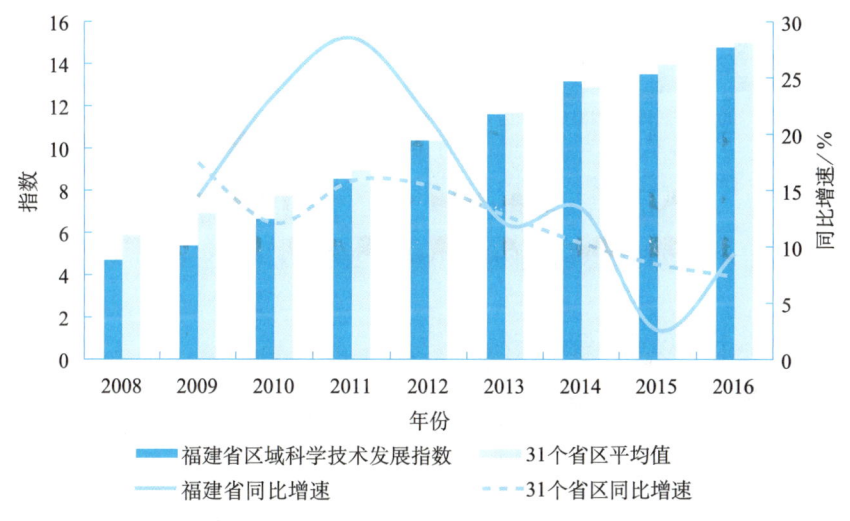

图 5-17　福建省区域科学技术发展指数变化情况（2008～2016 年）

（三）福建省区域产业创新发展指数演进

2008～2016 年，福建省区域产业创新发展指数从 25.48 持续增加至 32.82，但与 31 个省区平均水平相比优势逐渐减小，从 2011 年起低于 31 个省区平均值。福建省该指数的年均增速为 3.21%，低于 31 个省区平均值的年均增速（7.27%）。福建省同比增速呈现震荡上升趋势，31 个省区同比增速也呈震荡上升趋势（图 5-18）。其中，高技术产业主营业务收入占制造业主营业务收入比例和新产品销售收入占主营业务收入比例均下降，高技术产业主营业务收入占制造业主营业务收入比例从 13.0% 下降至 10.5%，而新产品销售收入占主营业务收入比例从 11.8% 下降到 9.5%，全员劳动生产率从 38.98 万元/人年增加到 100.88 万元/人年，服务业增加值占比从 40.2% 震荡增加到 42.9%。

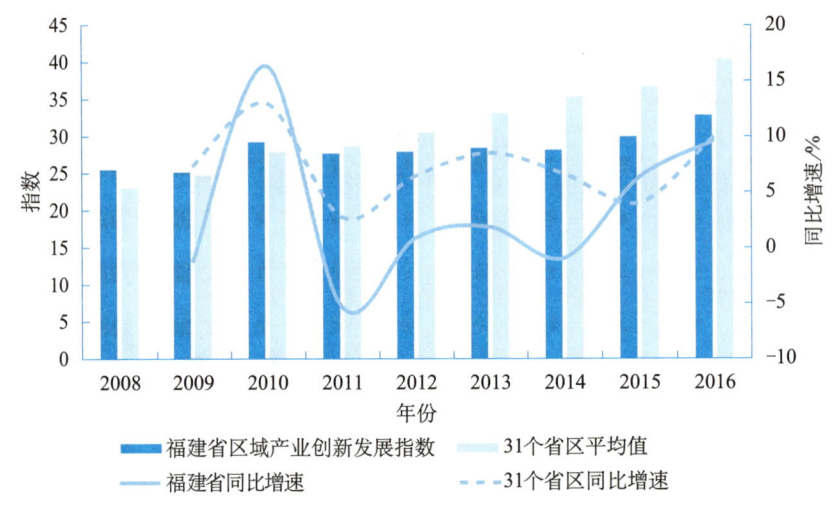

图 5-18 福建省区域产业创新发展指数变化情况（2008~2016 年）

（四）福建省区域社会创新发展指数演进

2008~2016 年，福建省区域社会创新发展指数从 37.19 上升到 46.86，均高于 31 个省区平均值，年均增速 2.93%，高于 31 个省区平均值的年均增速（2.84%）。福建省该指数的同比增速呈现震荡下降趋势，且下降趋势显著，与 31 个省区同比增速呈现基本相同趋势（图 5-19）。具体来讲，城镇人口占总人口的比例、GDP 中非农产业的比例、大专以上学历人口比例、每万人口在校大学生数、人口预期寿命、每千人口卫生技术人员数和社区服务机构覆盖率 7 项指标均呈增长态势。城镇人口占总人口的比例从 49.9% 持续增加到 63.6%，GDP 中非农产业的比例从 89.3% 持续增加到 91.8%，大专以上学历人口比例从 5.5% 提升至 10.6%，每万人口在校大学生数从 154.60 人持续增加到 195.25 人，人口预期寿命从 72.6 岁提升至 75.8 岁，每千人口卫生技术人员数从 3.0 人持续增加到 5.7 人，社区服务机构覆盖率从 10.7% 增加到 19.2%。但城镇居民人均可支配收入与全国平均数的比例从 120.2% 下降至 111.5%。

图 5-19　福建省区域社会创新发展指数变化情况（2008～2016 年）

（五）福建省区域绿色集约发展指数演进

2008～2016 年，福建省区域绿色集约发展指数呈增长态势，从 30.37 增加到 50.46，均高于 31 个省区平均值。福建省该指数的年均增速为 6.55%，高于 31 个省区平均值的年均增速（5.67%）。福建省同比增速波动幅度较大，2014 年以后与 31 个省区同比增速总体趋势相同（图 5-20）。其中，福建省单位能耗和

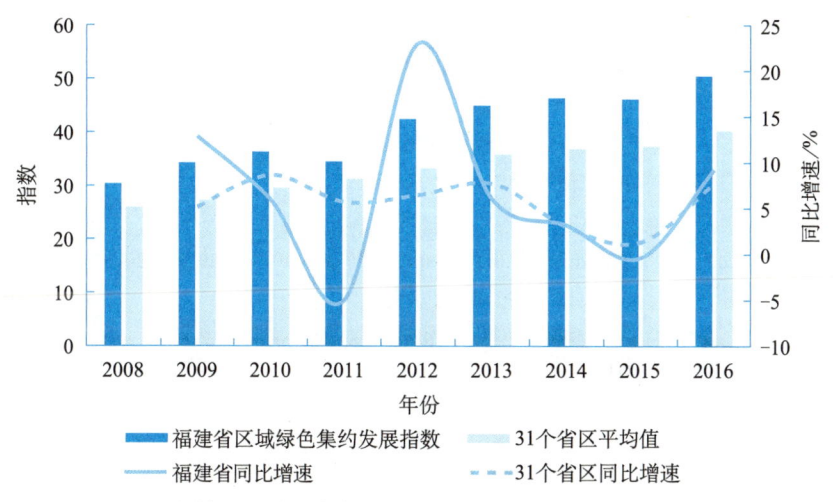

图 5-20　福建省区域绿色集约发展指数变化情况（2008～2016 年）

单位废水对应的 GDP 分别从 1.31 万元/吨标准煤、458.08 元/吨快速增长到 2.33 万元/吨标准煤、1215.55 元/吨，单位主要污染物排放量对应的 GDP 从 89.33 万元/吨增加到 418.17 万元/吨，单位建成区面积对应的 GDP 从 12.34 亿元/千米^2 增加到 19.61 亿元/千米^2。但福建省工业固体废物综合利用率从 72.0% 降低到 65.8%。

（六）福建省区域创新条件发展指数演进

2008～2016 年，福建省区域创新条件发展指数从 31.52 增加到 39.87，均高于 31 个省区平均值。福建省该指数的年均增速为 2.98%，低于 31 个省区平均值的年均增速（3.75%）。同期，福建省该指数的同比增速总体呈震荡下降趋势，与 31 个省区同比增速趋势基本相同（图 5-21）。其中，每百万人口产业创新平台数量从 0.58 个增加到 1.81 个；每百万人口创新服务平台数量从 3.00 个提升至 6.43 个；有电子商务活动的企业比例从 5.8% 增加到 12.2%；政府网站绩效从 72.1 提升到 84.7，提升幅度较大；每百万人口研究实验平台数量从 0.11 个增加到 0.13 个，提升幅度较小。福建省人均邮电业务总量从 0.24 万元下降至 0.23 万元，拥有网站的企业比例从 56.6% 下降至 49.0%。

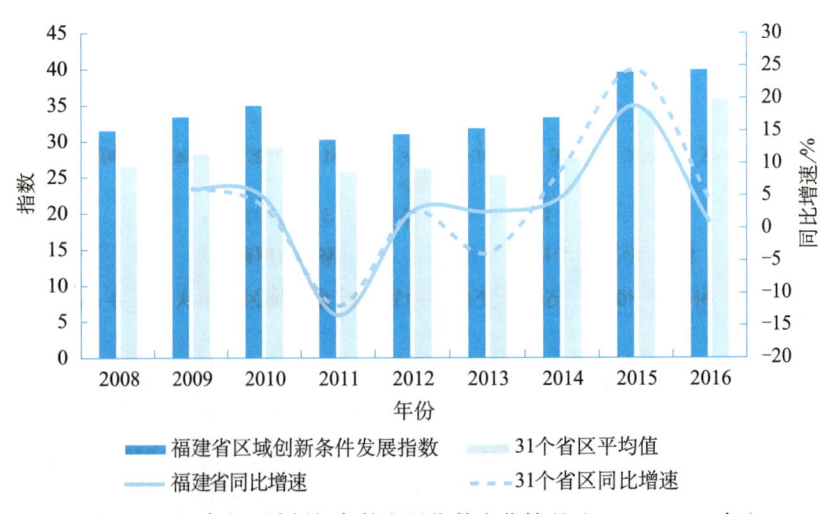

图 5-21　福建省区域创新条件发展指数变化情况（2008～2016 年）

二、福建省区域创新能力演进

（一）福建省区域创新能力指数演进

2008～2016 年，福建省区域创新能力指数从 16.44 增长到 28.96，高于 31 个省区平均值，排名总体保持在第 9 位；同期，31 个省区平均值从 15.64 增加到 26.18，年均增速为 6.65%。福建省区域创新能力指数增长相对较快，年均增速为 7.33%（图 5-22）。

图 5-22 福建省区域创新能力指数历年变化情况（2008～2016 年）

从区域创新能力指数的一级指数排名来看，2008～2016 年，福建省区域创新效力指数和区域创新创业环境指数排名呈震荡上升趋势，分别从第 11 位震荡上升至第 8 位、第 7 位震荡上升至第 8 位；区域创新实力指数稍有震荡，2016 年排名在第 11 位（表 5-4）。

表 5-4 福建省区域创新能力指数排名（2008～2016 年）

指数	2008 年	2009 年	2010 年	2011 年	2012 年	2013 年	2014 年	2015 年	2016 年
区域创新能力指数	9	8	8	9	9	8	10	9	9
——区域创新实力指数	11	13	11	12	12	13	13	12	11
——区域创新效力指数	11	10	10	13	11	11	11	11	8
——区域创新创业环境指数	7	6	7	8	7	8	8	6	8

（二）福建省区域创新实力指数演进

2008～2016年，福建省区域创新实力指数从6.75持续增加至20.49，均低于31个省区平均值。福建省该指数的年均增速为14.89%，高于31个省区平均值的年均增速（13.71%）。福建省该指数的同比增速呈现震荡下降趋势，与31个省区趋势基本相同（图5-23）。

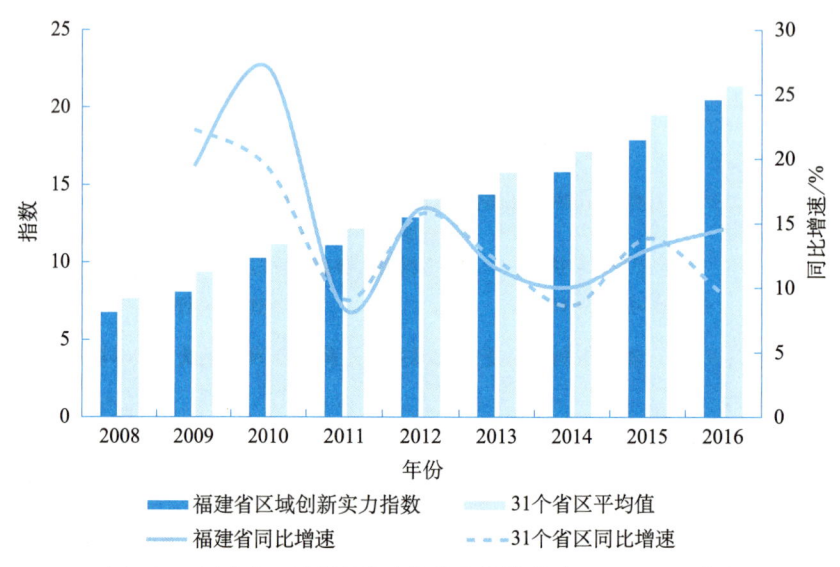

图5-23　福建省区域创新实力指数变化情况（2008～2016年）

2008～2016年，福建省区域创新投入实力指数、区域创新条件实力指数、区域创新产出实力指数和区域创新影响实力指数均呈现高速增长（图5-24）。区域创新投入实力指数从7.88持续增加到23.25，年均增速为14.49%。其中福建省R&D人员全时当量从59 270人年增加至132 155人年，R&D经费支出从101.93亿元持续增加至454.29亿元。

2008～2016年，福建省区域创新条件实力指数从8.88持续增加到20.63，年均增速为11.11%。其中，互联网宽带接入用户数从411.7万户持续增加至1144.6万户，有效发明专利数从1451件持续增加至23 793件，产业创新平台数量从21个增加至70个，检测检验平台数量从102个增加至236个，创新服务平台数量从109个持续增加至249个。

2008～2016年，福建省区域创新产出实力指数从2.19增加到16.35，年均增速为28.57%。其中，发明专利申请量从2701件持续增加至27 041件，

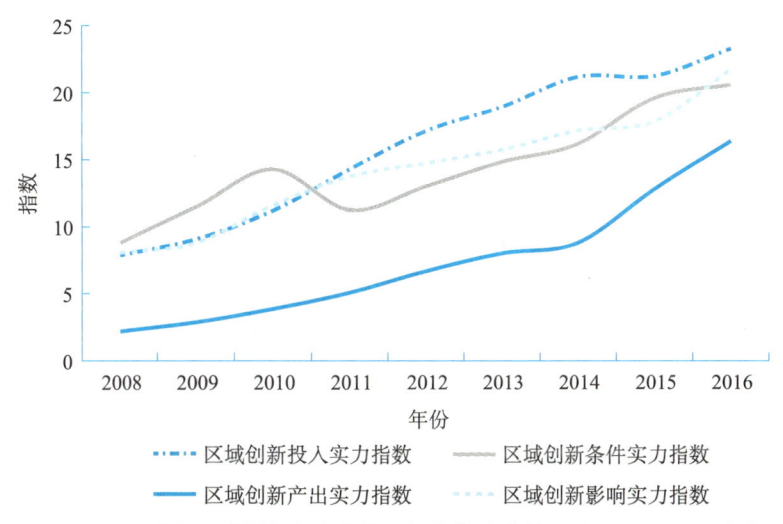

图 5-24　福建省区域创新实力指数二级指数变化情况（2008～2016 年）

发明专利授权量从 530 件持续提升至 7170 件，实用新型和外观设计专利申请量从 10 480 件增加至 103 335 件，实用新型和外观设计专利授权量从 7407 件增加至 59 972 件，PCT 专利申请量从 126 件增加至 543 件，SCI 论文数从 1911 篇持续提升至 5383 篇。

2008～2016 年，福建省区域创新影响实力指数从 8.07 持续增加到 21.72，年均增速为 13.17%。其中，福建大中型工业企业新产品销售收入从 1746.40 亿元持续增加至 4052.66 亿元，地区生产总值从 10 823.11 亿元提升至 28 810.58 亿元，高技术产业利润总额从 108.00 亿元增加至 328.82 亿元。

（三）福建省区域创新效力指数演进

2008～2016 年，福建省区域创新效力指数从 15.86 震荡增加至 32.02，除 2008 年和 2011 年外，其他年份均高于 31 个省区平均值。福建省该指数的年均增速为 9.18%，高于 31 个省区平均值的年均增速（7.19%）。福建省该指数的同比增速呈现震荡下降趋势，与 31 个省区同比增速趋势基本相同（图 5-25）。

2008～2016 年，福建省区域创新产出效力指数和区域创新影响效力指数提升幅度较大（图 5-26）。区域创新投入效力指数从 18.02 持续增加到 30.89，年均增速为 6.97%。其中，R&D 人员比例从 1.3% 提升至 2.0%，R&D 经费支出占地区生产总值的比例从 0.9% 提升至 1.6%。

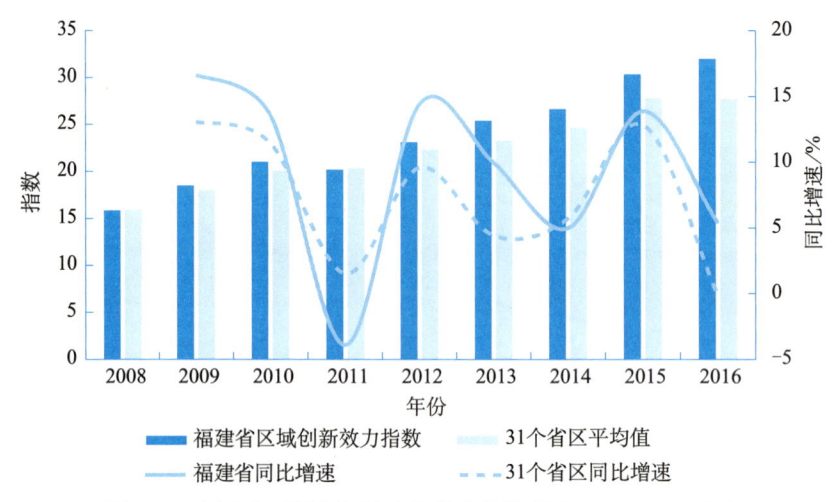

图 5-25　福建省区域创新效力指数变化情况（2008～2016 年）

图 5-26　福建省区域创新效力指数二级指数变化情况（2008～2016 年）

2008～2016 年，福建省区域创新条件效力指数从 8.93 增加到 14.23，年均增速为 6.00%。其中，每万人口有效发明专利数从 0.40 件增加至 6.14 件，每百万人研究实验平台数量从 0.11 个增加到 0.13 个，每百万人产业创新平台数量从 0.58 个增加至 1.81 个，每百万人检测检验平台数量从 2.80 个增加至 5.44 个，每百万人创新服务平台数量从 3.00 个提升至 6.43 个。而人均邮电业务总量从 0.24 万元降低至 0.23 万元。

2008～2016 年，福建省区域创新产出效力指数从 8.41 增加到 31.56，年均增速为 17.98%。其中单位 R&D 人员发明专利申请量从 4.56 件/百人年提升至 20.46 件 / 百人年，单位 R&D 人员发明专利授权量从 0.89 件 / 百人年提升至 5.43 件 / 百人年，单位 R&D 人员实用新型和外观设计专利申请量从 17.68 件 / 百人年提升至 78.19 件 / 百人年，单位 R&D 人员实用新型和外观设计专利授权量从 12.50 件 / 百人年提升至 45.38 件 / 百人年，单位 R&D 人员 PCT 专利申请量从 21.26 件 / 万人年提升至 41.06 件 / 万人年，单位 R&D 人员 SCI 论文数从 3.22 篇 / 百人年提升至 4.07 篇 / 百人年。

2008～2016 年，福建省区域创新影响效力指数从 28.09 增加到 51.39，年均增速为 7.84%。其中人均地区生产总值从 29 742 元持续增加至 74 369 元，劳动生产率从 23.60 万元 / 人年持续增加至 43.08 万元 / 人年，单位能耗产生的 GDP 从 1.31 万元 / 吨标准煤持续增加至 2.33 万元 / 吨标准煤，单位建成区面积 GDP 产出从 12.34 亿元 / 千米^2 增加至 19.61 亿元 / 千米^2，单位工业废水排放量对应的主营业务收入从 626.85 元 / 吨增加至 1794.16 元 / 吨，单位主要污染物排放量对应的 GDP 从 89.33 万元 / 吨提升至 418.17 万元 / 吨。而大中型工业企业新产品销售收入占主营业务收入比重从 11.79% 降低至 9.53%，工业固体废物利用率从 72.0% 下降至 65.8%。

（四）福建省区域创新创业环境指数演进

2008～2016 年，福建省区域创新创业环境指数从 36.98 持续增加至 39.81，均高于 31 个省区平均值。福建省该指数的年均增速为 0.93%，高于 31 个省区平均值的年均增速（0.61%）。福建省该指数的同比增速呈现震荡下降趋势，与 31 个省区同比增速趋势不同（图 5-27）。

2008～2016 年，福建省区域资金环境指数总体平稳，区域人才环境指数呈现下降趋势，区域制度环境指数呈现较高增长（图 5-28）。区域资金环境指数从 16.00 增加到 17.80，年均增速为 1.34%。其中，高新技术企业税收优惠从 7.11 亿元增加至 24.02 亿元，而工业企业研究开发费用加计扣除执行情况从 38.98% 降至 33.43%，地方政府财政科技拨款占财政支出的比重从 2.3% 降低至 1.9%。

2008～2016 年，福建省区域人才环境指数从 46.86 下降到 42.70，年均增速为 -1.16%。其中，大专以上学历人口比例从 5.5% 提升至 10.6%，而地方政府财政支出中教育经费所占比重从 20.5% 降低至 18.5%，城镇居民人均可支配收入与全国平均数的比例从 120.2% 降低至 111.5%。

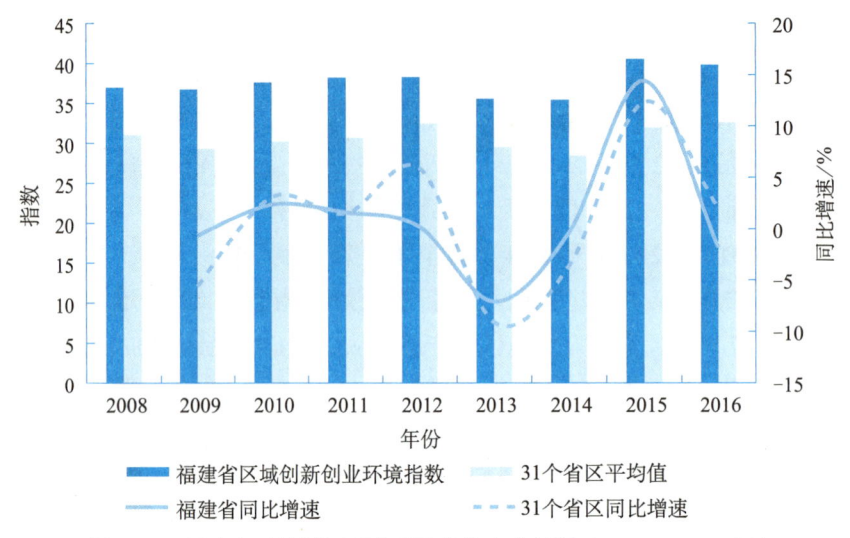

图 5-27 福建省区域创新创业环境指数变化情况（2008～2016 年）

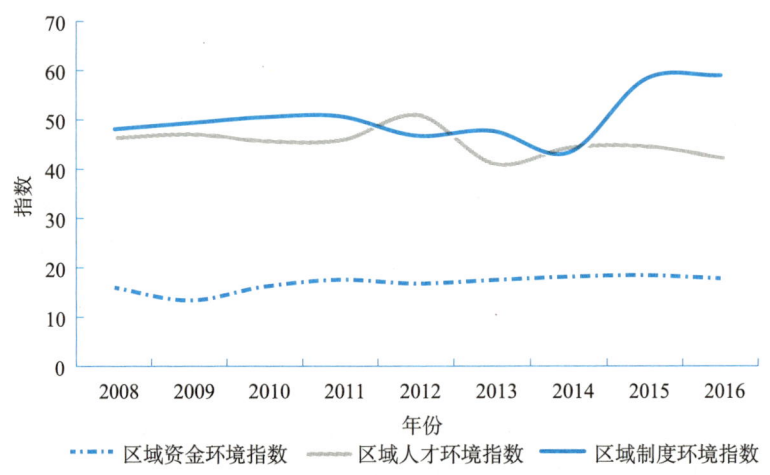

图 5-28 福建省区域创新创业环境指数二级指数变化情况（2008～2016 年）

2008～2016 年，福建省区域制度环境指数从 48.10 增加到 58.94，年均增速为 2.57%。其中，区域知识产权案件的结案率从 69.23% 提升至 100%，政府网站绩效从 72.1 提升至 84.7。

第三节　湖　北　省

2016年，湖北省区域创新发展指数排名在31个省区中居第10位，区域创新能力指数居第10位；人均GDP为5.6万元，约合0.84万美元（图5-29），是创新发展先进型省区。

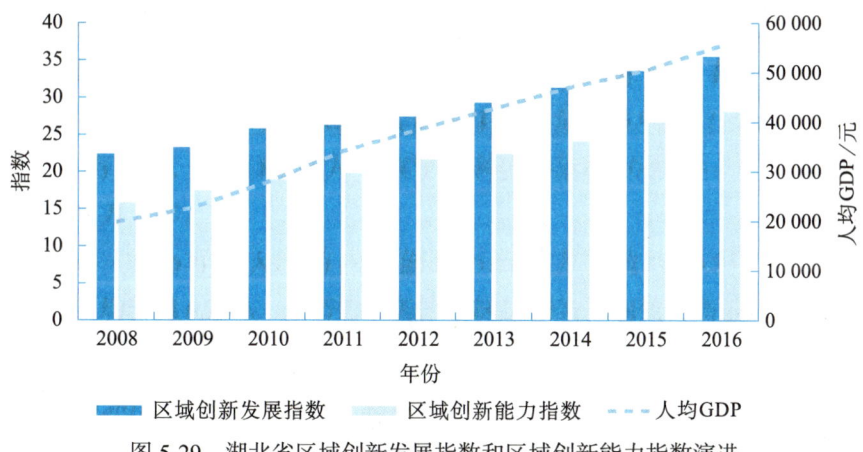

图5-29　湖北省区域创新发展指数和区域创新能力指数演进

一、湖北省区域创新发展水平演进

（一）湖北省区域创新发展指数演进

2008~2016年，湖北省区域创新发展指数从22.37持续增长到35.48，略低于31个省区平均值，排名在第10~13位波动。同期，31个省区平均值从23.24增加到35.62，年均增速为5.48%。湖北省区域创新发展指数增长相对较高，年均增速为5.94%（图5-30）。

从区域创新发展指数一级指数排名来看，2008~2016年，湖北省区域科学技术、区域社会创新和区域创新条件发展指数的排名均呈上升趋势，分别从第11位震荡上升至第10位、第14位震荡上升至第13位、第13位震荡上升到第12位。同期，区域产业创新发展指数的排名均呈下降趋势，从第11位震荡下降至第13位；区域绿色集约发展指数排名在第11~15位波动（表5-5）。

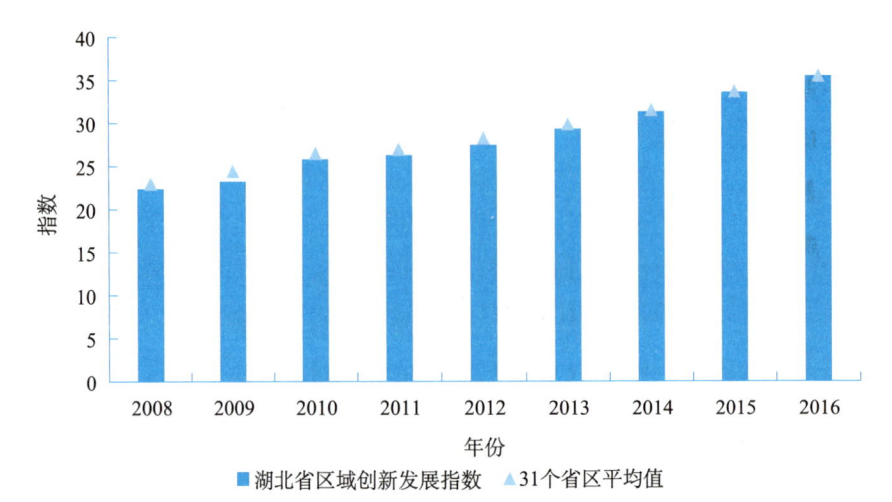

图 5-30　湖北省区域创新发展指数历年变化情况（2008～2016 年）

表 5-5　湖北省区域创新发展指数排名（2008～2016 年）

指数	2008 年	2009 年	2010 年	2011 年	2012 年	2013 年	2014 年	2015 年	2016 年
区域创新发展指数	10	13	11	10	13	10	11	10	10
——区域科学技术发展指数	11	10	11	11	11	11	11	10	10
——区域产业创新发展指数	11	14	14	14	13	14	14	12	13
——区域社会创新发展指数	14	12	13	13	12	12	12	12	13
——区域绿色集约发展指数	15	15	13	11	12	12	11	12	15
——区域创新条件发展指数	13	12	12	12	12	11	12	12	12

（二）湖北省区域科学技术发展指数演进

2008～2016 年，湖北省区域科学技术发展指数从 4.39 持续增加到 12.60，从 2011 年起均高于 31 个省区平均水平。湖北省该指数的年均增速为 14.08%，高于 31 个省区平均值的年均增速（12.40%）。湖北省该指数的同比增速总体呈震荡下降趋势，与 31 个省区同比增速变化趋势基本相同，且波动幅度更大（图 5-31）。湖北省区域科学技术发展指数的 4 项指标均呈上升趋势，其中湖北省人均 R&D 经费支出从 260.88 元持续增加到 1019.61 元，每万人 R&D 人员数量从 12.74 人持续增加到 23.21 人，每万人本国有效发明专利数从 0.60 件持续增加到 5.36 件，每万人 SCI 论文数从 0.93 篇增加到 2.27 篇。

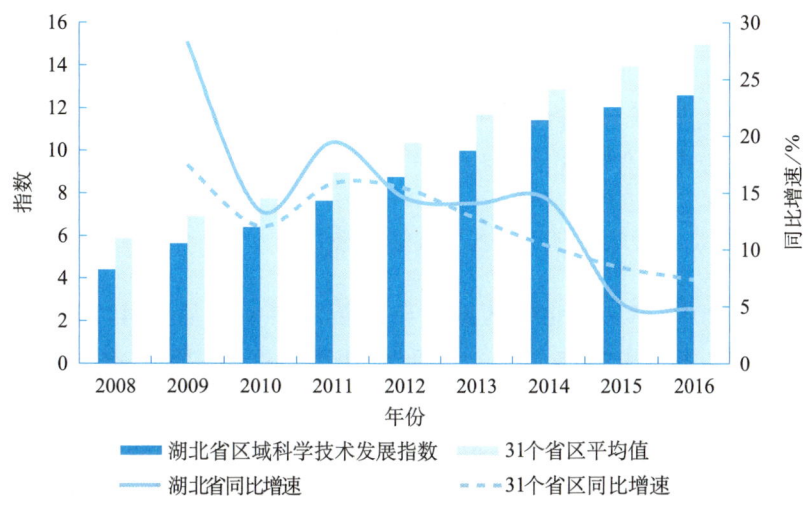

图 5-31　湖北省区域科学技术发展指数变化情况（2008～2016 年）

（三）湖北省区域产业创新发展指数演进

2008～2016 年，湖北省区域产业创新发展指数从 22.80 震荡增加至 40.06，均低于 31 个省区平均水平。湖北省该指数的年均增速为 7.30%，略高于 31 个省区平均值的年均增速（7.27%）。湖北省该指数的同比增速呈现震荡上升趋势，与 31 个省区同比增速趋势相同（图 5-32）。其中，全员劳动

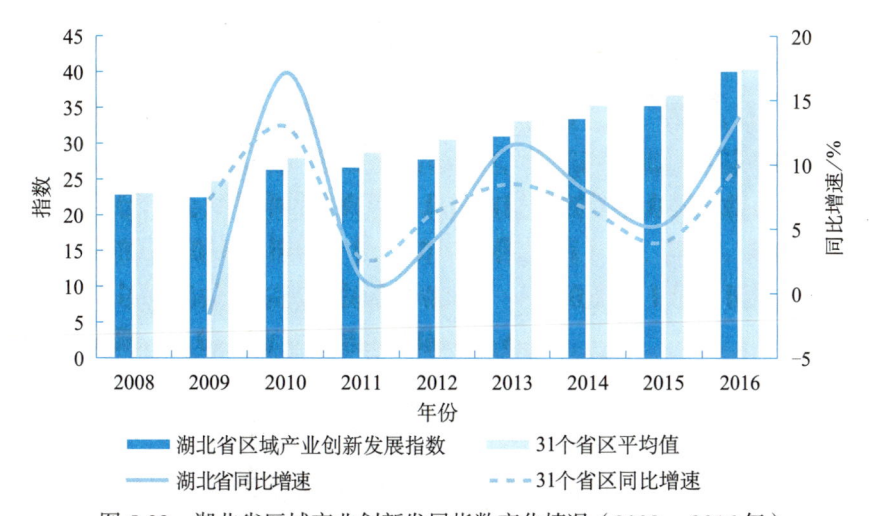

图 5-32　湖北省区域产业创新发展指数变化情况（2008～2016 年）

生产率从 55.46 万元/人年增加到 133.34 万元/人年；高技术产业主营业务收入占制造业主营业务收入比例从 6.1% 提升至 9.2%，提升幅度较大；服务业增加值占比从 39.4% 震荡提升到 43.9%；新产品销售收入占主营业务收入比例从 13.7% 震荡上升到 14.6%。

（四）湖北省区域社会创新发展指数演进

2008～2016 年，湖北省区域社会创新发展指数从 35.45 波动上升到 45.47，除 2012 年和 2015 年外，均低于 31 个省区平均值。湖北省该指数的年均增速为 3.16%，高于 31 个省区平均值的年均增速（2.84%）。湖北省该指数的同比增速呈现震荡下降趋势，与 31 个省区同比增速呈现相同趋势（图 5-33）。具体来讲，城镇人口占总人口的比例从 45.2% 持续增加到 58.1%，GDP 中非农产业的比例从 84.3% 持续增加到 88.8%，城镇居民人均可支配收入与全国平均数的比例从 88.0% 上升至 91.0%，大专以上学历人口比例从 7.8% 震荡提升至 13.0%，每万人口在校大学生数从 207.48 人持续增加到 238.21 人，人口预期寿命从 71.1 岁提升至 74.9 岁，每千人口卫生技术人员数从 3.8 人持续增加到 6.5 人。仅社区服务机构覆盖率从 33.5% 降低到 17.1%。

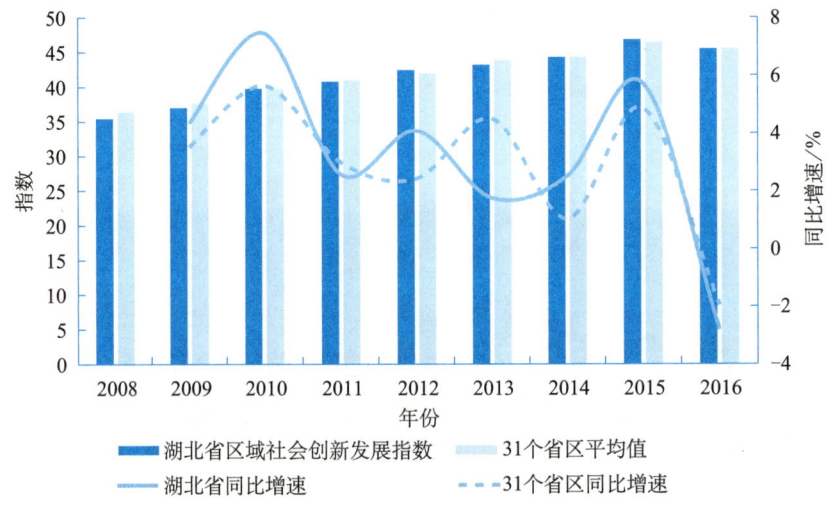

图 5-33　湖北省区域社会创新发展指数变化情况（2008～2016 年）

（五）湖北省区域绿色集约发展指数演进

2008～2016年，湖北省区域绿色集约发展指数呈增长态势，从25.56增加到40.98，均高于31个省区平均值。湖北省该指数的年均增速为6.08%，高于31个省区平均值的年均增速（5.67%）。湖北省该指数的同比增速总体呈波动特征，与31个省区同比增速总体趋势一致（图5-34）。其中，湖北省单位能耗和单位废水对应的GDP分别从0.88万元/吨标准煤、437.62元/吨快速增长到1.94万元/吨标准煤、1188.75元/吨；单位主要污染物排放量对应的GDP从63.46万元/吨增加到342.84万元/吨，单位建成区面积对应的GDP从7.24亿元/千米^{2}增加到14.52亿元/千米^2。湖北省工业固体废物综合利用率从72.6%降低到45.6%。

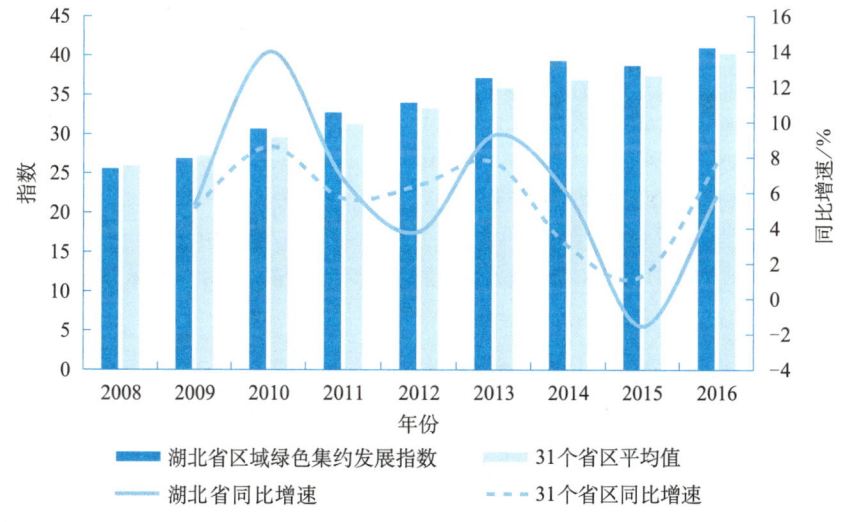

图5-34 湖北省区域绿色集约发展指数变化情况（2008～2016年）

（六）湖北省区域创新条件发展指数演进

2008～2016年，湖北省区域创新条件发展指数从24.87增加到38.05，2013年开始高于31个省区平均值。湖北省该指数的年均增速为5.46%，高于31个省区平均值的年均增速（3.75%）。湖北省该指数的同比增速总体呈震荡下降趋势，与同期31个省区同比增速大体相同（图5-35）。其中，每百万人口产业创新平台数量从0.44个增加到1.48个；每百万人口创新服务平台数量从 1.52 个提升至 4.74 个；拥有网站的企业比例和有电子商务活动的企业比例分别从 53.6% 和 3.4% 增加到 60.2% 和 11.3%；政府网站绩效从 66.7 提升到 83.5，提升幅度较大；每百万人口研究实验平台数量从 0.33 个增加到 0.34 个，提升幅度较小。湖北省人均邮电业务总量从 0.13 万元下降至 0.12 万元。

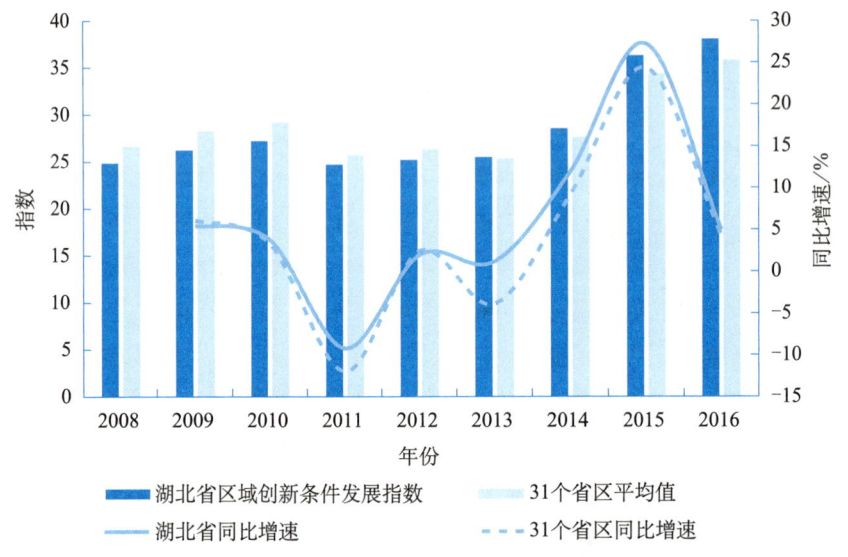

图 5-35　湖北省区域创新条件发展指数变化情况（2008～2016 年）

二、湖北省区域创新能力演进

（一）湖北省区域创新能力指数演进

2008～2016 年，湖北省区域创新能力指数从 15.80 增长到 28.12，高于 31 个省区平均水平，排名从第 11 位震荡上升至第 10 位。同期，31 个省区平均值从 15.64 增加到 26.18，年均增速为 6.65%。湖北省区域创新能力指数增长相对较快，年均增速为 7.47%（图 5-36）。

2008～2016 年，从区域创新能力指数一级指数排名来看，湖北省区域创新实力指数和区域创新创业环境指数排名呈上升趋势，分别从排名第 10 位上升至第 9 位、第 12 位震荡上升至第 9 位；区域创新效力指数排名呈下降趋势，从第 10 位震荡下降至第 12 位（表 5-6）。

图 5-36 湖北省区域创新能力指数历年变化情况（2008～2016 年）

表 5-6 湖北省区域创新能力指数排名（2008～2016 年）

指数	2008 年	2009 年	2010 年	2011 年	2012 年	2013 年	2014 年	2015 年	2016 年
区域创新能力指数	11	10	10	11	11	10	9	11	10
——区域创新实力指数	10	10	10	9	9	9	9	9	9
——区域创新效力指数	10	12	13	12	12	12	12	12	12
——区域创新创业环境指数	12	11	13	12	16	13	11	13	9

（二）湖北省区域创新实力指数演进

2008～2016 年，湖北省区域创新实力指数从 8.12 持续增加至 23.53，均高于 31 个省区平均水平。湖北省该指数的年均增速为 14.22%，高于 31 个省区平均值的年均增速（13.71%）。湖北省该指数的同比增速呈现震荡下降趋势，与 31 个省区同比增速趋势基本相同（图 5-37）。

2008～2016 年，湖北省区域创新投入实力指数、区域创新条件实力指数、区域创新产出实力指数、区域创新影响实力指数均呈现高速增长（图 5-38）。湖北省区域创新投入实力指数从 10.28 持续增加到 27.25，年均增速为 12.96%。其中，湖北省 R&D 人员全时当量从 72 751 人年增加至 136 608 人年，R&D 经费支出从 148.99 亿元持续增加至 600.04 亿元。

图 5-37 湖北省区域创新实力指数变化情况（2008～2016 年）

2008～2016 年，湖北省区域创新条件实力指数从 10.58 持续增加到 24.26，年均增速为 10.93%。其中，互联网宽带接入用户数从 327.4 万户持续增加至 1131.88 万户，有效发明专利数从 3413 件持续增加至 31 567 件，研究实验平台数量从 18 个增加至 20 个，产业创新平台数量从 25 个增加至 87 个，检测检验平台数量从 72 个增加至 176 个，创新服务平台数量从 87 个持续增长至 220 个。而邮电业务总量从 714.28 亿元降低至 707.39 亿元（图 5-38）。

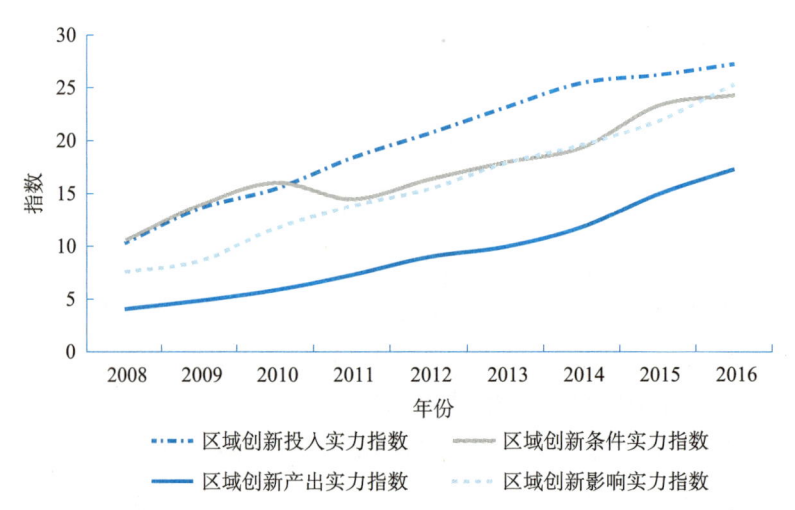

图 5-38 湖北省区域创新实力指数二级指数变化情况（2008～2016 年）

2008～2016 年，湖北省区域创新产出实力指数从 4.06 增加到 17.29，年均增速为 19.86%。其中，发明专利申请量从 4616 件持续增加至 43 789 件，发明专利授权量从 1152 件持续提升至 8517 件，实用新型和外观设计专利申请量从 16 531 件增加至 51 368 件，实用新型和外观设计专利授权量从 7222 件增加至 33 305 件，PCT 专利申请量从 56 件增加至 741 件，SCI 论文数从 5306 篇持续提升至 13 335 篇。

2008～2016 年，湖北省区域创新影响实力指数从 7.58 持续增加到 25.31，年均增速为 16.27%。其中，湖北省大中型工业企业新产品销售收入从 1797.91 亿元持续增加至 6713.20 亿元，地区生产总值从 11 330.38 亿元提升至 32 665.38 亿元，高技术产业利润总额从 60.10 亿元增加至 198.49 亿元。

（三）湖北省区域创新效力指数演进

2008～2016 年，湖北省区域创新效力指数从 16.08 持续增加至 27.77，除 2015 年低于 31 个省区平均值、2016 年与 31 个省区平均值相等外，其他年份均高于 31 个省区平均值。湖北省该指数的年均增速为 7.07%，低于 31 个省区平均值的年均增速（7.19%）。湖北省该指数的同比增速呈现震荡下降趋势，与 31 个省区同比增速趋势大体相同（图 5-39）。

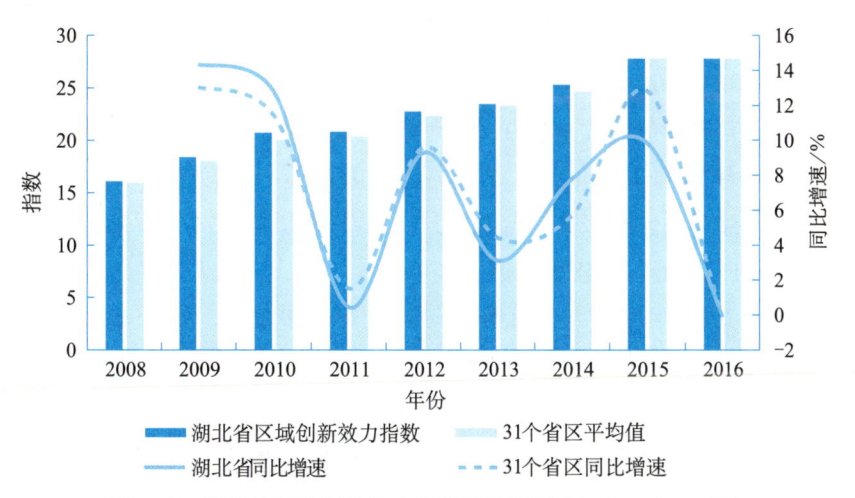

图 5-39　湖北省区域创新效力指数变化情况（2008～2016 年）

2008～2016 年，湖北省区域创新投入效力指数、区域创新条件效力指数、区域创新产出效力指数、区域创新影响效力指数均呈现不同程度的增长，其中，区域创新影响效力指数的增长最为显著（图 5-40）。区域创新投入效力指数从 23.99 持续增加到 32.29，年均增速为 3.78%。其中，R&D 人员比例从 1.5% 提升至 1.9%，R&D 经费支出占地区生产总值的比例从 1.3% 提升至 1.8%。

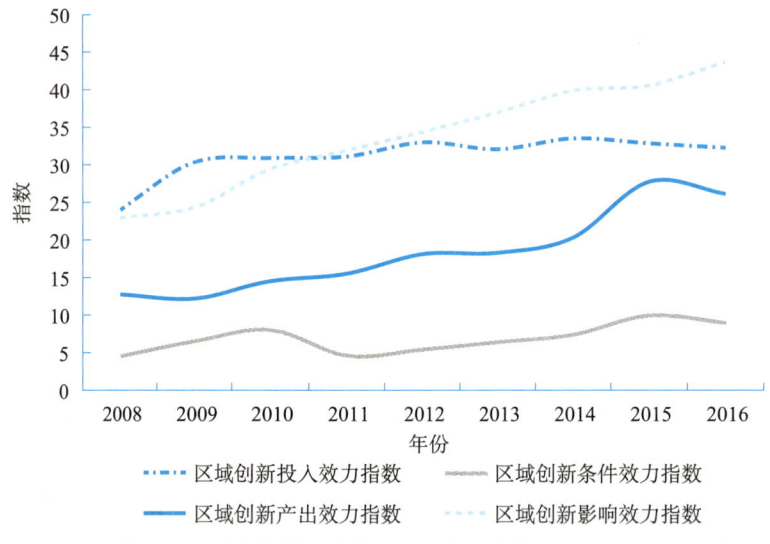

图 5-40 湖北省区域创新效力指数二级指数变化情况（2008～2016 年）

2008～2016 年，湖北省区域创新条件效力指数从 4.60 增加到 9.03，年均增速为 8.80%。其中，每万人口有效发明专利数从 0.60 件增加至 5.36 件，每百万人研究实验平台数量从 0.32 个增加至 0.34 个，每百万人产业创新平台数量从 0.44 个增加至 1.48 个，每百万人检测检验平台数量从 1.26 个增加至 2.68 个，每百万人创新服务平台数量从 1.52 个提升至 3.74 个。而人均邮电业务总量从 0.15 万元下降至 0.14 万元。

2008～2016 年，湖北省区域创新产出效力指数从 12.78 增加到 26.10，年均增速为 9.34%。其中，单位 R&D 人员发明专利申请量从 6.34 件/百人年提升至 32.05 件/百人年，单位 R&D 人员发明专利授权量从 1.58 件/百人年提升至 6.23 件/百人年，单位 R&D 人员实用新型和外观设计专利申请量从 22.72 件/百人年提升至 37.60 件/百人年，单位 R&D 人员实用新型和外观设计专利授权量从 9.93 件/百人年提升至 24.38 件/百人年，单位 R&D 人员 PCT 专利申请量从 7.70 件/万人年增加至 54.24 件/万人年，单位 R&D 人员 SCI 论文数从 7.29 篇/百人年提升至 9.84 篇/百人年。

2008～2016年，湖北省区域创新影响效力指数从22.94增加到43.68，年均增速为8.38%。其中，大中型工业企业新产品销售收入占主营业务收入比重从13.75%增加至14.64%，人均地区生产总值从19 840元持续增加至55 506元，劳动生产率从24.09万元/人年持续增加至45.41万元/人年，单位能耗产生的GDP从0.88万元/吨标准煤持续增加至1.94万元/吨标准煤，单位建成区面积GDP产出从7.24亿元/千米^{2}增加至14.52亿元/千米^2，单位工业废水排放量对应的主营业务收入从505.21元/吨增加至1668.50元/吨，单位主要污染物排放量对应的GDP从63.46万元/吨提升至342.84万元/吨。而工业固体废物综合利用率从72.6%降低到45.6%。

（四）湖北省区域创新创业环境指数演进

2008～2016年，湖北省区域创新创业环境指数从30.57持续增加至38.02，除2010～2012年以外，均高于31个省区平均值。湖北省该指数的年均增速为2.76%，高于31个省区平均值的年均增速（0.61%）。湖北省该指数的同比增速呈现震荡上升趋势，与31个省区趋势大致相同（图5-41）。

图5-41　湖北省区域创新创业环境指数变化情况（2008～2016年）

2008～2016年，湖北省区域资金环境指数、区域人才环境指数和区域制度环境指数均呈现小幅上升（图5-42）。湖北省区域资金环境指数从16.19增加到24.15，年均增速为5.13%。其中，工业企业研究开发费用加计扣除执行情况从79.95%降低至57.56%，高新技术企业税收优惠从70 877万元增加至307 931万元，地方政府财政科技拨款占财政支出的比重从1.4%增加至3.0%。

2008~2016年，湖北省区域人才环境指数从29.75增加到32.42，年均增速为1.08%。其中，大专以上学历人口比例从7.8%提升至13.0%，城镇居民人均可支配收入与全国平均数的比例从88.0%提升至91.0%。而地方政府财政支出中教育经费支出所占比重从17.2%降低至16.3%。

2008~2016年，湖北省区域制度环境指数从45.79增加到57.48，年均增速为2.88%。其中，区域知识产权案件的结案率从75.51%提升至95.96%，政府网站绩效从66.7提升至83.5。

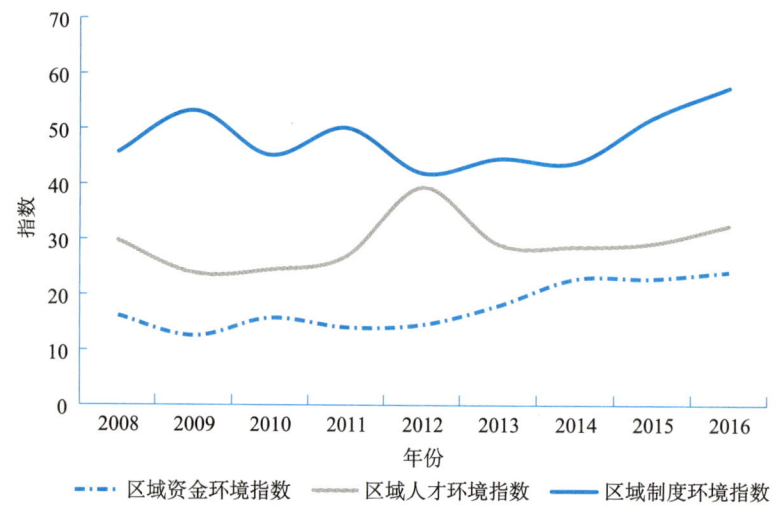

图5-42 湖北省区域创新创业环境指数二级指数变化情况（2008~2016年）

第四节 重 庆 市

2016年重庆市区域创新发展指数在31个省区中排名居第7位，区域创新能力指数居第14位；人均GDP为5.8万元，约合0.87万美元（图5-43），是创新发展先进型省区。

图 5-43　重庆市区域创新发展指数和区域创新能力指数演进

一、重庆市区域创新发展水平演进

（一）重庆市区域创新发展指数演进

2008～2016 年，重庆市区域创新发展指数从 23.08 持续增长至 39.33，高于 31 个省区平均值，在 31 个省区中排名呈上升趋势，从第 9 位震荡上升至第 7 位。同期，31 个省区平均值从 23.24 增加到 35.62，年均增速为 5.48%。重庆市区域创新发展指数增长相对较快，年均增速为 6.89%（图 5-44）。

图 5-44　重庆市区域创新发展指数历年变化情况（2008～2016 年）

2008～2016年，从其一级指数排名来看，重庆市区域科学技术、社会创新、绿色集约和创新条件发展指数的排名均呈上升趋势，分别从第14位上升至第11位、第15位上升至第9位、第17位上升至第13位，以及从第18位上升至第16位。重庆市区域产业创新发展指数排名大体保持在第6位（表5-7）。

表5-7 重庆市区域创新发展指数排名（2008～2016年）

指数	2008年	2009年	2010年	2011年	2012年	2013年	2014年	2015年	2016年
区域创新发展指数	9	10	8	9	9	7	8	7	7
——区域科学技术发展指数	14	14	14	14	13	12	12	12	11
——区域产业创新发展指数	6	7	6	6	7	6	6	5	6
——区域社会创新发展指数	15	13	12	9	8	10	8	9	9
——区域绿色集约发展指数	17	16	15	13	9	9	9	9	13
——区域创新条件发展指数	18	18	18	18	18	18	24	26	16

（二）重庆市区域科学技术发展指数演进

2008～2016年，重庆市区域科学技术发展指数从3.50持续增加到11.96，低于31个省区平均值。重庆该指数的年均增速为16.61%，高于31个省区平均值的年均增速（12.40%）。重庆市该指数的同比增速总体呈震荡下降趋势，且31个省区同比增速亦呈下降趋势（图5-45）。重庆市区域科学

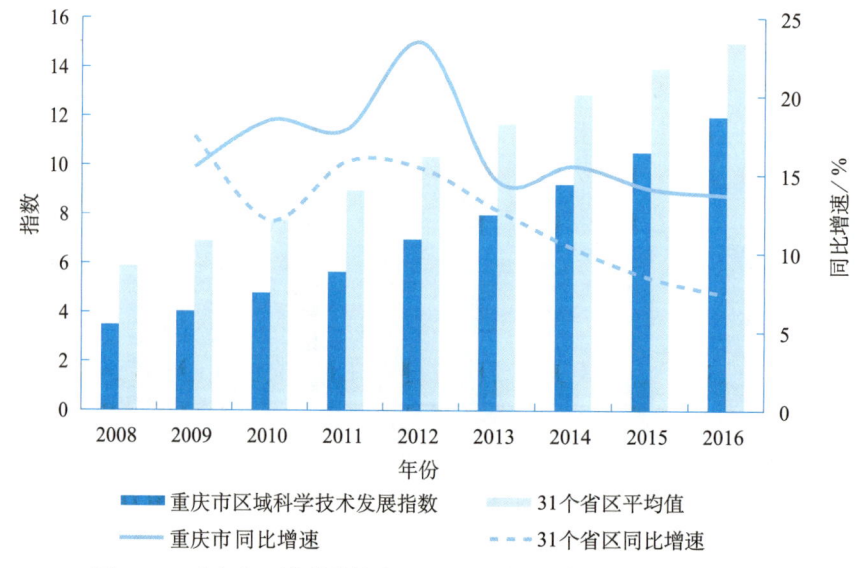

图5-45 重庆市区域科学技术发展指数变化情况（2008～2016年）

技术发展指数的 4 项指标均呈上升趋势，其中重庆市人均 R&D 经费支出从 211.88 元持续增加到 991.41 元，每万人 R&D 人员数量从 12.12 人持续增加到 22.33 人，每万人本国有效发明专利数从 0.45 件持续增加到 5.49 件，每万人 SCI 论文数从 0.48 篇增加到 1.94 篇。

（三）重庆市区域产业创新发展指数演进

2008～2016 年，重庆市区域产业创新发展指数从 27.82 上升至 53.97，且均高于 31 个省区平均值。重庆市该指数的年均增速为 8.64%，高于 31 个省区平均值的年均增速（7.27%）。重庆市该指数的同比增速呈现震荡上升趋势，与 31 个省区同比增速趋势大致相同（图 5-46）。其 3 项指标均呈上升趋势，其中全员劳动生产率从 42.89 万元/人年增加到 120.37 万元/人年；高技术产业主营业务收入占制造业主营业务收入比例从 4.8% 提升至 20.9%；服务业增加值占比从 37.3% 震荡提升到 48.1%。而新产品销售收入占主营业务收入比例从 29.7% 下降到 21.3%。

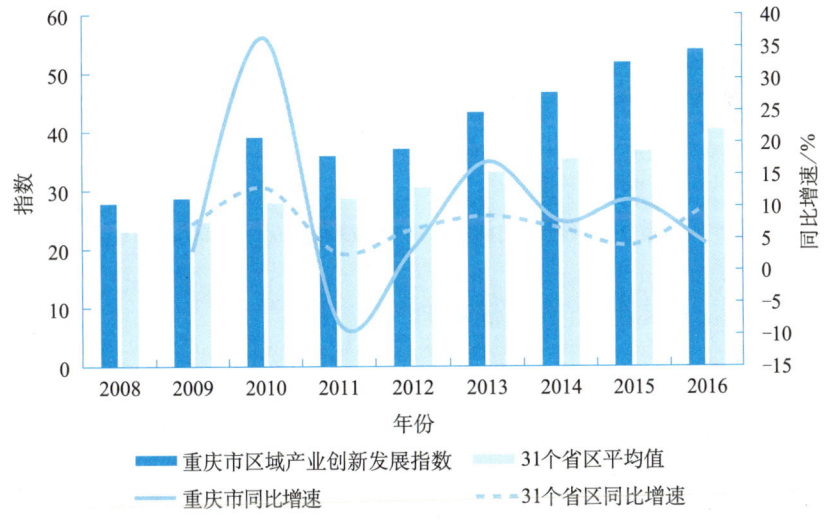

图 5-46　重庆市区域产业创新发展指数变化情况（2008～2016 年）

（四）重庆市区域社会创新发展指数演进

2008～2016 年，重庆市区域社会创新发展指数从 35.15 波动上升到 47.77，除 2008～2019 年外均高于 31 个省区平均值。重庆市该指数的年均增速为 3.91%，高于 31 个省区平均值的年均增速（2.84%）。重庆市该指数的同比增速呈现震荡下降趋势，且下降趋势显著，与 31 个省区同比增速呈现基本相同趋势（图 5-47）。具体来讲，城镇人口占总人口的比例从 50.0% 持续增加到 62.6%，GDP 中非农产业的比例从 90.1% 增加到 92.7%，大专以上学历人口比例从 4.0% 提升至 11.9%，每万人口在校大学生数从 158.51 人持续增加到 240.31 人，人口预期寿命从 71.7 岁提升至 75.7 岁，每千人口卫生技术人员数从 2.7 人持续增加到 5.9 人。而社区服务机构覆盖率从 29.3% 下降到 24.2%，城镇居民人均可支配收入与全国平均数的比例从 96.2% 下降至 91.7%。

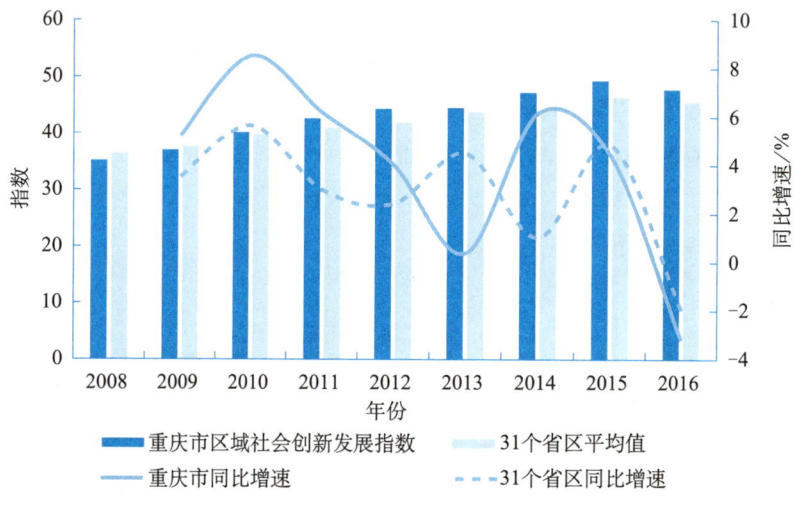

图 5-47 重庆市区域社会创新发展指数变化情况（2008～2016 年）

（五）重庆市区域绿色集约发展指数演进

2008～2016 年，重庆市区域绿色集约发展指数呈增长态势，从 25.06 增加到 41.86，从 2011 年起高于 31 个省区平均水平。重庆市该指数的年均增速为 6.62%，低于 31 个省区平均值的年均增速（5.67%）。重庆市该指数的同比增速总体呈震荡下降趋势，而同期 31 个省区同比增速震荡上升（图 5-48）。其中，重庆市单位能耗和单位废水对应的 GDP 分别从 0.90 万元/吨标准煤、399.25 元/吨快速增长到 1.93 万元/吨标准煤、877.98 元/吨，工业固体废物综合利用率从 71.7% 增加至 73.9%，单位主要污染物排放量对应的 GDP 从 38.05 万元/吨增加到 294.76 万元/吨，单位建成区面积对应的 GDP 从 8.18 亿元/千米^2 提高到 13.13 亿元/千米^2。

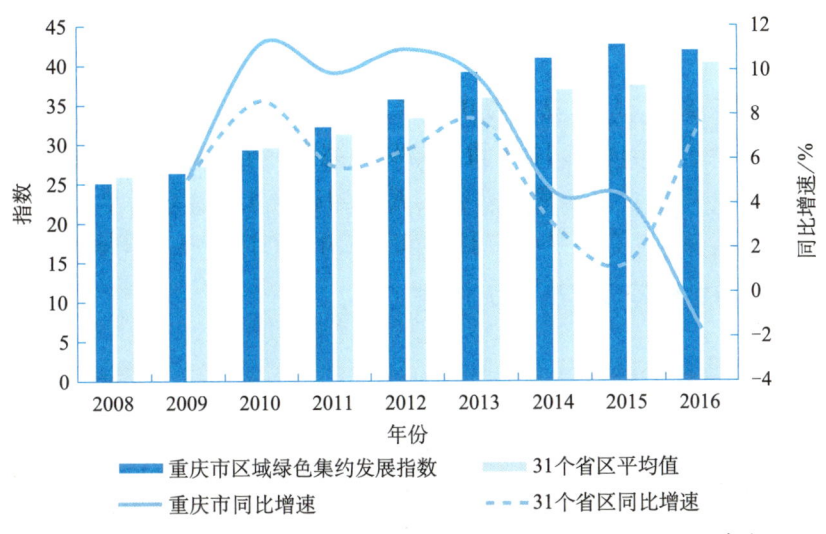

图 5-48　重庆市区域绿色集约发展指数变化情况（2008~2016年）

（六）重庆市区域创新条件发展指数演进

2008~2016年，重庆市区域创新条件发展指数从21.61增加到32.80，均低于31个省区平均值。重庆市该指数的年均增速为5.35%，高于31个省区平均值的年均增速（3.75%）。重庆市该指数的同比增速总体呈上升趋势，与同期31个省区同比增速趋势大致相同，且增长幅度更大（图5-49）。其中，

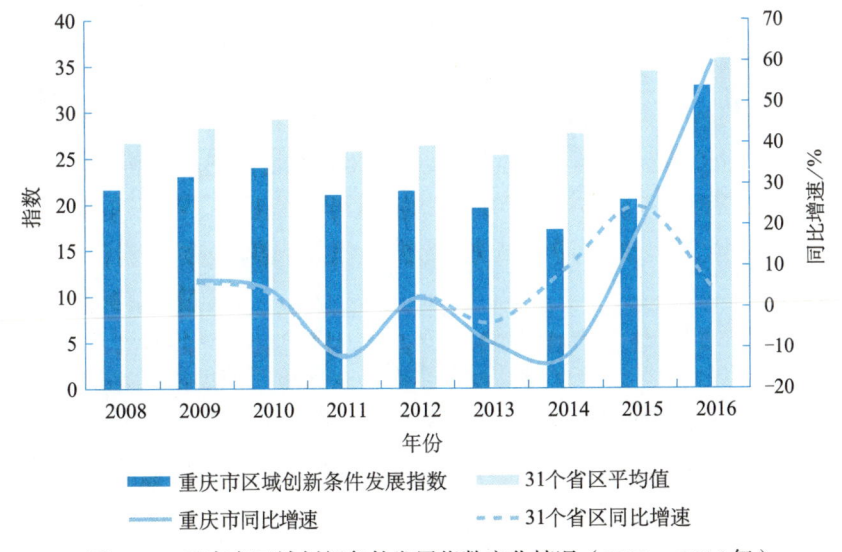

图 5-49　重庆市区域创新条件发展指数变化情况（2008~2016年）

每百万人口产业创新平台数量从 0.81 个增加到 1.77 个，每百万人口创新服务平台数量从 1.76 个提升至 3.67 个，拥有网站的企业比例和有电子商务活动的企业比例分别从 47.4% 和 3.5% 增加到 48.8% 和 11.6%，政府网站绩效从 50.3 提升到 63.9。而重庆市每百万人口研究实验平台数量从 0.18 个降低至 0.16 个，人均邮电业务总量从 0.15 万元下降至 0.14 万元。

二、重庆市区域创新能力演进

（一）重庆市区域创新能力指数演进

2008~2016 年，重庆市区域创新能力指数从 12.81 增长到 22.86，均低于 31 个省区平均值，排名总体呈上升趋势，从第 17 位上升至第 14 位；同期，31 个省区平均值从 15.64 增加到 26.18，年均增速为 6.65%。重庆市区域创新能力指数增长相对较快，年均增速为 7.51%（图 5-50）。

图 5-50　重庆市区域创新能力指数历年变化情况（2008~2016 年）

2008~2016 年，从一级指数排名来看，重庆市区域创新实力指数、区域创新效力指数和区域创新创业环境指数排名均呈上升趋势，分别从第 19 位上升至第 17 位、第 12 位上升至第 11 位、第 24 位上升至第 22 位（表 5-8）。

表 5-8　重庆市区域创新能力指数排名（2008～2016 年）

指数	2008 年	2009 年	2010 年	2011 年	2012 年	2013 年	2014 年	2015 年	2016 年
区域创新能力指数	17	16	15	16	16	16	16	17	14
——区域创新实力指数	19	19	18	18	17	17	17	17	17
——区域创新效力指数	12	11	8	9	10	10	10	7	11
——区域创新创业环境指数	24	19	21	23	23	28	26	27	22

（二）重庆市区域创新实力指数演进

2008～2016 年，重庆市区域创新实力指数从 4.02 持续增加至 13.29，均低于 31 个省区平均水平。重庆市该指数的年均增速为 16.11%，高于 31 个省区平均值的年均增速（13.71%）。重庆市该指数的同比增速呈现震荡下降趋势，与 31 个省区同比增速趋势大致相同（图 5-51）。

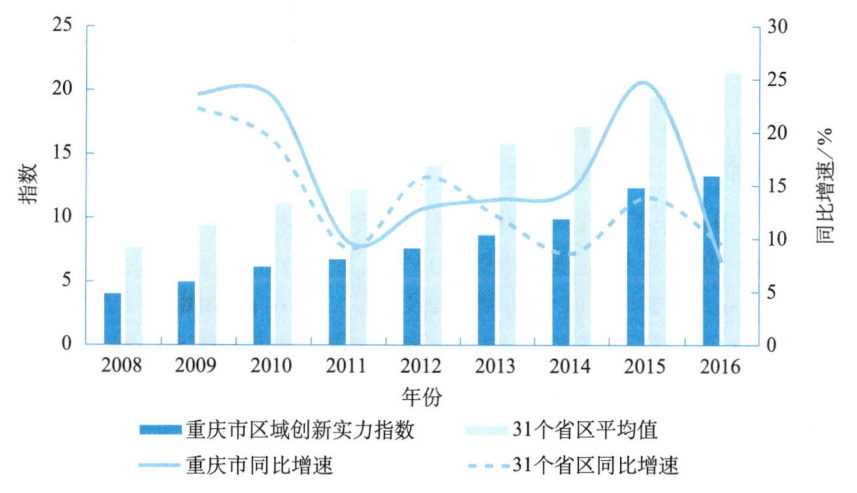

图 5-51　重庆市区域创新实力指数变化情况（2008～2016 年）

2008～2016 年，重庆市区域创新投入实力指数、区域创新条件实力指数、区域创新产出实力指数和区域创新影响实力指数均呈现高速增长（图 5-52）。重庆市区域创新投入实力指数从 4.56 持续增加到 13.61，年均增速为 14.65%。其中，重庆市 R&D 人员全时当量从 34 421 人年增加至 68 055 人年，R&D 经费支出从 60.15 亿元持续增加至 302.18 亿元。

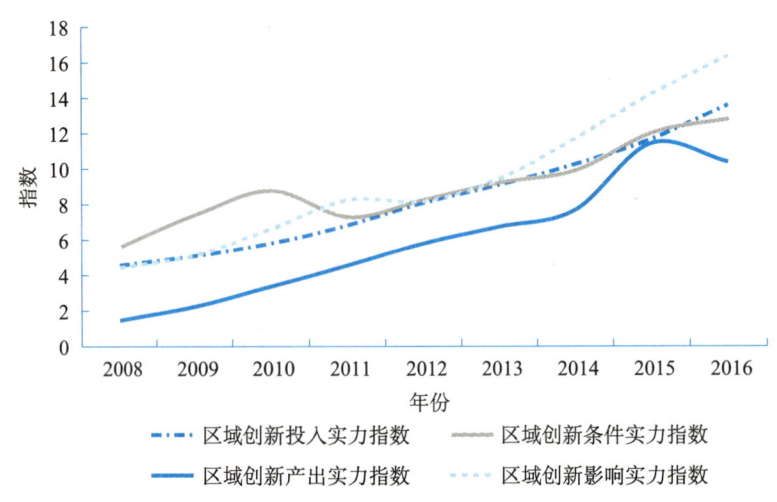

图 5-52　重庆市区域创新实力指数二级指数变化情况（2008～2016 年）

2008～2016 年，重庆市区域创新条件实力指数从 5.64 持续增加到 12.81，年均增速为 10.80%。其中，重庆市互联网宽带接入用户数从 230.9 万户持续增加至 704.73 万户，邮电业务总量从 426.99 亿元增加到 428.23 亿元，有效发明专利数从 1275 件持续增加至 16 737 件，产业创新平台数量从 23 家增加至 54 家，检测检验平台数量从 45 家增加至 96 家，创新服务平台数量从 50 家持续增长至 112 家，研究实验平台数量维持 5 个不变。

2008～2016 年，重庆市区域创新产出实力指数从 1.47 增加到 10.38，年均增速为 27.72%。其中，发明专利申请量从 1997 件持续增加至 19 981 件，发明专利授权量从 532 件持续提升至 5044 件，实用新型和外观设计专利申请量从 6327 件增加至 39 537 件，实用新型和外观设计专利授权量从 4288 件增加至 37 694 件，PCT 专利申请量从 35 件增加至 162 件，SCI 论文数从 1353 篇持续提升至 5913 篇。

2008～2016 年，重庆市区域创新影响实力指数从 4.43 持续增加到 16.37，年均增速为 17.75%。其中，重庆大中型工业企业新产品销售收入从 1681.14 亿元持续增加至 5014.35 亿元，地区生产总值从 5793.66 亿元提升至 17 740.59 亿元，高技术产业利润总额从 14.80 亿元增加至 210.85 亿元。

（三）重庆市区域创新效力指数演进

2008～2016 年，重庆市区域创新效力指数从 15.73 持续增加至 29.80，除 2008 年外，均高于 31 个省区平均值。重庆市该指数的年均增速为 8.35%，高于 31 个省区平均值的年均增速（7.19%）。重庆市该指数的同比增速呈现震荡下降趋势，与 31 个省区同比增速大致相同（图 5-53）。

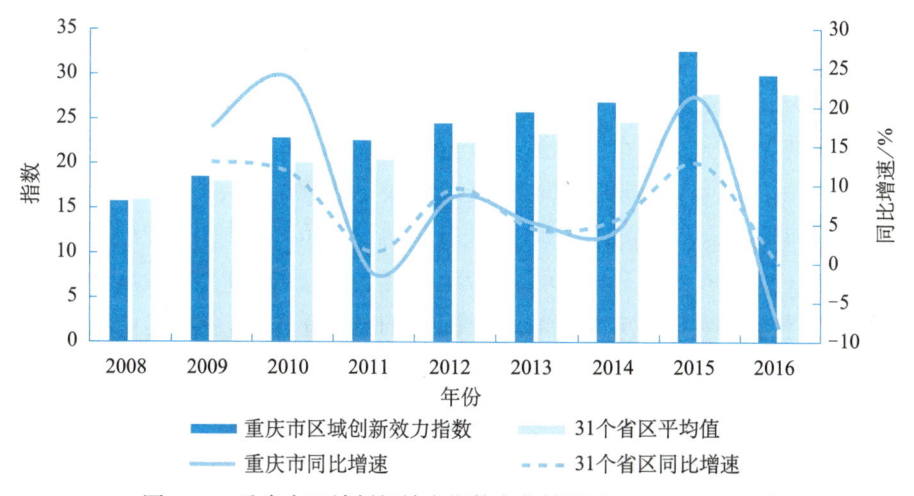

图 5-53　重庆市区域创新效力指数变化情况（2008～2016 年）

2008～2016 年，重庆市区域创新投入效力指数、区域创新条件效力指数、区域创新产出效力指数、区域创新影响效力指数均呈现不同程度的增长，其中以区域创新产出效力指数增长最为显著（图 5-54）。重庆市区域创新投入效力指数从 20.28 持续增加到 28.42，年均增速为 4.31%。其中，R&D 人员比例从 1.4% 提升至 1.6%，R&D 经费支出占地区生产总值的比例从 1.0% 提升至 1.7%。

图 5-54　重庆市区域创新效力指数二级指数变化情况（2008～2016 年）

2008～2016年，重庆市区域创新条件效力指数从5.73增加到9.58，年均增速为6.63%。其中，每万人口有效发明专利数从0.45件增加至5.49件，每百万人产业创新平台数量从0.81个增加至1.77个，每百万人检测检验平台数量从1.59个增加至2.95个，每百万人创新服务平台数量从1.76个提升至3.67个。而人均邮电业务总量从0.15万元/人降低至0.14万元/人，每百万人研究实验平台数量从0.18个降低至0.16个。

2008～2016年，重庆市区域创新产出效力指数从9.68增加到35.89，年均增速为17.80%。其所有指标均呈上升趋势，单位R&D人员发明专利申请量从5.80件/百人年提升至29.36件/百人年，单位R&D人员发明专利授权量从1.55件/百人年提升至7.41件/百人年，单位R&D人员实用新型和外观设计专利申请量从18.38件/百人年提升至58.10件/百人年，单位R&D人员实用新型和外观设计专利授权量从12.46件/百人年提升至55.39件/百人年，单位R&D人员PCT专利申请量从10.17件/万人年增加到23.80件/万人年，单位R&D人员SCI论文数从3.93篇/百人年提升至9.61篇/百人年。

2008～2016年，重庆市区域创新影响效力指数从27.24增加到45.63，年均增速为6.66%。其中，人均地区生产总值从20 407元持续增加至58 204元，劳动生产率从23.97万元/人年持续增加至42.97万元/人年，单位能耗产生的GDP从0.90万元/吨标准煤持续增加至1.93万元/吨标准煤，单位建成区面积GDP产出从8.18亿元/千米^{2}增加至13.13亿元/千米^2，单位工业废水排放量对应的主营业务收入从390.23元/吨增加至1162.34元/吨，工业固体废物利用率从71.7%提升至73.9%，单位主要污染物排放量对应的GDP从38.05万元/吨提升至294.76万元/吨。而大中型工业企业新产品销售收入占主营业务收入比重从29.69%降低至21.35%。

（四）重庆市区域创新创业环境指数演进

2008～2016年，重庆市区域创新创业环境指数从24.56增加至27.94，均低于31个省区平均值。重庆市该指数的年均增速为1.63%，高于31个省区平均值的年均增速（0.61%）。重庆市该指数的同比增速呈现震荡上升趋势，与31个省区同比增速趋势大致相同，且变化幅度较大（图5-55）。

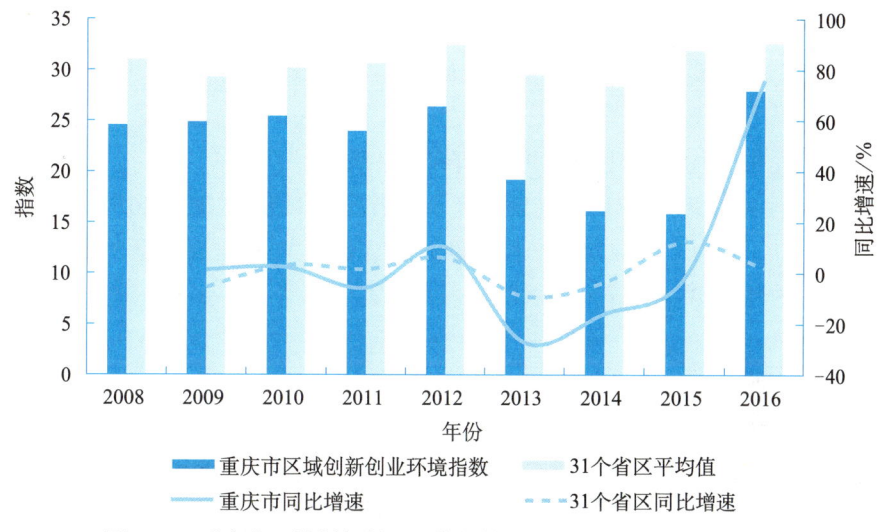

图 5-55　重庆市区域创新创业环境指数变化情况（2008~2016 年）

2008~2016 年，重庆市区域资金环境指数、区域人才环境指数、区域制度环境指数均有所增长，其中区域制度环境指数呈现明显波动特征（图 5-56）。重庆市区域资金环境指数从 18.30 降低到 10.40，年均增速为 -6.82%。其中，高新技术企业税收优惠从 1.30 亿元增加至 3.49 亿元，而工业企业研究开发费用加计扣除执行情况从 100% 降低至 38.79%，地方政府财政科技拨款占财政支出的比重从 1.5% 降低至 1.3%。

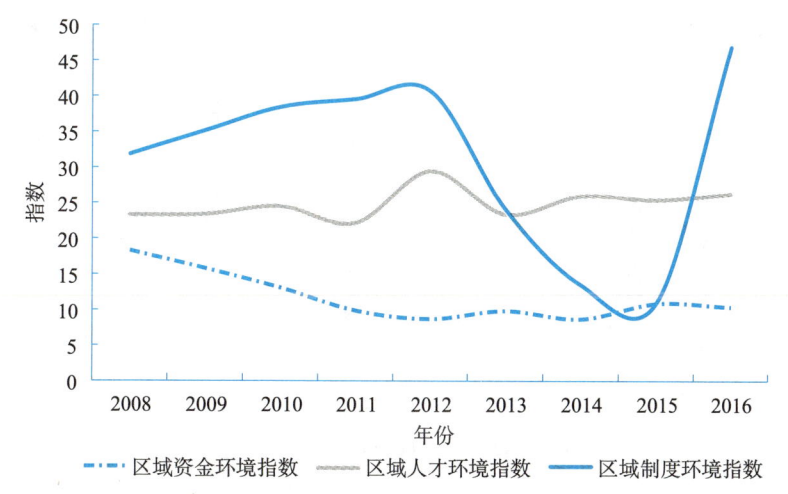

图 5-56　重庆市区域创新创业环境指数二级指数变化情况（2008~2016 年）

2008~2016年，重庆市区域人才环境指数从23.51增加到26.52，年均增速为1.52%。其中，大专以上学历人口比例从4.0%提升至11.9%，而地方政府财政支出中教育经费所占比重从15.1%降至14.4%，城镇居民人均可支配收入与全国平均数的比例从96.2%降至91.7%。

2008~2016年，重庆市区域制度环境指数从31.86增加到46.91，年均增速为4.95%。其中，区域知识产权案件的结案率从33.33%提升至99.30%，政府网站绩效从50.3提升至63.9。

第五节 陕 西 省

2016年，陕西省区域创新发展指数在31个省区中排名居第11位，区域创新能力指数居第13位；人均GDP为5.1万元，约合0.77万美元（图5-57），是创新发展先进型省区。

图5-57 陕西省区域创新发展指数和区域创新能力指数演进

一、陕西省区域创新发展水平演进

(一) 陕西省区域创新发展指数演进

2008～2016年，陕西省区域创新发展指数从22.00增长到35.21，低于31个省区平均值，排名处于10～13位。同期，31个省区平均值从23.24增加到35.62，年均增速为5.48%。陕西省区域创新发展指数增长相对较快，年均增速为6.05%（图5-58）。

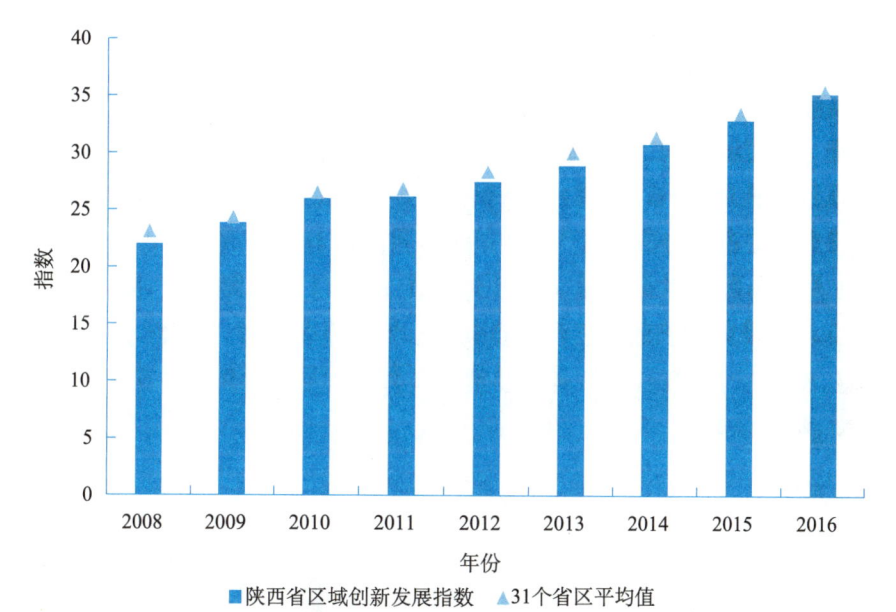

图5-58 陕西省区域创新发展指数历年变化情况（2008～2016年）

2008～2016年，从一级指数排名来看（表5-9），陕西省区域科学技术发展指数居7～9位；区域社会创新发展指数和区域绿色集约发展指数的排名均呈上升趋势，分别从第11位和第19位上升至第8位和第10位；区域产业创新发展指数和区域创新条件发展指数的排名均呈下降趋势，分别从第16位和第9位下降至第17位和第11位。

表5-9 陕西省区域创新发展指数排名（2008～2016年）

指数	2008年	2009年	2010年	2011年	2012年	2013年	2014年	2015年	2016年
区域创新发展指数	12	11	10	11	12	13	13	12	11
——区域科学技术发展指数	8	7	7	8	9	7	7	7	8

续表

指数	2008年	2009年	2010年	2011年	2012年	2013年	2014年	2015年	2016年
——区域产业创新发展指数	16	17	15	20	22	22	22	20	17
——区域社会创新发展指数	11	10	10	11	10	8	9	8	8
——区域绿色集约发展指数	19	18	17	10	10	10	10	14	10
——区域创新条件发展指数	9	9	9	10	10	12	10	10	11

（二）陕西省区域科学技术发展指数演进

2008~2016年，陕西省区域科学技术发展指数从6.10持续增加到15.27，除2011年和2012年之外均高于31个省区平均值。陕西省该指数的年均增速为12.15%，低于31个省区平均值的年均增速（12.40%）。陕西省该指数的同比增速总体呈震荡下降趋势，与31个省区同比增速变化趋势大体相同，且波动幅度更大（图5-59）。陕西省区域科学技术发展指数的4项指标均呈上升趋势。其中，陕西省人均R&D经费支出从385.35元持续增加到1100.33元，每万人R&D人员数量从17.42人持续增加到24.85人，每万人本国有效发明专利数从0.73件持续增加到7.24件，每万人SCI论文数从1.09篇增加到3.46篇。

图5-59 陕西省区域科学技术发展指数变化情况（2008~2016年）

（三）陕西省区域产业创新发展指数演进

2008～2016 年，陕西省区域产业创新发展指数从 19.59 上升至 34.20，且均低于 31 个省区平均值。陕西省该指数的年均增速为 7.22%，低于 31 个省区平均值的年均增速（7.27%）。陕西省该指数的同比增速呈现震荡上升趋势，与 31 个省区同比增速呈现基本相同的趋势（图 5-60）。其中，全员劳动生产率从 54.57 万元/人年增加到 120.15 万元/人年，高技术产业主营业务收入占制造业主营业务收入比例从 8.5% 提升至 11.4%，服务业增加值占比从 36.9% 震荡提升到 42.3%，而新产品销售收入占主营业务收入比例从 6.8% 下降到 5.9%。

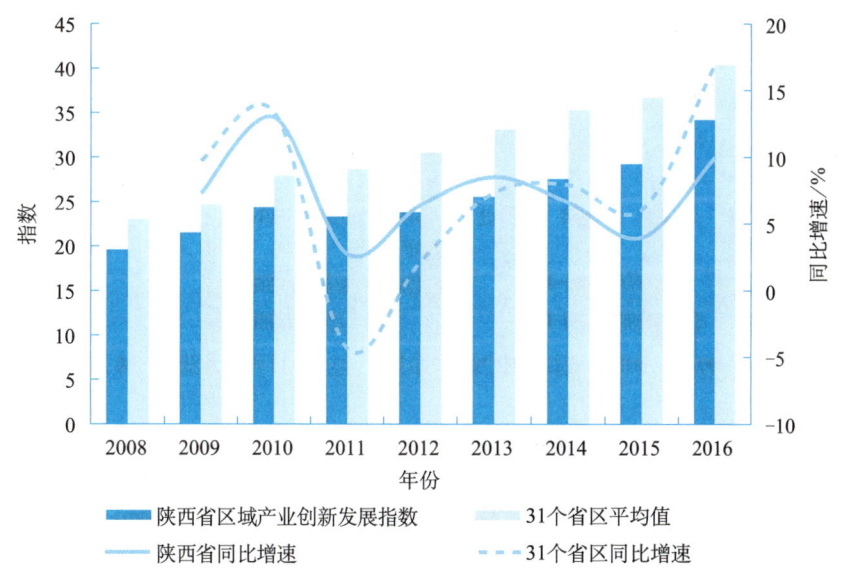

图 5-60　陕西省区域产业创新发展指数变化情况（2008～2016 年）

（四）陕西省区域社会创新发展指数演进

2008～2016 年，陕西省区域社会创新发展指数从 36.72 持续上升到 48.20，均高于 31 个省区平均值。陕西省该指数的年均增速为 3.46%，高于 31 个省区平均值的年均增速（2.84%）。陕西省该指数的同比增速呈现震荡下降趋势，且下降趋势显著，与 31 个省区同比增速趋势大体相同（图 5-61）。其二级指标均呈增长态势，具体来讲，城镇人口占总人口的比例从 42.1% 持续增加到55.3%，GDP中非农产业的比例从89.7%小幅波动增加到91.3%，城镇居民人均可支配收入与全国平均数的比例从86.1%上升至88.1%，大专以上学历人口比例从8.5%提升至12.0%，每万人口在校大学生数从225.84人波动增加到282.26人，人口预期寿命从70.1岁提升至74.7岁，每千人口卫生技术人员数从3.9人持续增加到7.6人，社区服务机构覆盖率从11.6%增加到13.0%。

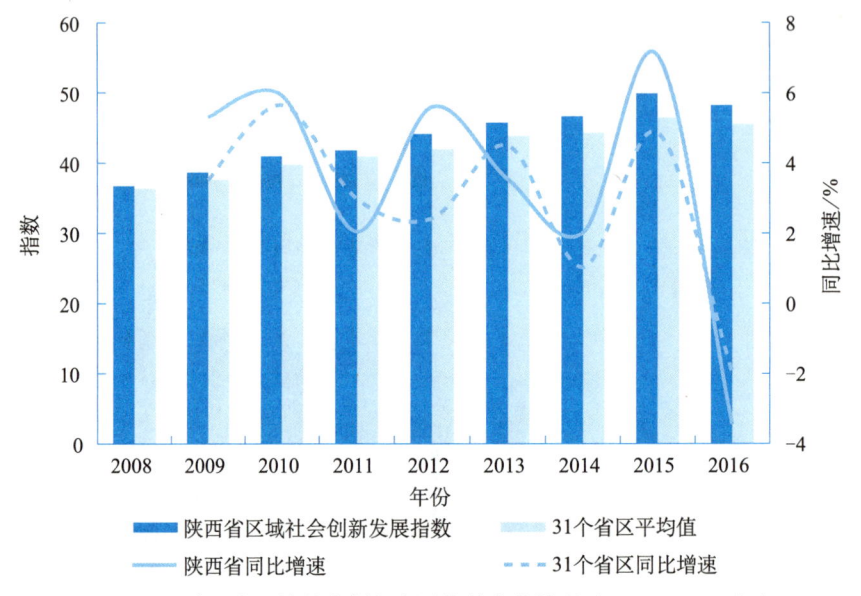

图5-61 陕西省区域社会创新发展指数变化情况（2008～2016年）

（五）陕西省区域绿色集约发展指数演进

2008～2016年，陕西省区域绿色集约发展指数呈增长态势，从22.61增加到43.34。陕西省该指数的年均增速为8.47%，高于31个省区平均值的年均增速（5.67%）。陕西省该指数的同比增速总体呈震荡上升趋势，与31个省区同比增速变化趋势大体相同，且波动幅度更大（图5-62）。其中，陕西省单位能耗和单位废水对应的GDP分别从0.99万元/吨标准煤、697.40元/吨快速增长到1.60万元/吨标准煤、1164.69元/吨；单位主要污染物排放量对应的GDP从33.16万元/吨增加到196.80万元/吨，增幅显著；单位建成区面积对应的GDP从11.09亿元/千米^{2}增加到17.21亿元/千米^2；工业固体废物综合利用率从34.5%增加到72.0%。

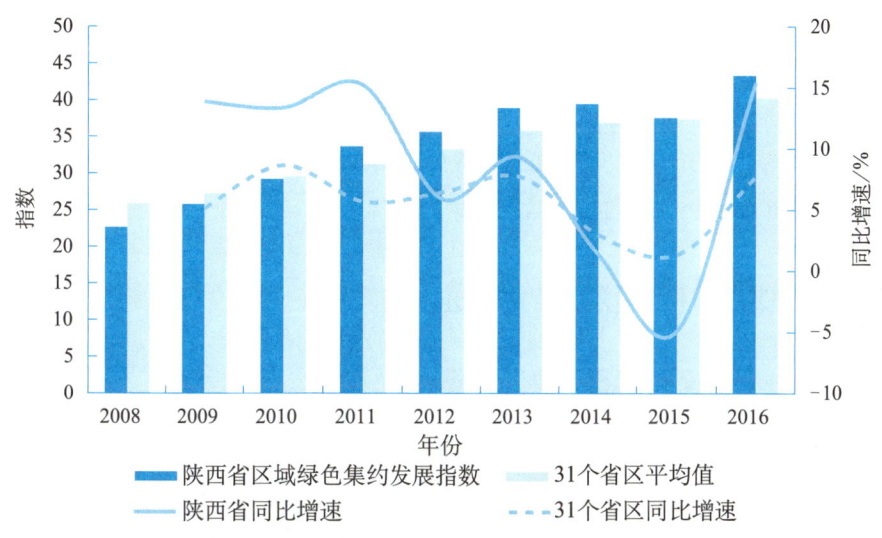

图 5-62　陕西省区域绿色集约发展指数变化情况（2008～2016 年）

（六）陕西省区域创新条件发展指数演进

2008～2016 年，陕西省区域创新条件发展指数从 27.79 增加到 38.40，且均高于 31 个省区平均值。陕西省该指数的年均增速为 4.13%，高于 31 个省区平均值的年均增速（3.75%）。陕西省该指数的同比增速总体呈震荡下降趋势，与 31 个省区同比增速变化趋势基本相同（图 5-63）。其中，每百万人

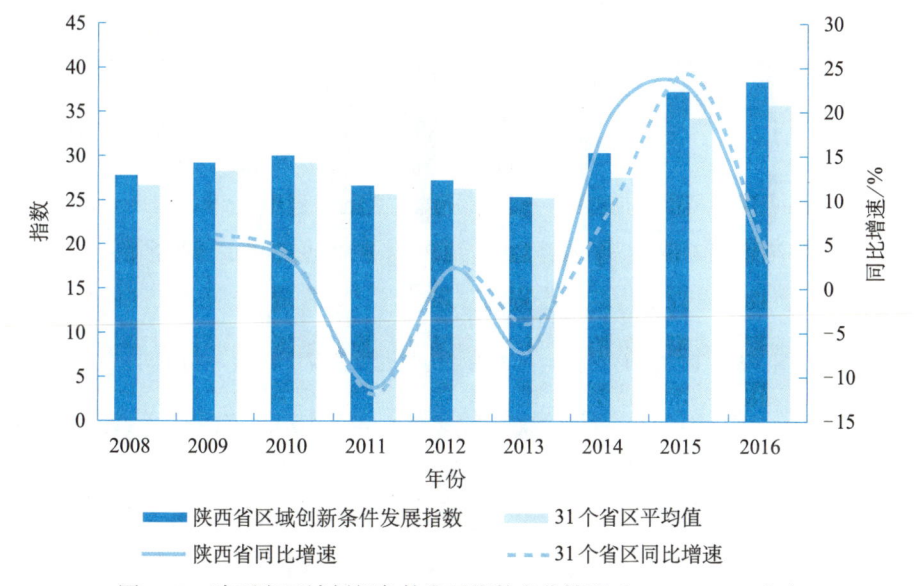

图 5-63　陕西省区域创新条件发展指数变化情况（2008～2016 年）

口研究实验平台数量从 0.35 个提升至 0.39 个，每百万人口产业创新平台数量从 1.08 个增加到 2.07 个，每百万人口创新服务平台数量从 2.61 个提升至 5.90 个，拥有网站的企业比例和有电子商务活动的企业比例分别从 55.5% 和 2.7% 增加到 56.4% 和 12.2%，政府网站绩效从 69.5 提升到 71.2。而陕西省人均邮电业务总量从 0.17 万元下降至 0.15 万元。

二、陕西省区域创新能力演进

（一）陕西省区域创新能力指数演进

2008～2016 年，陕西省区域创新能力指数由 17.24 增长到 25.42，除 2008～2010 年和 2013 年高于 31 个省区平均水平外，其他年份均低于 31 个省区平均水平，排名由第 8 位下降至第 13 位。同期，31 个省区平均值从 15.64 增加到 26.18，年均增速为 6.65%。陕西省区域创新能力指数增长相对较慢，年均增速为 4.98%（图 5-64）。

图 5-64　陕西省区域创新能力指数历年变化情况（2008～2016 年）

2008～2016 年，从一级指数排名来看（表 5-10），陕西省区域创新实力指数、区域创新效力指数和区域创新创业环境指数排名均呈下降趋势，分别从第 14 位下降至第 16 位、第 8 位下降至第 10 位、第 6 位下降至第 15 位。

表 5-10　陕西省区域创新能力指数排名（2008～2016 年）

指数	2008年	2009年	2010年	2011年	2012年	2013年	2014年	2015年	2016年
区域创新能力指数	8	9	9	12	13	12	13	12	13
——区域创新实力指数	14	14	14	16	16	16	16	16	16
——区域创新效力指数	8	8	9	8	9	9	9	10	10
——区域创新创业环境指数	6	8	10	13	13	10	15	15	15

（二）陕西省区域创新实力指数演进

2008～2016 年，陕西省区域创新实力指数从 6.50 持续增加至 16.58，均低于 31 个省区平均值。陕西省该指数的年均增速为 12.41%，低于 31 个省区平均值的年均增速（13.71%）。陕西省该指数的同比增速呈现震荡下降趋势，从 2009 年的 18.40% 下降到 2016 年的 7.99%，与 31 个省区同比增速趋势大体相同（图 5-65）。

图 5-65　陕西省区域创新实力指数变化情况（2008～2016 年）

2008～2016 年，陕西省区域创新投入实力指数、区域创新条件实力指数、区域创新产出实力指数和区域创新影响实力指数呈现高速增长（图 5-66）。陕西省区域创新投入实力指数从 9.40 持续增加到 18.96。其中，陕西省 R&D 人员全时当量从 64 752 人年增加至 94 755 人年，R&D 经费支出从 1 432 726 万元持续增加至 4 195 554 万元。

2008～2016年，陕西省区域创新条件实力指数从9.84持续增加到19.92。其中，互联网宽带接入用户数从238.4万户持续增加至803.0万户，有效发明专利数从2698件持续增加至27 599件，研究实验平台数量从13个增加至15个，产业创新平台数量从40个提升至79个，检测检验平台数量从81个提升至194个，创新服务平台数量从97个持续增长至225个。

2008～2016年，陕西省区域创新产出实力指数从2.81增加到14.79。其中，发明专利申请量从3775件持续增加至22 565件，发明专利授权量从962件持续提升至7503件，实用新型和外观设计专利申请量从8123件持续增加至47 046件，实用新型和外观设计专利授权量从3430件增加至40 952件，SCI论文数从4047篇持续提升至13 195篇。

2008～2016年，陕西省区域创新影响实力指数从3.96持续增加到12.67。其中，陕西省大中型工业企业新产品销售收入从4 877 838万元持续增加至12 364 855万元，地区生产总值从7314.58亿元提升至19 399.59亿元，高技术产业利润总额从33.10亿元增加至211.05亿元。

图5-66 陕西省区域创新实力指数二级指数变化情况（2008～2016年）

（三）陕西省区域创新效力指数演进

2008～2016年，陕西省区域创新效力指数从17.08小幅波动增加至30.40，均高于31个省区平均值。陕西省该指数的年均增速为7.47%，高于

31个省区平均值的年均增速（7.19%）。陕西省该指数的同比增速呈现震荡下降趋势，从2009年的17.33%下降到2016年的-0.72%，与31个省区同比增速趋势大致相同（图5-67）。

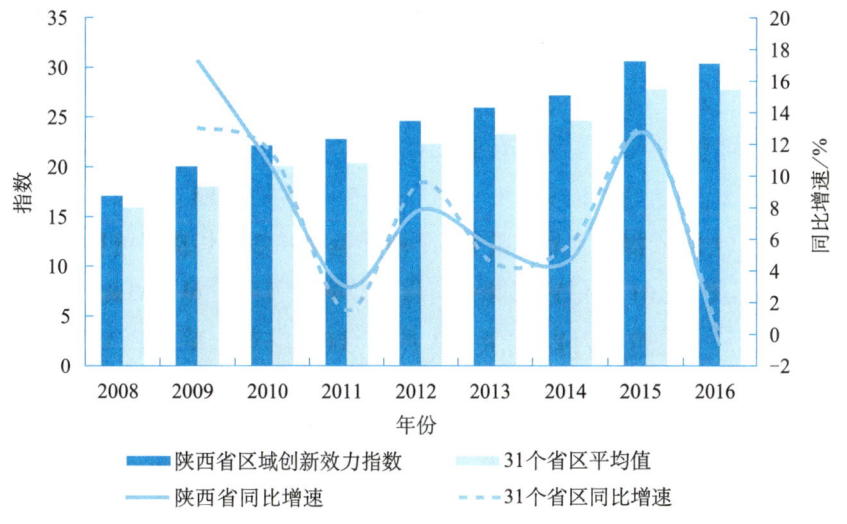

图5-67 陕西省区域创新效力指数变化情况（2008～2016年）

2008～2016年，陕西省区域创新投入效力指数、区域创新条件效力指数、区域创新产出效力指数和区域创新影响效力指数均呈现不同程度的增长，其中区域创新产出效力指数和区域创新影响效力指数增加明显（图5-68）。陕西省区域创新投入效力指数从33.13震荡增加到34.59，其中R&D经费支出占地区生产总值的比例从2.0%提升至2.2%。

2008～2016年，陕西省区域创新条件效力指数从8.33增加到12.98。其中，每万人口有效发明专利数从0.73件增加至7.24件，每百万人研究实验平台数量从0.35个增加至0.39个，每百万人产业创新平台数量从1.08个增加至2.07个，每百万人检测检验平台数量从2.18个增加至4.30个，每百万人创新服务平台数量从2.61个提升至5.90个。

2008～2016年，陕西省区域创新产出效力指数从8.62增加到34.59。其中，单位R&D人员发明专利申请量从5.83件/百人年提升至23.81件/百人年，单位R&D人员发明专利授权量从1.49件/百人年提升至7.92件/百人年，单位R&D人员实用新型和外观设计专利申请量从12.54件/百人年提升至49.65件/百人年，单位R&D人员实用新型和外观设计专利授权量从5.30

图 5-68　陕西省区域创新效力指数二级指数变化情况（2008～2016 年）

件 / 百人年提升至 43.22 件 / 百人年，单位 R&D 人员 SCI 论文数从 6.25 篇 / 百人年提升至 13.93 篇 / 百人年。

2008～2016 年，陕西省区域创新影响效力指数从 18.25 增加到 39.45。人均地区生产总值从 19 673 元持续增加至 50 877 元，劳动生产率从 21.24 万元 / 人年持续增加至 37.94 万元 / 人年，单位能耗产生的 GDP 从 0.99 万元 / 吨标准煤持续增加至 1.60 万元 / 吨标准煤，单位建成区面积 GDP 产出从 11.09 亿元 / 千米^2 增加至 17.21 亿元 / 千米^2，单位工业废水排放量对应的主营业务收入从 685.80 元 / 吨持续增加至 1262.43 元 / 吨，工业固体废物利用率从 34.5% 增加至 72.0%，单位主要污染物排放量对应的 GDP 从 33.16 万元 / 吨提升至 196.80 万元 / 吨。

（四）陕西省区域创新创业环境指数演进

2008～2016 年，陕西省区域创新创业环境指数从 39.01 震荡减少至 33.12，除 2011 年和 2014 年外均高于 31 个省区平均值。陕西省该指数的年均增速为 –2.03%，低于 31 个省区平均值的年均增速（0.61%）。陕西省该指数的同比增速呈现震荡上升趋势，与 31 个省区同比增速趋势相同且变化幅度更大（图 5-69）。

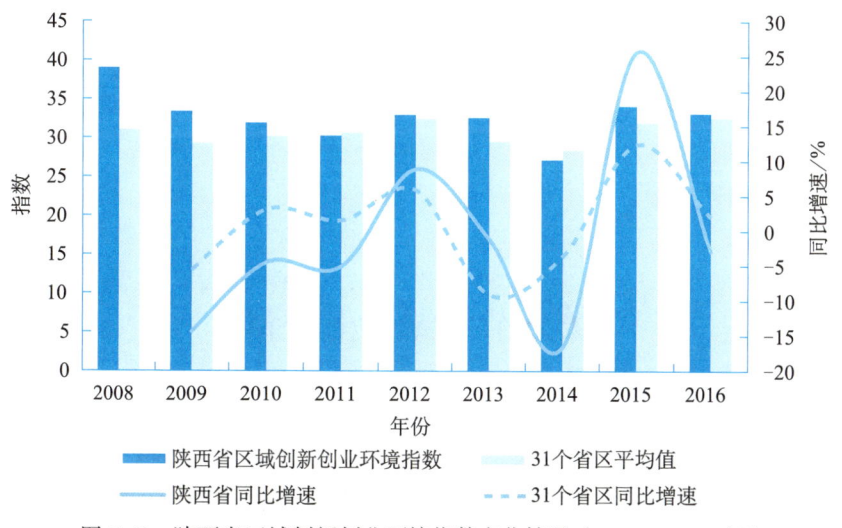

图 5-69　陕西省区域创新创业环境指数变化情况（2008~2016 年）

2008~2016 年，陕西省区域人才环境指数和区域制度环境指数呈现小幅增长，区域资金环境指数呈现较大幅度下降（图 5-70）。陕西省区域资金环境指数从 38.36 降低到 13.45，其中工业企业研究开发费用加计扣除执行情况从 100% 降低至 58.17%。

2008~2016 年，陕西省区域人才环境指数从 33.25 增加到 34.47。其中，大专以上学历人口比例从 8.5% 提升至 12.0%，城镇居民人均可支配收入与全国平均数的比例从 86.1% 提升至 88.1%。

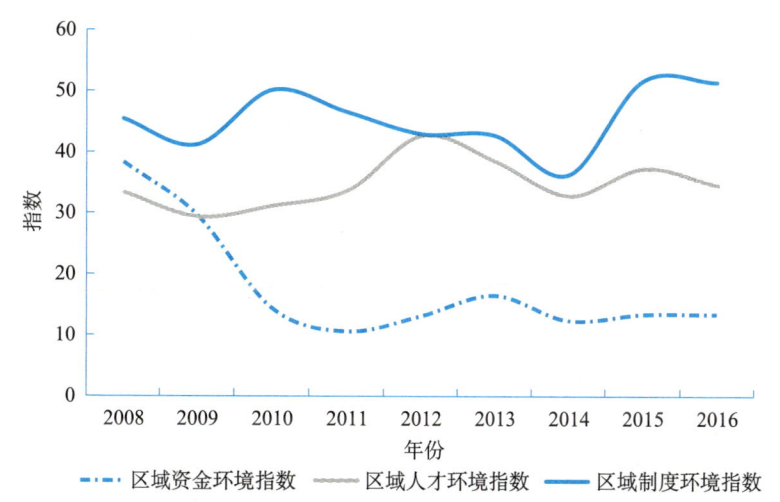

图 5-70　陕西省区域创新创业环境指数二级指数变化情况（2008~2016 年）

2008~2016年，陕西省区域制度环境指数从45.41增加到51.44。其中，区域知识产权案件的结案率从58.33%提升至100%，政府网站绩效从69.5提升至71.2。

第六节　湖　南　省

2016年，湖南省区域创新发展指数在31个省区中排名居第13位，区域创新能力指数居第12位；人均GDP为4.6万元，约合0.69万美元（图5-71），是创新发展先进型省区。

图5-71　湖南省区域创新发展指数和区域创新能力指数演进

一、湖南省区域创新发展水平演进

（一）湖南省区域创新发展指数演进

2008~2016年，湖南省区域创新发展指数由20.67增加至34.45，低于31个省区平均值，排名居第12位至第15位，排名总体呈上升趋势。同期，31个省区创新发展指数平均值从23.24增加到35.62，年均增速为5.48%。湖南省区域创新发展指数增长相对较快，年均增速为 6.59%（图 5-72）。

图 5-72 湖南省区域创新发展指数历年变化情况（2008～2016 年）

2008～2016 年，从一级指数排名来看（表 5-11），湖南省区域科学技术、产业创新、社会创新和绿色集约发展指数的排名均呈上升趋势，分别从第 18 位提升到第 15 位、第 13 位上升至第 10 位、第 19 位上升到第 17 位和第 13 位震荡上升至第 9 位。湖南省区域创新条件发展指数的排名呈下降趋势，从第 12 位下降至第 14 位。

表 5-11 湖南省区域创新发展指数排名（2008～2016 年）

指数	2008 年	2009 年	2010 年	2011 年	2012 年	2013 年	2014 年	2015 年	2016 年
区域创新发展指数	15	14	12	15	15	14	14	13	13
——区域科学技术发展指数	18	17	16	15	16	16	16	15	15
——区域产业创新发展指数	13	11	8	11	11	11	11	10	10
——区域社会创新发展指数	19	19	20	19	20	20	20	18	17
——区域绿色集约发展指数	13	14	12	15	15	16	14	10	9
——区域创新条件发展指数	12	13	14	13	14	14	14	14	14

（二）湖南省区域科学技术发展指数演进

2008～2016 年，湖南省区域科学技术发展指数从 2.46 持续增加到 8.56，且远低于 31 个省区平均值。湖南省该指数的年均增速为 16.87%，高于 31 个省区平均值的年均增速（12.40%）。湖南省该指数的同比增速总体呈震荡下降趋势，与 31 个省区同比增速变化趋势大体相同，且波动幅度更大（图 5-73）。湖南省区域科学技术发展指数的 4 项指标均呈上升趋势，其中湖南省人均 R&D 经费支出从 176.65 元持续增加到 687.25 元，每万人 R&D 人员数量从 7.88 人持续增加到 17.49 人，每万人口本国有效发明专利数从 0.46 件持续增加到 4.08 件，每万人 SCI 论文数从 0.49 篇增加到 1.29 篇。

图 5-73　湖南省区域科学技术发展指数变化情况（2008～2016 年）

（三）湖南省区域产业创新发展指数演进

2008～2016 年，湖南省区域产业创新发展指数从 21.13 震荡增加至 42.22，从 2013 年起稳定地高于 31 个省区平均值。湖南省该指数的年均增速为 9.04%，高于 31 个省区平均值的年均增速（7.27%）。湖南省该指数的同比增速呈现震荡下降趋势，且 31 个省区同比增速呈现波动下降趋势（图 5-74）。其中，全员劳动生产率从 50.04 万元/人年增加到 116.36 万元/人年；高技术产业主营业务收入占制造业主营业务收入比例从 4.4% 提升至 9.4%，提升幅度较大；服务业增加值占比从 40.1% 震荡降低到 46.4%；新产品销售收入占主营业务收入比例从 14.2% 震荡上升到 20.7%。

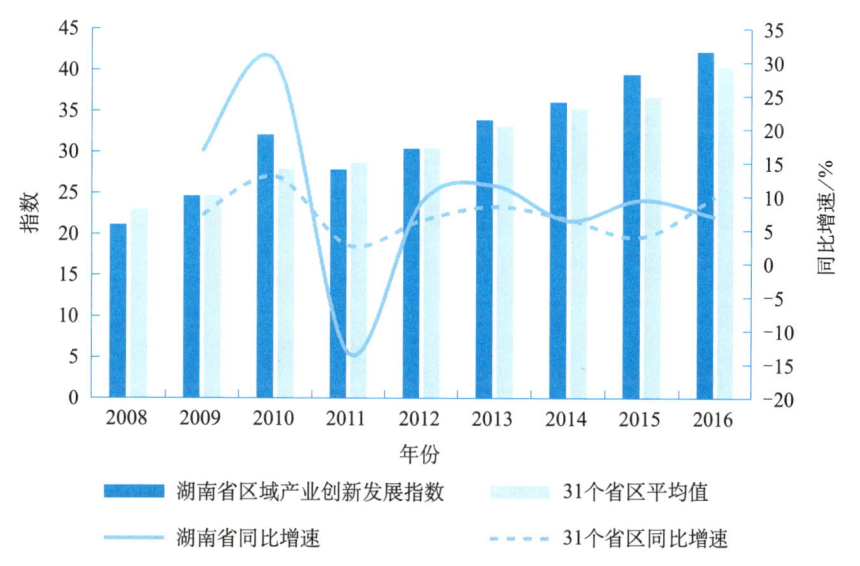

图 5-74 湖南省区域产业创新发展指数变化情况（2008～2016 年）

（四）湖南省区域社会创新发展指数演进

2008～2016 年，湖南省区域社会创新发展指数从 30.59 波动上升到 40.73，且低于 31 个省区平均值。湖南省该指数的年均增速为 3.64%，高于 31 个省区平均值的年均增速（2.84%）。湖南省该指数的同比增速呈现震荡下降趋势，且下降趋势显著，与 31 个省区同比增速趋势呈现基本相同趋势（图 5-75）。

图 5-75 湖南省区域社会创新发展指数变化情况（2008～2016 年）

其 7 项指标均呈增长态势。城镇人口占总人口的比例从 42.2% 持续增加到 52.8%，GDP 中非农产业的比例从 83.6% 持续增加到 88.7%，城镇居民人均可支配收入与全国平均值的比例从 92.5% 上升至 96.9%，大专以上学历人口比例从 6.2% 提升至 10.8%，每万人口在校大学生数从 149.27 人持续增加到 179.57 人，人口预期寿命从 70.7 岁提升至 74.7 岁，每千人口卫生技术人员数从 3.3 人持续增加到 5.8 人。但是，社区服务机构覆盖率从 20.9% 降低到 14.8%。

（五）湖南省区域绿色集约发展指数演进

2008～2016 年，湖南省区域绿色集约发展指数呈增长态势，从 26.53 增加到 44.97，除 2009 年、2012 年和 2013 年外均高于 31 个省区平均值。湖南省该指数的年均增速为 6.82%，高于 31 个省区平均值的年均增速（5.67%）。湖南省该指数的同比增速总体呈震荡上升趋势，与同期 31 个省区同比增速总体趋势相同（图 5-76）。其中，湖南省单位能耗和单位废水对应的 GDP 分别从 0.94 万元/吨标准煤、461.59 元/吨快速增长到 2.00 万元/吨标准煤、1056.09 元/吨，单位主要污染物排放量对应的 GDP 从 47.38 万元/吨增加到 306.48 万元/吨，单位建成区面积对应的 GDP 从 9.67 亿元/千米^2 增加到 19.41 亿元/千米^2。但湖南省工业固体废物综合利用率从 70.8% 降低到 64.1%。

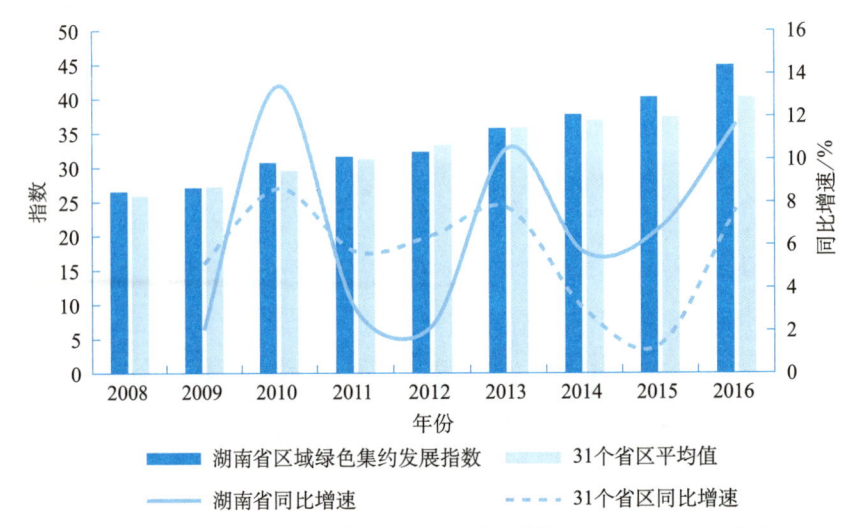

图 5-76　湖南省区域绿色集约发展指数变化情况（2008～2016 年）

（六）湖南省区域创新条件发展指数演进

2008～2016年，湖南省区域创新条件发展指数从24.94增加到34.51，均低于31个省区平均值。湖南省该指数的年均增速为4.14%，高于31个省区平均值的年均增速（3.75%）。湖北省该指数的同比增速总体呈震荡上升趋势，同期31个省区该指数同比增速呈下降发展趋势（图5-77）。其中，每百万人口产业创新平台数量从0.56个增加到1.36个；每百万人口创新服务平台数量从1.13个提升至2.27个；拥有网站的企业比例和有电子商务活动的企业比例分别从51.5%和4.0%增加到56.8%和10.9%；政府网站绩效从72.1提升到80.7，提升幅度较大。人均邮电业务总量从0.12万元下降至0.10万元。

图5-77 湖南省区域创新条件发展指数变化情况（2008～2016年）

二、湖南省区域创新能力演进

（一）湖南省区域创新能力指数演进

2008～2016年，湖南省创新能力指数由14.60增长至25.98，低于31个省区平均数，在31个省区中的排名从第13位震荡上升到第12位；同期，31个省区平均值从15.64增加到26.18，年均增速为6.65%（图5-78）。湖南省区域创新能力指数增长相对较快，年均增速为7.47%。

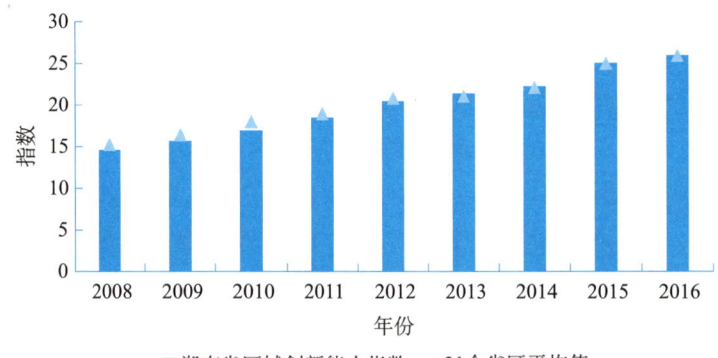

图 5-78　湖南省区域创新能力指数历年变化情况（2008~2016 年）

2008~2016 年，从一级指数排名来看（表 5-12），湖南省区域创新实力指数和区域创新效力指数排名呈震荡上升趋势，分别从第 13 位上升至第 12 位、第 14 位震荡上升至第 13 位；区域创新创业环境指数排名保持第 11 位不变，其间有小幅波动。

表 5-12　湖南省区域创新能力指数排名（2008~2016 年）

指数	2008 年	2009 年	2010 年	2011 年	2012 年	2013 年	2014 年	2015 年	2016 年
区域创新能力指数	13	13	14	14	14	13	12	13	12
——区域创新实力指数	13	11	12	12	11	12	12	11	12
——区域创新效力指数	14	16	15	15	15	14	13	14	13
——区域创新创业环境指数	11	10	14	11	10	9	10	12	11

（二）湖南省区域创新实力指数演进

2008~2016 年，湖南省区域创新实力指数从 6.55 持续增加至 20.14，均低于 31 个省区平均值。湖北省该指数的年均增速为 15.07%，高于 31 个省区平均值的年均增速（13.71%）。湖北省该指数的同比增速呈现震荡下降趋势，从 2009 年的 27.00% 下降到 2016 年的 8.91%，与 31 个省区同比增速趋势大致相同（图 5-79）。

2008~2016 年，湖南省区域创新投入实力指数、区域创新条件实力指数、区域创新产出实力指数、区域创新影响实力指数均呈现高速增长（图 5-80）。湖南省区域创新投入实力指数从 7.31 持续增加到 22.43，年均增速为

图 5-79 湖南省区域创新实力指数变化情况（2008~2016 年）

15.04%。其中，该地区 R&D 人员全时当量从 50 253 人年持续增加至 119 345 人年，R&D 经费支出从 112.70 亿元持续增加至 468.84 亿元。

2008~2016 年，湖南省区域创新条件实力指数从 8.93 持续增加到 20.35，年均增速为 10.84%。其中，互联网宽带接入用户数从 322.8 万户持续增加至 1066.9 万户，有效发明专利数从 2922 件持续增加至 27 863 件，产业创新平台数量从 36 个提升至 93 个，检测检验平台数量从 67 个提升至 137 个，创新服务平台数量从 72 个持续增长至 155 个。另外，研究实验平台数量保持 6 个不变，而邮电业务总量从 769.39 亿元降低至 699.12 亿元。

2008~2016 年，湖南省区域创新产出实力指数从 2.85 增加到 12.17，年均增速为 19.90%。其中，发明专利申请量从 5335 件持续增加至 25 524 件，发明专利授权量从 1196 件持续提升至 6967 件，实用新型和外观设计专利申请量从 8681 件持续增加至 42 255 件，实用新型和外观设计专利授权量从 4937 件增加至 27 083 件，PCT 专利申请量从 60 件增加至 208 件，SCI 论文数从 3147 篇持续提升至 8813 篇。

2008~2016 年，湖南省区域创新影响实力指数从 7.10 持续增加到 25.61，年均增速为 17.39%。其中，湖南省大中型工业企业新产品销售收入从 1602.02 亿元持续增加至 8098.47 亿元，地区生产总值从 11 157 亿元提升至 31 551 亿元，高技术产业利润总额从 38.60 亿元增加至 206.16 亿元。

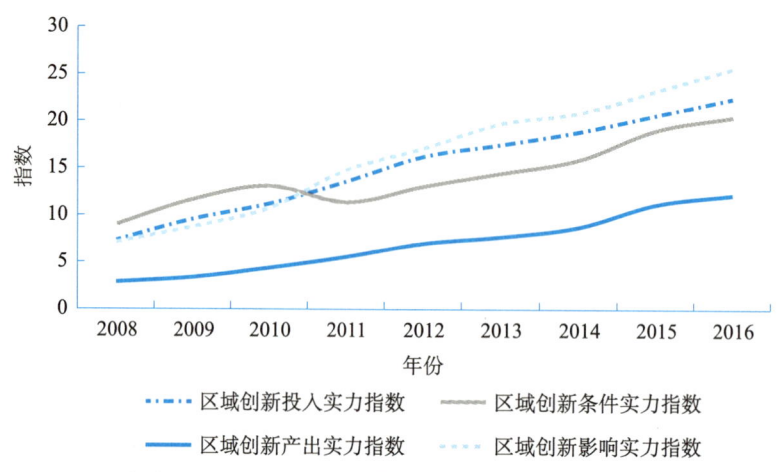

图 5-80 湖南省区域创新实力指数二级指数变化情况（2008～2016 年）

（三）湖南省区域创新效力指数演进

2008～2016 年，湖南省区域创新效力指数从 14.10 持续增加至 26.96，均低于 31 个省区平均值。湖南省该指数的年均增速为 8.44%，高于 31 个省区平均值的年均增速（7.19%）。湖南省该指数的同比增速呈现震荡下降趋势，从 2009 年的 12.69% 下降到 2016 年的 1.37%，与 31 个省区同比增速趋势基本相同（图 5-81）。

图 5-81 湖南省区域创新效力指数变化情况（2008～2016 年）

2008~2016年，湖南省区域创新投入效力指数、区域创新条件效力指数、区域创新产出效力指数、区域创新影响效力指数呈现不同程度的增长，其中以区域创新影响效力指数增长最为显著（图5-82）。湖南省区域创新投入效力指数从16.28持续增加到31.45，年均增速为8.58%。其中，R&D人员比例从1.1%提升至2.1%，R&D经费支出占地区生产总值的比例从1.0%提升至1.5%。

图5-82 湖南省区域创新效力指数二级指数变化情况（2008~2016年）

2008~2016年，湖南省区域创新条件效力指数从3.50增加到5.99，年均增速为6.95%。其中，每万人口有效发明专利数从0.46件增加至4.08件，每百万人产业创新平台数量从0.56个增加至1.36个，每百万人检测检验平台数量从1.05个增加至1.75个，每百万人创新服务平台数量从1.13个提升至2.27个。而每百万人研究实验平台数量始终保持0.09个不变，人均邮电业务总量从0.12万元降低至0.10万元。

2008~2016年，湖南省区域创新产出效力指数从12.57增加到20.19，年均增速为6.10%。其中，单位R&D人员发明专利申请量从10.62件/百人年提升至21.39件/百人年，单位R&D人员发明专利授权量从2.38件/百人年提升至5.84件/百人年，单位R&D人员实用新型和外观设计专利申请量从17.27件/百人年提升至35.41件/百人年，单位R&D人员实用新型和外观设计专利授权量从9.82件/百人年提升至22.69件/百人年，单位R&D人员 PCT 专利申请量从 11.94 件/万人年提升至 17.43 件/万人年，单位 R&D 人员 SCI 论文数从 6.26 篇/百人年提升至 7.67 篇/百人年。

2008～2016 年，湖南省区域创新影响效力指数从 24.06 增加到 50.21，年均增速为 9.63%。其中，大中型工业企业新产品销售收入占主营业务收入比重从 14.20% 持续增加至 20.69%，人均地区生产总值从 18 111 元持续增加至 46 249 元，劳动生产率从 25.41 万元/人年持续增加至 55.51 万元/人年，单位能耗产生的 GDP 从 0.94 万元/吨标准煤持续增加至 2.00 万元/吨标准煤，单位建成区面积 GDP 产出从 9.67 亿元/千米^2 增加至 19.41 亿元/千米^2，单位工业废水排放量对应的主营业务收入从 450.82 元/吨持续增加至 1309.88 元/吨，单位主要污染物排放量对应的 GDP 从 47.38 万元/吨提升至 306.48 万元/吨。

（四）湖南省区域创新创业环境指数演进

2008～2016 年，湖南省区域创新创业环境指数从 31.70 持续增加至 35.69，除 2010 年以外均高于 31 个省区平均值。湖南省该指数的年均增速为 1.49%，高于 31 个省区平均值的年均增速（0.61%）。湖南省该指数的同比增速呈现震荡上升趋势，从 2009 年的 -5.31% 上升到 1.52%，与 31 个省区同比增速趋势大致相同，且变化幅度更大（图 5-83）。

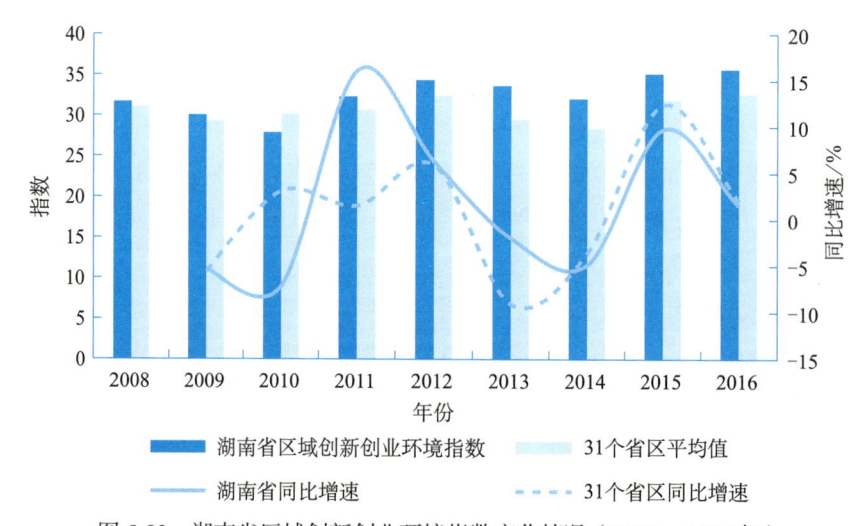

图 5-83　湖南省区域创新创业环境指数变化情况（2008～2016 年）

2008～2016 年，湖南省区域资金环境指数、区域人才环境指数和区域制度环境指数均呈现小幅增长（图 5-84）。湖南省区域资金环境指数从 14.99 增加到 18.67，年均增速为 2.79%。其中，高新技术企业税收优惠从 7.09 亿元提升至 30.79 亿元，而工业企业研究开发费用加计扣除执行情况从 60.26% 降低至 56.20%，地方政府财政科技拨款占财政支出的比重从 1.5% 降低至 1.1%。

2008～2016 年，湖南省区域人才环境指数从 30.96 增加到 32.44，年均增速为 0.59%。其中，大专以上学历人口比例从 6.2% 提升至 10.8%，城镇居民人均可支配收入与全国平均数的比例从 92.5% 提升至 96.9%。而地方政府财政支出中教育经费所占比重从 17.6% 降至 16.3%。

2008～2016 年，湖南省区域制度环境指数从 49.16 增加到 55.97，年均增速为 1.63%。其中，区域知识产权案件的结案率从 78.67% 提升至 96.39%，政府网站绩效从 72.1 提升至 80.7。

图 5-84　湖南省区域创新创业环境指数二级指数变化情况（2008～2016 年）

第七节 安 徽 省

2016 年，安徽省区域创新发展指数在 31 个省区中排名居第 14 位，区域创新能力指数居第 8 位；人均 GDP 为 3.9 万元，约合 0.59 万美元（图 5-85），是创新发展先进型省区。

图 5-85 安徽省区域创新发展指数和区域创新能力指数演进

一、安徽省区域创新发展水平演进

（一）安徽省区域创新发展指数演进

2008～2016 年，安徽省区域创新发展指数由 19.15 持续增长到 34.01，低于 31 个省区平均水平，排名第 14 位至第 18 位，总体呈上升趋势。同期，31 个省区平均值从 23.24 增加到 35.62，年均增速为 5.48%，安徽省区域创新发展指数增长相对较快，年均增速为 7.44%（图 5-86）。

图 5-86　安徽省区域创新发展指数历年变化情况（2008～2016 年）

2008～2016 年，从一级指数来看（表 5-13），安徽省区域科学技术发展指数从第 19 位上升至第 13 位；区域产业创新发展指数从第 21 位震荡提升到第 14 位；区域社会创新发展指数从 21 位震荡上升至 20 位；区域绿色集约发展指数排名第 11 位左右，其间有小幅震荡；区域创新条件发展指数从第 10 位上升至第 9 位。

表 5-13　安徽省区域创新发展指数排名（2008～2016 年）

指数	2008 年	2009 年	2010 年	2011 年	2012 年	2013 年	2014 年	2015 年	2016 年
区域创新发展指数	18	18	16	17	16	16	15	14	14
——区域科学技术发展指数	19	18	18	16	15	14	13	13	13
——区域产业创新发展指数	21	21	19	17	18	16	16	14	14
——区域社会创新发展指数	21	21	21	21	18	21	17	17	20
——区域绿色集约发展指数	11	11	9	12	11	13	13	11	11
——区域创新条件发展指数	10	10	10	9	9	9	9	9	9

（二）安徽省区域科学技术发展指数演进

2008～2016 年，安徽省区域科学技术发展指数从 2.33 持续增加到 10.39，均低于 31 个省区平均值。安徽省该指数的年均增速为 20.55%，高于 31 个省区平均值的年均增速（12.40%）。安徽省该指数的同比增速总体呈震荡下降趋势，并于 2011～2012 年达到峰值，与 31 个省区同比增速变化趋势大致相同，且变化幅度更大（图 5-87）。其中，安徽省人均 R&D 经费支出从 160.26 元持续增加到 766.84 元，每万人 R&D 人员数量从 8.06 人持续增加到 21.92 人，每万人本国有效发明专利数从 0.19 件持续增加到 6.31 件，每万人 SCI 论文数从 0.47 篇增加到 1.15 篇。

图 5-87　安徽省区域科学技术发展指数变化情况（2008～2016 年）

（三）安徽省区域产业创新发展指数演进

2008～2016 年，安徽省区域产业创新发展指数从 16.17 持续增加至 38.76（图 5-88），各年份均低于 31 个省区平均值。安徽省该指数的年均增速为 11.55%，高于 31 个省区平均值的年均增速（7.27%）。从具体指标来看，安徽省全员劳动生产率、高技术产业主营业务收入占制造业主营业务收入比例、服务业增加值占比和新产品销售收入占主营业务收入比例四个指标均呈现增长态势。全员劳动生产率从 52.09 万元/人年增加到 127.66 万元/人年；

高技术产业主营业务收入占制造业主营业务收入比例从 3.0% 提升至 8.5%，提升幅度较大；服务业增加值占比从 36.5% 增加到 41.0%；新产品销售收入占主营业务收入比例从 10.1% 上升到 17.4%。

图 5-88　安徽省区域产业创新发展指数变化情况（2008～2016 年）

（四）安徽省区域社会创新发展指数演进

2008～2016 年，安徽省区域社会创新发展指数从 27.95 震荡上升到 39.45，均低于 31 个省区平均值。安徽省该指数的年均增速为 4.40%，高于 31 个省区平均值的年均增速（2.84%）。安徽省该指数的同比增速呈现震荡下降趋势，且下降趋势显著（图 5-89）。具体来讲，安徽省城镇人口占总人口的比例、GDP 中非农产业的比例、城镇居民人均可支配收入与全国平均数的比例、大专以上学历人口比例、每万人口在校大学生数、人口预期寿命、每千人口卫生技术人员数和社区服务机构覆盖率 8 个指标均呈增长态势。城镇人口占总人口的比例从 40.5% 持续增加到 52.0%，大专以上学历人口比例从 3.8% 提升至 8.7%，每万人口在校大学生数从 131.75 人持续增加到 184.80 人，人口预期寿命从 71.9 岁提升至 75.1 岁，增幅较大。每千人口卫生技术人员数从 2.8 人持续增加到 4.7 人，社区服务机构覆盖率从 22.2% 增加到 24.6%，小幅度提升。

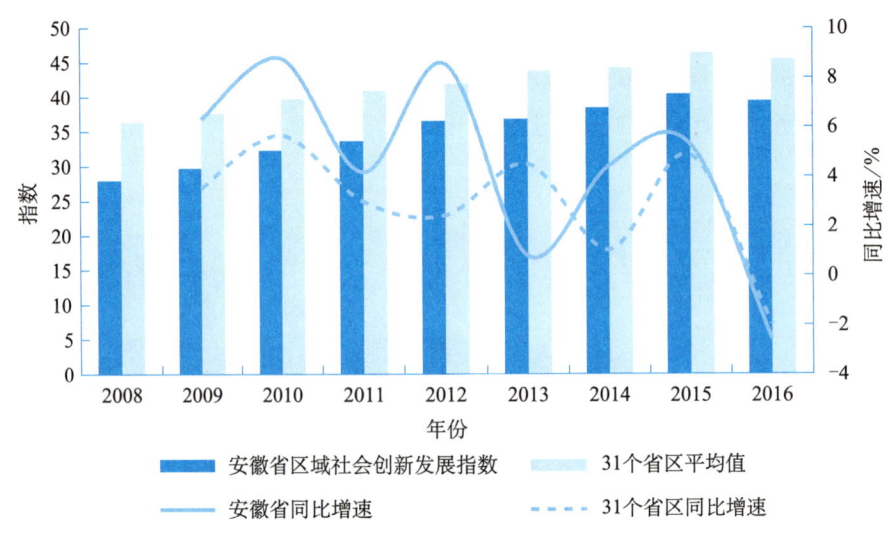

图 5-89 安徽省区域社会创新发展指数变化情况（2008～2016 年）

（五）安徽省区域绿色集约发展指数演进

2008～2016 年，安徽省区域绿色集约发展指数呈增长态势，从 28.32 增长到 43.00，均高于 31 个省区平均值。安徽省该指数的年均增速为 5.36%，低于 31 个省区平均值的年均增速（5.67%）。安徽省该指数的同比增速波动明显（图 5-90）。具体指标中，安徽省单位能耗和单位废水对应的 GDP 分

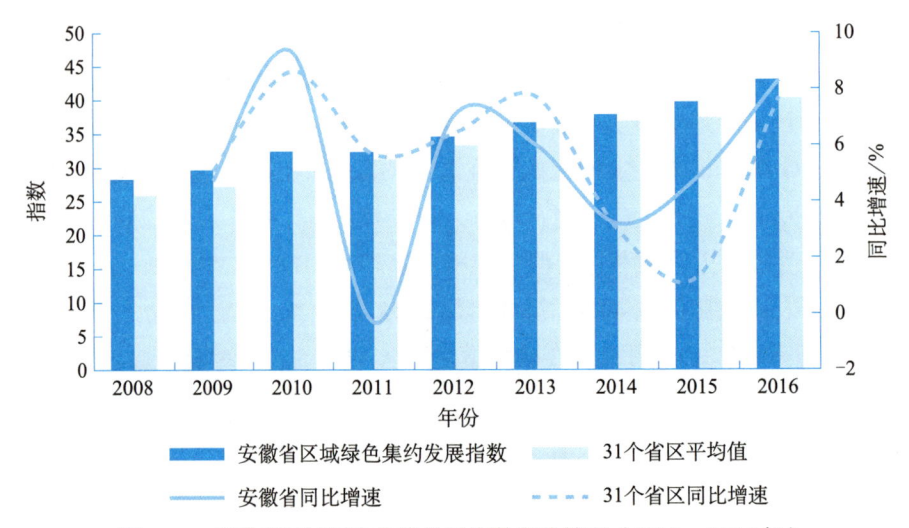

图 5-90 安徽省区域绿色集约发展指数变化情况（2008～2016 年）

别从 1.06 万元 / 吨标准煤、524.79 元 / 吨快速增长到 1.92 万元 / 吨标准煤、1014.17 元 / 吨，单位主要污染物排放量对应的 GDP 从 41.59 万元 / 吨增加到 219.79 万元 / 吨，单位建成区面积对应的 GDP 从 6.75 亿元 / 千米^2 增加到 12.19 亿元 / 千米^2。此外，安徽省工业固体废物综合利用率从 78.9% 降低到 78.7%，略有下降。

（六）安徽省区域创新条件发展指数演进

2008～2016 年，安徽省区域创新条件发展指数从 26.64 增加到 39.77，2011 年开始高于 31 个省区平均值。安徽省该指数的年均增速为 5.14%，高于 31 个省区平均值的年均增速（3.75%）。安徽省该指数的同比增速总体呈震荡下降趋势，与 31 个省区同比增速变化趋势大致相同（图 5-91）。其中，安徽省每百万人口产业创新平台数量从 0.44 个增加到 1.86 个；每百万人口创新服务平台数量从 0.88 个提升至 3.07 个；拥有网站的企业比例和有电子商务活动的企业比例分别从 64.0% 和 4.7% 增加到 66.9% 和 12.7%；政府网站绩效从 67.8 提升到 82.3，提升幅度较大。安徽省人均邮电业务总量从 0.09 万元上升到 0.11 万元；每百万人口研究实验平台数量从 0.02 个增加到 0.06 个。

图 5-91 安徽省区域创新条件发展指数变化情况（2008～2016 年）

二、安徽省区域创新能力演进

(一) 安徽省区域创新能力指数演进

2008～2016年，安徽省区域创新能力指数由13.16增长到30.01，2010年起高于31个省区平均水平，且保持较好的增长态势。在31个省区中排名不断提升，从第15位提升至第8位。同期，31个省区平均值从15.64增加到26.18，年均增速6.65%。安徽省区域创新能力指数增长相对较快，年均增速为10.85%（图5-92）。

图5-92 安徽省区域创新能力指数历年变化情况（2008～2016年）

2008～2016年，从一级指数排名来看（表5-14），安徽省区域创新实力指数、区域创新效力指数和区域创新创业环境指数排名均呈上升趋势。其间，区域创新实力指数从第16位持续上升至第10位，区域创新效力指数从第16位持续上升至第9位，区域创新创业环境指数从第15位持续上升至第7位。

表5-14 安徽省区域创新能力指数排名（2008～2016年）

指数	2008年	2009年	2010年	2011年	2012年	2013年	2014年	2015年	2016年
区域创新能力指数	15	15	12	10	12	9	8	8	8
——区域创新实力指数	16	16	15	14	13	11	10	10	10

续表

指数	2008年	2009年	2010年	2011年	2012年	2013年	2014年	2015年	2016年
——区域创新效力指数	16	15	12	10	8	8	8	9	9
——区域创新创业环境指数	15	16	8	9	15	11	9	9	7

（二）安徽省区域创新实力指数演进

2008～2016年，安徽省区域创新实力指数从5.01持续增加至23.34，从2015年起高于31个省区平均值。安徽省该指数的年均增速为21.21%，高于31个省区平均值的年均增速（13.71%）。安徽省该指数的同比增速呈现震荡下降趋势，与31个省区同比增速趋势大致相同（图5-93）。

图5-93　安徽省区域创新实力指数变化情况（2008～2016年）

2008～2016年，安徽省区域创新投入实力指数、区域创新条件实力指数、区域创新产出实力指数、区域创新影响实力指数均呈现高速增长（图5-94）。区域创新投入实力指数从6.89持续增加到24.10。其中，安徽省R&D人员全时当量从49 465人年增加至135 829人年，R&D经费支出从98.32亿元持续增加至475.13亿元。

2008～2016年，安徽省区域创新条件实力指数从5.78持续增加到22.87。其中，安徽省互联网宽带接入用户数从248.25万户持续增加至1075.03万户，邮电业务总量从562.68亿元提升至664.45亿元，有效发明专利数从 1181 件持续增加至 39 104 件，研究试验平台数量从 1 个增加到 4 个，产业创新平台数量从 27 个增加至 115 个，检测检验平台数量从 47 个增加至 169 个，创新服务平台数量从 54 个持续增长至 190 个。

2008～2016 年，安徽省区域创新产出实力指数从 2.10 增加到 24.12。其中，安徽省发明专利申请量从 2729 件持续增加至 95 963 件，发明专利授权量从 489 件持续提升至 15 292 件，实用新型和外观设计专利申请量从 7680 件增加至 76 589 件，实用新型和外观设计专利授权量从 3857 件增加至 45 691 件，PCT 专利申请量从 38 件增加至 205 件，SCI 论文数从 2888 篇持续提升至 7155 篇。

2008～2016 年，安徽省区域创新影响实力指数从 5.28 持续增加到 22.26。其中，安徽省大中型工业企业新产品销售收入从 1104.21 亿元持续增加至 7321.05 亿元，地区生产总值从 8851.66 亿元提升至 24 407.62 亿元，高技术产业利润总额从 31.00 亿元增加至 238.66 亿元。

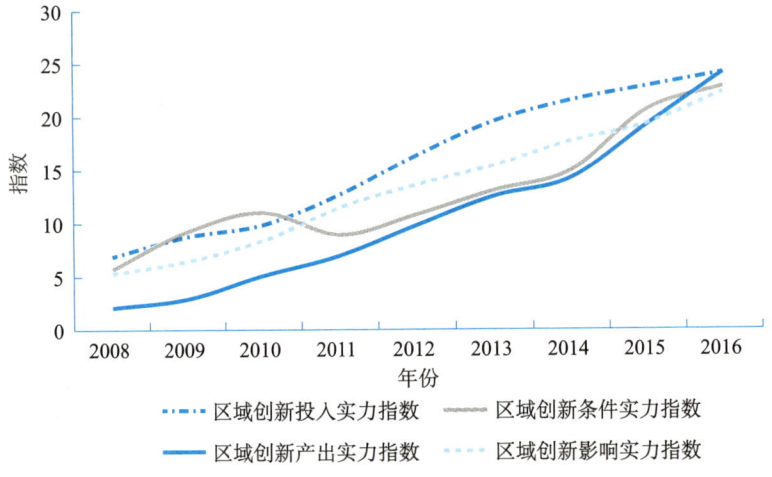

图 5-94　安徽省区域创新实力指数二级指数变化情况（2008～2016 年）

（三）安徽省区域创新效力指数演进

2008～2016 年，安徽省区域创新效力指数从 13.72 持续增加至 31.78，从 2010 年开始高于 31 个省区平均值。安徽省该指数的年均增速为 11.07%，高于 31 个省区平均值的年均增速（7.19%）。安徽省该指数的同比增速呈现震荡下降趋势，与 31 个省区同比增速趋势大致相同（图 5-95）。

图 5-95　安徽省区域创新效力指数变化情况（2008～2016 年）

2008～2016 年，安徽省区域创新投入效力指数、区域创新条件效力指数、区域创新产出效力指数、区域创新影响效力指数均呈现不同程度增长（图 5-96）。安徽省区域创新投入效力指数从 21.07 持续增加到 41.12。其中，安徽省 R&D 人员比例从 1.4% 增加至 2.6%，R&D 经费支出占地区生产总值的比例从 1.1% 提升至 1.9%。

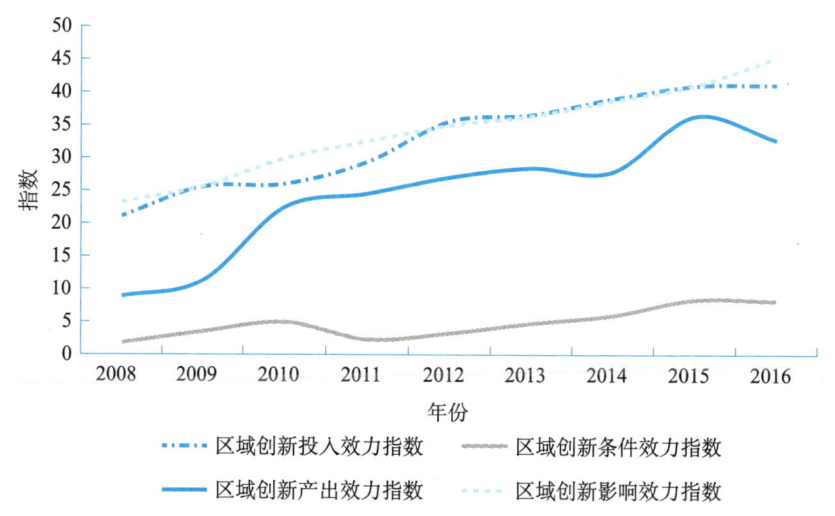

图 5-96　安徽省区域创新效力指数二级指数变化情况（2008～2016 年）

2008～2016 年，安徽省区域创新条件效力指数从 1.68 增加到 8.04。其中，安徽省人均邮电业务总量从 0.09 万元增加至 0.11 万元，每万人口有效发明专利数从 0.19 件增加至 6.31 件，每百万人研究实验平台数量从 0.02 个增加至 0.06 个，每百万人产业创新平台数量从 0.44 个增加至 1.86 个，每百万人检测检验平台数量从 0.77 个增加至 2.49 个，每百万人创新服务平台数量从 0.88 个提升至 3.07 个。

2008~2016 年，安徽省区域创新产出效力指数从 8.87 增加到 32.67。其中，安徽省单位 R&D 人员发明专利申请量从 5.52 件/百人年提升至 70.65 件/百人年，单位 R&D 人员发明专利授权量从 0.99 件/百人年提升至 11.26 件/百人年，单位 R&D 人员实用新型和外观设计专利申请量从 15.53 件/百人年提升至 56.39 件/百人年，单位 R&D 人员实用新型和外观设计专利授权量从 7.80 件/百人年提升至 33.64 件/百人年。

2008~2016 年，安徽省区域创新影响效力指数从 23.25 增加到 45.28。其中，安徽省大中型工业企业新产品销售收入占主营业务收入比重从 10.07% 增加至 17.36%，人均地区生产总值从 14 428 元持续增加至 39 393 元，劳动生产率从 25.75 万元/人年持续增加至 47.21 万元/人年，单位能耗产生的 GDP 从 1.06 万元/吨标准煤持续增加至 1.92 万元/吨标准煤，单位建成区面积 GDP 产出从 6.75 亿元/千米^2 增加至 12.19 亿元/千米^2，单位工业废水排放量对应的主营业务收入从 650.03 元/吨增加至 1751.97 元/吨，单位主要污染物排放量对应的 GDP 从 41.59 万元/吨提升至 219.79 万元/吨。

（四）安徽省区域创新创业环境指数演进

2008~2016 年，安徽省区域创新创业环境指数从 28.33 震荡增加至 39.84，多数年份高于 31 个省区平均值。安徽省该指数的年均增速为 4.35%，高于 31 个省区平均值的年均增速（0.61%）。安徽省该指数的同比增速波动较大（图 5-97）。

2008~2016 年，安徽省区域资金环境指数、区域人才环境指数和区域制度环境指数均呈现不同程度增长（图 5-98）。安徽省区域资金环境指数从 18.21 增加到 33.84。其中，安徽省工业企业研究开发费用加计扣除执行情况从 86.65% 下降至 40.87%，高新技术企业税收优惠从 8.23 亿元增加至 29.95 亿元，地方政府财政科技拨款占财政支出的比重从 1.4% 增加至 4.7%。

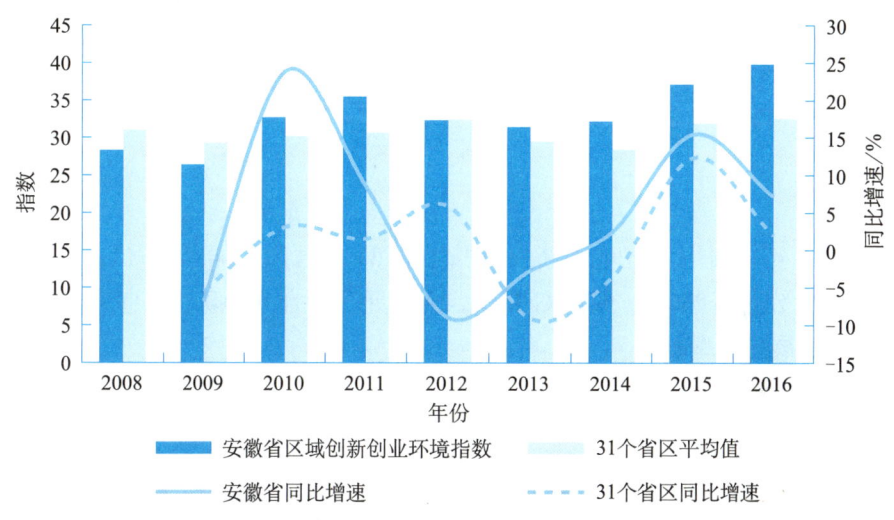

图 5-97　安徽省区域创新创业环境指数变化情况（2008～2016 年）

2008～2016 年，安徽省区域人才环境指数从 26.54 增加到 29.20。其中，大专以上学历人口比例从 3.8% 提升至 8.7%，城镇居民人均可支配收入与全国平均数的比例从 86.9% 增加至 90.3%。

2008～2016 年，安徽省区域制度环境指数从 40.25 增加到 56.46。其中，区域知识产权案件的结案率从 21.05% 增加至 92.88%，政府网站绩效从 67.8 增加至 82.3。

图 5-98　安徽省区域创新创业环境指数二级指数变化情况（2008～2016 年）

第八节 四 川 省

2016年，四川省区域创新发展指数在31个省区中居第15位，区域创新能力指数居第11位；人均GDP为4.0万元，约合0.60万美元（图5-99），是创新发展先进型省区。

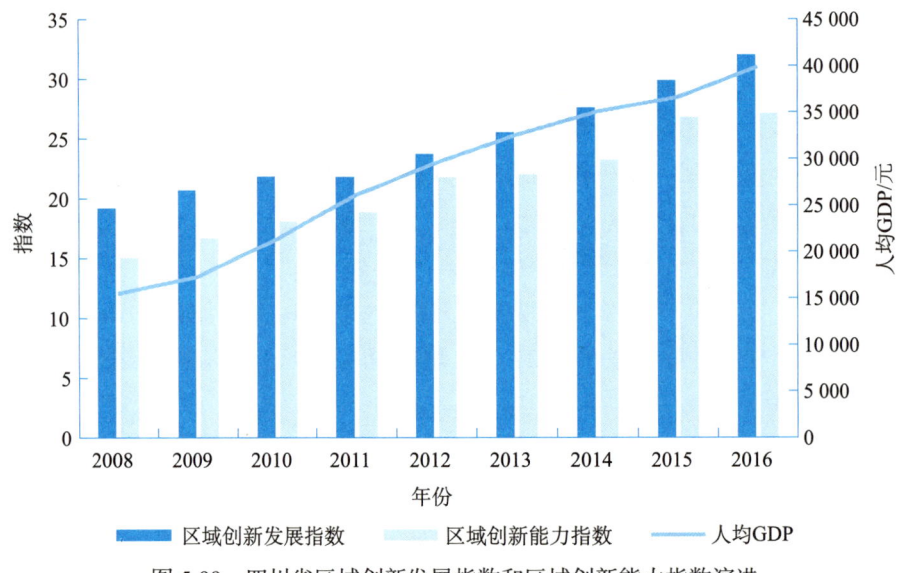

图 5-99 四川省区域创新发展指数和区域创新能力指数演进

一、四川省区域创新发展水平演进

（一）四川省区域创新发展指数演进

2008～2016年，四川省区域创新发展指数由19.20持续增长到32.03，低于31个省区平均值，在31个省区中排名由第17位震荡上升至第15位。同期，31个省区平均值从23.24增加到35.62，年均增速为5.48%。四川省区域创新发展指数增长相对较快，年均增速为6.61%（图5-100）。

2008～2016年，从一级指数来看（表5-15），四川省区域产业创新发展指数、区域社会创新发展指数和区域创新条件发展指数排名均呈上升趋势，分别从第14位震荡上升至第12位、第25位震荡上升至第22位、第11位震荡上升至第10位；区域绿色集约发展指数排名总体呈下降趋势，从第18位震荡下降至第21位；区域科学技术发展指数排名第15～17位。

图 5-100　四川省区域创新发展指数历年变化情况（2008～2016年）

表 5-15　四川省区域创新发展指数排名（2008～2016年）

指数	2008年	2009年	2010年	2011年	2012年	2013年	2014年	2015年	2016年
区域创新发展指数	17	17	19	18	18	18	17	16	15
——区域科学技术发展指数	16	16	15	17	17	17	17	17	16
——区域产业创新发展指数	14	12	17	19	16	13	13	13	12
——区域社会创新发展指数	25	25	23	24	22	23	24	24	22
——区域绿色集约发展指数	18	20	22	22	23	23	21	21	21
——区域创新条件发展指数	11	11	11	11	11	10	11	11	10

（二）四川省区域科学技术发展指数演进

2008～2016 年，四川省区域科学技术发展指数从 3.08 持续增加到 8.15，但均远低于 31 个省区平均值。四川省该指数的年均增速为 12.96%，高于 31 个省区平均值的年均增速（12.40%）。四川省该指数的同比增速总体呈震荡下降趋势，与 31 个省区同比增速变化趋势大体相同，且变化幅度更大（图 5-101）。区域科学技术发展指数的 4 项指标均呈上升趋势，其中四川省人均 R&D 经费支出从 196.93 元持续增加到 679.52 元，每万人 R&D 人员数量从 10.66 人震荡增加到 15.08 人，每万人本国有效发明专利数从 0.42 件持续增加到 4.46 件，每万人 SCI 论文数从 0.45 篇增加到 1.31 篇。

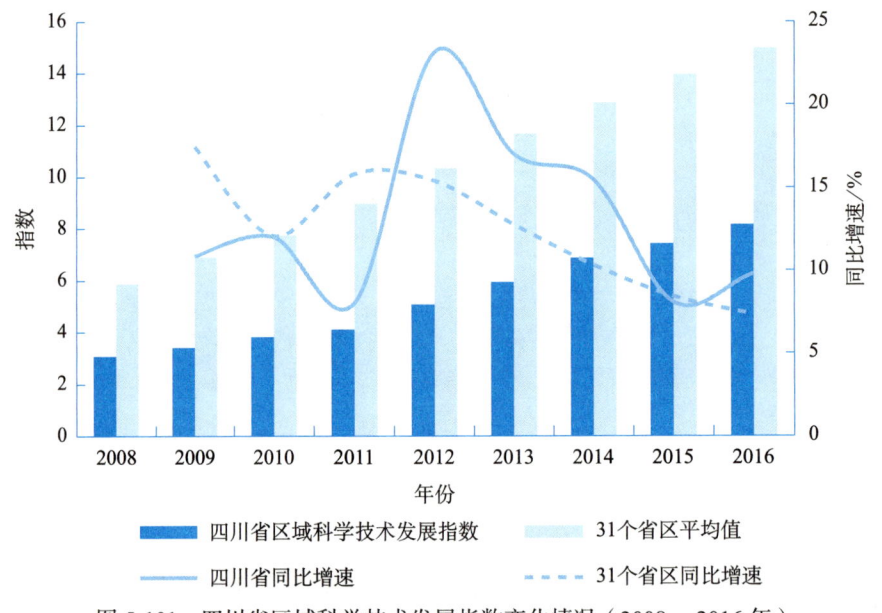

图 5-101 四川省区域科学技术发展指数变化情况（2008～2016 年）

（三）四川省区域产业创新发展指数演进

2008～2016 年，四川省区域产业创新发展指数从 21.09 震荡增加至 40.41，仅 2016 年略高于 31 个省区平均值。四川省该指数的年均增速为 8.47%，高于 31 个省区平均值的年均增速（7.27%）。四川省该指数的同比增速呈现震荡上升趋势，与 31 个省区同比增速趋势基本相同且变化幅度更大（图 5-102）。其中，全员劳动生产率从 48.02 万元/人年增加到 122.81 万元/

人年；高技术产业主营业务收入占制造业主营业务收入比例从 9.1% 提升至 14.4%；服务业增加值占比从 36.2% 增加到 47.2%；而新产品销售收入占主营业务收入比例，从 10.9% 下降到 7.3%。

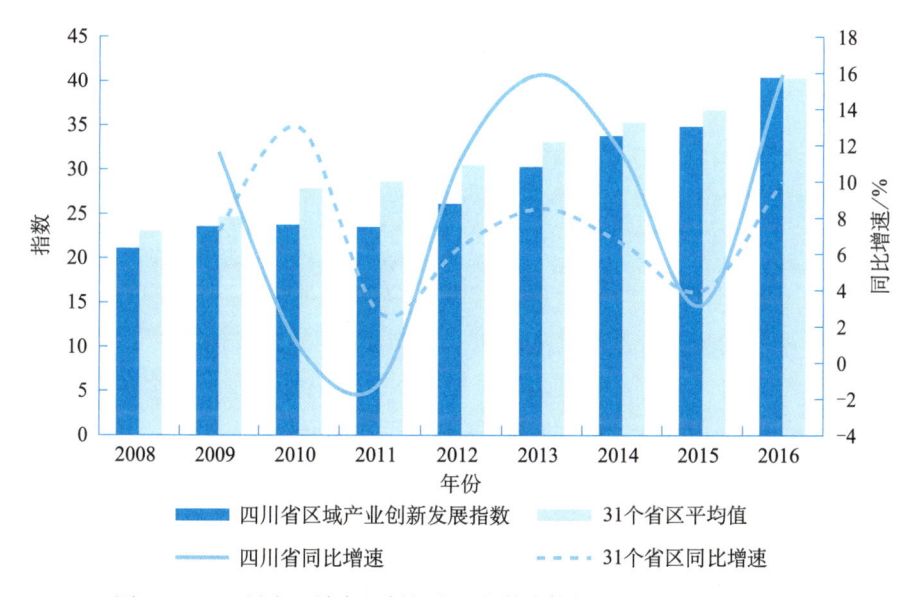

图 5-102　四川省区域产业创新发展指数变化情况（2008～2016 年）

（四）四川省区域社会创新发展指数演进

2008～2016 年，四川省区域社会创新发展指数从 25.15 上升到 38.36，均低于 31 个省区平均值。四川省该指数的年均增速为 5.42%，高于 31 个省区平均值的年均增速（2.84%）。四川省该指数的同比增速呈现震荡下降趋势，且下降趋势显著，与 31 个省区同比增速呈现大体相同趋势（图 5-103）。具体来讲，城镇人口占总人口的比例从 37.4% 持续增加到 49.2%，GDP 中非农产业的比例从 82.4% 持续增加到 88.1%，城镇居民人均可支配收入与全国平均数的比例从 84.6% 震荡增加至 87.8%，大专以上学历人口比例从 4.2% 震荡提升至 8.5%，每万人口在校大学生数从 121.78 人持续增加到 175.09 人，人口预期寿命从 71.2 岁提升至 74.8 岁，每千人口卫生技术人员数从 3.0 人持续增加到 6.0 人，社区服务机构覆盖率从 4.7% 增加到 20.2%。

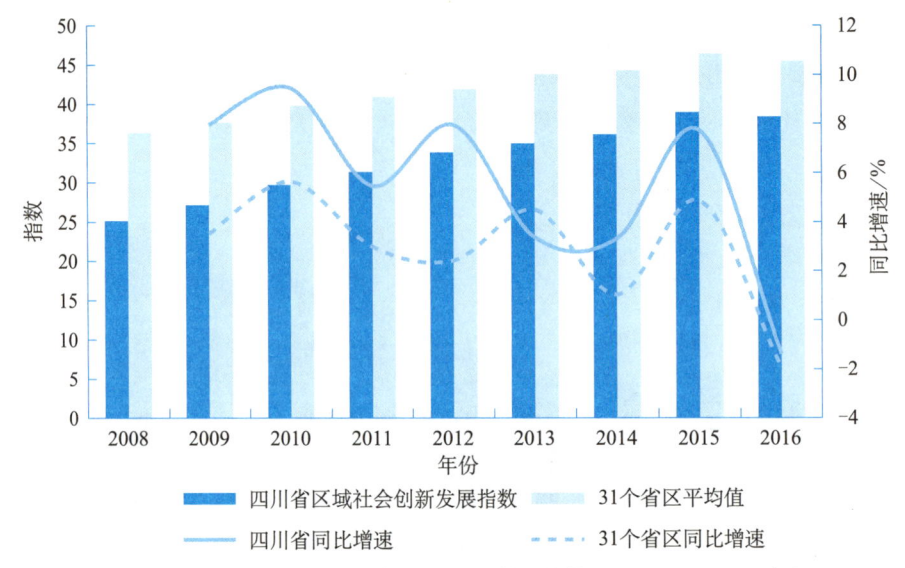

图 5-103　四川省区域社会创新发展指数变化情况（2008~2016 年）

（五）四川省区域绿色集约发展指数演进

2008~2016 年，四川省区域绿色集约发展指数从 22.63 增长到 31.51，均低于 31 个省区平均值。四川省该指数的年均增速为 4.22%，低于 31 个省区平均值的年均增速（5.67%）。四川省该指数的同比增速总体呈震荡上升趋势，与同期 31 个省区同比增速总体趋势相同，但震荡幅度较大（图 5-104）。

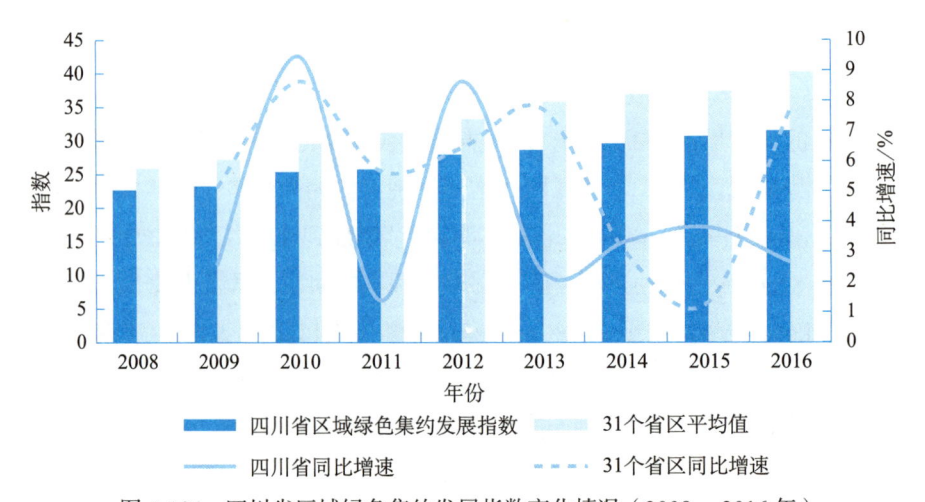

图 5-104　四川省区域绿色集约发展指数变化情况（2008~2016 年）

其中，单位能耗和单位废水对应的 GDP 分别从 0.83 万元 / 吨标准煤、480.33 元 / 吨快速增长到 1.62 万元 / 吨标准煤、933.45 元 / 吨，单位主要污染物排放量对应的 GDP 从 55.06 万元 / 吨增加到 271.75 万元 / 吨，单位建成区面积对应的 GDP 从 9.05 亿元 / 千米^2 增加到 12.59 亿元 / 千米^2。工业固体废物综合利用率从 53.8% 降低到 30.0%。

（六）四川省区域创新条件发展指数演进

2008～2016 年，四川省区域创新条件发展指数从 25.53 增加到 39.19。四川省该指数的年均增速为 5.50%，高于 31 个省区平均值的年均增速（3.75%）。四川省该指数的同比增速总体呈震荡上升趋势，与同期 31 个省区同比增速变化趋势大致相同（图 5-105）。其中，每百万人口产业创新平台数量从 0.34 个增加到 1.34 个；每百万人口创新服务平台数量从 1.30 个提升至 3.46 个；拥有网站的企业比例和有电子商务活动的企业比例分别从 55.1% 和 3.8% 增加到 58.7% 和 13.9%；政府网站绩效从 74.0 提升到 86.6，提升幅度较大。四川省人均邮电业务总量在 0.11 万元上下浮动；每百万人口研究实验平台数量从 0.11 个增加到 0.13 个，提升幅度较小。

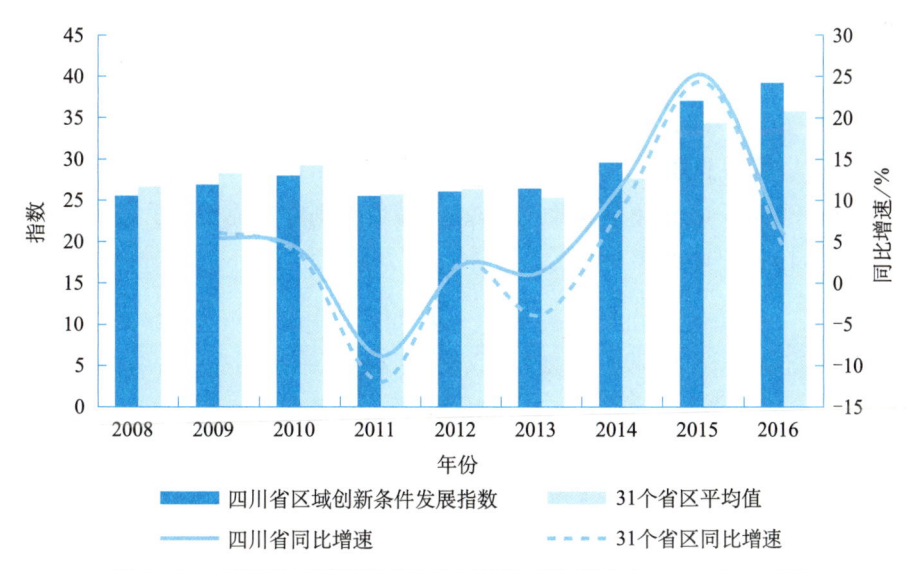

图 5-105　四川省区域创新条件发展指数变化情况（2008～2016 年）

二、四川省区域创新能力演进

（一）四川省区域创新能力指数演进

2008～2016年，四川省区域创新能力指数由15.05增长到27.11，2012年开始略高于31个省区平均值。排名总体上升，从第12位上升至第11位。同期，31个省区平均值从15.64增加到26.18，年均增速为6.65%。四川省区域创新能力指数增长相对较快，年均增速为7.63%（图5-106）。

图5-106　四川省区域创新能力指数历年变化情况（2008～2016年）

2008～2016年，从一级指数排名来看（表5-16），四川省区域创新实力指数排名呈震荡上升趋势，从第8位震荡上升至第7位；区域创新效力指数稍有波动，从第13位下降至第14位；区域创新创业环境指数呈震荡下降趋势，从第13位下降至第14位。

表5-16　四川省区域创新能力指数排名（2008～2016年）

指数	2008年	2009年	2010年	2011年	2012年	2013年	2014年	2015年	2016年
区域创新能力指数	12	12	13	13	10	11	11	10	11
——区域创新实力指数	8	8	8	10	7	8	8	8	7
——区域创新效力指数	13	13	14	14	14	15	14	13	14
——区域创新创业环境指数	13	13	18	15	11	12	13	11	14

（二）四川省区域创新实力指数演进

2008～2016年，四川省区域创新实力指数从8.77持续增加至24.97，均高于31个省区平均值。四川省该指数的年均增速为13.97%，略高出31个省区平均值的年均增速（13.71%）。四川省该指数的同比增速呈现震荡下降趋势，从2009年的22.56%下降到2016年的13.87%，与31个省区同比增速趋势大体相同（图5-107）。

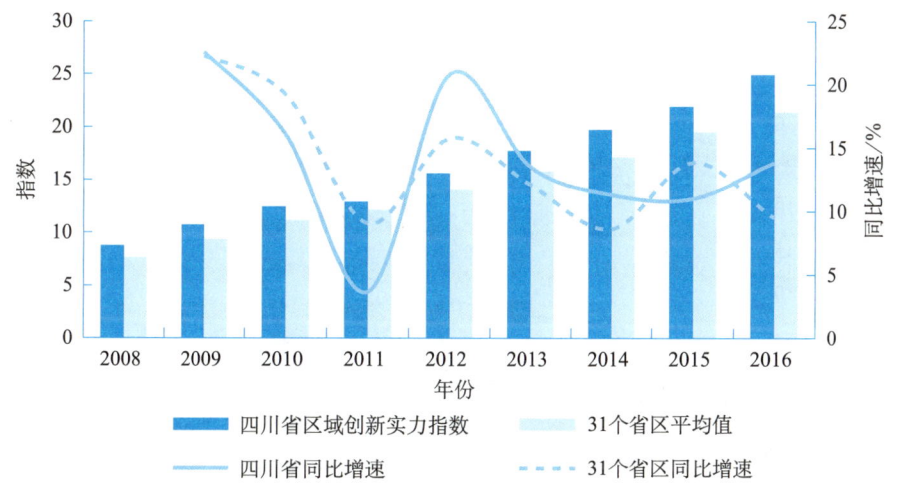

图5-107　四川省区域创新实力指数变化情况（2008～2016年）

2008～2016年，四川省区域创新投入实力指数、区域创新条件实力指数、区域创新产出实力指数、区域创新影响实力指数均出现高速增长（图5-108）。四川省区域创新投入实力指数从11.84持续增加到25.19。其中，四川省R&D人员全时当量从86 736人年增加至124 614人年，R&D经费支出从1 602 595万元持续增加至5 614 193万元。

2008～2016年，四川省区域创新条件实力指数从10.48持续增加到30.53。其中，四川省互联网宽带接入用户数从391.0万户持续增加至1851.2万户，有效发明专利数从3395件持续增加至36 815件，研究实验平台数量从9个增加到11个，产业创新平台数量从28个增加至111个，检测检验平台数量从95个增加至255个，创新服务平台数量从106个持续增长至286个。

2008～2016年，四川省区域创新产出实力指数从3.89增加到20.86。其中，四川省发明专利申请量从4098件持续增加至54 277件，发明专利授权量从 1086 件持续提升至 10 350 件，实用新型和外观设计专利申请量从 20 237 件增加至 88 245 件，实用新型和外观设计专利授权量从 12 283 件增加至 52 095 件，PCT 专利申请量从 64 件增加至 527 件，SCI 论文数从 3629 篇持续提升至 10 846 篇。

2008~2016 年，四川省区域创新影响实力指数从 8.87 持续增加到 23.29。其中，大中型工业企业新产品销售收入从 17 982 165 万元持续增加至 30 447 284 万元，地区生产总值从 12 601.23 亿元提升至 32 934.54 亿元，高技术产业利润总额从 108.20 亿元增加至 393.55 亿元。

图 5-108　四川省区域创新实力指数二级指数变化情况（2008~2016 年）

（三）四川省区域创新效力指数演进

2008~2016 年，四川省区域创新效力指数从 14.43 持续增加至 26.07，均低于 31 个省区平均值。四川省该指数的年均增速为 7.67%，高于 31 个省区平均值的年均增速（7.19%）。四川省该指数的同比增速呈现震荡下降趋势，与 31 个省区同比增速趋势相同（图 5-109）。

2008~2016 年，四川省区域创新投入效力指数、区域创新条件效力指数、区域创新产出效力指数、区域创新影响效力指数均呈现不同程度的增长，其中以区域创新产出效力指数增长最为显著（图 5-110）。四川省区域创新投入效力指数从 23.92 增加到 27.72。其中，四川省 R&D 经费支出占地区生产总值的比例从 1.3% 提升至 1.7%。

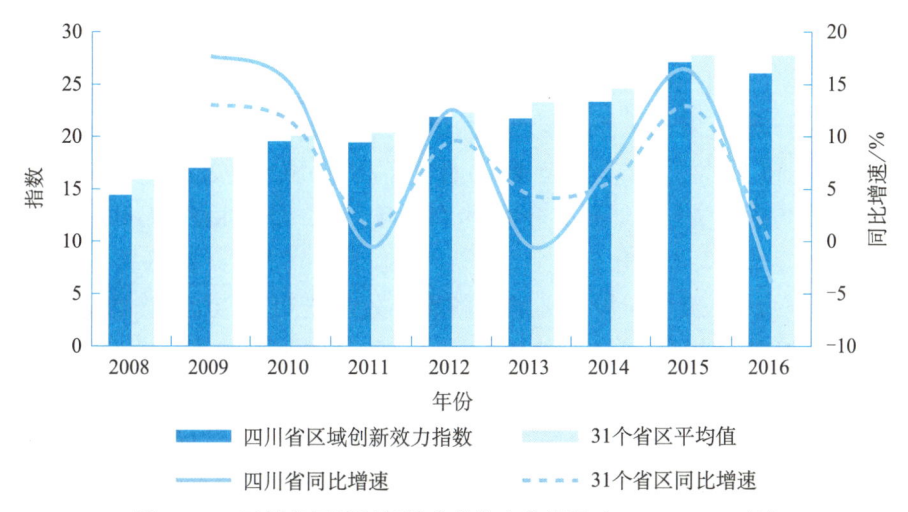

图 5-109　四川省区域创新效力指数变化情况（2008～2016 年）

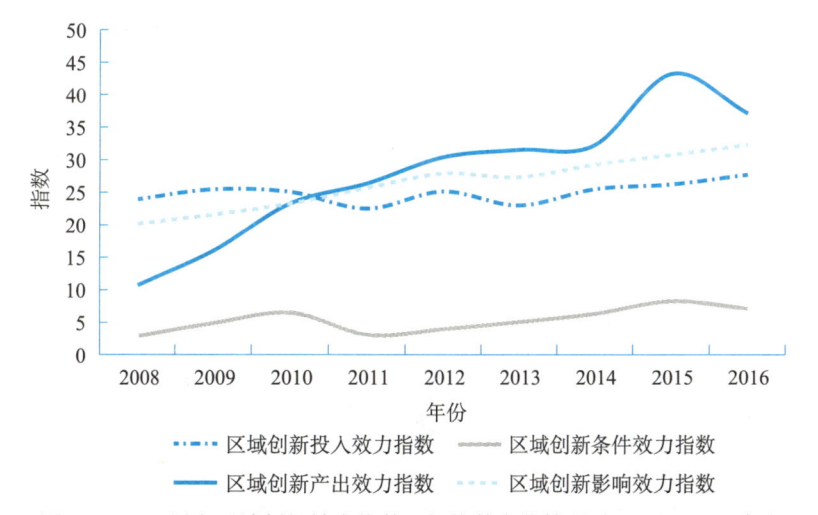

图 5-110　四川省区域创新效力指数二级指数变化情况（2008～2016 年）

2008～2016 年，四川省区域创新条件效力指数从 2.99 增加到 7.13。其中，四川省每万人口有效发明专利数从 0.42 件增加至 4.46 件，每百万人研究实验平台数量从 0.11 个增加至 0.13 个，每百万人产业创新平台数量从 0.34 个增加至 1.34 个，每百万人检测检验平台数量从 1.17 个增加至 2.78 个，每百万人创新服务平台数量从 1.30 个提升至 3.46 个。

2008～2016 年，四川省区域创新产出效力指数从 10.66 增加到 37.15。其中，四川省单位 R&D 人员发明专利申请量从 4.72 件 / 百人年提升至 43.56

件/百人年，单位R&D人员发明专利授权量从1.25件/百人年提升至8.31件/百人年，单位R&D人员实用新型和外观设计专利申请量从23.33件/百人年提升至70.81件/百人年，单位R&D人员实用新型和外观设计专利授权量从14.16件/百人年提升至41.80件/百人年，单位R&D人员PCT专利申请量从7.38件/万人年增加至42.29件/万人年，单位R&D人员SCI论文数从4.18篇/百人年提升至8.70篇/百人年。

2008～2016年，四川省区域创新影响效力指数从20.15增加到32.29。其中，四川省人均地区生产总值从15 484元持续增加至39 863元，劳动生产率从22.87万元/人年持续增加至41.82万元/人年，单位能耗产生的GDP从0.83万元/吨标准煤持续增加至1.62万元/吨标准煤，单位建成区面积GDP产出从9.05亿元/千米^{2}增加至12.59亿元/千米^2，单位工业废水排放量对应的主营业务收入从627.67元/吨增加至1177.19元/吨，单位主要污染物排放量对应的GDP从55.06万元/吨提升至271.75万元/吨。

（四）四川省区域创新创业环境指数演进

2008～2016年，四川省区域创新创业环境指数从28.84持续增加至33.46。四川省该指数的年均增速为1.87%，高于31个省区平均值的年均增速（0.61%）。四川省该指数的同比增速呈现震荡下降趋势（图5-111）。

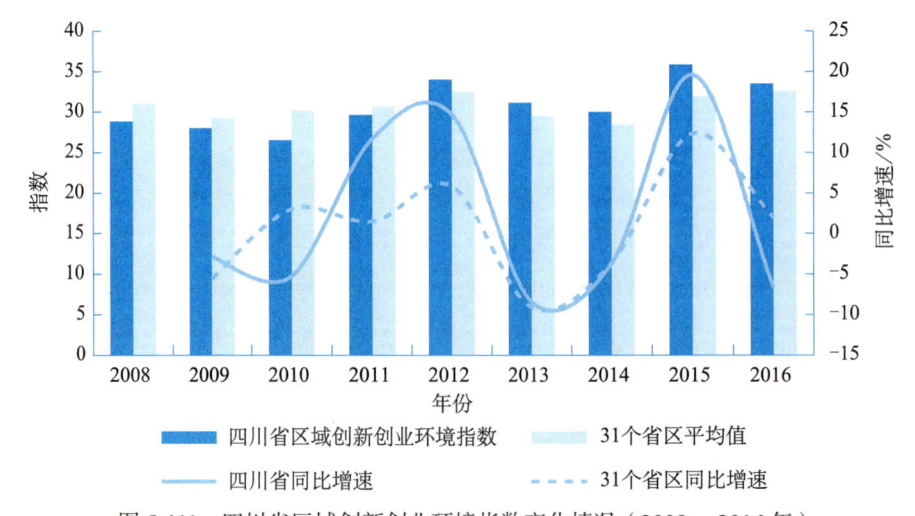

图5-111 四川省区域创新创业环境指数变化情况（2008～2016年）

2008～2016年，除区域资金环境指数外，四川省区域制度环境指数和区域人才环境指数均有所增长（图5-112）。四川省区域资金环境指数从21.27减少到15.80。其中，工业企业研究开发费用加计扣除执行情况从100%减少至73.68%，高新技术企业税收优惠从15 365万元增加至83 751万元，地方政府财政科技拨款占财政支出的比重从0.9%增加至1.3%。

2008～2016年，四川省区域人才环境指数从13.00增加到27.58。其中，四川省大专以上学历人口比例从4.2%提升至8.5%，地方政府财政支出中教育经费所占比重从12.5%提升至16.3%，城镇居民人均可支配收入与全国平均数的比例从84.6%增加至87.8%。

2008～2016年，四川省区域制度环境指数从52.27震荡降低到57.01，其中区域知识产权案件的结案率从96.77%降低至76.40%。

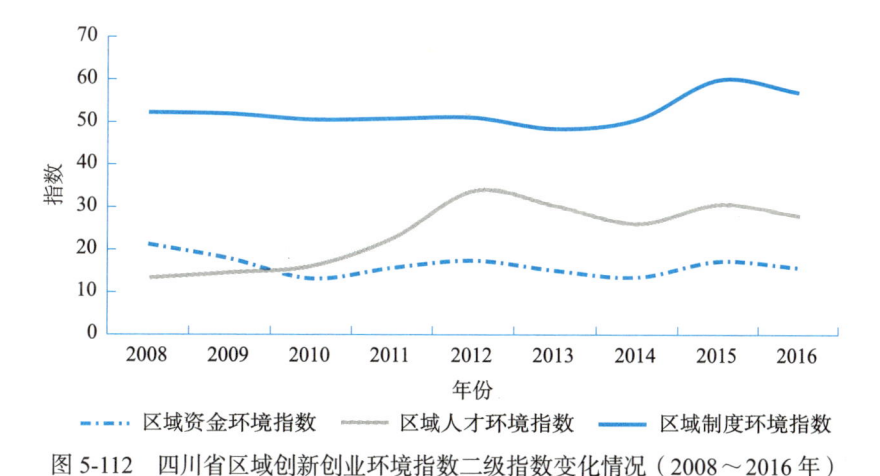

图5-112 四川省区域创新创业环境指数二级指数变化情况（2008～2016年）

第九节 辽 宁 省

2016年，辽宁省区域创新发展指数在31个省区中排名居第16位，区域创新能力指数居第15位；人均GDP为5.1万元，约合0.77万美元（图5-113），是创新发展先进型省区。

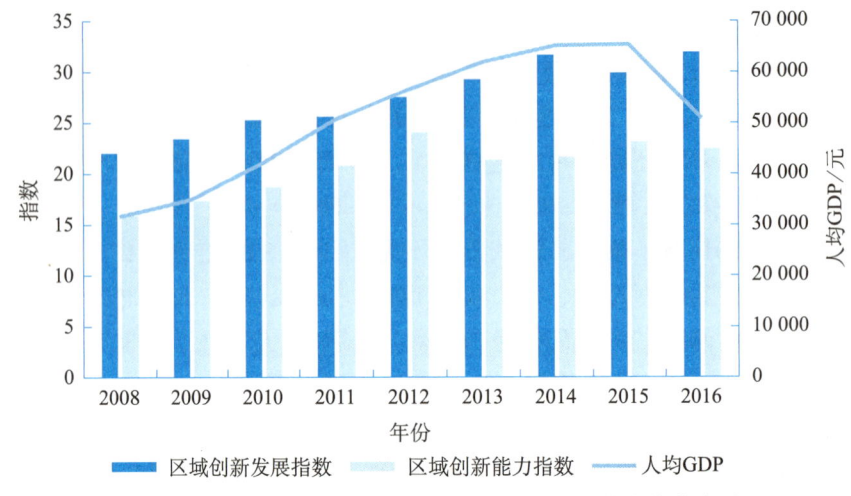

图 5-113　辽宁省区域创新发展指数和区域创新能力指数演进

一、辽宁省区域创新发展水平演进

（一）辽宁省区域创新发展指数演进

2008～2016 年，辽宁省区域创新发展指数由 22.01 持续增长到 31.93，低于 31 个省区平均值，排名呈下降趋势，从第 11 位震荡下降至第 16 位；同期，31 个省区平均值从 23.24 增加到 35.62，年均增速为 5.48%。辽宁省区域创新发展指数增长相对较慢，年均增速为 4.76%（图 5-114）。

图 5-114　辽宁省区域创新发展指数历年变化情况（2008～2016 年）

2008～2016年，从一级指数排名来看（表5-17），辽宁省区域产业创新发展指数的排名呈上升趋势，从排名第18位上升至第16位；区域社会创新发展指数保持第7位不变；区域科学技术发展指数、区域绿色集约发展指数和区域创新条件发展指数的排名均呈下降趋势，分别从第7位下降至第12位、第24位下降至第27位和第17位下降至第19位。

表5-17 辽宁省区域创新发展指数排名（2008～2016年）

指数	2008年	2009年	2010年	2011年	2012年	2013年	2014年	2015年	2016年
区域创新发展指数	11	12	14	13	11	11	10	15	16
——区域科学技术发展指数	7	8	8	9	10	10	10	11	12
——区域产业创新发展指数	18	18	16	15	14	10	10	21	16
——区域社会创新发展指数	7	7	7	7	7	7	7	7	7
——区域绿色集约发展指数	24	24	24	23	22	19	23	25	27
——区域创新条件发展指数	17	17	17	17	17	17	15	16	19

（二）辽宁省区域科学技术发展指数演进

2008～2016年，辽宁省区域科学技术发展指数从6.37波动增加到11.64，从2011年起均低于31个省区平均值。辽宁省该指数的年均增速为7.83%，低于31个省区平均值的年均增速（12.40%）。辽宁省该指数的同比增速总体呈震荡下降趋势，与31个省区同比增速变化趋势大体相同，且波动幅度更大（图5-115）。区域科学技术发展指数的4项指标均呈上升趋势，

图5-115 辽宁省区域科学技术发展指数变化情况（2008～2016年）

其中辽宁省人均R&D经费支出从440.48元持续增加到851.34元，每万人R&D人员数量从17.77人持续增加到20.06人，每万人本国有效发明专利数从1.15件持续增加到6.38件，每万人SCI论文数从0.96篇增加到2.28篇。

（三）辽宁省区域产业创新发展指数演进

2008～2016年，辽宁省区域产业创新发展指数从19.25上升至36.33，除2014年外均低于31个省区平均值。辽宁省该指数的年均增速为8.26%，高于31个省区平均值的年均增速（7.27%）。辽宁省该指数的同比增速呈现震荡上升趋势，与31个省区同比增速呈现相同趋势（图5-116）。其二级指标均呈上升趋势，其中辽宁省全员劳动生产率从66.55万元/人年增加到96.64万元/人年，高技术产业主营业务收入占制造业主营业务收入比例从4.6%提升至6.6%，服务业增加值占比从38.1%提升至51.5%，新产品销售收入占主营业务收入比例从7.9%上升到15.4%。

图5-116　辽宁省区域产业创新发展指数变化情况（2008～2016年）

（四）辽宁省区域社会创新发展指数演进

2008～2016年，辽宁省区域社会创新发展指数从42.92波动上升到50.70，且均高于31个省区平均值。辽宁省该指数的年均增速为2.11%，低于31个省区平均值的年均增速（2.84%）。辽宁省该指数的同比增速呈现震荡下降趋势，且下降趋势显著，与31个省区同比增速趋势呈现基本相同趋势

（图 5-117）。其 7 项指标均呈增长态势。具体来讲，城镇人口占总人口的比例从 60.1% 持续增加到 67.4%；城镇居民人均可支配收入与全国平均数的比例从 96.3% 上升至 101.8%；大专以上学历人口比例从 10.8% 提升至 17.3%；每万人口在校大学生数从 190.12 人持续增加到 228.12 人，人口预期寿命从 73.3 岁提升至 76.4 岁，每千人口卫生技术人员数从 5.1 人持续增加到 6.3 人，社区服务机构覆盖率从 22.2% 增加到 29.7%。而 GDP 中非农产业的比例从 90.5% 降低到 90.2%。

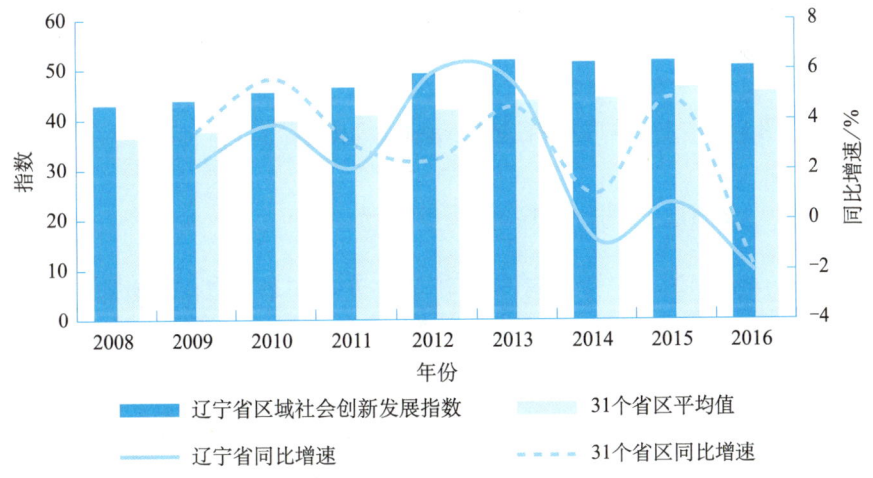

图 5-117　辽宁省区域社会创新发展指数变化情况（2008～2016 年）

（五）辽宁省区域绿色集约发展指数演进

2008～2016 年，辽宁省区域绿色集约发展指数呈增长态势，从 20.76 增加到 24.85，且均远低于 31 个省区平均值。辽宁省该指数的年均增速为 2.28%，低于 31 个省区平均值的年均增速（5.67%）。辽宁省该指数的同比增速总体呈震荡下降趋势，同期 31 个省区同比增速震荡上升（图 5-118）。其中，辽宁省单位能耗和单位废水对应的 GDP 分别从 0.77 万元/吨标准煤、644.68 元/吨快速增长到 1.06 万元/吨标准煤、974.88 元/吨；单位主要污染物排放量对应的 GDP 从 43.35 万元/吨增加到 125.54 万元/吨，增幅显著。辽宁省单位建成区面积对应的 GDP 从 6.99 亿元/千米^2 降低到 7.95 亿元/千米^2，工业固体废物综合利用率从 41.7% 降低到 28.3%。

图 5-118　辽宁省区域绿色集约发展指数变化情况（2008～2016 年）

（六）辽宁省区域创新条件发展指数演进

2008～2016 年，辽宁省区域创新条件发展指数从 21.84 增加到 32.21，且均低于 31 个省区平均值。辽宁省该指数的年均增速为 4.97%，高于 31 个省区平均值的年均增速（3.75%）。辽宁省该指数的同比增速总体呈震荡下降趋势，与 31 个省区同比增速变化趋势相同（图 5-119）。其中，每百万人口研究实验平台数量从 0.21 个提升至 0.27 个，每百万人口产业创新平台数量从 1.18 个增加到 2.54 个，每百万人口创新服务平台数量从 3.55 个提升至 7.20 个，

图 5-119　辽宁省区域创新条件发展指数变化情况（2008～2016 年）

拥有网站的企业比例和有电子商务活动的企业比例分别从 41.9% 和 2.0% 增加到 54.2% 和 5.8%，政府网站绩效从 52.7 提升到 65.7。而辽宁省人均邮电业务总量从 0.19 万元下降至 0.14 万元。

二、辽宁省区域创新能力演进

（一）辽宁省区域创新能力指数演进

2008～2016 年，辽宁省区域创新能力指数从 15.90 增长到 22.46，从 2013 年开始低于 31 个省区平均值，且差距逐渐拉大，在 31 个省区中的排名中从第 10 位震荡下降至第 15 位，下降显著。同期，31 个省区平均值从 15.64 增加到 26.18，年均增速为 6.65%。辽宁省区域创新能力指数增长也相对较慢，年均增速仅为 4.42%（图 5-120）。

图 5-120　辽宁省区域创新能力指数历年变化情况（2008～2016 年）

2008～2016 年，从一级指数排名来看（表 5-18），辽宁省区域创新实力指数和区域创新效力指数排名呈下降趋势，分别从第 7 位持续下降至第 15 位、第 9 位持续下降至第 16 位；区域创新创业环境指数排名从第 18 位震荡上升至第 17 位。

表 5-18　辽宁省区域创新能力指数排名（2008～2016 年）

指数	2008 年	2009 年	2010 年	2011 年	2012 年	2013 年	2014 年	2015 年	2016 年
区域创新能力指数	10	11	11	8	8	14	14	14	15
——区域创新实力指数	7	7	7	8	10	10	11	13	15
——区域创新效力指数	9	9	11	11	13	13	15	15	16
——区域创新创业环境指数	18	15	19	10	5	15	14	19	17

（二）辽宁省区域创新实力指数演进

2008～2016 年，辽宁省区域创新实力指数从 9.21 波动增加至 16.87，从 2014 年开始低于 31 个省区平均值。辽宁省该指数的年均增速为 7.86%，低于 31 个省区平均值的年均增速（13.71%）。辽宁省该指数的同比增速呈现震荡下降趋势，与 31 个省区同比增速趋势大致相同，但下降趋势更加明显（图 5-121）。

图 5-121　辽宁省区域创新实力指数变化情况（2008～2016 年）

2008～2016 年，辽宁省区域创新投入实力指数、区域创新条件效力指数、区域创新产出效力指数、区域创新影响效力指数均呈现不同程度的增长（图 5-122）。区域创新投入实力指数从 11.65 持续增加到 17.17，其中，辽宁省 R&D 人员全时当量从 76 673 人年增加至 87 839 人年，R&D 经费支出从 1 900 662 万元持续增加至 3 727 165 万元。

2008～2016年，辽宁省区域创新条件实力指数从12.54持续增加到23.81。其中，互联网宽带接入用户数从426.6万户波动增加至971.7万户，有效发明专利数从4978件持续增加至27 915件，研究实验平台数量从9个增加至12个，产业创新平台数量从51个提升至111个，检测检验平台数量从137个提升至281个，创新服务平台数量从153个持续增长至315个。

2008～2016年，辽宁省区域创新产出实力指数从4.01增加到11.23。其中，发明专利申请量从6493件持续增加至25 561件，发明专利授权量从1516件持续提升至6731件，实用新型和外观设计专利申请量从14 400件持续增加至27 042件，实用新型和外观设计专利授权量从9149件增加至18 373件，SCI论文数从4145篇持续提升至9987篇。

2008～2016年，辽宁省区域创新影响实力指数从8.64持续增加到15.28。其中，辽宁省大中型工业企业新产品销售收入从19 196 748万元持续增加至33 872 375万元，地区生产总值从13 668.58亿元提升至22 246.90亿元，高技术产业利润总额从56.70亿元增加至143.70亿元。

图5-122 辽宁省区域创新实力指数二级指数变化情况（2008～2016年）

（三）辽宁省区域创新效力指数演进

2008～2016年，辽宁省区域创新效力指数从16.65波动增加至23.40，从2014年起低于31个省区平均值。辽宁省该指数的年均增速为4.35%，低于31个省区平均值的年均增速（7.19%）。辽宁省该指数的同比增速呈现震荡下降趋势，与31个省区同比增速趋势大致相同，且下降幅度更大（图5-123）。

图 5-123 辽宁省区域创新效力指数变化情况（2008～2016 年）

2008～2016 年，辽宁省区域创新投入效力指数、区域创新条件效力指数、区域创新产出效力指数、区域创新影响效力指数均有所增长，其中以区域创新产出效力指数增长最为显著（图 5-124）。辽宁省区域创新投入指数从 24.14 持续增加到 27.31。其中，R&D 人员比例从 1.5% 提升至 1.6%，R&D 经费支出占地区生产总值的比例从 1.4% 提升至 1.7%。

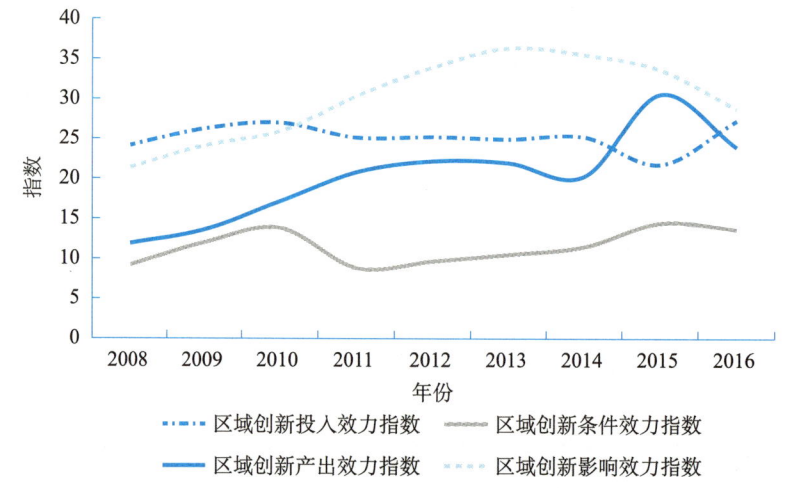

图 5-124 辽宁省区域创新效力指数二级指数变化情况（2008～2016 年）

2008～2016 年，辽宁省区域创新条件效力指数从 9.19 增加到 13.63。其中，每万人口有效发明专利数从 1.15 件增加至 6.38 件，每百万人研究实验平台数量从 0.21 个增加至 0.27 个，每百万人产业创新平台数量从 1.18 个增加至 2.54 个，每百万人检测检验平台数量从 3.17 个增加至 5.50 个，每百万人创新服务平台数量从 3.55 个提升至 7.20 个。

2008～2016 年，辽宁省区域创新产出效力指数从 11.89 增加到 23.91。其中，单位 R&D 人员发明专利申请量从 8.47 件/百人年提升至 29.10 件/百人年，单位 R&D 人员发明专利授权量从 1.98 件/百人年提升至 7.66 件/百人年，单位 R&D 人员实用新型和外观设计专利申请量从 18.78 件/百人年提升至 30.79 件/百人年，单位 R&D 人员实用新型和外观设计专利授权量从 11.93 件/百人年提升至 20.92 件/百人年，单位 R&D 人员 SCI 论文数从 5.41 篇/百人年提升至 11.37 篇/百人年。

2008～2016 年，辽宁省区域创新影响效力指数从 21.38 增加到 28.76。其中，大中型工业企业新产品销售收入占主营业务收入比重从 7.88% 增加到 15.38%，人均地区生产总值从 31 677 元持续增加至 50 815 元，劳动生产率从 26.76 万元/人年持续增加至 39.70 万元/人年，单位能耗产生的 GDP 从 0.77 万元/吨标准煤持续增加至 1.06 万元/吨标准煤，单位主要污染物排放量对应的 GDP 从 43.35 万元/吨提升至 125.54 万元/吨。

（四）辽宁省区域创新创业环境指数演进

2008～2016 年，辽宁省区域创新创业环境指数从 27.76 增加至 31.75，除 2011 年、2012 年外均低于 31 个省区平均值。辽宁省该指数的年均增速为 1.69%，高于 31 个省区平均值的年均增速（0.61%）。辽宁省该指数的同比增速呈现震荡上升趋势，与 31 个省区同比增速趋势相同（图 5-125）。

2008～2016 年，辽宁省区域资金环境指数有所下降，区域人才环境指数和区域制度环境指数呈现小幅上升趋势（图 5-126）。辽宁省区域资金环境指数从 16.91 减少到 14.98。其中，工业企业研究开发费用加计扣除执行情况从 48.09% 减少至 47.65%，高新技术企业税收优惠从 58 535 万元增加至 161 706 万元。

2008～2016 年，辽宁省区域人才环境指数从 26.66 增加到 32.65。其中，大专以上学历人口比例从 10.8% 提升至 17.3%，城镇居民人均可支配收入与全国平均数的比例从 96.3% 提升至 101.8%。

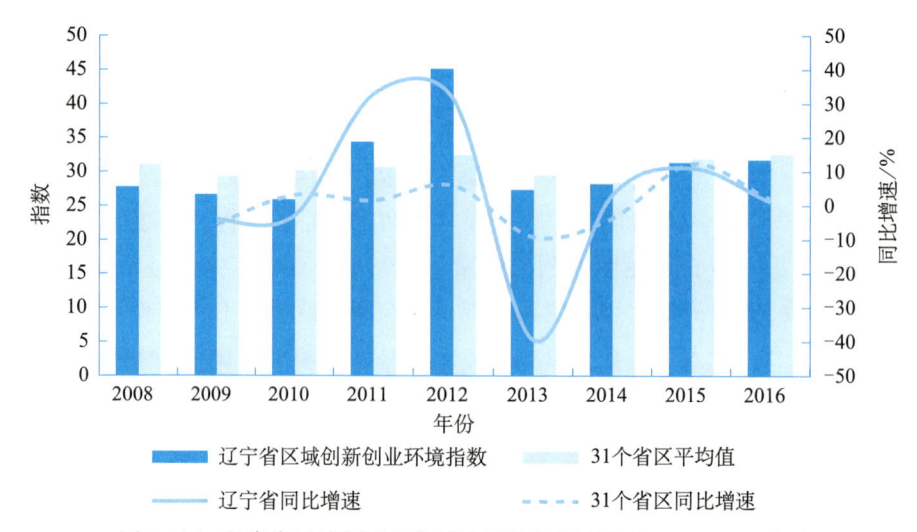

图 5-125　辽宁省区域创新创业环境指数变化情况（2008～2016 年）

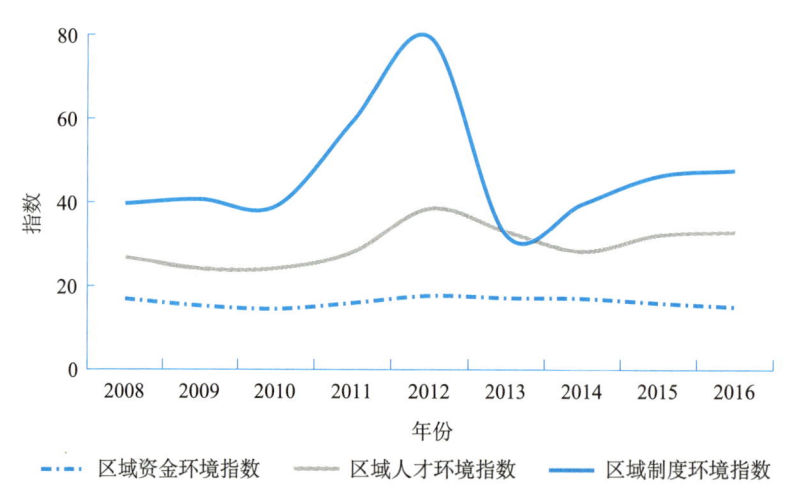

图 5-126　辽宁省区域创新创业环境指数二级指数变化情况（2008～2016 年）

2008～2016 年，辽宁省区域制度环境指数从 39.71 增加到 47.62。其中，区域知识产权案件的结案率从 90.91% 提升至 96.69%，政府网站绩效从 52.7 提升至 65.7。

第六章
创新发展追赶Ⅰ型省区

第一节 河 北 省

2016年,河北省区域创新发展指数在31个省区中排名居第20位,区域创新能力指数居第16位;人均GDP为4.3万元,约合0.65万美元(图6-1),属于创新发展追赶Ⅰ型省区。

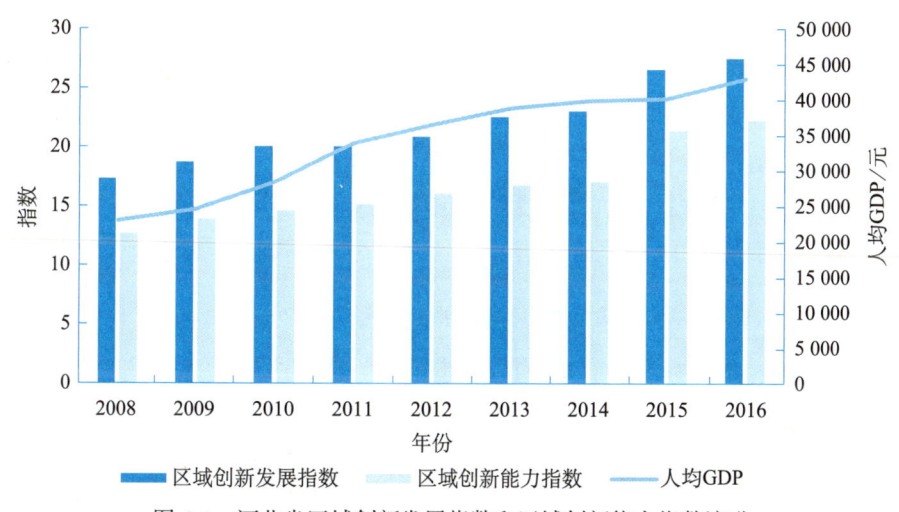

图6-1 河北省区域创新发展指数和区域创新能力指数演进

一、河北省区域创新发展水平演进

(一) 河北省区域创新发展指数演进

2008～2016年，河北省区域创新发展指数由17.29持续增长到27.50，低于31个省区平均值，在31个省区中排名呈上升趋势，从第22位上升至第20位；同期，31个省区平均值从23.24增加到35.62，年均增速为5.48%。河北省区域创新发展指数增长相对较快，年均增速为5.98%（图6-2）。

图6-2 河北省区域创新发展指数历年变化情况（2008～2016年）

2008～2016年，从一级指数排名来看（表6-1），河北省区域科学技术发展指数、区域产业创新发展指数和区域创新条件发展指数的排名均呈上升趋势，分别从第23位上升至第20位、第26位上升至第25位以及第27位上升至第21位；区域社会创新发展指数和区域绿色集约发展指数的排名均呈下降趋势，分别从第18位下降至第24位、第16位下降至第19位。

表6-1 河北省区域创新发展指数排名（2008～2016年）

指数	2008年	2009年	2010年	2011年	2012年	2013年	2014年	2015年	2016年
区域创新发展指数	22	21	21	24	26	26	25	20	20
——区域科学技术发展指数	23	23	23	23	23	22	22	20	20

续表

指数	2008年	2009年	2010年	2011年	2012年	2013年	2014年	2015年	2016年
——区域产业创新发展指数	26	26	24	23	23	24	24	26	25
——区域社会创新发展指数	18	18	19	20	21	18	21	19	24
——区域绿色集约发展指数	16	13	18	24	27	24	22	18	19
——区域创新条件发展指数	27	28	28	27	28	25	27	19	21

（二）河北省区域科学技术发展指数演进

2008~2016年，河北省区域科学技术发展指数从1.64持续增加到5.73，远低于31个省区平均值。河北省该指数的年均增速为16.92%，高于31个省区平均值的年均增速（12.40%）。河北省该指数的同比增速总体呈震荡下降趋势，与31个省区同比增速变化趋势大致相同，且波动幅度更大（图6-3）。区域科学技术发展指数的4项指标均呈上升趋势，其中河北省人均R&D经费支出从156.12元持续增加到513.29元，每万人R&D人员数量从6.60人持续增加到14.91人，每万人本国有效发明专利数从0.26件持续增加到2.11件，每万人SCI论文数从0.15篇增加到0.45篇。

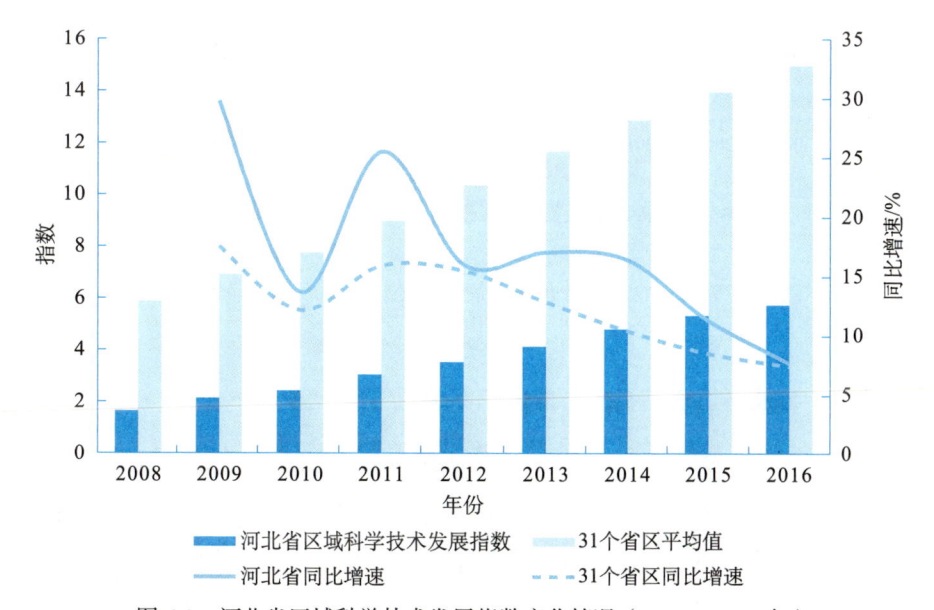

图6-3 河北省区域科学技术发展指数变化情况（2008~2016年）

（三）河北省区域产业创新发展指数演进

2008～2016 年，河北省区域产业创新发展指数从 13.78 上升至 30.03，但均低于 31 个省区平均值。河北省该指数的年均增速为 10.23%，高于 31 个省区平均值的年均增速（7.27%）。河北省该指数的同比增速呈现震荡下降趋势，而 31 个省区同比增速呈现震荡上升趋势（图 6-4）。其 4 项指标均呈上升趋势，其中全员劳动生产率从 70.93 万元/人年增加到 128.82 万元/人年，高技术产业主营业务收入占制造业主营业务收入比例从 2.4% 提升至 3.9%，服务业增加值占比从 33.0% 震荡降低到 41.5%，新产品销售收入占主营业务收入比例从 4.8% 上升到 8.3%。

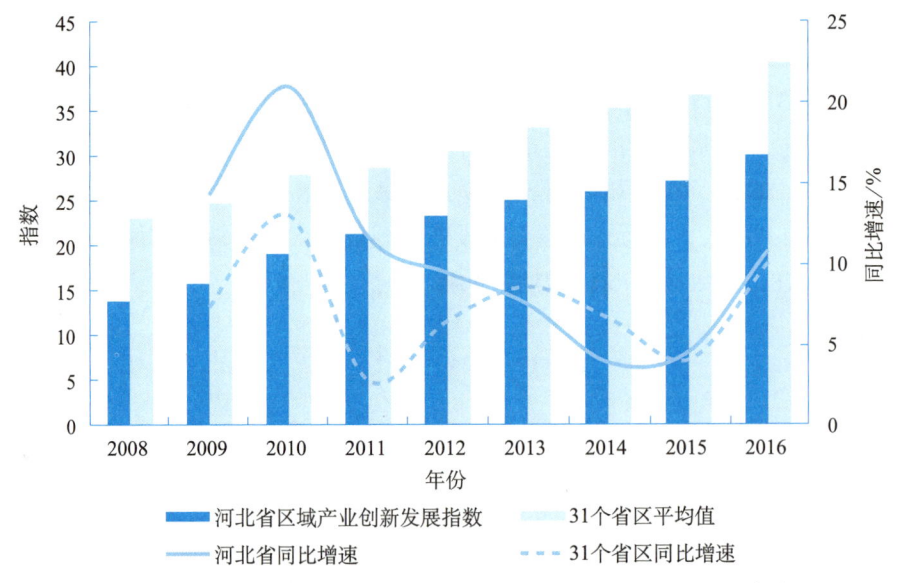

图 6-4　河北省区域产业创新发展指数变化情况（2008～2016 年）

（四）河北省区域社会创新发展指数演进

2008～2016 年，河北省区域社会创新发展指数从 30.87 波动上升到 37.74，均低于 31 个省区平均值。河北省该指数的年均增速为 2.54%，低于 31 个省区平均值的年均增速（2.84%）。河北省该指数的同比增速呈现震荡下降趋势，且下降趋势显著，与 31 个省区同比增速呈现基本相同趋势（图 6-5）。

其二级指标均呈增长态势。具体来讲，城镇人口占总人口的比例从 45.2% 持续增加到 58.1%，GDP 中非农产业的比例从 87.3% 提升到 89.1%，大专以上学历人口比例从 4.5% 提升至 9.5%，每万人口在校大学生数从 143.09 人持续增加到 162.80 人，人口预期寿命从 72.5 岁提升至 75.0 岁，每千人口卫生技术人员数从 3.5 人持续增加到 5.3 人。而城镇居民人均可支配收入与全国平均数的比例从 90.0% 下降至 87.5%，社区服务机构覆盖率从 10.5% 下降到 4.9%。

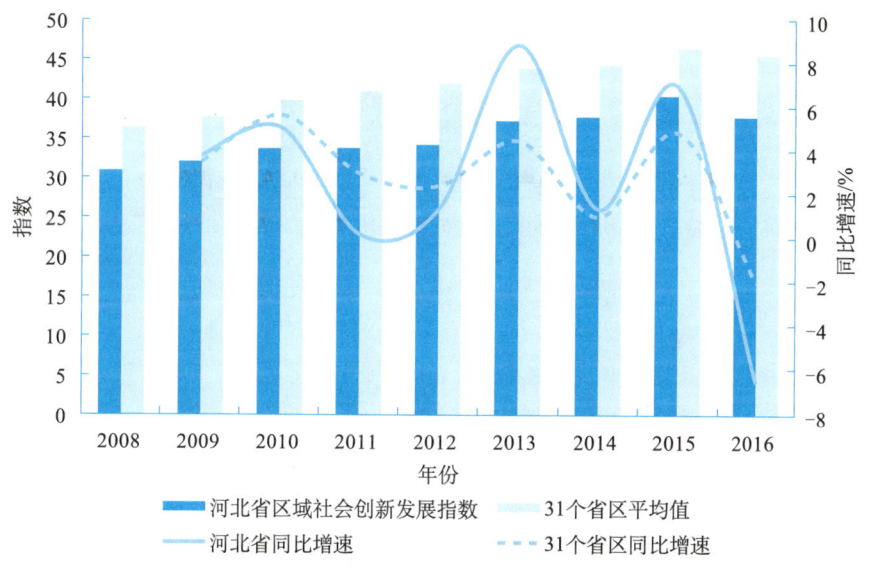

图 6-5　河北省区域社会创新发展指数变化情况（2008～2016 年）

（五）河北省区域绿色集约发展指数演进

2008～2016 年，河北省区域绿色集约发展指数呈增长态势，从 25.56 增加到 34.29，除 2009 年外均低于 31 个省区平均值。河北省该指数的年均增速为 3.74%，低于 31 个省区平均值的年均增速（5.67%）。河北省该指数的同比增速总体呈震荡下降趋势，同期 31 个省区同比增速震荡上升（图 6-6）。其中，河北省单位能耗和单位废水对应的 GDP 分别从 0.66 万元 / 吨标准煤、682.24 元 / 吨增长到 1.08 万元 / 吨标准煤、1110.49 元 / 吨，单位主要污染物排放量对应的 GDP 从 37.93 万元 / 吨增加到 101.08 万元 / 吨，单位建成区面积对应的 GDP 从 10.48 亿元 / 千米^2 提高到 15.60 亿元 / 千米^2。而河北省工业固体废物综合利用率从 59.9% 降低到 53.5%。

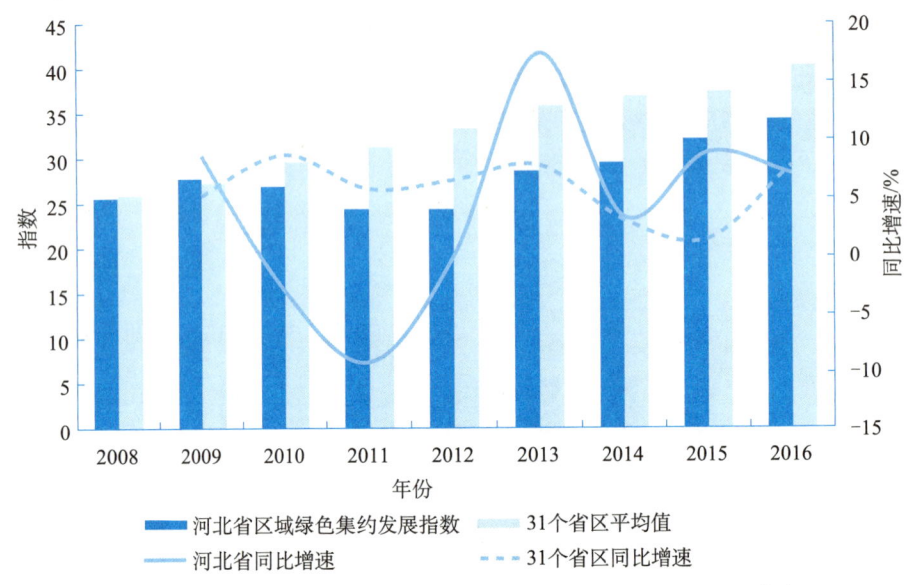

图 6-6　河北省区域绿色集约发展指数变化情况（2008~2016 年）

（六）河北省区域创新条件发展指数演进

2008~2016 年，河北省区域创新条件发展指数从 18.78 增加到 31.04，均低于 31 个省区平均值。河北省该指数的年均增速为 6.48%，高于 31 个省区平均值的年均增速（3.75%）。河北省该指数的同比增速总体呈震荡下降趋势，与 31 个省区同比增速变化趋势大体相同，且波动幅度更大（图 6-7）。其中，每百万人口研究实验平台数量从 0.01 个提升至 0.03 个，每百万人口产业创新平台数量从 0.30 个增加到 0.94 个，每百万人口创新服务平台数量从 1.89 个提升至 3.71 个，拥有网站的企业比例和有电子商务活动的企业比例分别从 53.6% 和 2.7% 增加到 60.2% 和 8.4%，政府网站绩效从 39.6 提升到 72.9。而河北省人均邮电业务总量从 0.15 万元下降至 0.11 万元。

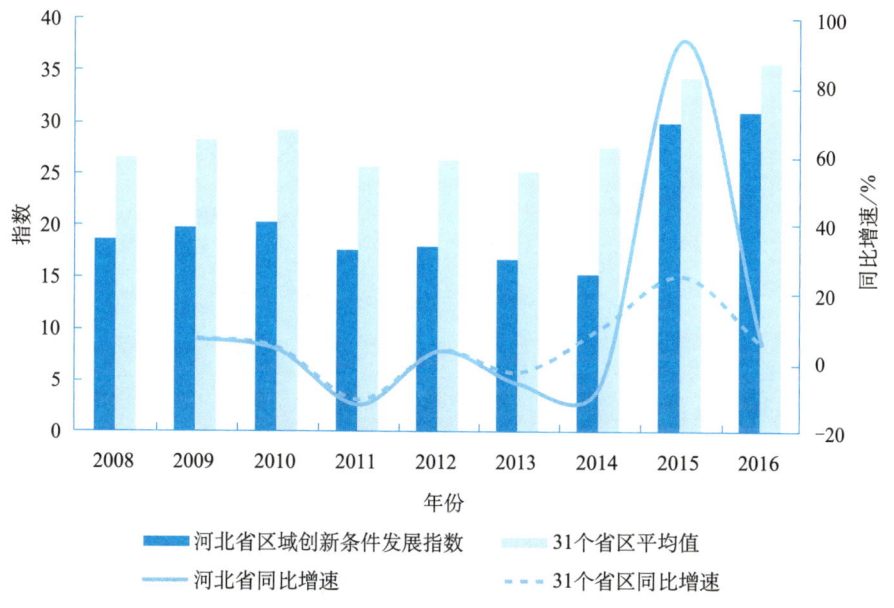

图 6-7 河北省区域创新条件发展指数变化情况（2008～2016 年）

二、河北省区域创新能力演进

（一）河北省区域创新能力指数演进

2008～2016 年，河北省区域创新能力指数从 12.67 增长到 22.25，均低于 31 个省区平均水平，在 31 个省区中的排名总体呈上升趋势，从第 18 位上升至第 16 位；同期，31 个省区平均值从 15.64 增加到 26.18，年均增速为 6.65%。河北省区域创新能力指数年均增速为 7.30%，高于 31 个省区平均值的年均增速（图 6-8）。

2008～2016 年，从一级指数排名来看（表 6-2），河北省区域创新创业环境指数排名呈上升趋势，从第 19 位上升至第 12 位；区域创新实力指数和区域创新效力指数排名下降，分别从第 12 位和第 19 位下降至第 14 位和第 20 位。

图 6-8　河北省区域创新能力指数历年变化情况（2008～2016 年）

表 6-2　河北省区域创新能力指数排名（2008～2016 年）

指数	2008 年	2009 年	2010 年	2011 年	2012 年	2013 年	2014 年	2015 年	2016 年
区域创新能力指数	18	17	17	17	19	17	17	16	16
——区域创新实力指数	12	12	13	13	15	15	15	15	14
——区域创新效力指数	19	18	19	19	20	19	19	21	20
——区域创新创业环境指数	19	17	20	19	24	21	23	17	12

（二）河北省区域创新实力指数演进

2008～2016 年，河北省区域创新实力指数从 6.64 持续增加至 17.50，均低于 31 个省区平均值。河北省该指数的年均增速为 12.88%，低于 31 个省区平均值的年均增速（13.71%）。河北省该指数的同比增速呈现震荡下降趋势，与 31 个省区同比增速趋势基本相同（图 6-9）。

2008～2016 年，河北省区域创新投入实力指数、区域创新条件实力指数、区域创新产出实力指数、区域创新影响实力指数均呈现高速增长态势（图 6-10）。河北省区域创新投入实力指数从 6.85 持续增加到 19.60。其中，河北省 R&D 人员全时当量从 46 155 人年增加至 111 384 人年，R&D 经费支出从 1 091 113 万元持续增加至 3 834 274 万元。

图 6-9　河北省区域创新实力指数变化情况（2008～2016 年）

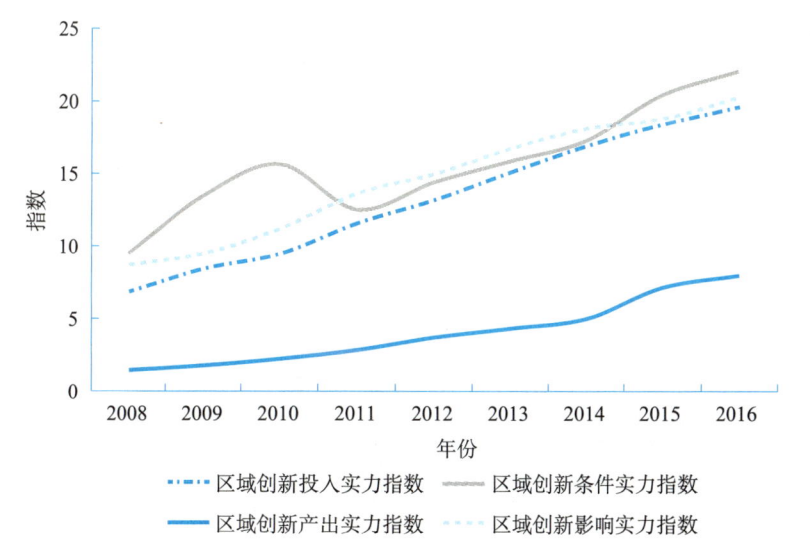

图 6-10　河北省区域创新实力指数二级指数变化情况（2008～2016 年）

2008～2016 年，河北省区域创新条件实力指数从 9.58 持续增加到 22.17。其中，河北省互联网宽带接入用户数从 466.8 万户持续增加至 1612.0 万户，有效发明专利数从 1793 件持续增加至 15 755 件，产业创新平台数量从 21 个增加至 70 个，检测检验平台数量从 123 个增加至 255 个，创新服务平台数量从 132 个持续增加至 277 个。

2008～2016 年，河北省区域创新产出实力指数从 1.45 增加到 7.97。其中，河北省发明专利申请量从 2380 件持续增加至 14 141 件，发明专利授权量从549件持续提升至4247件，实用新型和外观设计专利申请量从6748件持续增加至40 697件，实用新型和外观设计专利授权量从4947件增加至27 579件，PCT专利申请量从23件增加至115件，SCI论文数从1046篇持续提升至3374篇。

2008~2016年，河北省区域创新影响实力指数从8.70持续增加到20.27。其中，河北省大中型工业企业新产品销售收入从10 685 885万元持续增加至39 231 360万元，地区生产总值从16 011.97亿元提升至32 070.45亿元，高技术产业利润总额从61.80亿元增加至162.63亿元。

（三）河北省区域创新效力指数演进

2008~2016年，河北省区域创新效力指数从11.47持续增加至21.00，均远低于31个省区平均值。河北省该指数的年均增速为7.85%，高于31个省区平均值的年均增速（7.19%）。河北省该指数的同比增速呈震荡下降趋势，与31个省区同比增速趋势大致相同，且波动幅度更大（图6-11）。

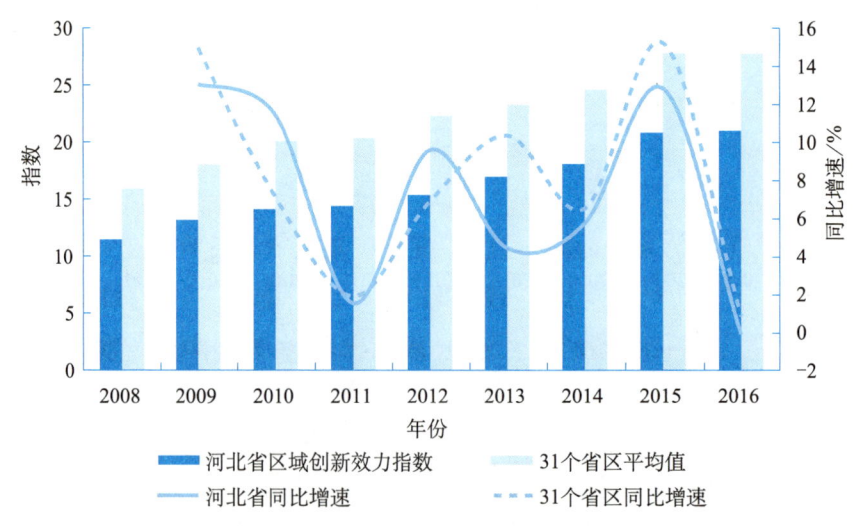

图6-11 河北省区域创新效力指数变化情况（2008~2016年）

2008~2016年，河北省区域创新投入效力指数和区域创新产出效力指数增长较快，其他指数增长较慢（图6-12）。河北省区域创新投入效力指数从11.77持续增加到25.07。其中，河北省R&D人员比例从0.9%提升至1.7%，R&D经费支出占地区生产总值的比例从0.7%提升至1.2%。

2008~2016年，河北省区域创新条件效力指数从4.04增加到5.32。其中，河北省每万人口有效发明专利数从 0.26 件增加至 2.11 件，每百万人研究实验平台数量从 0.01 个增加至 0.03 个，每百万人产业创新平台数量从 0.30 个增加至 0.94 个，每百万人检测检验平台数量从 1.76 个增加至 3.22 个，每百万人创新服务平台数量从 1.89 个提升至 3.71 个。

2008～2016 年，河北省区域创新产出效力指数从 6.39 增加到 15.43。其中，河北省单位 R&D 人员发明专利申请量从 5.16 件/百人年提升至 12.70 件/百人年，单位 R&D 人员发明专利授权量从 1.19 件/百人年提升至 3.81 件/百人年，单位 R&D 人员实用新型和外观设计专利申请量从 14.62 件/百人年提升至 36.54 件/百人年，单位 R&D 人员实用新型和外观设计专利授权量从 10.72 件/百人年提升至 24.76 件/百人年，单位 R&D 人员 SCI 论文数从 2.27 篇/百人年提升至 3.03 篇/百人年。

2008～2016 年，河北省区域创新影响效力指数从 23.69 增加到 38.18。其中，河北省大中型工业企业新产品销售收入占主营业务收入比重从 4.76% 增加到 8.29%，人均地区生产总值从 22 910 元持续增加至 42 932 元，劳动生产率从 31.96 万元/人年波动增加至 50.14 万元/人年，单位能耗产生的 GDP 从 0.66 万元/吨标准煤持续增加至 1.08 万元/吨标准煤，单位建成区面积 GDP 产出从 10.48 亿元/千米^2 增加至 15.60 亿元/千米^2，单位工业废水排放量对应的主营业务收入从 957.35 元/吨增加至 1638.83 元/吨，单位主要污染物排放量对应的 GDP 从 37.93 万元/吨提升至 101.08 万元/吨。

图 6-12　河北省区域创新效力指数二级指数变化情况（2008～2016 年）

（四）河北省区域创新创业环境指数演进

2008~2016年，河北省区域创新创业环境指数从27.10增加至34.26，从2015年开始高于31个省区平均值。河北省该指数的年均增速为2.98%，高于31个省区平均值的年均增速（0.61%）。河北省该指数的同比增速呈现震荡上升趋势，从2009年的-2.60%上升到4.50%，与31个省区同比增速趋势大致相同，但变化幅度更大（图6-13）。

图6-13　河北省区域创新创业环境指数变化情况（2008~2016年）

2008~2016年，河北省区域资金环境指数、区域人才环境指数和区域制度环境指数均有所增长，以区域制度环境指数的增长最为显著（图6-14）。

图6-14　河北省区域创新创业环境指数二级指数变化情况（2008~2016年）

河北省区域资金环境指数从 14.37 增加到 15.71。其中，河北省工业企业研究开发费用加计扣除执行情况从 74.94% 减少至 41.28%，高新技术企业税收优惠从 43 075 万元增加至 247 232 万元。

2008～2016 年，河北省区域人才环境指数从 35.29 减少到 35.13。其中，河北省大专以上学历人口比例从 4.5% 提升至 9.5%，地方政府财政支出中教育经费所占比重从 20.0% 下降至 18.8%；城镇居民人均可支配收入与全国平均数的比例从 90.0% 下降至 87.5%。

2008～2016 年，河北省区域制度环境指数从 31.63 增加到 51.95。其中，区域知识产权案件的结案率从 84.21% 提升至 99.38%，政府网站绩效从 39.6 提升至 72.9。

第二节 江 西 省

2016 年，江西省区域创新发展指数在 31 个省区中居第 19 位，区域创新能力指数排名居第 18 位；人均 GDP 为 4.03 万元，约合 0.61 万美元（图 6-15），是创新发展追赶 I 型省区。

图 6-15　江西省区域创新发展指数和区域创新能力指数演进

一、江西省区域创新发展水平演进

（一）江西省区域创新发展指数演进

2008～2016 年，江西省区域创新发展指数从 17.46 稳步增长到 29.26，排名从第 21 位波动提升到第 19 位；同期，31 个省区平均值从 23.24 增加到 35.62，年均增速为 5.48%。江西省区域创新发展指数年均增速为 6.67%，远高于 31 个省区平均值的年均增速（图 6-16）。

图 6-16　江西省区域创新发展指数历年变化情况（2008～2016 年）

从区域创新发展指数排名来看，2008～2016 年，江西省区域创新发展指数总体处于中下游。从一级指数来看（表 6-3），江西省区域科学技术发展指数排名较为稳定，基本保持在第 24 位；区域产业创新发展指数排名虽有波动，但总体在逐步提升，2016 年排名提升至第 15 位；区域社会创新发展指数波动提升到 2016 年的第 18 位；区域绿色集约发展指数出现了小幅度波动，保持在第 20～23 位；区域创新条件发展指数波动幅度较大，由第 19 位波动下降至第 24 位。

表 6-3　江西省区域创新发展指数排名（2008～2016 年）

指数	2008 年	2009 年	2010 年	2011 年	2012 年	2013 年	2014 年	2015 年	2016 年
区域创新发展指数	21	23	20	20	19	19	20	18	19

续表

指数	2008年	2009年	2010年	2011年	2012年	2013年	2014年	2015年	2016年
——区域科学技术发展指数	24	24	25	24	24	24	24	24	24
——区域产业创新发展指数	22	23	20	22	17	18	18	15	15
——区域社会创新发展指数	20	20	18	18	19	19	19	20	18
——区域绿色集约发展指数	22	23	21	20	21	21	20	20	22
——区域创新条件发展指数	19	20	20	20	20	19	26	13	24

(二)江西省区域科学技术发展指数演进

2008~2016年,江西省区域科学技术发展指数从1.52持续快速增加到4.59,排名大致保持在第24位,年均增速为14.81%,高于31个省区平均值的年均增速(12.40%)。具体来看,江西省区域科学技术发展指数低于31个省区平均值(图6-17)。具体分析影响江西省区域科学技术发展指数的二级指标发现,人均R&D经费支出从143.5元持续快速增加到451.5元,每万人本国有效发明专利数从0.15件持续快速增加到1.50件,每万人SCI论文数从0.15篇震荡增加到0.57篇,每万人R&D人员数量从6.42人增加至11.02人。

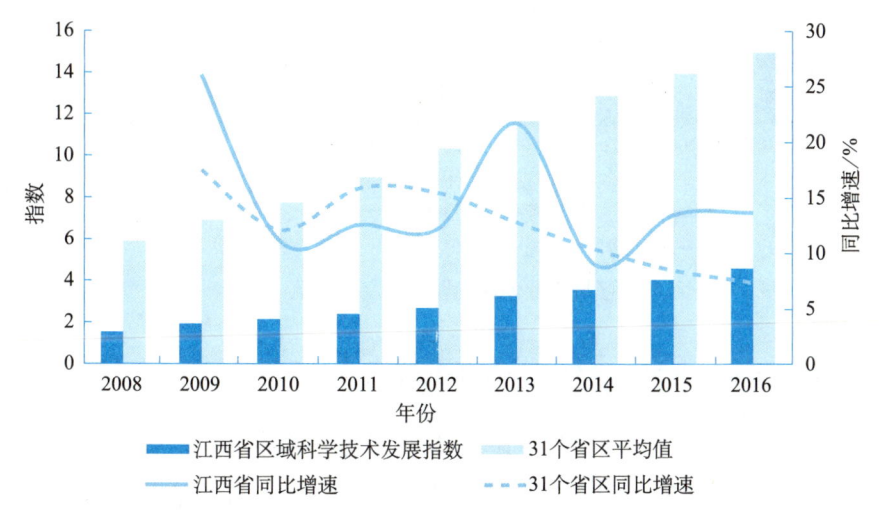

图6-17 江西省区域科学技术发展指数变化情况(2008~2016年)

（三）江西省区域产业创新发展指数演进

2008～2016年，江西省区域产业创新发展指数从15.54稳定上升到37.23，年均增速11.54%，远高于31个省区平均值的年均增速（7.27%）。具体来看，江西省区域产业创新发展指数低于31个省区平均值，同比增速波动幅度较大，且多数年份同比增速高于31个省区同比增速（图6-18）。具体分析影响江西省区域产业创新发展指数的二级指标发现，江西省全员劳动生产率从47.75万元/人年快速增长到133.62万元/人年，平均增长率达到13.73%；新产品销售收入占主营业务收入比例从7.1%震荡增加到8.7%，涨幅不明显；服务业增加值占比从33.8%震荡增加到42.0%；高技术产业主营业务收入占制造业主营业务收入比例从6.6%震荡上升到10.9%。

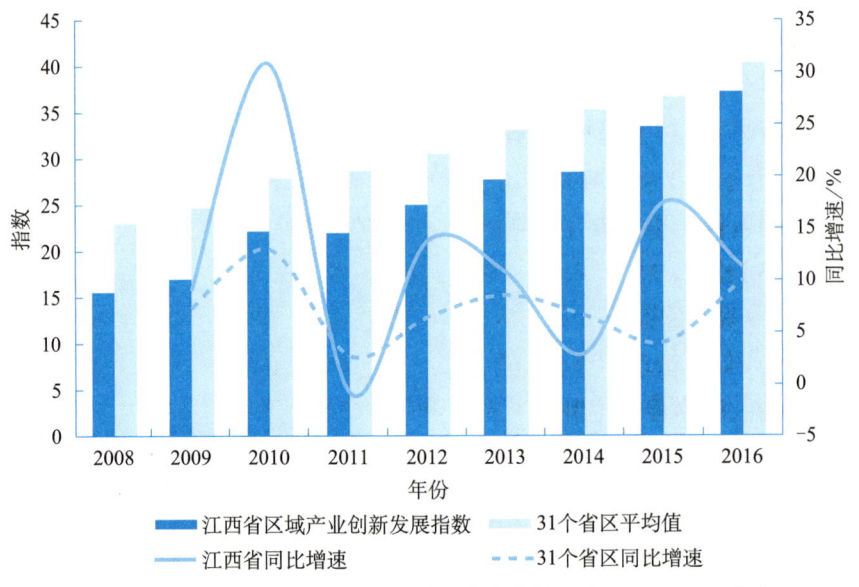

图6-18 江西省区域产业创新发展指数变化情况（2008～2016年）

（四）江西省区域社会创新发展指数演进

2008～2016年，江西省区域社会创新发展指数从30.40震荡上升到40.37，2016年居第18位，年均增速为3.61%，高于31个省区平均值的年均增速（2.84%）。具体来看，江西省区域社会创新发展指数低于31个省区平均值（图 6-19）。总体来看，影响江西省区域社会创新发展指数的各项指标波动幅度不大，大部分呈现小幅增长趋势。具体分析各项指标发现，城镇人口占总人口的比例、GDP 中非农业的比例、城镇居民人均可支配收入与全国平均数的比例、大专以上学历人口比例、每万人口在校大学生数、人口预期寿命、每千人口卫生技术人员数分别从 41.4%、84.8%、86.1%、5.9%、173.7 人、69.0 岁、3.1 人提升至 53.1%、89.7%、88.8%、8.3%、226.3 人、74.3 岁、4.8 人。值得注意的是社区服务机构覆盖率由 15.4% 下降至 7.2%。

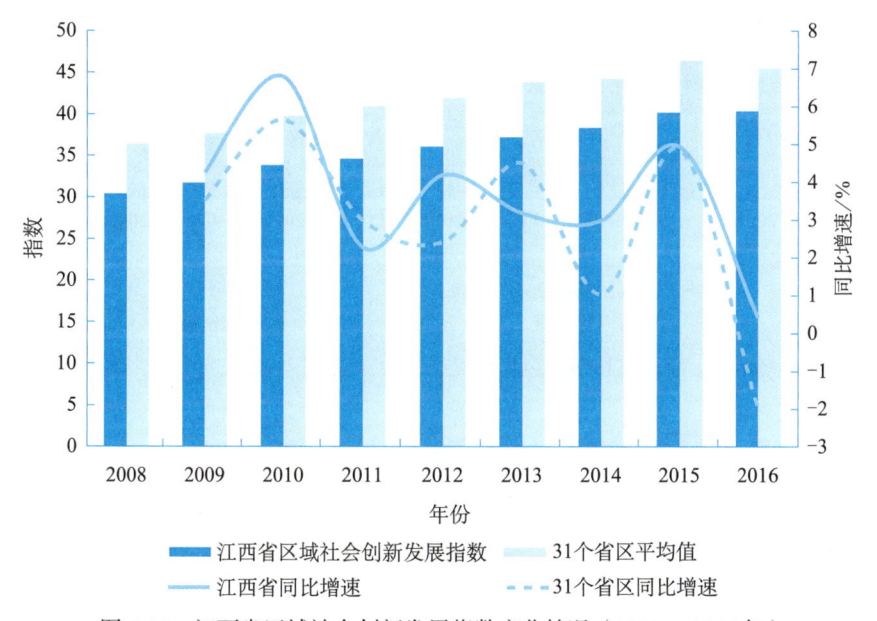

图 6-19　江西省区域社会创新发展指数变化情况（2008~2016 年）

（五）江西省区域绿色集约发展指数演进

2008~2016 年，江西省区域绿色集约发展指数从 21.46 增长到 31.28，排名出现过小幅度波动，保持在第 20~23 位，年均增速 4.82%，低于 31 个省区平均值的年均增速（5.67%）。总体来看，江西省区域绿色集约发展指数低于 31 个省区平均值（图 6-20）。具体分析影响江西省区域绿色集约发展指数的二级指标发现，江西省单位能耗和单位废水对应的 GDP 分别从 1.30 万元/吨标准煤、501.84 元 / 吨增长到 2.11 万元 / 吨标准煤、836.7 元 / 吨，单位建成区面积对应的 GDP 从 8.51 亿元 / 千米^2 增加到 13.5 亿元 / 千米^2。但是，其工业固体废物综合利用率有所下降，从 36.2% 下降至 25.1%。

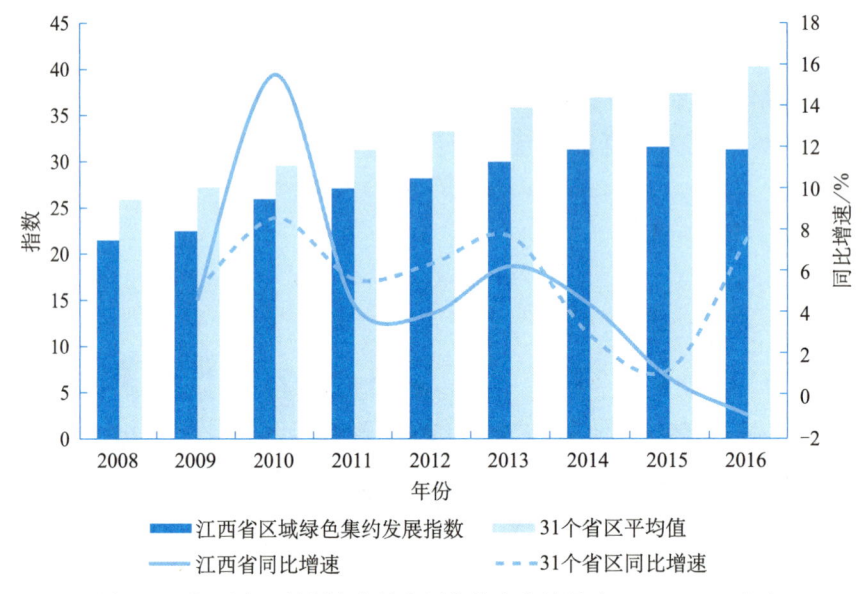

图 6-20　江西省区域绿色集约发展指数变化情况（2008~2016 年）

（六）江西省区域创新条件发展指数演进

2008~2016 年，江西省区域创新条件发展指数从 21.33 震荡增加到 29.35，排名从第 19 位下降到第 24 位，年均增速 4.07%，高于 31 个省区平均值的年均增速（3.75%）。总体来看，江西省区域创新条件发展指数稍低于 31 个省区平均值，同比增速波动水平与 31 个省区同比增速在 2008~2014 年大致保持一致，但是 2015 年江西省同比增速出现了快速提升（图 6-21）。具体分析影响江西省区域创新条件发展指数的二级指标发现，江西省每百万人口研究实验平台数量、每百万人口产业创新平台数量、每百万人口创新服务平台数量、有电子商务活动的企业比例分别从 0.00 个、0.30 个、0.93 个和 3.2% 增加到 0.07 个、0.81 个、2.24 个和 7.3%。但是，江西省人均邮电业务总量、拥有网站的企业比例则有不同程度的下降，分别从 0.112 万元、57.7% 下降到 0.106 万元、52.7%。

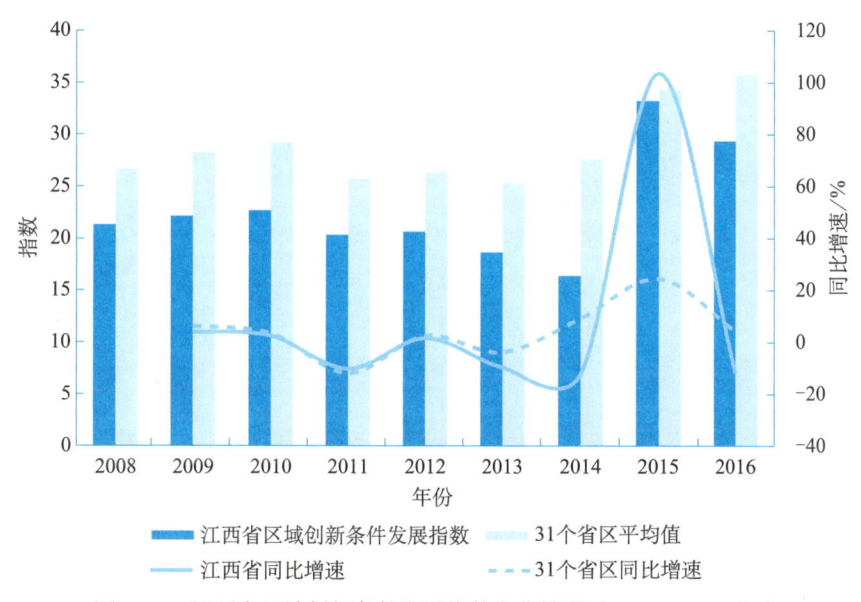

图 6-21 江西省区域创新条件发展指数变化情况（2008~2016 年）

二、江西省区域创新能力演进

（一）江西省区域创新能力指数演进

2008~2016 年，江西省区域创新能力指数由 10.02 持续增长到 20.63，年均增速 9.45%，排名从第 22 位震荡上升至第 18 位。同期，31 个省区平均值从 15.64 增加到 26.18，年均增速 6.65%，低于江西省平均值的年均增速（图 6-22）。

图 6-22 江西省区域创新能力指数历年变化情况（2008~2016 年）

从区域创新能力指数排名来看（表6-4），江西省区域创新能力指数及其一级指数排名均出现了一定程度的提升。其中，区域创新实力指数、区域创新效力指数、区域创新创业环境指数分别由第21位、第24位、第26位震荡上升至第18位、第15位、第13位。

表6-4　江西省区域创新能力指数排名（2008～2016年）

指数	2008年	2009年	2010年	2011年	2012年	2013年	2014年	2015年	2016年
区域创新能力指数	22	22	23	22	21	22	21	18	18
——区域创新实力指数	21	22	22	22	22	22	20	18	18
——区域创新效力指数	24	24	23	23	23	25	21	18	15
——区域创新创业环境指数	26	27	26	20	20	20	24	14	13

（二）江西省区域创新实力指数演进

2008～2016年，江西省区域创新实力指数从3.20持续增长到10.83，排名由第21位上升至第18位，年均增速16.46%，高于31个省区平均值的年均增速（13.71%）。总体来看，江西省区域创新实力指数低于31个省区平均值；2009～2011年江西省同比增速低于31个省区同比增速，2012～2016年江西省同比增速则高于31个省区同比增速（图6-23）。

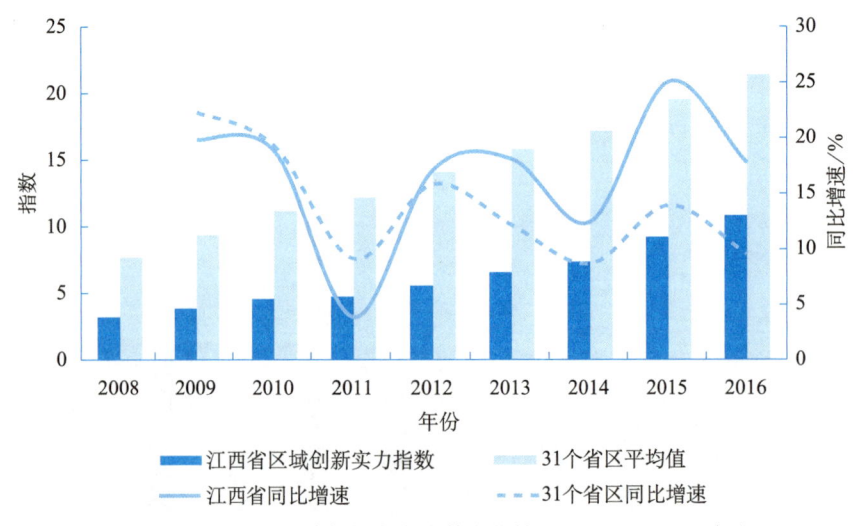

图6-23　江西省区域创新实力指数变化情况（2008～2016年）

2008～2016年，江西省区域创新投入实力指数、区域创新条件实力指数、区域创新产出实力指数和区域创新影响实力指数均呈现高速增长趋势（图 6-24）。江西省区域创新投入实力指数从 4.07 持续增长到 9.67，年均增速 11.44%。具体分析影响江西省区域创新投入实力指数的两项指标发现，R&D 人员全时当量和 R&D 经费支出分别从 2.82 万人年、63.15 亿元增加到 5.06 万人年、207.31 亿元。

2008～2016 年，江西省区域创新条件实力指数从 4.03 震荡增加到 11.17，年均增速 13.59%。具体分析影响江西省区域创新条件实力指数的各项指标发现，江西省互联网宽带接入用户数从 219.1 万户上升至 822.5 万户，有效发明专利数从 661 件增加到 6896 件。各种平台数量均有所增长，研究实验平台数量和产业创新平台数量分别从 0 个和 13 个增加到 3 个和 37 个，检测检验平台数量和创新服务平台数量分别从 36 个和 41 个增加到 84 个和 103 个。但是，江西省邮电业务总量从 493.78 亿元下降到 486.86 亿元，

2008～2016 年，江西省区域创新产出实力指数从 0.69 持续增长到 6.84，年均增速 33.31%。分析影响江西省区域创新产出实力指数的指标发现，各项指标均有不同程度的增长。具体来看，江西省发明专利申请量和授权量分别由 1016 件和 218 件增长到 8202 件和 1914 件，实用新型和外观设计专利申请量和授权量分别由 0.27 万件和 0.21 万件增加到 5.23 万件和 2.96 万件。PCT 专利申请量和 SCI 论文数分别从 26 件和 668 篇增加到 64 件和 2624 篇。

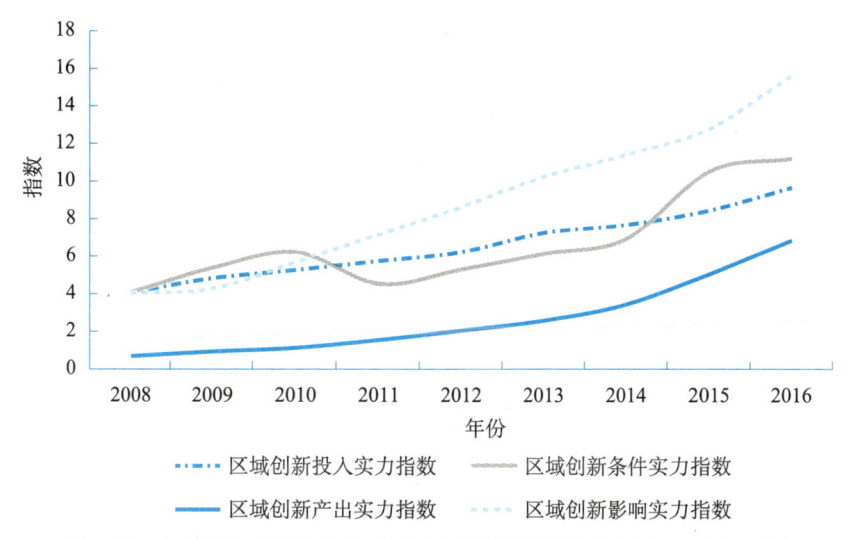

图 6-24　江西省区域创新实力指数二级指数变化情况（2008～2016 年）

2008~2016年，江西省区域创新影响实力指数从4.03持续增加到15.64，年均增速18.47%。分析影响江西省区域创新影响实力指数的指标发现，江西省大中型工业企业新产品销售收入和地区生产总值分别从601.44亿元、6971.05亿元增加到3136.80亿元、18 499亿元，高技术产业利润总额从37.8亿元增加到282.37亿元。

（三）江西省区域创新效力指数演进

2008~2016年，江西省区域创新效力指数从9.70震荡增长到23.74，排名出现了一定程度波动，2016年排名提升到了第15位，年均增速11.84%，远高于31个省区平均值的年均增速（7.19%）。总体来看，江西省区域创新效力指数低于31个省区平均值，同比增速呈现波动特征，且波动幅度与31个省区同比增速波动基本保持一致（图6-25）。

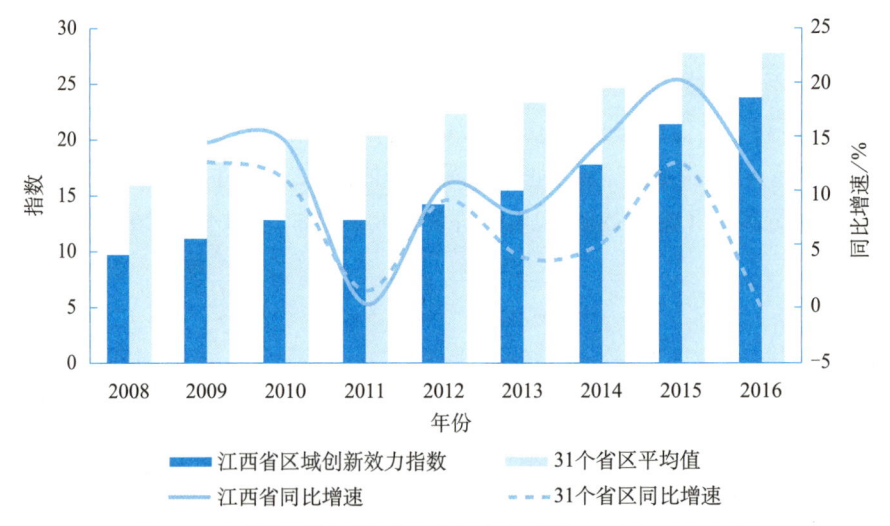

图6-25 江西省区域创新效力指数变化情况（2008~2016年）

2008~2016年，江西省区域创新产出效力指数和区域创新影响效力指数呈现高速增长，而区域创新投入效力指数和区域创新条件效力指数增幅较小（图6-26）。同期，江西省区域创新投入效力指数从14.29震荡增长到17.19，年均增速2.34%。具体分析影响江西省区域创新投入效力指数的2项指标发现，R&D人员比例从1.0%震荡上升到1.1%，R&D经费支出占地区生产总值的比例从0.9%震荡增加到1.1%。

2008~2016年，江西省区域创新条件效力指数从2.06震荡增加到4.19，年均增速9.28%。具体分析影响江西省区域创新条件效力指数的各项指标发现，每万人口有效发明专利数从0.15件快速增加到1.50件。每百万人研究实验平台数量从0.00个震荡增加到0.07个，每百万人口产业创新平台数量、检测检验平台数量和创新服务平台数量分别从0.30个、0.82个和0.93个震荡增加0.81个、1.55个和2.24个。但江西省部分指标有所下降，其中人均邮电业务总量从0.112万元下降到0.106万元。

2008~2016年，江西省区域创新产出效力指数从4.14稳定快速增加到38.88，年均增速32.31%。分析影响江西省区域创新产出效力指数的指标发现，江西省单位R&D人员发明专利申请量和授权量分别由3.60件/百人年和0.77件/百人年增长到16.20件/百人年和3.78件/百人年，单位R&D人员实用新型和外观设计专利申请量由9.67件/百人年增加到103.30件/百人年，单位R&D人员实用新型和外观设计专利授权量由7.35件/百人年上升到58.39件/百人年，单位R&D人员PCT专利申请量从9.21件/万人年上升到12.64件/万人年，单位R&D人员SCI论文数从2.37篇/百人年增加到5.18篇/百人年。

2008~2016年，江西省区域创新影响效力指数从18.33震荡增加到34.69，年均增速8.30%。分析影响江西省区域创新影响效力指数的指标发现，江西省大中型工业企业新产品销售收入占主营业务收入比重由7.06%震荡上升到8.67%，人均地区生产总值从1.58万元增加到4.03万元，劳动生产率由

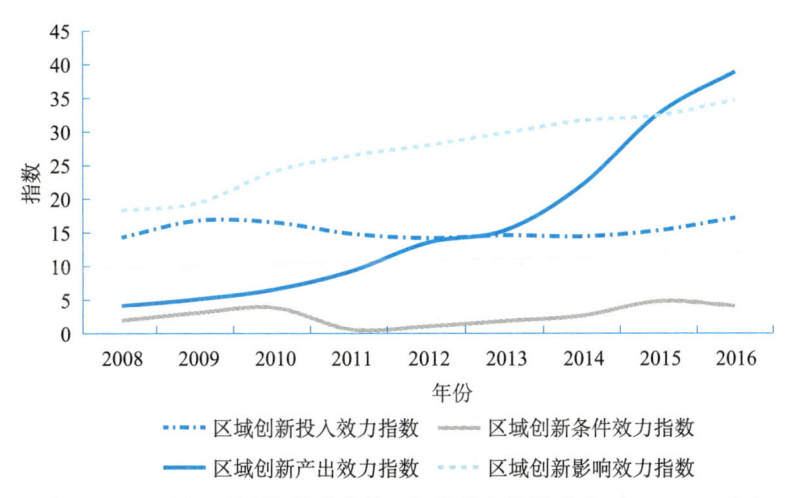

图6-26 江西省区域创新效力指数二级指数变化情况（2008~2016年）

24.10万元/人年增加到39.24万元/人年，单位能耗产生的GDP由1.30万元/吨标准煤增加到2.11万元/吨标准煤，单位建成区面积GDP产出由8.51亿元/千米^{2}增加到13.49亿元/千米^2，单位工业废水排放量对应的主营业务收入由613.71元/吨增加至1636.02元/吨，单位主要污染物排放量对应的GDP由41.52万元/吨上升至179.74万元/吨。但是，工业固体废物综合利用率由36.2%下降至25.1%。

（四）江西省区域创新创业环境指数演进

2008～2016年，江西省区域创新创业环境指数从24.28震荡增长到34.01，由第26位震荡上升至第13位，年均增速4.30%，高于31个省区平均值的年均增速（0.61%）。总体来看，江西省区域创新创业环境指数大部分年份低于31个省区平均值，自2015年开始超过31个省区平均值；此外，其同比增速呈现波动特征，除2009年、2014年外整体高于31个省区同比增速（图6-27）。

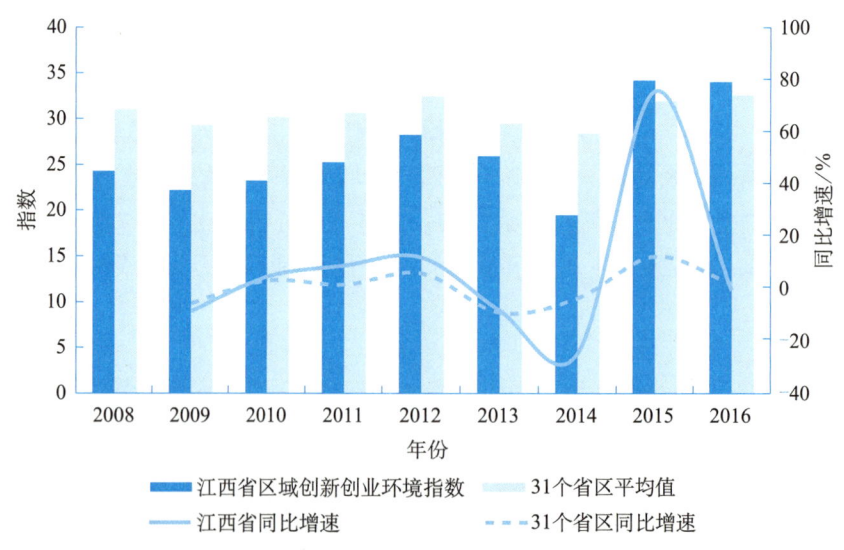

图6-27　江西省区域创新创业环境指数变化情况（2008～2016年）

2008～2016年，江西省区域制度环境指数呈现较快增长，区域资金环境指数和区域人才环境指数增幅较小（图6-28）。江西省区域资金环境指数由7.62震荡增加到14.19，年均增速8.08%。分析影响江西省区域资金环境指数的各项指标发现，江西省工业企业研究开发费用加计扣除执行情况由33.95%提高至39.36%、高企税收优惠由1.89亿元增加到8.43亿元，地方政府财政

图 6-28 江西省区域创新创业环境指数二级指数变化情况（2008～2016 年）

科技拨款占财政支出的比重由 0.9% 震荡增加到 1.8%。

2008～2016 年，江西省区域人才环境指数由 27.24 震荡上升至 33.49，年均增速 2.62%。分析影响江西省区域人才环境指数的各项指标发现，江西省大专以上学历人口比例由 5.9% 上升至 8.3%，城镇居民人均可支配收入与全国平均数的比例从 86.1% 提升至 88.8%，地方政府财政支出中教育经费所占比重由 17.1% 提升至 18.4%。

2008～2016 年，江西省区域制度环境指数由 37.98 震荡上升至 54.35，年均增速 4.58%。具体来看，江西省区域知识产权案件的结案率较高，从 87.5% 上升到 91.94%，政府网站绩效由 50.3 上升至 78.7。

第三节 吉 林 省

2016 年，吉林省区域创新发展指数排名在 31 个省区中居第 17 位，区域创新能力指数居第 20 位；人均 GDP 为 5.41 万元，约合 0.81 万美元（图 6-29），区域创新发展水平有待提升，区域创新能力有待提高，是创新发展追赶 I 型省区。

图 6-29 吉林省区域创新发展指数和区域创新能力指数演进

一、吉林省区域创新发展水平演进

（一）吉林省区域创新发展指数演进

2008~2016年，吉林省区域创新发展指数从 20.77 增长到 31.64；同期，31 个省区平均值从 23.24 增加到 35.62，年均增速为 5.48%。吉林省区域创新发展指数增长相对缓慢，年均增速为 5.40%（图 6-30）。

图 6-30 吉林省区域创新发展指数历年变化情况（2008~2016 年）

从区域创新发展指数排名来看,2008～2016年,吉林省区域创新发展指数排名总体处于中下游水平,区域创新发展指数排名从第14位震荡下降到第17位。从其一级指数来看(表6-5),同期,吉林省区域科学技术发展指数、区域产业创新发展指数、区域社会创新发展指数和排名均在31个省区前20位;区域创新条件发展指数排名有所下降,从第21位震荡下降至第29位。

表6-5 吉林省区域创新发展指数排名(2008～2016年)

指数	2008年	2009年	2010年	2011年	2012年	2013年	2014年	2015年	2016年
区域创新发展指数	14	9	15	14	14	15	16	17	17
——区域科学技术发展指数	12	12	12	12	12	13	14	14	14
——区域产业创新发展指数	12	6	12	10	10	12	12	11	11
——区域社会创新发展指数	12	15	14	15	15	15	15	16	16
——区域绿色集约发展指数	25	21	19	17	16	11	16	17	14
——区域创新条件发展指数	21	21	21	22	22	26	28	27	29

(二)吉林省区域科学技术发展指数演进

2008～2016年,吉林省区域科学技术发展指数从4.09持续增加到9.15(图6-31),排名从第12位持续下降至第14位。吉林省区域科学技术发展指数年均增速为10.59%,低于31个省区平均值的年均增速(12.40%)。其中,吉林省人均R&D经费支出从193.26元持续快速增加到511.04元,每万人本国有效发明专利数从0.66件持续增加到3.39件,每万人SCI论文数从1.08篇持续增加到2.51篇。每万人R&D人员数量也有一定幅度增长,从11.61人增加到17.66人。总体来说,吉林省区域科学技术发展指数在31个省区排名较高。

(三)吉林省区域产业创新发展指数演进

2008～2016年,吉林省区域产业创新发展指数从22.42震荡上升到41.66,排名从第12位震荡上升至第11位,年均增速为8.05%,高于31个

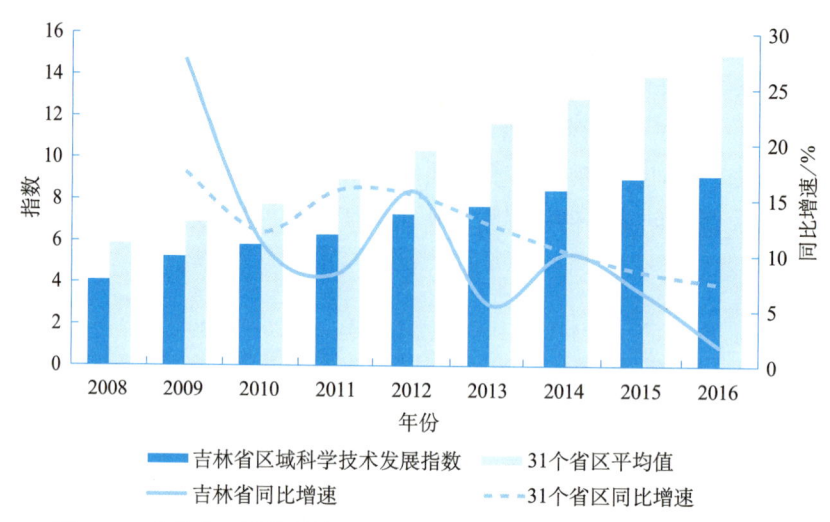

图 6-31 吉林省区域科学技术发展指数历年变化情况（2008～2016 年）

省区平均值的年均增速（7.27%）（图 6-32）。其主要原因是全员劳动生产率从 63.94 万元/人年震荡增加到 163.32 万元/人年，高技术产业主营业务收入占制造业主营业务收入比例从 4.4% 持续上升到 8.8%，服务业增加值占比从 37.5% 震荡上升到 42.5%。值得注意的是，吉林省新产品销售收入占主营业务收入比例这项指标有所下滑，从 14.9% 震荡下降到 11.2%。

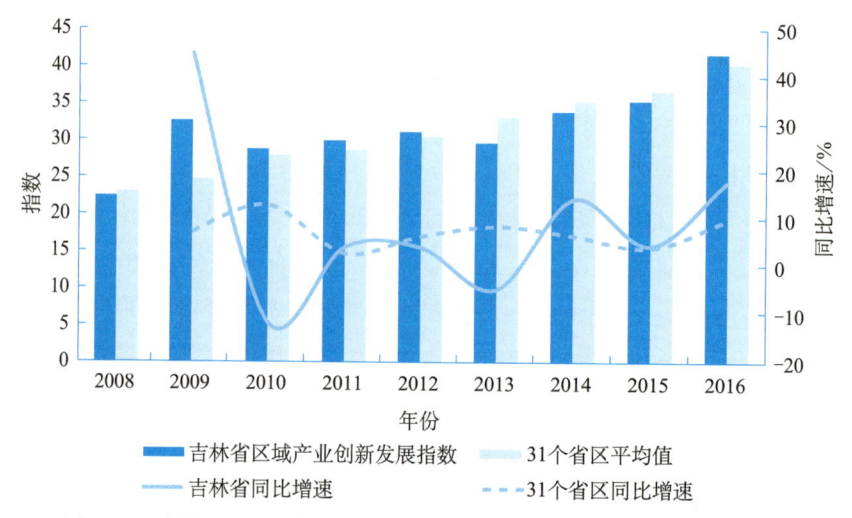

图 6-32 吉林省区域产业创新发展指数历年变化情况（2008～2016 年）

（四）吉林省区域社会创新发展指数演进

2008~2016年，吉林省区域社会创新发展指数从35.58震荡上升到44.19（图6-33），排名从第12位下降至第14位，年均增速为2.75%，略低于31个省区平均值的年均增速（2.84%）。其中，大专以上学历人口比例有所增长，从7.4%震荡增加到13.5%，每万人口在校大学生数从184.38人上升到235.00人，每千人口卫生技术人员数从4.7人持续上升到6.1人，社区服务机构覆盖率从4.3%震荡上升到15.2%。但城镇居民人均可支配收入与全国平均数的比例略有下降，从85.9%震荡下降到82.2%。

图6-33 吉林省区域社会创新发展指数历年变化情况（2008~2016年）

（五）吉林省区域绿色集约发展指数演进

2008~2016年，吉林省区域绿色集约发展指数从20.62增长到41.19（图6-34），排名也有较大幅度上升，从第25位震荡上升至第14位。同期，吉林省区域绿色集约发展指数年均增速达到9.03%，高于31个省区平均值的年均增速（5.67%）。其主要影响因素是，吉林省单位能耗对应的GDP从0.89万元/吨标准煤持续增长到1.84万元/吨标准煤，单位废水对应的GDP从596.22元/吨震荡上升到1522.23元/吨，工业固体废物综合利用率从 43% 震荡提升到 47.1%，单位建成区面积对应的 GDP 从 5.66 亿元 / 千米^2 震荡增加到 10.36 亿元 / 千米^2，单位主要污染物排放量对应的 GDP 从 45.11 万元 / 吨快速增长到 208.88 万元 / 吨。

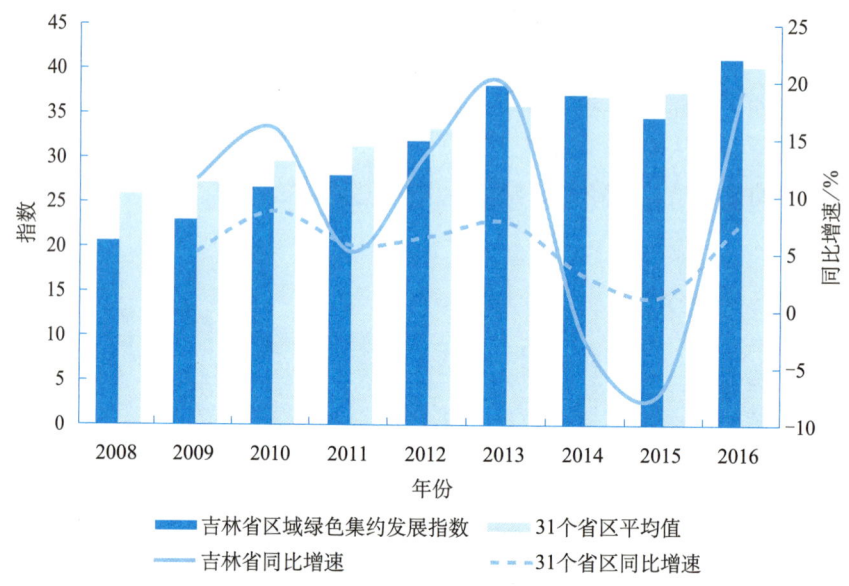

图 6-34　吉林省区域绿色集约发展指数历年变化情况（2008～2016 年）

（六）吉林省区域创新条件发展指数演进

2008～2016 年，吉林省区域创新条件发展指数从 20.14 震荡下降到 15.28（图 6-35），从第 21 位震荡下降至第 29 位，年均增速为 –3.39%，远低于 31 个省区平均值的年均增速（3.75%）。其中，人均邮电业务总量略有下降，从 0.17 万元震荡下降到 0.11 万元，拥有网站的企业比例从 44.9% 下降到 41.3%。其他指标都有不同程度的增长，每百万人口研究实验平台数量从 0.37 个震荡增加到 0.48 个，每百万人口产业创新平台数量从 0.62 个持续增加到 1.43 个，每百万人口创新服务平台数量从 1.94 个持续增加到 4.21 个，有电子商务活动的企业比例从 1.7% 快速增加到 5.1%。

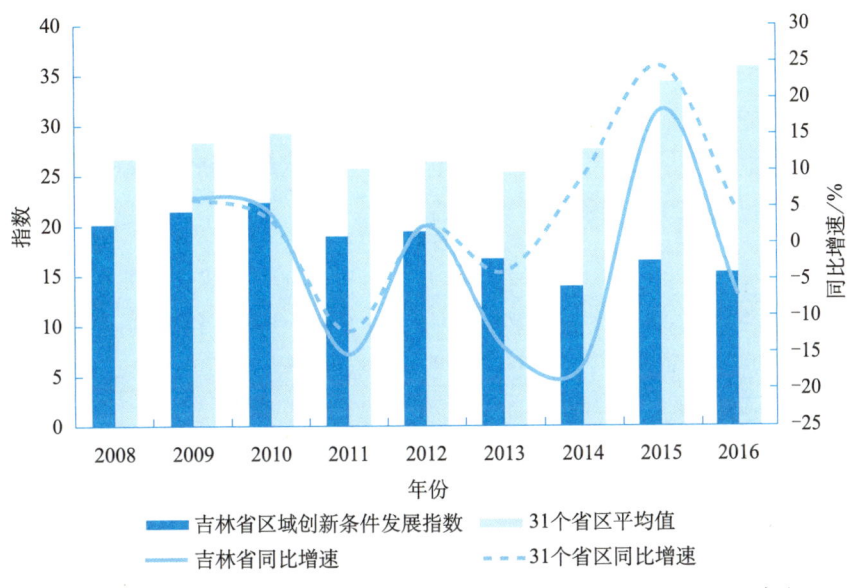

图 6-35　吉林省区域创新条件发展指数历年变化情况（2008～2016 年）

二、吉林省区域创新能力演进

（一）吉林省区域创新能力指数

2008～2016 年，吉林省区域创新能力指数从 12.21 增长到 16.42，排名在 31 个省区中呈震荡下降趋势。同期，31 个省区平均值从 15.64 增加到 26.18，年均增速为 6.65%。吉林省区域创新能力指数增长相对较快，年均增速为 3.77%（图 6-36）。

图 6-36　吉林省区域创新能力指数历年变化情况（2008～2016 年）

从区域创新能力指数排名来看，2008～2016年，吉林省区域创新能力指数排名波动较小，从第19位震荡下降至第20位。从一级指数来看（表6-6），吉林省区域创新实力指数排名略有下降，从第18位下降至第20位；区域创新效力指数排名从第15位震荡下降至第17位；区域创新创业环境指数排名变化较大，从第23位震荡下降至第27位。

表6-6　吉林省区域创新能力指数排名（2008～2016年）

指数	2008年	2009年	2010年	2011年	2012年	2013年	2014年	2015年	2016年
区域创新能力指数	19	18	19	18	18	19	20	21	20
——区域创新实力指数	18	18	19	19	19	19	19	21	20
——区域创新效力指数	15	14	16	16	16	16	16	16	17
——区域创新创业环境指数	23	20	27	24	17	26	22	24	27

（二）吉林省区域创新实力指数演进

2008～2016年，吉林省区域创新实力指数从4.17持续增长到8.92，排名从第18位下降到第20位，年均增速为9.97%，略低于31个省区平均值的年均增速（13.71%）。总体来看，吉林区域创新实力指数低于31个省区平均值，除2009年和2014年外，其余年份同比增速都低于31个省区同比增速（图6-37）。

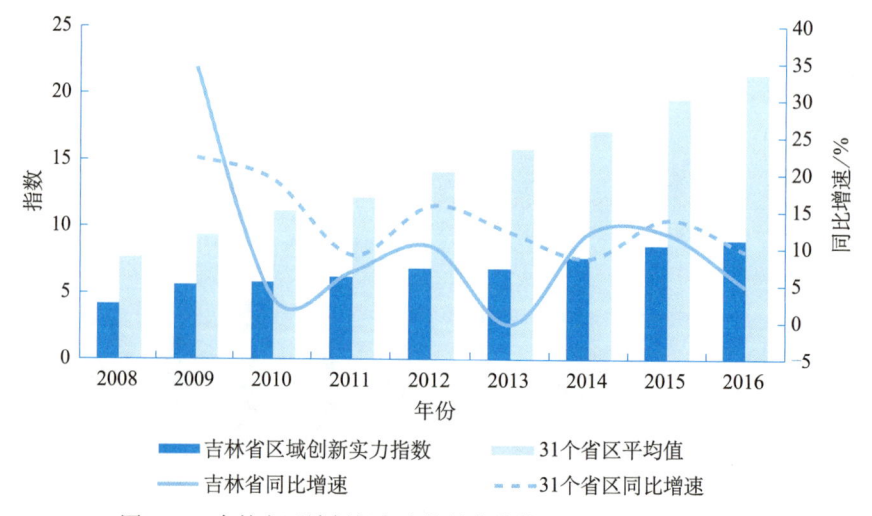

图6-37　吉林省区域创新实力指数变化情况（2008～2016年）

2008～2016 年，吉林省区域创新投入实力指数、区域创新条件实力指数、区域创新产出实力指数和区域创新影响实力指数均呈现不同程度的增长（图 6-38）。吉林省区域创新投入实力指数从 4.13 上升到 7.79，年均增速为 8.26%。具体分析影响吉林省区域创新投入实力指数的 2 项指标发现，R&D 人员全时当量和 R&D 经费支出分别从 3.17 万人年、52.84 亿元增加到 4.83 万人年和 139.67 亿元。

图 6-38　吉林区域创新实力指数二级指数变化情况（2008～2016 年）

2008～2016 年，吉林省区域创新条件实力指数从 6.34 上升到 10.65，年均增速为 6.70%。具体分析影响吉林省区域创新条件实力指数的各项指标发现，吉林省互联网宽带接入用户数从 216.6 万户增加到 440.0 万户，有效发明专利数从 1800 件增加到 9255 件，产业创新平台数量从 17 个增加到 39 个，研究实验平台数量从 10 个增加到 13 个，创新服务平台数量由 53 个增加到 115 个。但邮电业务总量有所下降，从 460.83 亿元下降至 310.34 亿元。

2008～2016 年，吉林省区域创新产出实力指数从 1.79 上升到 5.20，年均增速为 14.26%。分析影响吉林省区域创新产出实力指数的指标发现，各项指标均有不同程度的增长。具体来说，吉林省发明专利申请量和发明专利授权量分别从 1895 件和 574 件增加到 7537 件和 2428 件，实用新型和外观设计专利申请量和实用新型和外观设计专利授权量分别从 3641 件和 2410 件增加到 11 385 件和 7567 件，SCI 论文数从 2952 篇上升至 6852 篇，PCT 专利申请量从 13 件增加到 76 件。

2008~2016年，吉林省区域创新影响实力指数从4.43上升到12.04，年均增速为13.31%。分析影响吉林省区域创新影响实力的指标发现，大中型工业企业新产品销售收入从1210.46亿元增加到2627.61亿元，地区生产总值从6426.10亿元增加到14 776.80亿元，高技术产业利润总额从32.5亿元增加到190.02亿元。

（三）吉林省区域创新效力指数演进

2008~2016年，吉林省区域创新效力指数从13.83增长到23.24，排名出现小幅下降，从第15位下降到第17位，年均增速为6.70%，略低于31个省区平均值的年均增速（7.19%）。总体来看，吉林省区域创新效力指数低于31个省区平均值，同比增速呈现波动特征（图6-39）。

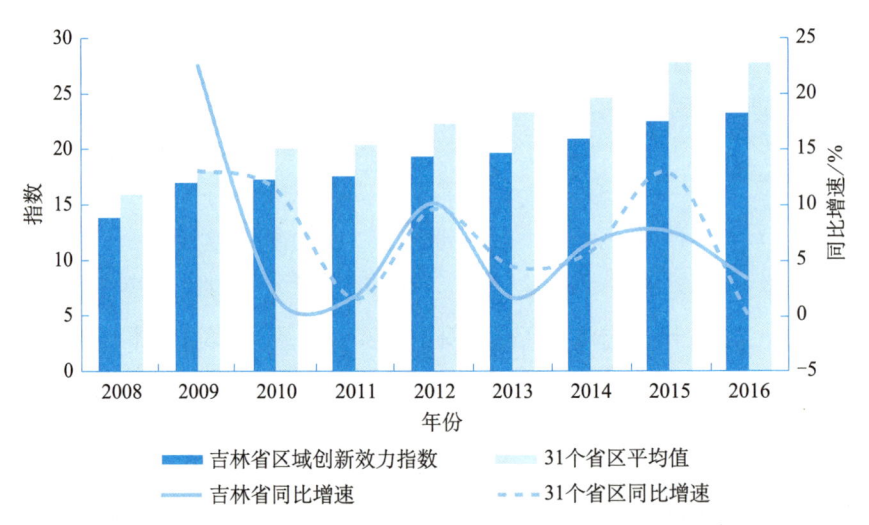

图6-39 吉林省区域创新效力指数变化情况（2008~2016年）

2008~2016年，吉林省区域创新影响效力指数增长最为明显，区域创新投入效力指数、区域创新条件效力指数、区域创新产出效力指数增幅较小（图6-40）。吉林省区域创新投入效力指数从16.12上升到20.28，年均增速为2.91%。具体分析影响吉林省区域创新投入效力指数的2项指标发现，R&D人员比例从1.2%增加到1.5%，R&D经费支出占地区生产总值的比例从0.8%增加到0.9%。

2008~2016年，吉林省区域创新条件效力指数从6.97上升到9.01，年均增速为3.26%。具体分析影响吉林省区域创新条件效力指数的各项指标发现，每百万人产业创新平台数量从 0.62 个增加到 1.43 个，每百万人创新服务平台数量从 1.94 个增加到 4.21 个，每百万人研究实验平台数量从 0.37 个增加到 0.48 个。人均邮电业务总量略有下降，从 0.17 万元震荡下降到 0.11 万元。

2008~2016 年，吉林省区域创新产出效力指数从 12.07 持续上升到 21.36，年均增速为 7.40%。分析影响吉林省区域创新产出效力的指标发现，单位 R&D 人员发明专利申请量和授权量分别由 5.97 件/百人年和 1.81 件/百人年增加到 15.62 件/百人年和 5.03 件/百人年，单位 R&D 人员实用新型和外观设计专利申请量由 11.47 件/百人年增加到 23.59 件/百人年，单位 R&D 人员实用新型和外观设计专利授权量由 7.60 件/百人年增加到 15.68 件/百人年，单位 R&D 人员 PCT 专利申请量从 4.10 件/万人年上升到 15.75 件/万人年，单位 R&D 人员 SCI 论文数从 9.30 篇/百人年增加到 14.20 篇/百人年。

2008~2016 年，吉林省区域创新影响效力指数从 20.16 上升到 42.31，年均增速为 9.71%。分析影响吉林省区域创新影响效力指数的指标发现，人均地区生产总值从 23 504 元增加到 54 068 元，劳动生产率从 24.52 万元/人年增加到 45.87 万元/人年，单位能耗产生的 GDP 从 0.89 万元/吨标准煤增加到 1.84 万元/吨标准煤，单位建成区面积 GDP 产出从 5.66 亿元/千米^2 增加到 10.36 亿元/千米^2，单位工业废水排放量对应的主营业务收入从 755.00 元/吨增加到 2413.78 元/吨，工业固体废物综合利用率从 43% 增加到 47.1%，单位主要污染物排放量对应的 GDP 从 45.11 万元/吨增加到 208.88 万元/吨。

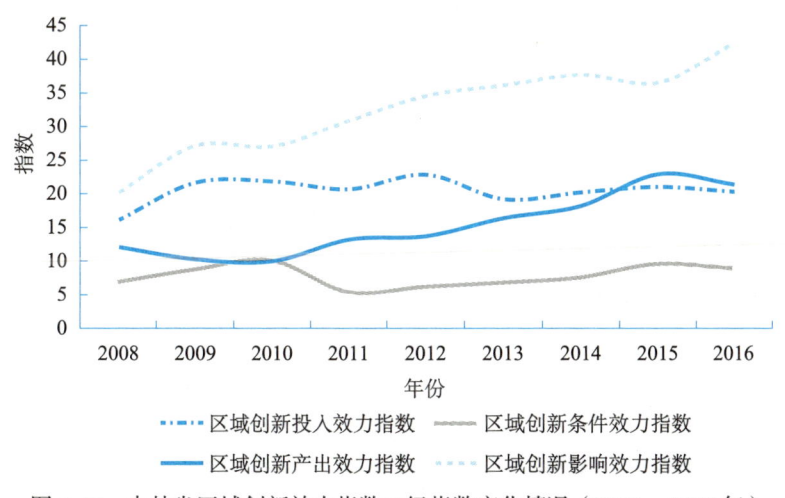

图 6-40 吉林省区域创新效力指数二级指数变化情况（2008~2016 年）

（四）吉林省区域创新创业环境指数演进

2008～2016 年，吉林省区域创新创业环境指数从 25.06 震荡增长到 17.79，排名从第 23 位下降到第 27 位，年均增速为 -4.19%，低于 31 个省区平均值的年均增速（0.61%）。总体来看，吉林省区域创新创业环境指数低于 31 个省区平均值，同比增速呈现波动特征（图 6-41）。

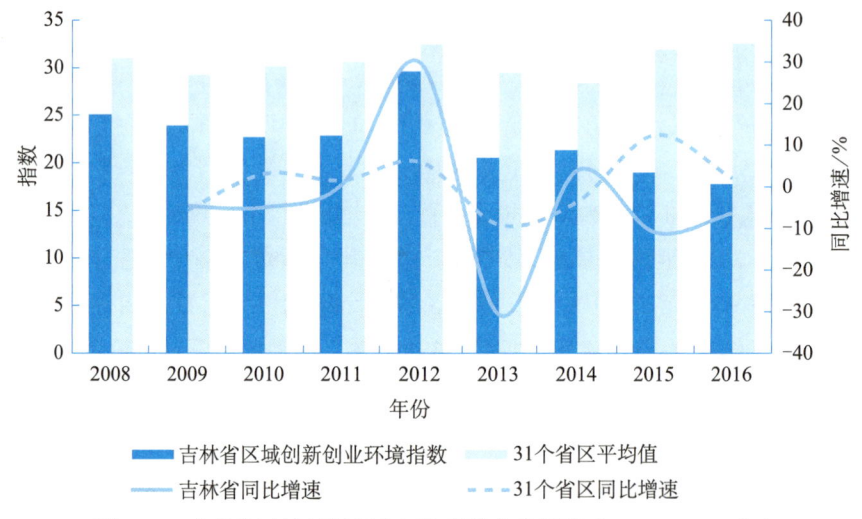

图 6-41 吉林省区域创新创业环境指数变化情况（2008～2016 年）

2008～2016 年，除区域资金环境指数外，吉林省区域人才环境指数和区域制度环境指数均呈现下降趋势（图 6-42）。吉林省区域资金环境指数由 11.40 增加到 18.43，年均增速为 6.19%。分析影响吉林省区域资金环境指数的各项指标发现，吉林省工业企业研究开发费用加计扣除执行情况从 58.18% 达到 100%，高企税收优惠从 9953 万元增加到 83 863 万元，而地方政府财政科技拨款占财政支出的比重基本保持在 1.1%。

2008～2016 年，吉林省区域人才环境指数从 25.23 下降到 23.64，年均增速为 -0.81%。分析影响吉林省区域人才环境指数的各项指标发现，吉林省大专以上学历人口比例从 7.4% 增加到 13.5%，但城镇居民人均可支配收入与全国平均数的比例从 85.9% 下降到 82.2%，地方政府财政支出中教育经费所占比重从 15.9% 震荡下降到 13.9%。

2008～2016 年，吉林省制度环境指数呈下降态势，从 38.55 震荡下降到 11.29，年均增速为 -14.23%。具体来看，吉林省政府网站绩效从 48.8 下降到 0，但区域知识产权案件的结案率维持在 100%。

图 6-42　吉林省区域创新创业环境指数二级指数变化情况（2008～2016 年）

第四节　河　南　省

2016 年，河南省区域创新发展指数排名在 31 个省区中居第 23 位，区域创新能力指数排名居第 17 位；人均 GDP 为 42 459 元，约合 0.64 万美元（图 6-43），是创新发展追赶型 I 省区。

图 6-43　河南省区域创新发展指数和区域创新能力指数演进

一、河南省区域创新发展水平演进

（一）河南省区域创新发展指数演进

2008~2016 年，河南省区域创新发展指数从 16.19 持续增长到 27.00，低于 31 个省区平均值；同期，31 个省区平均值从 23.24 增加到 35.62，年均增速为 5.48%。河南省区域创新发展指数增长相对较快，年均增速为 6.60%（图 6-44）。

图 6-44　河南省区域创新发展指数历年变化情况（2008~2016 年）

从区域创新发展指数排名来看，2008~2016 年，河南省区域创新发展指数总体处于中下游水平。从一级指数来看（表 6-7），同期，河南省区域产业创新发展指数、区域社会创新发展指数、区域创新条件发展指数均居于中下游位置；区域科学技术发展指数排名小幅上升，2013 年以来居第 18 位；区域绿色集约发展指数有小幅波动，2016 年排名居第 12 位。

表 6-7　河南省区域创新发展指数排名（2008~2016 年）

指数	2008 年	2009 年	2010 年	2011 年	2012 年	2013 年	2014 年	2015 年	2016 年
区域创新发展指数	25	26	26	26	24	22	24	22	23
——区域科学技术发展指数	21	21	20	19	19	18	18	18	18
——区域产业创新发展指数	31	31	29	29	30	25	25	18	21
——区域社会创新发展指数	23	22	22	22	23	25	23	25	23

续表

指数	2008年	2009年	2010年	2011年	2012年	2013年	2014年	2015年	2016年
——区域绿色集约发展指数	10	12	11	14	14	14	15	13	12
——区域创新条件发展指数	26	27	27	24	24	28	29	28	28

（二）河南省区域科学技术发展指数演进

2008～2016年，河南省区域科学技术发展指数从1.75持续增加到6.58，排名始终居中游位置，年均增速为17.97%，高于31个省区平均值的年均增速（12.40%）。具体来看，河南省区域科学技术发展指数远低于31个省区平均值，但大部分年份同比增速高于31个省区同比增速（图6-45）。具体分析影响河南省区域科学技术发展指数的二级指标发现，河南省人均R&D经费支出从129.68元持续快速增加到518.45元，每万人R&D人员数量从7.58人持续增加到17.44人，每万人本国有效发明专利数从0.22件持续快速增加到2.37件，每万人SCI论文数从0.16篇快速增加到0.62篇。

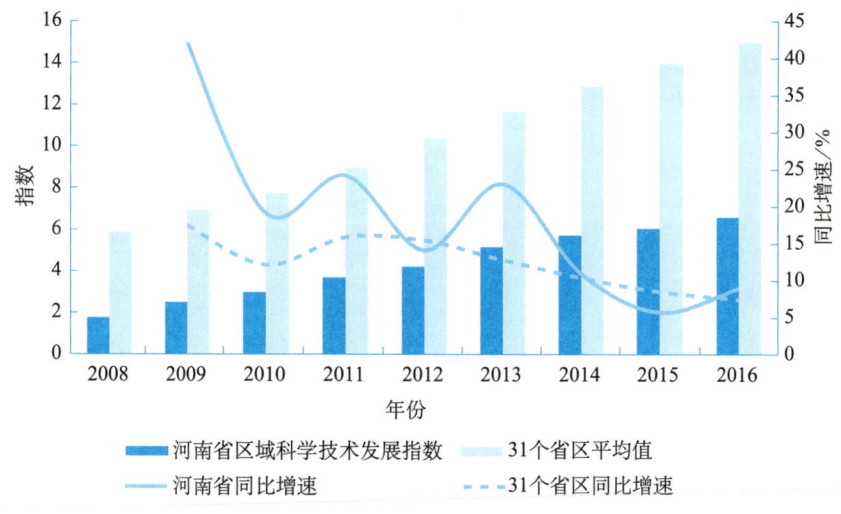

图6-45 河南省区域科学技术发展指数变化情况（2008～2016年）

（三）河南省区域产业创新发展指数演进

2008～2016年，河南省区域产业创新发展指数从10.96持续上升到31.61，排名从第31位提升到第21位，年均增速为14.16%，高于31个省区平均值的年均增速（7.27%）。具体来看，河南省区域产业创新发展指数低于31个省区平均值，除2014年和2016年外，同比增速高于31个省区同比增速（图6-46），总体上呈现下降趋势。具体分析影响河南省区域产业创新发展指数的二级指标发现，高技术产业主营业务收入占制造业主营业务收入比例和服务业增加值占比2项指标均出现不同程度的上升，分别从2.8%和28.3%逐步上升到9.3%和41.8%；其他2项指标全员劳动生产率和新产品销售收入占主营业务收入比例则震荡上升，分别从60.83万元/人年和5.8%，震荡增加到109.99万元/人年和7.7%。

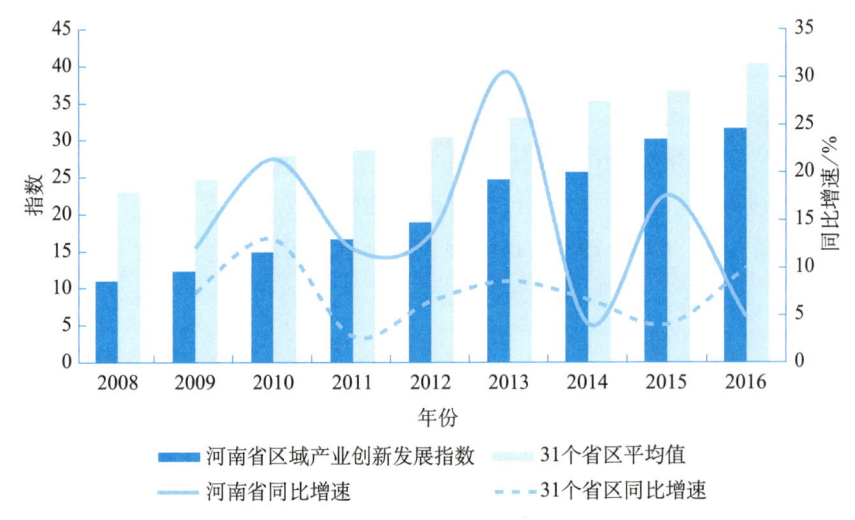

图6-46 河南省区域产业创新发展指数变化情况（2008~2016年）

（四）河南省区域社会创新发展指数演进

2008~2016年，河南省区域社会创新发展指数从27.34持续上升到37.84，排名一直居于中下游位置，年均增速为4.15%，稍高于31个省区平均值的年均增速（2.84%）。具体来看，河南省区域社会创新发展指数均低于31个省区平均值，但同比增速波动幅度较大，多数年份高于31个省区同比增速（图6-47）。具体分析影响河南省区域社会创新发展指数的二级指标发现，城镇人口占总人口的比例、大专以上学历人口比例、每千人口卫生技术人员数，分别从36.0%、4.4%和2.9人波动增加到48.5%、7.4%和5.7人。但是，河南省城镇居民人均可支配收入与全国平均值的比例从88.6%持续下降到84.3%，社区服务机构覆盖率则从7.4%震荡下降到3.1%。

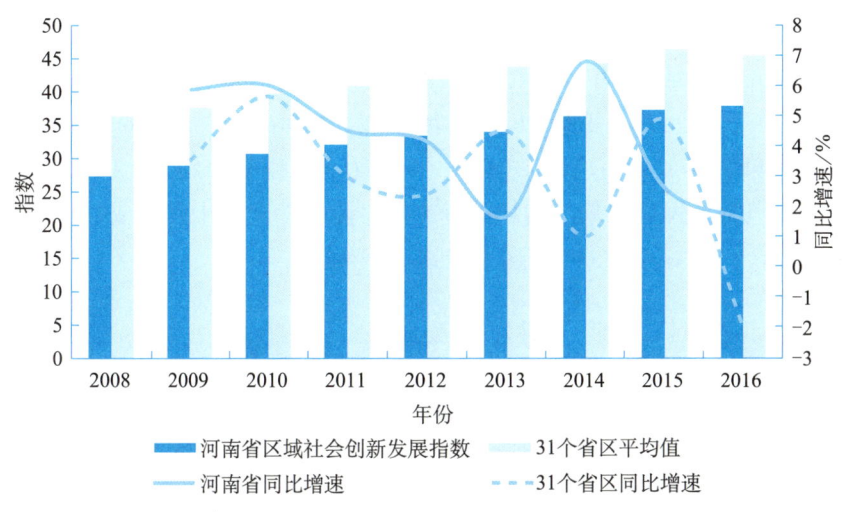

图 6-47　河南省区域社会创新发展指数变化情况（2008～2016 年）

（五）河南省区域绿色集约发展指数演进

2008～2016 年，河南省区域绿色集约发展指数从 28.33 持续增长到 42.23，排名居中上游位置，年均增速 5.12%，低于 31 个省区平均值的年均增速（5.67%）。同期，河南省区域绿色集约发展指数高于 31 个省区平均值，但两者之间的差值呈缩小趋势（图 6-48）。具体看影响河南省区域绿色集约

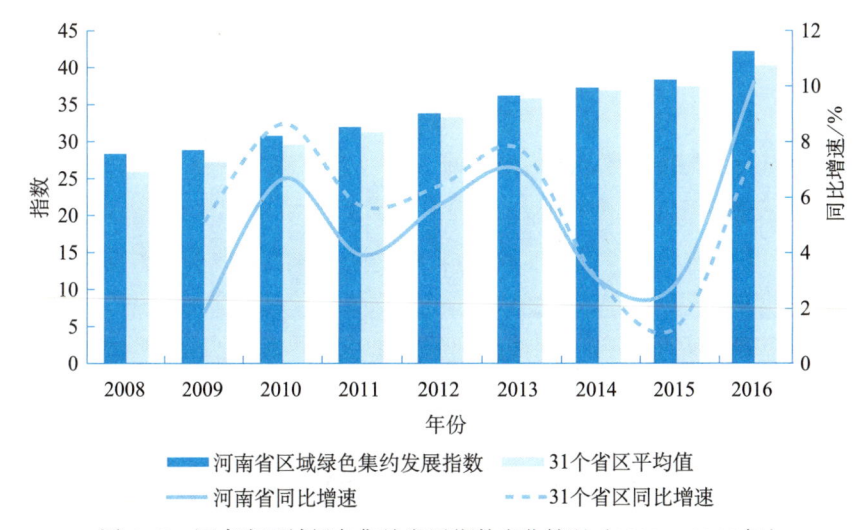

图 6-48　河南省区域绿色集约发展指数变化情况（2008～2016 年）

发展指数的二级指标发现，河南省区域绿色集约发展指数的增长主要表现在节能降耗方面。河南省单位能耗和单位废水对应的 GDP 分别从 0.95 万元/吨标准煤、582.76 元/吨快速增长到 1.75 万元/吨标准煤、1006.62 元/吨，单位主要污染物排放量对应的 GDP 从 44.85 万元/吨增加到 245.16 万元/吨；但区域绿色集约发展指数的增长缓慢主要是能耗综合利用率造成的，工业固体废物综合利用率从 72.6% 震荡下降到 70.9%。

（六）河南省区域创新条件发展指数演进

2008～2016 年，河南省区域创新条件发展指数从 18.87 增加到 15.32，排名始终居于中下游，年均增速 -2.57%，远低于 31 个省区平均值的年均增速（3.75%）。具体来看，河南省区域创新条件发展指数的增长呈现出波动特征，其中 2015 年同比增速高达 14.79%（图 6-49）。具体分析影响河南省区域创新条件发展指数的二级指标发现，河南省每百万人口产业创新平台数量、每百万人口创新服务平台数量分别从 0.34 个、1.48 个增加到 1.37 个、2.73 个，有电子商务活动的企业比例分别从 2.8% 增加到 6.8%。但是，河南省人均邮电业务总量和拥有网站的企业比例则有不同程度的下降，分别从 0.12 万元和 49.4% 下降到 0.10 万元和 45.1%。

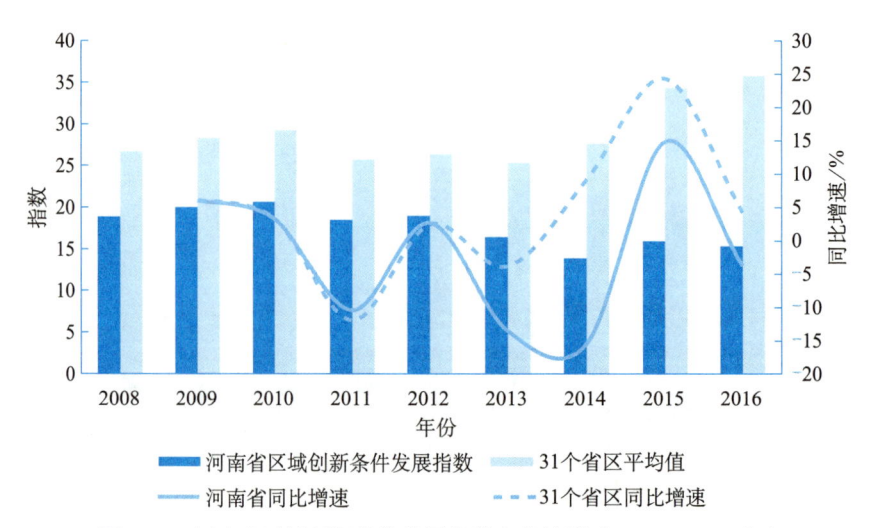

图 6-49　河南省区域创新条件发展指数变化情况（2008～2016 年）

二、河南省区域创新能力演进

（一）河南省区域创新能力指数演进

2008～2016年，河南省区域创新能力指数由13.47快速增长到22.25，年均增速6.47%。同期，31个省区平均值从15.64增加到26.18，年均增速6.65%，低于河南省年均增速（图6-50）。

图6-50　河南省区域创新能力指数历年变化情况（2008～2016年）

2008～2016年，从区域创新能力指数排名来看，河南省区域创新能力指数排名波动较大，整体上处于中游位置。其中，河南省区域创新实力指数排名靠前，一直位于前10位；区域创新效力指数和区域创新创业环境指数排名较为靠后，其中区域创新创业环境指数排名下降明显，由第17位震荡下降至第25位（表6-8）。

表6-8　河南省区域创新能力指数排名（2008～2016年）

指数	2008年	2009年	2010年	2011年	2012年	2013年	2014年	2015年	2016年
区域创新能力指数	14	14	16	15	15	15	15	15	17
——区域创新实力指数	9	9	9	7	8	7	7	7	8
——区域创新效力指数	18	17	17	17	18	18	18	20	18
——区域创新创业环境指数	17	14	23	18	19	19	21	23	25

（二）河南省区域创新实力指数演进

2008～2016年，河南省区域创新实力指数从8.25持续增长到24.87，排名从第9位升至第8位，年均增速14.79%，高于31个省区平均值的年均增速（13.71%）。总体来看，河南省区域创新实力指数高于31个省区平均值；同比增速波动较大，除2009年、2013年和2014年高于31个省区同比增速外，其余年份同比增速均低于31个省区同比增速（图6-51）。

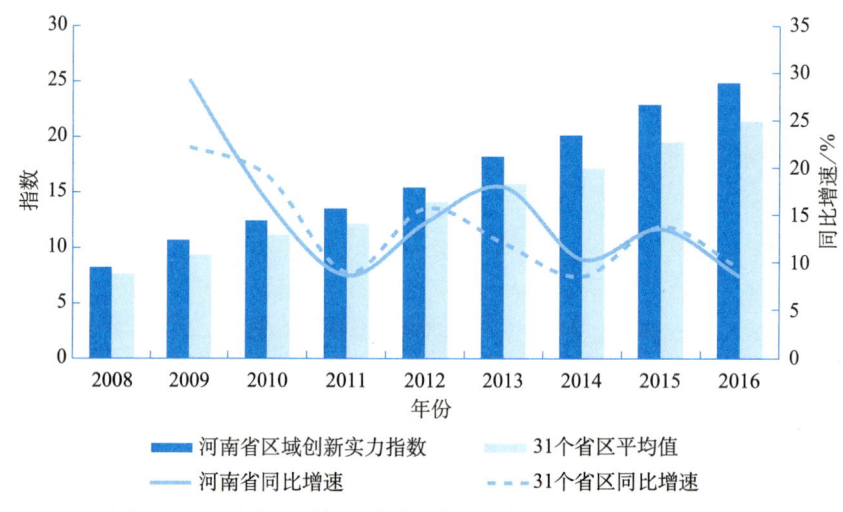

图6-51　河南省区域创新实力指数变化情况（2008～2016年）

2008～2016年，河南省区域创新投入实力指数、区域创新条件实力指数、区域创新产出实力指数、区域创新影响实力指数均呈现高速增长态势（图6-52）。河南省区域创新投入实力指数从9.50持续增长到27.38，年均增速14.15%。具体分析影响河南省区域创新投入实力指数的2项指标发现，河南省R&D人员全时当量和R&D经费支出分别从7.15万人年、122.28亿元增加到16.63万人年、494.19亿元。

2008～2016年，河南省区域创新条件实力指数从10.84持续增加到27.95，年均增速12.57%。具体分析影响河南省区域创新条件实力指数的各项指标发现，河南省互联网宽带接入用户数从497.3万户增加到1767.2万户，有效发明专利数从2039万件增加到22 601件，产业创新平台数量、检测检验平台数量和创新服务平台数量分别从32个、129个和140个分别增加到131个、228个和260个。但河南省邮电业务总量有所下降，从1124.63亿元下降到990.89亿元。

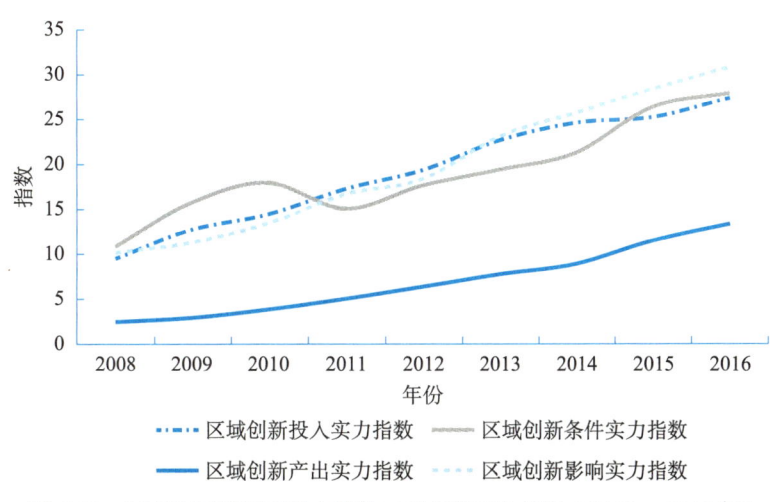

图 6-52　河南省区域创新实力指数二级指数变化情况（2008~2016 年）

2008~2016 年，河南省区域创新产出实力指数从 2.46 持续增长到 13.36，年均增速 23.53%。分析影响河南省区域创新产出实力指数的指标发现，各项指标均有不同程度的增长。具体来看，河南省发明专利申请量和授权量分别由 0.49 万件和 0.06 万件增长到 2.86 万件和 0.68 万件，实用新型和外观设计专利申请量和授权量分别由 1.41 万件和 0.85 万件增加到 6.61 万件和 4.23 万件，PCT 专利申请量和 SCI 论文数分别从 20 件和 0.15 万篇增加到 107 件和 0.59 万篇。

2008~2016 年，河南省区域创新影响实力指数从 10.18 震荡增加到 30.79，年均增速 14.84%。分析影响河南省区域创新影响实力指数的指标发现，河南省大中型工业企业新产品销售收入和地区生产总值分别从 1454.16 亿元、18 018.53 亿元增加到 6115.41 亿元、40 471.49 亿元，高技术产业利润总额从 74.60 亿元增加到 444.82 亿元。

（三）河南省区域创新效力指数演进

2008~2016 年，河南省区域创新效力指数从 11.55 持续增长到 21.54，排名一直居于中下游，年均增速 8.10%，高于 31 个省区平均值的年均增速（7.19%）。总体来看，河南省区域创新效力指数远低于 31 个省区平均值，同比增速呈现波动特征，2016 年同比增速最低为 2.12%（图 6-53）。

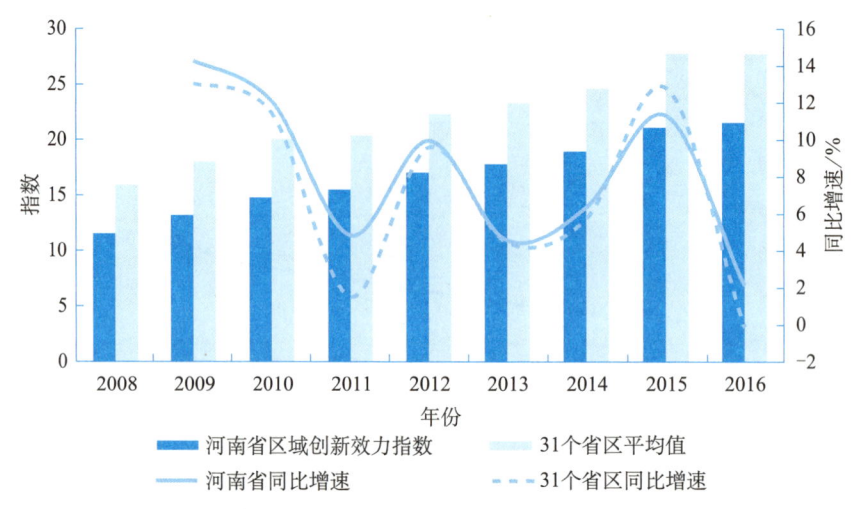

图 6-53　河南省区域创新效力指数变化情况（2008～2016 年）

2008～2016 年，河南省区域创新投入效力指数、区域创新条件效力指数、区域创新产出效力指数、区域创新影响效力指数均有所增长，其中以区域创新影响效力指数增长最为显著（图 6-54）。河南省区域创新投入效力指数从 12.60 持续增长到 22.16，年均增速 7.31%。具体分析影响河南省区域创新投入效力指数的 2 项指标发现，R&D 人员比例和 R&D 经费支出占地区生产总值的比例均有所上升，分别从 1.0% 和 0.7% 增加到 1.5% 和 1.2%。

2008～2016 年，河南省区域创新条件效力指数从 2.74 震荡增加到 5.51，年均增速 9.09%。具体分析影响河南省区域创新条件效力指数的各项指标发现，河南省每万人口有效发明专利数从 0.22 件快速增加到 2.37 件。每百万人产业创新平台数量、每百万人检测检验平台数量和每百万人创新服务平台数量分别从 0.34 个、1.37 个和 1.48 个增加到 1.37 个、2.18 个和 2.73 个。但河南省部分指标有所下降，其中人均邮电业务总量从 0.12 万元下降到 0.10 万元。

2008～2016 年，河南省区域创新产出效力指数从 7.37 波动增长到 17.23，年均增速 11.20%。分析影响河南省区域创新产出效力指数的指标发现，大部分指标有不同程度的增长。具体来看，河南省单位 R&D 人员发明专利申请量和授权量分别由 6.93 件/百人年和 0.93 件/百人年增长到 17.19 件/百人年和 4.10 件/百人年，单位 R&D 人员实用新型和外观设计专利申请量和授权量分别由 19.77 件/百人年和 11.84 件/百人年增加到 39.74 件/百人年和25.46件/百人年，单位R&D人员SCI论文数从2.10篇/百人年增加到3.55篇/百人年，单位R&D人员PCT专利申请量从2.80件/万人年增长到6.43件/万人年。

2008～2016年，河南省区域创新影响效力指数从23.47持续增加到41.29，年均增速7.32%。分析影响河南省区域创新影响效力指数的指标发现，河南省大中型工业企业新产品销售收入占主营业务收入比重从5.77%增加到7.71%，人均地区生产总值分别从1.91万元增加到4.25万元，劳动生产率由25.22万元/人年增加到35.35万元/人年，单位能耗产生的GDP由0.95万元/吨标准煤增加到1.75万元/吨标准煤，单位建成区面积GDP产出由9.70亿元/千米^{2}增加到15.91亿元/千米^2，单位工业废水排放量对应的主营业务收入由814.88元/吨增加至1971.91元/吨，单位主要污染物排放量对应的GDP由44.85万元/吨上升至245.16万元/吨，但工业固体废物综合利用率由72.6%下降至70.9%。

图6-54　河南省区域创新效力指数二级指数变化情况（2008～2016年）

（四）河南省区域创新创业环境指数演进

2008～2016年，河南省区域创新创业环境指数从27.77震荡下降到18.42，排名从第17位震荡下降至第25位，年均增速−5.00%，远低于31个省区平均值的年均增速（0.61%）。总体来看，河南省区域创新创业环境指数低于31个省区平均值，同比增速呈现波动特征（图6-55）。

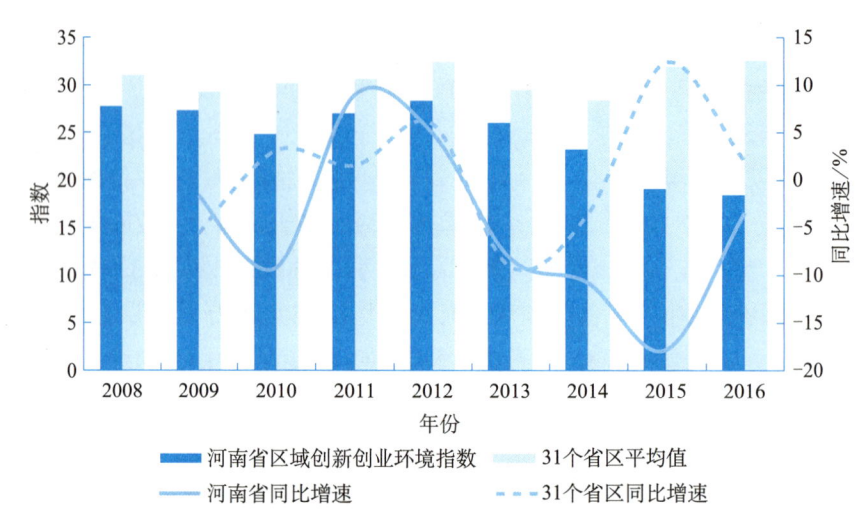

图 6-55 河南省区域创新创业环境指数变化情况（2008～2016 年）

2008～2016 年，河南省区域资金环境指数、区域人才环境指数和区域制度环境指数均呈现下降趋势（图 6-56）。河南省区域资金环境指数由 18.00 持续下降到 15.07，年均增速 –2.20%。分析影响河南省区域资金环境指数的各项指标发现，河南省工业企业研究开发费用加计扣除执行情况由 89.40% 下降至 42.11%，高企税收优惠由 8.17 亿元增加到 20.28 亿元。地方政府财政科技拨款占财政支出的比重几乎没发生变化。

图 6-56 河南省区域创新创业环境指数二级指数变化情况（2008～2016 年）

2008～2016 年，河南省区域人才环境指数由 33.20 震荡下降至 30.38，年均增速 –1.10%。分析影响河南省区域人才环境指数的各项指标发现，河南省大专以上学历人口比例由 4.4% 上升至 7.4%。但是河南省地方政府财政支出中教育经费所占比重有所下降，由 19.5% 降至 18.0%；城镇居民人均可支配收入与全国平均数的比例从 88.6% 下降至 84.3%。

2008～2016 年，河南省区域制度环境指数由 32.12 震荡下降至 9.81，年均增速 –13.78%。具体来看，河南省区域知识产权案件的结案率由 52.88% 震荡上升至 86.89%。

第五节　内　蒙　古

2016 年，内蒙古区域创新发展指数排名在 31 个省区中居第 18 位，区域创新能力指数居第 23 位；人均 GDP 为 7.2 万元，约合 1.08 万美元（图 6-57），是创新发展追赶 I 型省区。

图 6-57　内蒙古区域创新发展指数和区域创新能力指数演进

一、内蒙古区域创新发展水平演进

（一）内蒙古区域创新发展指数演进

2008～2016 年，内蒙古区域创新发展指数从 19.45 持续增长到 30.23，年均增速 5.67%；同期，31 个省区平均值从 23.24 增加到 35.62，年均增速为 5.48%（图 6-58）。总体来看，内蒙古区域创新发展指数低于 31 个省区平均值，但年均增速略高于 31 个省区平均值的年均增速。

图 6-58 内蒙古区域创新发展指数历年变化情况（2008～2016 年）

从区域创新发展指数排名来看，2008～2016 年，内蒙古区域创新发展指数排名震荡下降。从一级指数来看（表 6-9），区域科学技术发展指数排名呈现稳定上升趋势，区域产业创新发展指数、区域绿色集约发展指数排名均呈现震荡下降趋势，区域社会创新发展指数、区域创新条件发展指数排名呈震荡上升趋势。

表 6-9 内蒙古区域创新发展指数排名（2008～2016 年）

指数	2008 年	2009 年	2010 年	2011 年	2012 年	2013 年	2014 年	2015 年	2016 年
区域创新发展指数	16	16	17	16	17	17	18	19	18
——区域科学技术发展指数	22	22	21	20	20	20	20	19	19
——区域产业创新发展指数	19	20	21	16	20	19	19	22	20
——区域社会创新发展指数	13	11	11	12	13	13	13	13	12

续表

指数	2008年	2009年	2010年	2011年	2012年	2013年	2014年	2015年	2016年
——区域绿色集约发展指数	12	10	14	9	13	15	12	16	18
——区域创新条件发展指数	25	24	24	28	27	22	18	23	22

（二）内蒙古区域科学技术发展指数演进

2008～2016年，内蒙古区域科学技术发展指数增从1.66持续快速增加到5.83，排名稳定提升，年均增速17.00%，高于31个省区平均值的年均增速（12.40%）。具体来看，内蒙古区域科学技术发展指数低于31个省区平均值；除2014年、2016年同比增速低于31个省区同比增速，其他年份均高于31个省区同比增速（图6-59）。具体分析影响内蒙古区域科学技术发展指数的二级指标发现，内蒙古人均R&D经费支出从138.69元持续快速增加到585.37元，每万人R&D人员数量从7.47人增加至15.67人，每万人本国有效发明专利数从0.20件持续快速增加到1.48件，每万人SCI论文数从0.08篇快速增加到0.35篇。

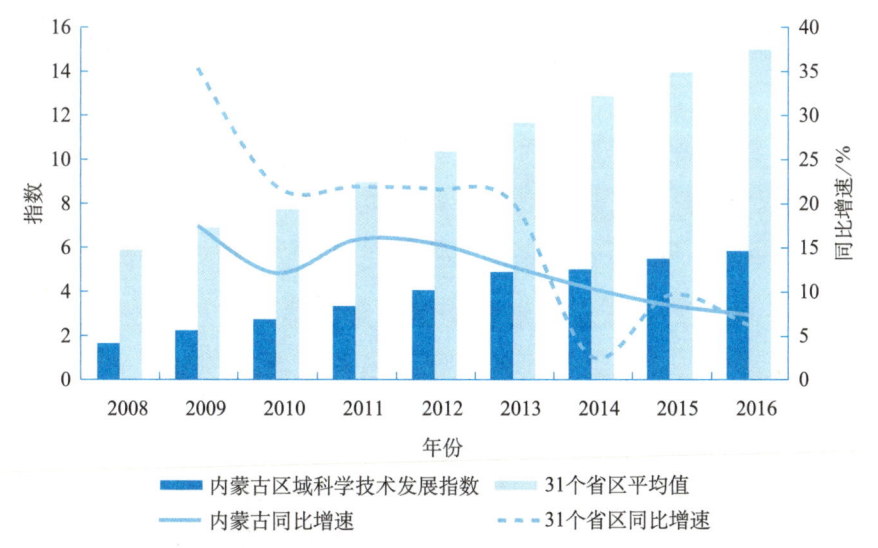

图6-59 内蒙古区域科学技术发展指数变化情况（2008～2016年）

（三）内蒙古区域产业创新发展指数演进

2008～2016年，内蒙古区域产业创新发展指数从16.97震荡上升到

32.70，年均增速 8.54%，高于 31 个省区平均值的年均增速（7.27%）。具体来看，内蒙古区域产业创新发展指数略低于 31 个省区平均值，2009 年、2010 年、2011 年、2013 年、2016 年同比增速高于 31 个省区同比增速，2012 年、2014 年、2015 年则低于 31 个省区同比增速（图 6-60）。具体分析影响内蒙古区域产业创新发展指数的二级指标发现，全员劳动生产率、服务业增加值占比分别从 81 万元/人年、37.8% 震荡上升至 166.16 万元/人年、43.8%，高技术产业主营业务收入占制造业主营业务收入比例、新产品销售收入占主营业务收入比例分别从 2.1%、4.0% 震荡下降至 2.0%、3.8%。

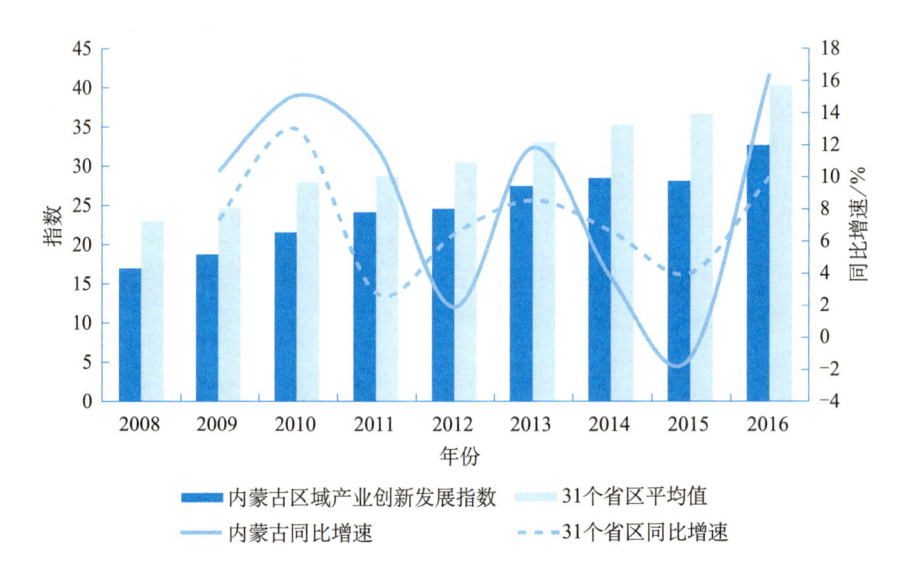

图 6-60　内蒙古区域产业创新发展指数变化情况（2008～2016 年）

（四）内蒙古区域社会创新发展指数演进

2008～2016 年，内蒙古区域社会创新发展指数从 35.56 上升到 46.44，排名从第 13 位震荡上升至第 12 位，年均增速 3.39%，高于 31 个省区平均值的年均增速（2.84%）。具体来看，内蒙古区域社会创新发展指数略高于 31 个省区平均值，2009 年、2014 年、2015 年、2016 年同比增速高于 31 个省区同比增速，其他年份均低于 31 个省区同比增速（图 6-61）。分析影响内蒙古区域社会创新发展指数的二级指标发现，内蒙古城镇人口占总人口的比例从 51.7% 稳步提升到 61.2%，GDP 中非农产业的比例从 89.3% 震荡上升至

91.0%，城镇居民人均可支配收入与全国平均数的比例从 96.6% 震荡上升至 102.1%，大专以上学历人口比例从 7.1% 震荡上升至 17.3%，每万人口在校大学生数从 129.58 人稳定提升至 173.29 人，人口预期寿命从 69.9 岁稳定提升至 74.4 岁，每千人口卫生技术人员数从 4.5 人震荡提升至 6.8 人，社区服务机构覆盖率从 19.8% 震荡下降至 13.9%。

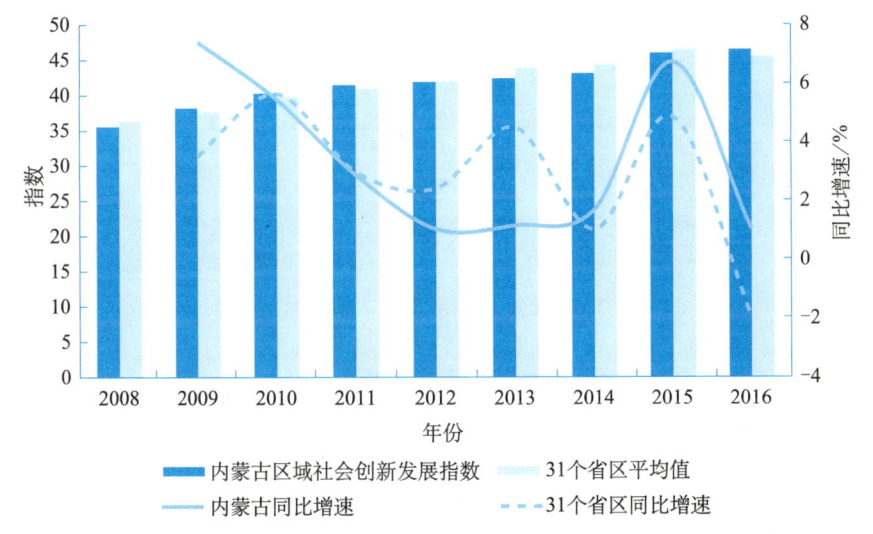

图 6-61　内蒙古区域社会创新发展指数变化情况（2008～2016 年）

（五）内蒙古区域绿色集约发展指数演进

2008～2016 年，内蒙古区域绿色集约发展指数从 27.03 震荡增长到 36.53，但排名震荡下降，从第 12 位下降至第 18 位，年均增速 3.84%，低于 31 个省区平均值的年均增速（5.67%）。从同比增速来看，其中 2009 年、2011 年、2014 年高于 31 个省区同比增速，2010 年、2012 年、2013 年、2015 年、2016 年则低于 31 个省区同比增速（图 6-62）。具体分析影响内蒙古区域绿色集约发展指数的二级指标发现，内蒙古单位能耗对应的 GDP 从 0.60 万元 / 吨标准煤震荡上升到 0.93 万元 / 标准煤，单位废水对应的 GDP 从 1206.49 元 / 吨稳定提升至 1731.5 元 / 吨，工业固体废物综合利用率从 41.5% 首先提升至最高值 52.2% 后又下降至 35.4%，单位建成区面积对应的 GDP 从 9.60 亿元 / 千米^2 震荡上升至 14.6 亿元 / 千米^2。

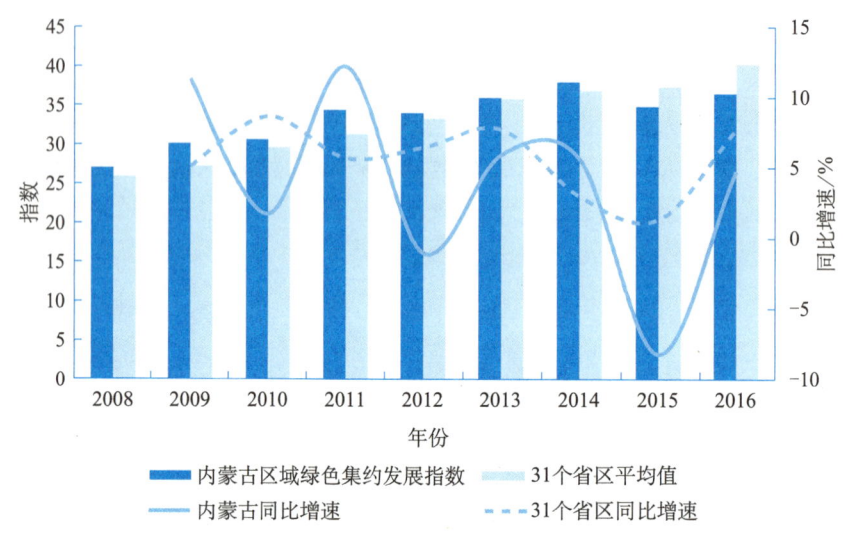

图 6-62 内蒙古区域绿色集约发展指数变化情况（2008～2016年）

（六）内蒙古区域创新条件发展指数演进

2008～2016年，内蒙古区域创新条件发展指数从19.07震荡增加到29.92，排名出现了震荡式上升，年均增长率为5.79%，高于31个省区平均值的年均增速（3.75%）。具体来看，内蒙古区域创新条件发展指数同比增速出现了一定程度的波动，其中2009年、2012年、2013年、2014年、2015年均高于31个省区同比增速，其他年份则低于31个省区同比增速（图6-63）。

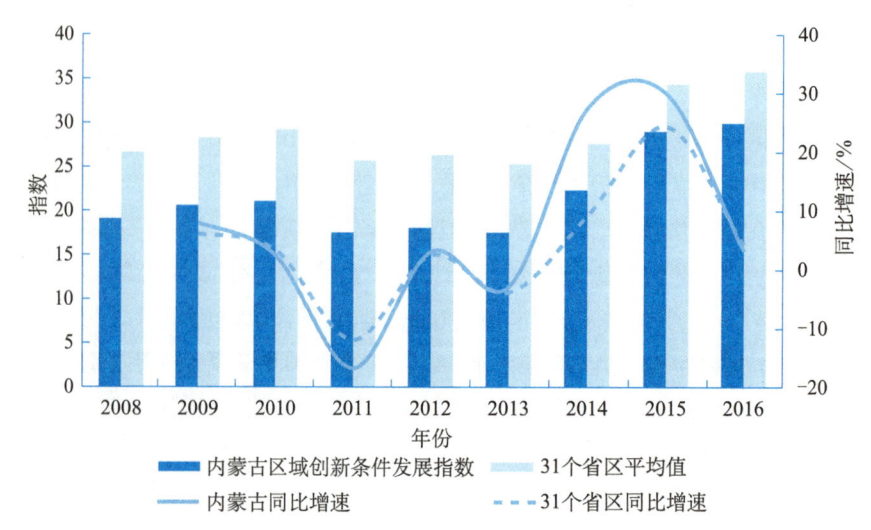

图 6-63 内蒙古区域创新条件发展指数变化情况（2008～2016年）

具体分析影响内蒙古区域创新条件发展指数的二级指标发现，人均邮电业务总量从0.19万元震荡下降至0.11万元，每百万人口研究实验平台数量从0.00个增长至0.04个，每百万人口产业创新平台数量从0.57个震荡上升至1.47个，每百万人口创新服务平台数量从1.43个稳定提升至4.09个，拥有网站的企业比例从46.5%震荡提升至50.1%，有电子商务活动的企业比例从2.0%稳定提升至7.6%，政府网站绩效从43.7震荡提升至74.2。

二、内蒙古区域创新能力演进

（一）内蒙古区域创新能力指数演进

2008～2016年，内蒙古区域创新能力指数由9.73震荡增长到15.27，年均增速5.80%，排名出现了一定波动，从第25位上升到第22位之后又下降到25位，最后稳定在23位。同期，31个省区平均值从15.64增加到26.18，年均增速6.65%，高于内蒙古该指数的年均增速（图6-64）。

图6-64 内蒙古区域创新能力指数历年变化情况（2008～2016年）

2008～2016年，从区域创新能力指数排名来看，内蒙古区域创新能力指数排名呈现波动上升趋势（表6-10）。其中，除2011年外内蒙古区域创新实力指数排名一直维持在第24位；区域创新效力指数排名有所下降，由第23位震荡下降至第24位；区域创新创业环境指数排名进步较为显著，由第27位上升至第23位。

表 6-10　内蒙古区域创新能力指数排名（2008～2016 年）

指数	2008 年	2009 年	2010 年	2011 年	2012 年	2013 年	2014 年	2015 年	2016 年
区域创新能力指数	25	23	22	23	25	23	23	23	23
——区域创新实力指数	24	24	24	23	24	24	24	24	24
——区域创新效力指数	23	22	20	20	21	22	24	25	24
——区域创新创业环境指数	27	26	24	26	28	27	20	20	23

（二）内蒙古区域创新实力指数演进

2008～2016 年，内蒙古区域创新实力指数从 2.51 持续增长到 6.17，年均增速 11.88%，低于 31 个省区平均值的年均增速（13.71%）。总体来看，内蒙古区域创新实力指数远低于 31 个省区平均值；同比增速波动较大，除 2009 年、2010 年同比增速高于 31 个省区同比增速外，其他年份均低于 31 个省区同比增速（图 6-65）。

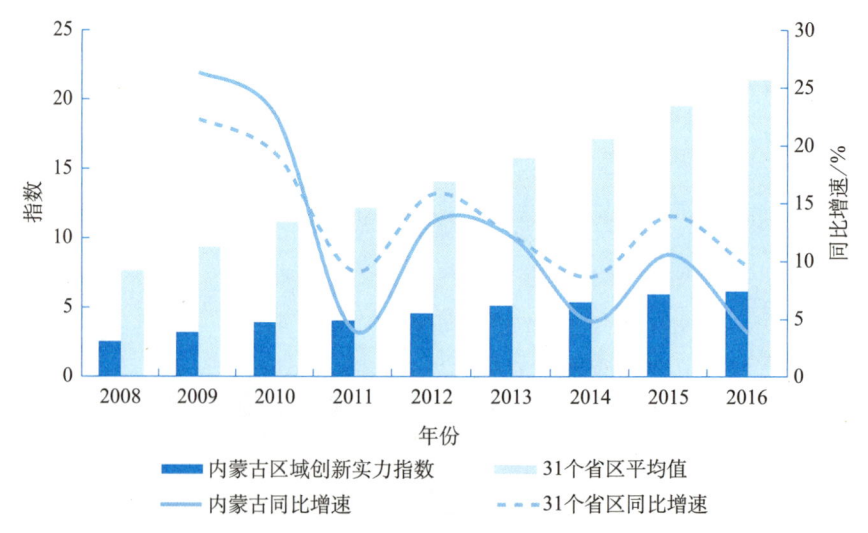

图 6-65　内蒙古区域创新实力指数变化情况（2008～2016 年）

2008～2016 年，内蒙古除区域创新产出实力指数增幅较小外，区域创新投入实力指数、区域创新条件实力指数和区域创新影响实力指数均实现高速增长（图 6-66）。内蒙古区域创新投入实力指数从 2.43 持续增长到 7.18，年均增速 14.50%。具体分析影响内蒙古区域创新投入实力指数的 2 项指标发现，R&D 人员全时当量和 R&D 经费支出分别从 1.8 万人年、33.9 亿元增加到 3.9 万人年、147.5 亿元。

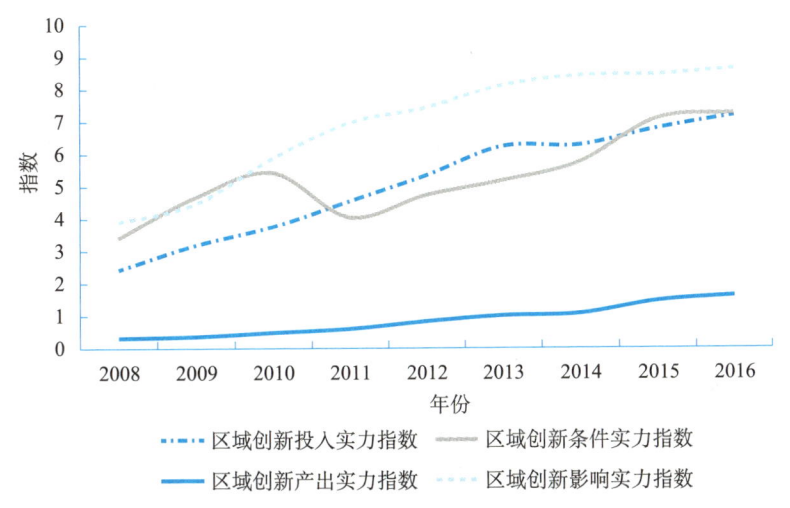

图 6-66　内蒙古区域创新实力指数二级指数变化情况（2008～2016 年）

2008～2016 年，内蒙古区域创新条件实力指数从 3.40 震荡增加到 7.26，年均增速 9.95%。具体分析影响内蒙古区域创新条件实力指数的各项指标发现，内蒙古互联网宽带接入用户数从 135.9 万户震荡上升至 417.2 万户，邮电业务总量从 466.51 亿元震荡下降至 276.89 亿元，有效发明专利数从 481 件稳定增加到 3734 件。各种平台数量均有所增长，研究实验平台数量和产业创新平台数量分别从 0 个和 14 个增加到 1 个和 37 个，检测检验平台数量和创新服务平台数量分别从 34 个和 35 个增加到 93 个和 103 个。

2008～2016 年，内蒙古区域创新产出实力指数从 0.32 持续增长到 1.61，年均增速 22.21%。分析影响内蒙古区域创新产出实力指数的指标发现，各项指标均有不同程度的增长。具体来看，内蒙古发明专利申请量和授权量分别由 695 件和 140 件增长到 2878 件和 871 件，实用新型和外观设计专利申请量和授权量分别由 1526 件和 1188 件增加到 7794 件和 4975 件，PCT 专利申请量和 SCI 论文数分别从 6 件和 188 篇增加到 21 件和 870 篇。

2008～2016 年，内蒙古区域创新影响实力指数从 3.90 稳定增加到 8.63，年均增速 10.46%。分析影响内蒙古区域创新影响实力指数的指标发现，内蒙古大中型工业企业新产品销售收入和地区生产总值分别从 343.97 亿元、8496.20 亿元增加到 779.61 亿元、18 128.1 亿元，高技术产业利润总额从 8.6 亿元增加到 23.63 亿元。

（三）内蒙古区域创新效力指数演进

2008～2016年，内蒙古区域创新效力指数从9.75震荡增长到18.14，排名从第23位提升到第20位后又震荡降低回第24位，年均增速8.07%，高于31个省区平均值的年均增速（7.19%）。总体来看，内蒙古区域创新效力指数低于31个省区平均值，同比增速呈现波动特征（图6-67）。

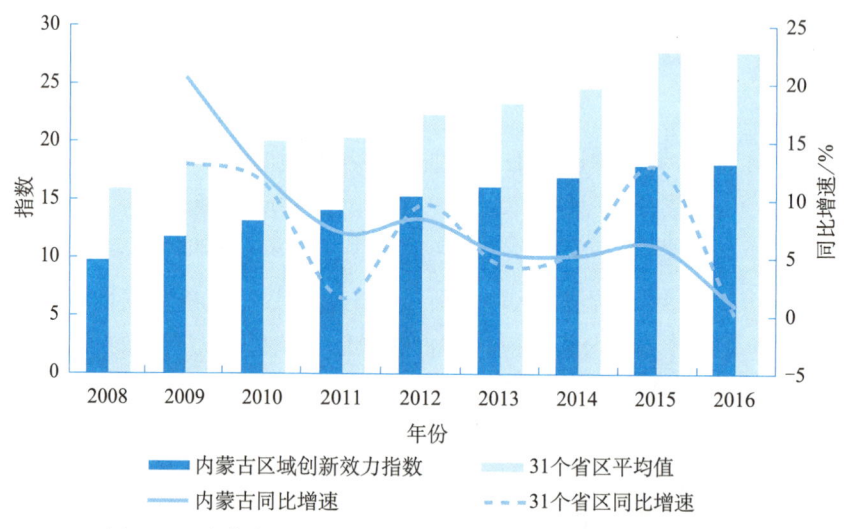

图6-67 内蒙古区域创新效力指数变化情况（2008～2016年）

2008～2016年，内蒙古区域创新影响效力指数进步显著，其他指数均小幅增长（图6-68）。内蒙古区域创新投入效力指数从7.44震荡增长到17.51，年均增速11.29%。具体分析影响内蒙古区域创新投入效力指数的2项指标发现，R&D人员比例有所提升，从0.75%震荡上升到1.35%；R&D经费支出占地区生产总值的比例从0.40%震荡增加到0.81%。

2008～2016年，内蒙古区域创新条件效力指数从5.68经过上下一定幅度波动后变为6.49，年均增速1.68%。具体分析影响内蒙古区域创新条件效力指数的各项指标发现，人均邮电业务总量从0.19万元经过上下一定程度波动后变为0.11万元，每万人口有效发明专利数从0.20件稳定提升到了1.48件，每万人研究实验平台数量从0.000个上升到了0.040个，每百万人产业创新平台数量从0.57个震荡上升至1.47个，每百万人检测检验平台数量从1.39个稳定上升至3.23个，每百万人创新服务平台数量从1.43个稳定提升至4.09个。

图 6-68　内蒙古区域创新效力指数二级指数变化情况（2008～2016 年）

2008～2016 年，内蒙古区域创新产出效力指数从 2.30 震荡上升至 7.38，年均增速 15.69%。分析影响内蒙古区域创新产出效力指数的指标发现，内蒙古单位 R&D 人员发明专利申请量和授权量分别由 3.81 件/百人年和 0.77 件/百人年增长到 7.29 件/百人年和 2.21 件/百人年，单位 R&D 人员实用新型和外观设计专利申请量由 8.36 件/百人年震荡上升到 19.74 件/百人年，单位 R&D 人员实用新型和外观设计专利授权量由 6.50 件/百人年震荡上升到 12.60 件/百人年。单位 R&D 人员 PCT 专利申请量从 3.29 件/万人年震荡上升到 5.32 件/万人年，单位 R&D 人员 SCI 论文数从 1.03 篇/百人年震荡增加到 2.20 篇/百人年。

2008～2016 年，内蒙古区域创新影响效力指数从 23.58 震荡增加到 41.17，年均增速为 7.21%。分析影响内蒙古区域创新影响效力指数的指标发现，内蒙古大中型工业企业新产品销售收入占主营业务收入比重由 3.98% 经过上下波动，最后变为 3.85%；人均地区生产总值分别从 3.48 万元稳定增加到 7.19 万元；劳动生产率由 34.70 万元/人年震荡增加到 61.82 万元/人年；单位能耗产生的 GDP 由 0.60 万元/吨标准煤震荡增加到 0.93 万元/吨标准煤；单位建成区面积 GDP 产出由 9.60 亿元/千米^2 震荡增加到 14.60 亿元/千米^2；单位工业废水排放量对应的主营业务收入由 1227.43 元/吨震荡增加至 1934.84 元/吨；单位主要污染物排放量对应的 GDP 从 23.33 万元/吨稳定上升至 96.94 万元/吨。工业固体废物综合利用率由 41.53% 震荡下降至 35.40%。

（四）内蒙古区域创新创业环境指数演进

2008~2016年，内蒙古区域创新创业环境指数从24.14震荡增长到27.76，排名从第27位震荡上升至第23位，年均增速1.76%，高于31个省区平均值的年均增速（0.61%）。总体来看，内蒙古区域创新创业环境指数低于31个省区平均值，同比增速呈现波动特征（图6-69）。

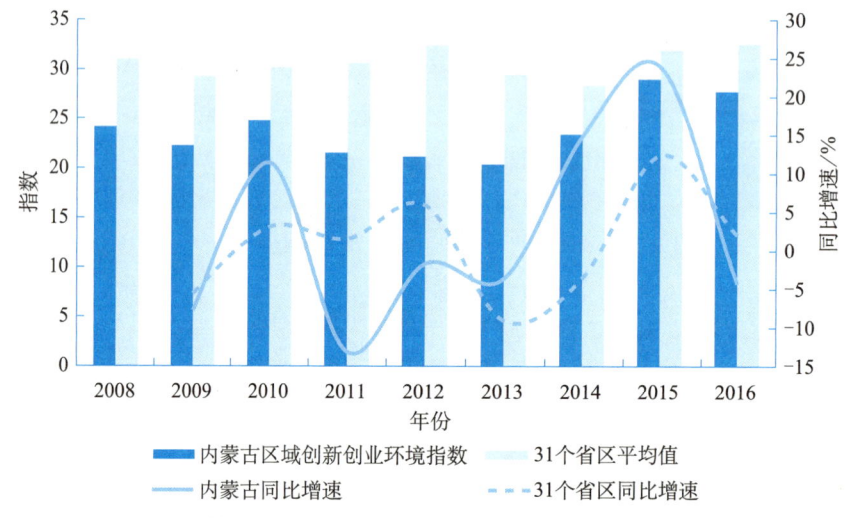

图6-69 内蒙古区域创新创业环境指数变化情况（2008~2016年）

2008~2016年，内蒙古的区域资金环境指数有所下降，区域人才环境指数和区域制度环境指数有小幅上升（图6-70）。内蒙古区域资金环境指数由14.20震荡下降至5.22，年均增速-11.76%。分析影响内蒙古区域资金环境指数的各项指标发现，内蒙古工业企业研究开发费用加计扣除执行情况由84.25%震荡下降至21.83%，高企税收优惠由0.97亿元震荡增加到2.13亿元，地方政府财政科技拨款占财政支出的比重由1.06%震荡下降到0.72%。

2008~2016年，内蒙古区域人才环境指数由23.65震荡上升至28.54，年均增速2.38%。分析影响内蒙古区域人才环境指数的各项指标发现，内蒙古大专以上学历人口比例由7.10%震荡上升至17.26%、城镇居民人均可支配收入与全国平均数的比例从96.60%震荡上升至102.12%。地方政府财政支出中教育经费所占比重有所下降，由14.19%震荡下降至12.30%。

2008~2016年，内蒙古区域制度环境指数由34.57震荡上升至49.52，年均增速4.59%。具体来看，内蒙古区域知识产权案件的结案率有所下降，从90%震荡下降至71.43%；政府网站绩效由43.7震荡上升至74.2。

图 6-70　内蒙古区域创新创业环境指数二级指数变化情况（2008～2016 年）

第六节　广　　西

2016 年，广西区域创新发展指数排名在 31 个省区中居第 24 位，区域创新能力指数居第 19 位；人均 GDP 为 3.8 万元，约合 0.57 万美元（图 6-71），是创新发展追赶 I 型省区。

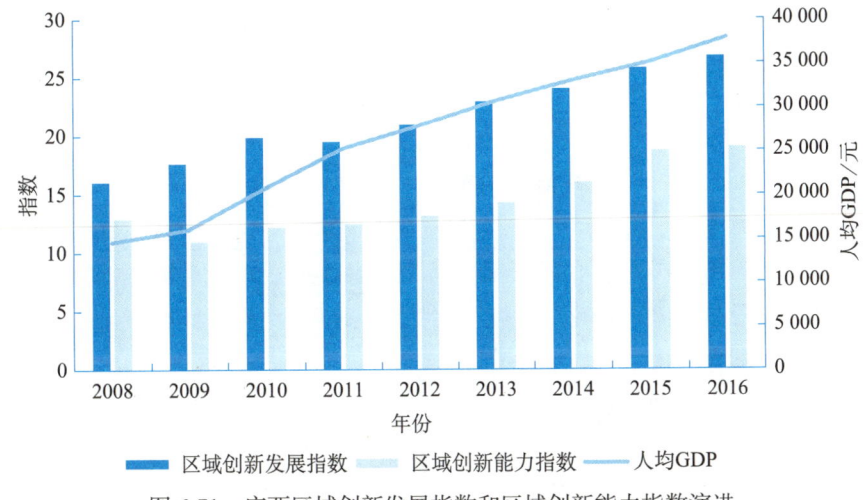

图 6-71　广西区域创新发展指数和区域创新能力指数演进

一、广西区域创新发展水平演进

（一）广西区域创新发展指数演进

2008～2016年，广西区域创新发展指数从16.05波动增长到26.80，年均增速6.62%；同期，31个省区平均值从23.24增加到35.62，年均增速为5.48%（图6-72）。总体来看，广西区域创新发展指数年均增速略高于31个省区平均值。

图6-72 广西区域创新发展指数历年变化情况（2008～2016年）

从区域创新发展指数排名来看，2008～2016年，广西区域创新发展指数排名从第26位震荡上升至第24位。从一级指数来看（表6-11），同期广西区域产业创新发展指数、区域社会创新发展指数、区域绿色集约发展指数排名有所提升，而区域科学技术发展指数和区域创新条件发展指数排名有所下降。

表6-11 广西区域创新发展指数排名（2008～2016年）

指数	2008年	2009年	2010年	2011年	2012年	2013年	2014年	2015年	2016年
区域创新发展指数	26	25	22	27	25	24	21	24	24
——区域科学技术发展指数	26	26	26	26	26	25	26	27	27
——区域产业创新发展指数	20	19	18	24	24	21	21	16	18
——区域社会创新发展指数	28	28	27	28	27	24	25	23	27
——区域绿色集约发展指数	23	22	23	21	20	18	18	19	17
——区域创新条件发展指数	22	23	22	23	23	23	21	25	27

（二）广西区域科学技术发展指数演进

2008~2016年，广西区域科学技术发展指数从0.86持续增加到3.50，年均增速19.25%，远高于31个省区平均值的年均增速（12.40%）。具体来看，广西区域科学技术发展指数远低于31个省区平均值；2012年后，其同比增速开始低于31个省区同比增速，2016年开始高于31个省区同比增速（图6-73）。具体分析影响广西区域科学技术发展指数的二级指标发现，所有指标均有不同程度的增加。广西人均R&D经费支出从68.17元持续快速增加到243.38元，每万人R&D人员数量从4.83人增加至8.25人，每万人本国有效发明专利数从0.15件持续快速增加到2.94件，每万人SCI论文数从0.12篇快速增加到0.41篇。

图6-73　广西区域科学技术发展指数变化情况（2008~2016年）

（三）广西区域产业创新发展指数演进

2008~2016年，广西区域产业创新发展指数从16.52震荡上升到33.93，排名从第20位上升至第18位，年均增速9.41%，稍高于31个省区平均值的年均增速（7.27%）。具体来看，广西区域产业创新发展指数低于31个省区平均值；同比增速波动较大，总体呈震荡下降趋势（图6-74）。具体分析影响广西区域产业创新发展指数的二级指标发现，全员劳动生产率、高技术产业主营业务收入占制造业主营业务收入比例和服务业增加值占比3项指标均有所增长，分别从49.47万元/人年、3.4%和36.0%震荡增加到127.31万元/人年、9.3%和39.6%。但同期广西新产品销售收入占主营业务收入比例有所下降，从11.3%震荡下降至8.9%。

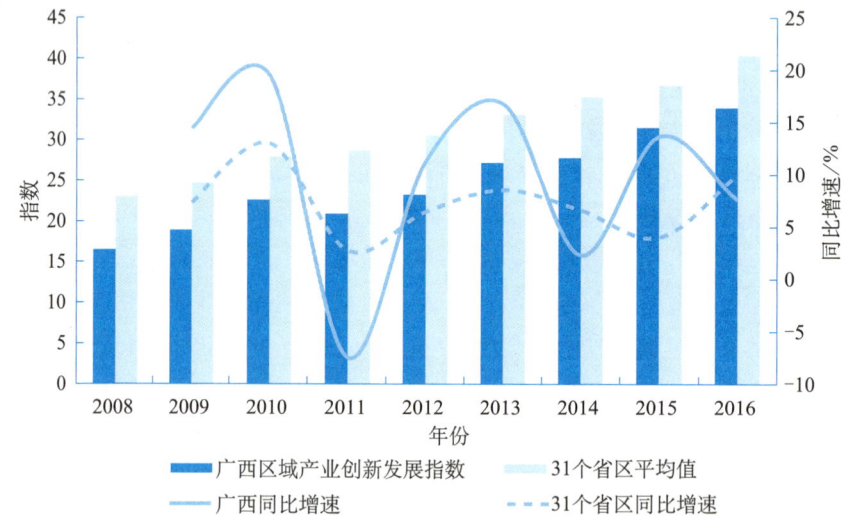

图6-74　广西区域产业创新发展指数变化情况（2008~2016年）

（四）广西区域社会创新发展指数演进

2008~2016年，广西区域社会创新发展指数从23.95震荡增加到35.45，排名始终居中下游，2015年排名达到峰值居第23位，年均增速5.02%，高于31个省区平均值的年均增速（2.84%）。具体来看，广西区域社会创新发展指数整体低于31个省区平均值；除2016年外，同比增速高于31个省区同比增速（图6-75）。分析影响广西区域社会创新发展指数的二级指标发现，广西城镇居民人均可支配收入与全国平均数的比例从94.7%震荡下降至87.7%，城镇人口占总人口的比例、GDP中非农产业的比例、大专以上学历人口比例、每万人口在校大学生数、每千人口卫生技术人员数和社区服务机构覆盖率分别从38.2%、79.3%、3.1%、100.54人、3.0人和7.5%增加到48.1%、84.7%、7.3%、167.48人、6.0人和10.4%。

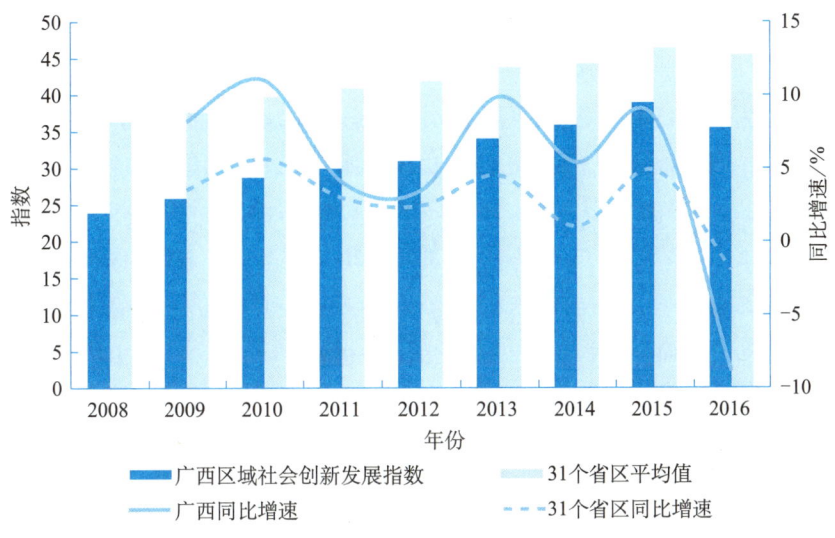

图 6-75　广西区域社会创新发展指数变化情况（2008～2016 年）

（五）广西区域绿色集约发展指数演进

2008～2016 年，广西区域绿色集约发展指数从 21.08 波动增长到 36.53，排名波动上升，2016 年居第 17 位，年均增速 7.11%，高于 31 个省区平均值的年均增速（5.67%）。从同比增速来看，广西区域绿色集约发展指数的同比增速波动大致与 31 个省区同比增速一致，但大部分年份明显高于 31 个省区平均水平（图 6-76）。具体分析影响广西区域绿色集约发展指数的二级指

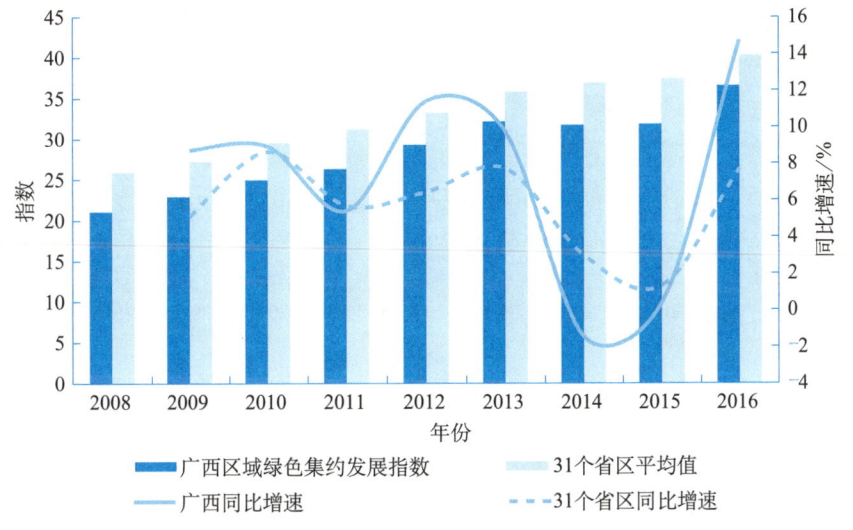

图 6-76　广西区域绿色集约发展指数变化情况（2008～2016 年）

标发现，广西单位能耗和单位废水对应的 GDP 分别从 1.08 万元/吨标准煤、203.30 元/吨持续增长到 1.82 万元/吨标准煤、948.19 元/吨，工业固体废物综合利用率从 57.9% 波动下降到 48.7%，单位建成区面积对应的 GDP 从 8.35 亿元/千米^2 震荡增加到 13.73 亿元/千米^2。

（六）广西区域创新条件发展指数演进

2008～2016 年，广西区域创新条件发展指数从 19.80 震荡增加到 22.33，排名从第 22 位下降到第 27 位，年均增长率为 1.51%，低于 31 个省区平均值的年均增速（3.75%）。具体来看，除 2014 年外，其余年份广西区域创新条件发展指数同比增速低于 31 个省区同比增速（图 6-77）。具体分析影响广西区域创新条件发展指数的二级指标发现，广西每百万人口产业创新平台数量、每百万人口创新服务平台数量分别从 0.23 个、1.02 个增加到 0.50 个、2.65 个，政府网站绩效和有电子商务活动的企业比例分别从 54.4 和 3.7% 增加到 77.2 和 11.0%。但是，人均邮电业务总量、拥有网站的企业比例则有不同程度的下降，分别从 0.12 万元和 45.8% 下降到 0.09 万元和 14.7%。

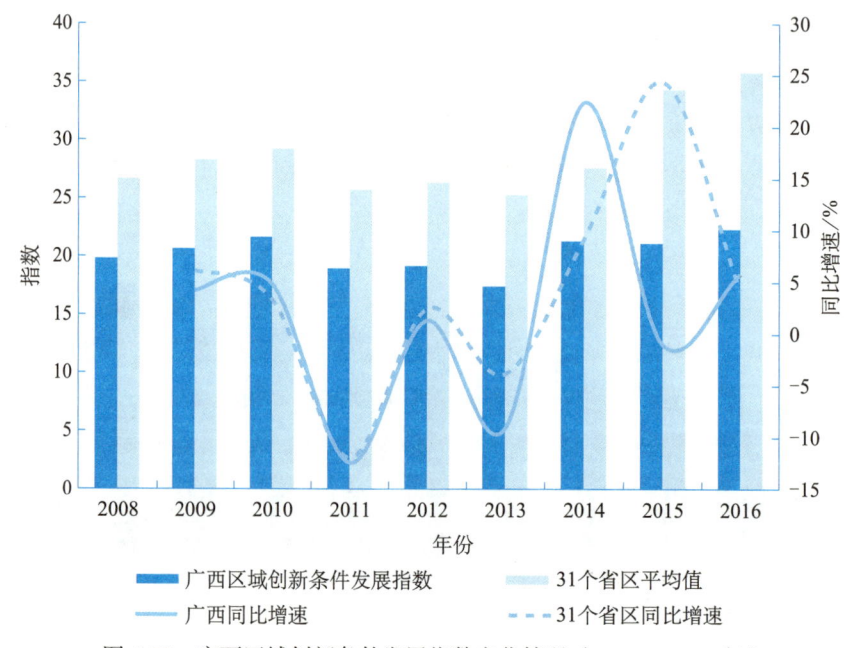

图 6-77 广西区域创新条件发展指数变化情况（2008～2016 年）

二、广西区域创新能力演进

（一）广西区域创新能力指数演进

2008～2016 年，广西区域创新能力指数由 12.91 震荡增长到 18.99，年均增速 4.94%。但从排名来看，广西区域创新能力指数排名由第 16 位波动下降到第 19 位。同期，31 个省区平均值从 15.64 增加到 26.18，年均增速 6.65%，略低于广西该指数的年均增速（图 6-78）。

图 6-78 广西区域创新能力指数历年变化情况（2008～2016 年）

从区域创新能力指数排名来看，广西区域创新能力指数排名呈现出下降趋势（表 6-12），2009～2012 年排名跌出前 20 名，居于 31 个省区中下游位置，2013 年排名开始回升，进入前 20 名。其中，广西区域创新实力指数和区域创新效力指数排名波动上升，2016 年均居第 19 位；区域创新创业环境指数排名波动下降，2016 年居第 16 位。

表 6-12 广西区域创新能力指数排名（2008～2016 年）

指数	2008 年	2009 年	2010 年	2011 年	2012 年	2013 年	2014 年	2015 年	2016 年
区域创新能力指数	16	21	21	21	22	20	18	19	19
——区域创新实力指数	22	21	21	21	21	20	21	20	19
——区域创新效力指数	26	26	25	25	25	23	20	17	19
——区域创新创业环境指数	5	18	17	16	22	17	12	16	16

（二）广西区域创新实力指数演进

2008～2016年，广西区域创新实力指数从3.01波动增长到9.63，排名一直居第19～22位，年均增速15.65%，高于31个省区平均值的年均增速（13.71%）。总体来看，广西区域创新能力指数远低于31个省区平均值，大部分年份同比增速波动幅度高于31个省区同比增速（图6-79）。

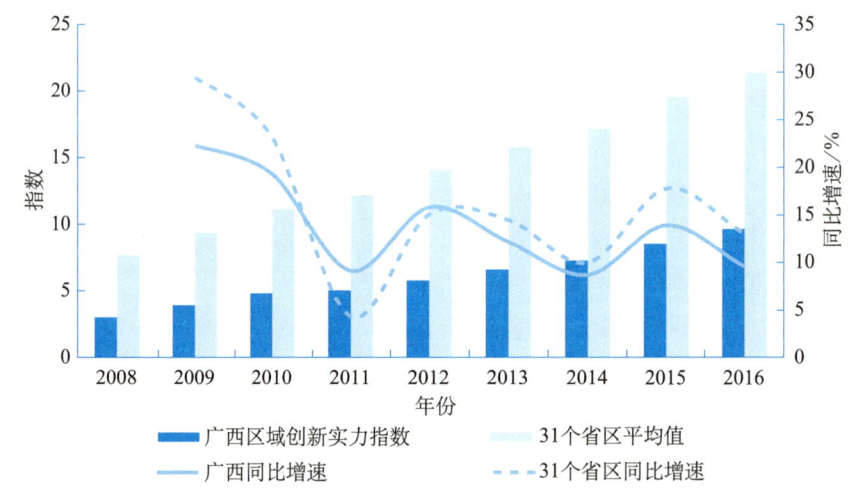

图6-79　广西区域创新实力指数变化情况（2008～2016年）

2008～2016年，广西区域创新投入实力指数、区域创新条件实力指数、区域创新产出实力指数、区域创新影响实力指数均呈现高速增长（图6-80）。

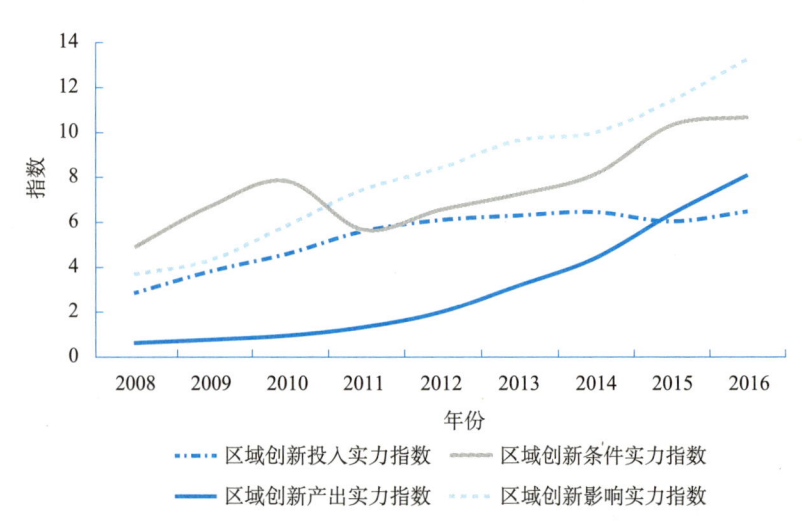

图6-80　广西区域创新实力指数二级指数变化情况（2008～2016年）

广西区域创新投入实力指数从 2.86 持续增长到 6.48，年均增速 10.76%。具体分析影响广西区域创新投入实力指数的 2 项指标发现，R&D 人员全时当量和 R&D 经费支出分别从 2.3 万人年、32.8 亿元增加到 3.9 万人年、117.7 亿元。

2008～2016 年，广西区域创新条件实力指数从 4.86 波动增加到 10.67，年均增速 10.33%。具体分析影响广西区域创新条件实力指数的各项指标发现，广西互联网宽带接入用户数从 270.7 万户上升至 790.0 万户，有效发明专利数从 717 件增加到 1.42 万件。各种平台数量均有所增长，产业创新平台数量从 11 个增加到 24 个，检测检验平台数量和创新服务平台数量分别从 46 个和 49 个增加到 119 个和 128 个。

2008～2016 年，广西区域创新产出实力指数从 0.64 持续增长到 8.10，年均增速高达 37.45%。分析影响广西区域产出实力指数的指标发现，各项指标均有不同程度的增长。具体来看，广西发明专利申请量和授权量分别由 0.11 万件和 204 件增长到 4.31 万件和 5159 件，实用新型和外观设计专利申请量和授权量分别由 0.28 万件和 0.20 万件增加到 1.62 万件和 0.97 万件，PCT 专利申请量和 SCI 论文数分别从 7 件和 566 篇增加到 47 件和 1973 篇。

2008～2016 年，广西区域创新影响实力指数从 3.69 持续增加到 13.27，年均增速 17.35%。分析影响广西区域创新影响实力指数的指标发现，所有指标均有不同程度的增加。广西大中型工业企业新产品销售收入和地区生产总值分别从 594.15 亿元、7021 亿元增加到 1980.88 亿元、18 317.64 亿元，高技术产业利润总额从 16 亿元增加到 222.50 亿元。

（三）广西区域创新效力指数演进

2008～2016 年，广西区域创新效力指数从 8.84 震荡增长到 21.31，2016 年排名居第 19 位，年均增速 11.63%，高于 31 个省区平均值的年均增速（7.19%）。总体来看，广西区域创新效力指数远低于 31 个省区平均值，同比增速呈现震荡特征（图 6-81）。

2008～2016 年，广西区域创新产出效力指数和区域创新影响效力指数提升显著，区域创新投入效力指数和区域创新条件效力指数小幅提升（图 6-82）。广西区域创新投入效力指数从 8.55 波动增长到 12.23，年均增速 4.58%。具体分析影响广西区域创新投入效力指数的 2 项指标发现，R&D 人员比例略有上升，从 0.8% 上升到 1.0%；R&D 经费支出占地区生产总值的比例从 0.5% 震荡增加到 0.6%。

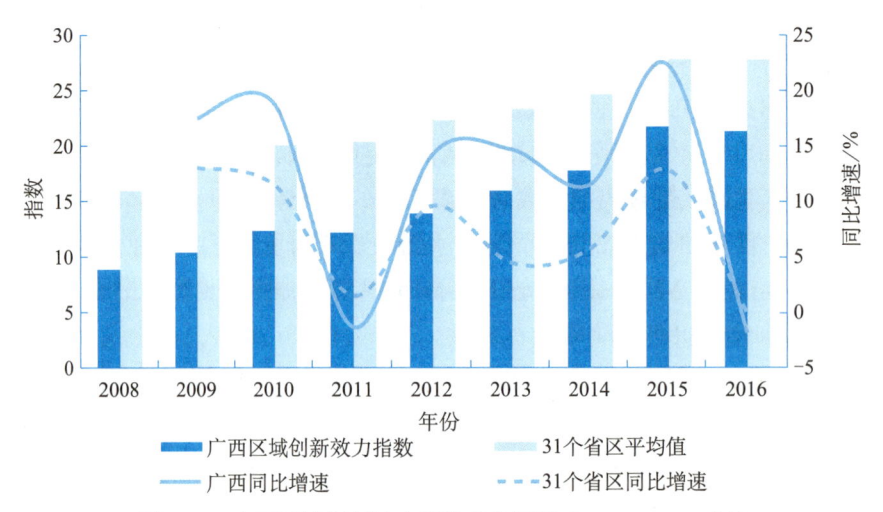

图 6-81 广西区域创新效力指数变化情况（2008～2016 年）

图 6-82 广西区域创新效力指数二级指数变化情况（2008～2016 年）

2008～2016 年，广西区域创新条件效力指数从 2.41 震荡增加到 3.50，年均增速 4.77%。具体分析影响广西区域创新条件效力指数的各项指标发现，每万人口有效发明专利数从 0.15 件快速增加到 2.94 件。每百万人产业创新平台数量、检测检验平台数量和创新服务平台数量分别从 0.23 个、0.96 个和 1.02 个波动增加 0.50 个、2.19（2015 年数据）个和 2.65 个。但广西部分指标有所下降，其中人均邮电业务总量从 0.12 万元下降到 0.09 万元。

2008~2016年，广西区域创新产出效力指数从5.06持续增加到32.83，年均增速高达26.33%。分析影响广西区域创新产出效力指数的指标发现，广西单位R&D人员发明专利申请量和授权量分别由4.67件/百人年和0.88件/百人年增长到107.96件/百人年和12.93件/百人年，单位R&D人员实用新型和外观设计专利申请量由12.04件/百人年增长到40.50件/百人年，单位R&D人员实用新型和外观设计专利授权量由8.71件/百人年上升到24.31件/百人年，单位R&D人员PCT专利申请量从3.01件/万人年上升到11.78件/万人年，单位R&D人员SCI论文数从2.44篇/百人年增加到4.94篇/百人年。

2008~2016年，广西区域创新影响效力指数从19.34持续增加到36.71，年均增速8.34%。分析影响广西区域创新影响效力指数的指标发现，广西大中型工业企业新产品销售收入占主营业务收入比重由11.27%持续下降到8.93%，人均地区生产总值分别从1.46万元增加到3.79万元，劳动生产率由23.98万元/人年增加到45.64万元/人年，单位能耗产生的GDP由1.08万元/吨标准煤增加到1.82万元/吨标准煤，单位建成区面积GDP产出由8.35亿元/千米^{2}增加到13.73亿元/千米^2，单位工业废水排放量对应的主营业务收入由152.63元/吨增加至1147.62元/吨，工业固体废物综合利用率由57.9%下降至48.7%，单位主要污染物排放量对应的GDP由33.74万元/吨上升至239.17万元/吨。

（四）广西区域创新创业环境指数演进

2008~2016年，广西区域创新创业环境指数从40.84震荡下降到33.06，除2008年和2014年排名在前15位外，其他年份排名均比较靠后，年均增速-2.61%，低于31个省区平均值的年均增速（0.61%）。除个别年份外，广西区域创新创业环境指数整体低于31个省区平均值，同比增速呈现波动特征（图6-83）。

2008~2016年，广西省区域人才环境指数略有上升，但区域资金环境指数和区域制度环境指数都呈现下降趋势（图6-84）。广西区域资金环境指数由16.95震荡下降到10.75，年均增速-5.53%。分析影响广西区域资金环境指数的各项指标发现，广西工业企业研究开发费用加计扣除执行情况由100%下降至50.26%、高企税收优惠由0.54亿元增加到4.51亿元，地方政府财政科技拨款占财政支出的比重由1.3%下降到1.0%。

图 6-83　广西区域创新创业环境指数变化情况（2008～2016 年）

图 6-84　广西区域创新创业环境指数二级指数变化情况（2008～2016 年）

2008～2016 年，广西区域人才环境指数由 33.76 缓慢上升至 34.67，年均增速 0.33%。分析影响广西区域人才环境指数的各项指标发现，广西大专以上学历人口比例由 3.1% 上升至 7.3%，但是广西城镇居民人均可支配收入与全国平均数的比例从 94.7% 下降至 87.7%。地方政府财政支出中教育经费所占比重有所下降，由 19.4% 降至 19.2%。

2008～2016 年，广西区域制度环境指数由 71.79 震荡下降至 53.75，年均增速 –3.55%。具体来看，广西区域知识产权案件的结案率由 100% 波动下降到 94.12%，但政府网站绩效由 54.4 上升至 77.2。

第七节 贵 州 省

2016 年，贵州省区域创新发展指数排名在 31 个省区中居第 21 位，区域创新能力指数排名居第 22 位；人均 GDP 为 3.3 万元，约合 0.5 万美元（图 6-85），是创新发展追赶 I 型省区。

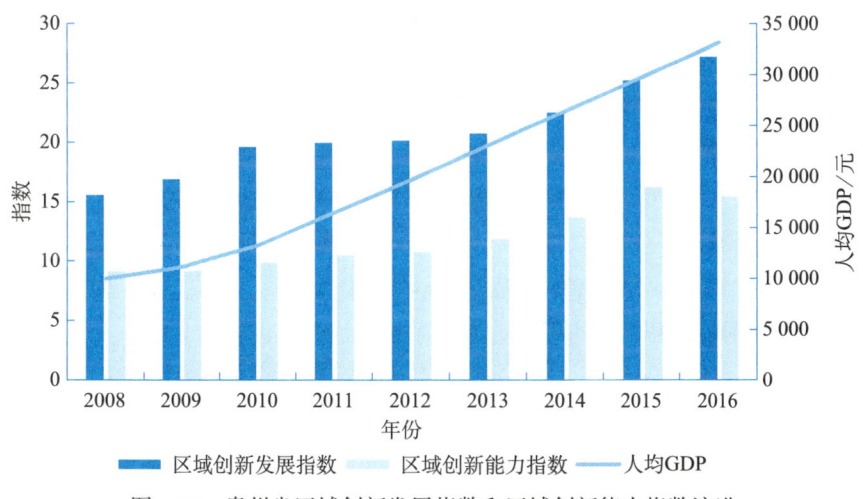

图 6-85 贵州省区域创新发展指数和区域创新能力指数演进

一、贵州省区域创新发展水平演进

（一）贵州省区域创新发展指数演进

2008～2016 年，贵州省区域创新发展指数从 15.55 持续增长到 27.19，排名从第 27 位震荡上升至第 21 位；同期，31 个省区平均值从 23.24 增加到 35.62，年均增速为 5.48%（图 6-86）。贵州省区域创新发展指数增长相对较快，年均增速为 7.23%。

图 6-86 贵州省区域创新发展指数历年变化情况（2008~2016 年）

从一级指数来看（表 6-13），2008~2016 年，贵州省区域科学技术发展指数排名几乎没有变化；区域产业创新发展指数排名出现了一定程度波动，从第 24 位最高上升至第 13 位，后逐渐下降至第 22 位；区域社会创新发展指数排名稳步上升；区域绿色集约发展指数排名震荡式上升；区域创新条件发展指数排名稳步上升。

表 6-13 贵州省区域创新发展指数排名（2008~2016 年）

指数	2008 年	2009 年	2010 年	2011 年	2012 年	2013 年	2014 年	2015 年	2016 年
区域创新发展指数	27	27	24	25	27	27	27	25	21
——区域科学技术发展指数	29	30	30	30	30	30	30	30	30
——区域产业创新发展指数	24	27	27	18	15	13	15	17	22
——区域社会创新发展指数	29	29	29	29	29	26	26	26	25
——区域绿色集约发展指数	26	26	26	27	24	27	26	22	20
——区域创新条件发展指数	31	30	31	29	29	29	19	21	20

（二）贵州省区域科学技术发展指数演进

2008~2016 年，贵州省区域科学技术发展指数从 0.43 增加到 2.53，其间排名基本位于第 30 位，年均增速为 24.73%，高于 31 个省区平均值的年均增速（12.40%）。具体来看，贵州省区域科学技术发展指数远低于 31 个省区平均值，但其区域科学技术发展指数同比增速都高于31个省区同比增速（图6-87）。具体分析影响贵州省区域科学技术发展指数的二级指标发现，人均R&D经费支出从52.64元稳定提升至206.47元，每万人R&D人员数量从3.19人震荡提升至6.79人，每万人本国有效发明专利数从0.26件稳定提升至1.97件，每万人SCI论文数从0.08篇震荡提升至0.24篇。

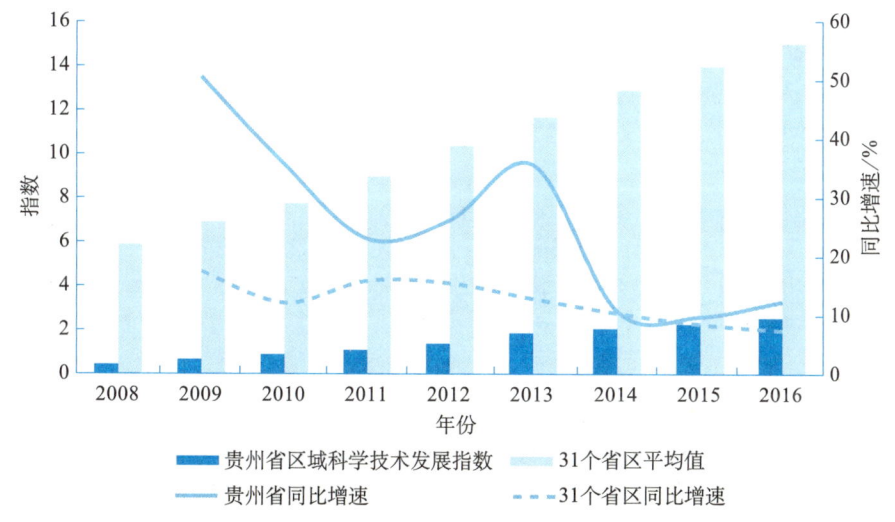

图6-87 贵州省区域科学技术发展指数变化情况（2008～2016年）

（三）贵州省区域产业创新发展指数演进

2008～2016年，贵州省区域产业创新发展指数从19.77震荡上升到31.01，年均增速为5.79%，略低于31个省区平均值的年均增速（7.27%）。同期贵州省区域产业创新发展指数低于31个省区平均值，同比增速在2009年、2010年、2015年、2016年高于31个省区同比增速，其余年份均低于31个省区同比增速（图6-88）。具体分析影响贵州省区域产业创新发展指数的二级指标发现，新产品销售收入占主营业务收入比例出现了一定程度的下降，从6.3%震荡下降到了5.1%；全员劳动生产率、高技术产业主营业务收入占制结业主营业务收入比例2项指标出现了不同程度的上升，分别从39.74万元/人年、6.3%上升到了108.04万元/人年、9.0%，服务业增加值占比从46.40%震荡下降至44.70%。

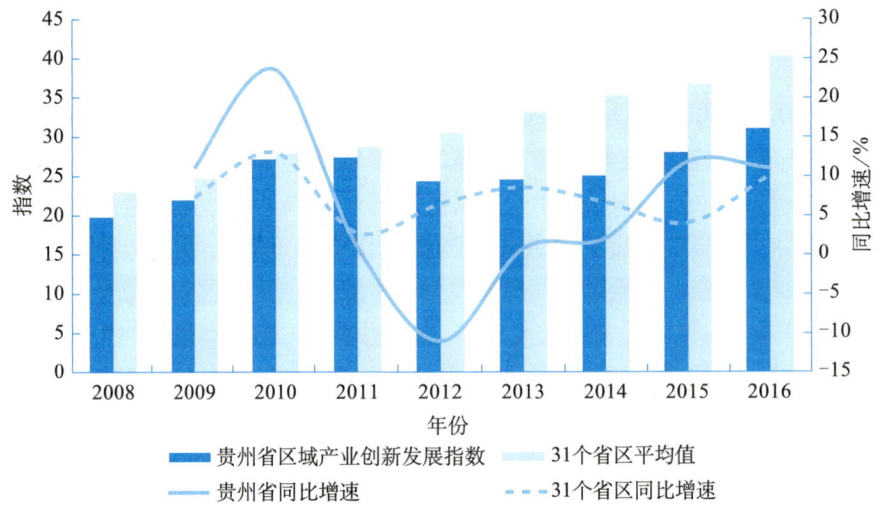

图 6-88 贵州省区域产业创新发展指数变化情况（2008～2016 年）

（四）贵州省区域社会创新发展指数演进

2008～2016 年，贵州省区域社会创新发展指数从 21.43 稳定上升到 37.66，排名从第 29 位上升到了第 25 位，年均增速为 7.30%，远高于 31 个省区平均值的年均增速（2.84%）。贵州省区域社会创新发展指数均低于 31 个省区平均值，但同比增速波动幅度大于 31 个省区同比增速（图 6-89）。具体分

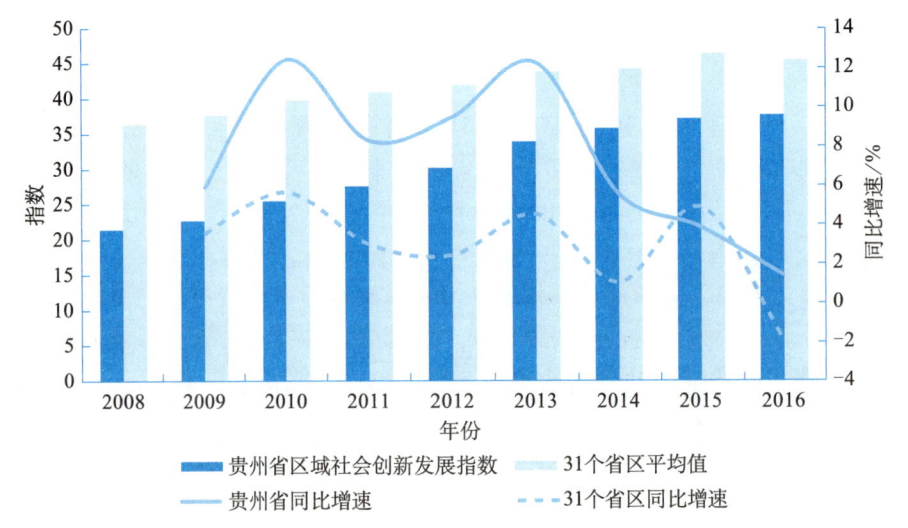

图 6-89 贵州省区域社会创新发展指数变化情况（2008～2016 年）

析影响贵州省区域社会创新发展指数的二级指标发现，城镇人口占总人口的比例从 29.1% 稳定上升至 44.2%，GDP 中非农产业的比例从 84.9% 震荡下降至 84.3%，城镇居民人均可支配收入与全国平均数的比例从 78.70% 震荡上升至 82.82%，大专以上学历人口比例从 3.47% 震荡上升至 6.40%，每万人口在校大学生数从 74.40 人稳定上升至 161.44 人，人口预期寿命从 65.96 岁稳定提升至 71.10 岁，每千人口卫生技术人员数从 2.2 人震荡上升至 5.8 人，社区服务机构覆盖率从 31.96% 震荡上升至 100%。

（五）贵州省区域绿色集约发展指数演进

2008～2016 年，贵州省区域绿色集约发展指数从 17.66 震荡增长到 34.05（图 6-90），排名从第 26 位上升到第 20 位，年均增速 8.55%，远高于 31 个省区平均值的年均增速（5.67%）。具体分析影响贵州省区域绿色集约发展指数的二级指标发现，贵州省单位能耗对应的 GDP 从 0.50 万元/吨标准煤稳定上升到了 1.15 万元/吨标准煤，单位废水对应的 GDP、工业固体废物综合利用率和单位建成区面积对应的 GDP 分别从 637.52 元/吨、32.09% 和 8.74 亿元/千米^2 震荡上升到了 1169.25 元/吨、50.48% 和 13.94 亿元/千米^2。

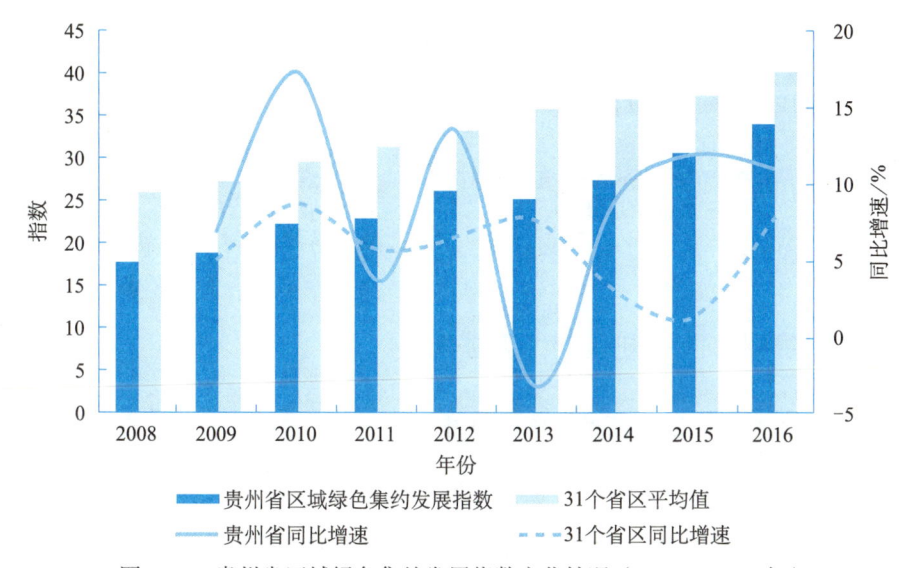

图 6-90　贵州省区域绿色集约发展指数变化情况（2008～2016 年）

（六）贵州省区域创新条件发展指数演进

2008～2016 年，贵州省区域创新条件发展指数从 17.35 增加到 31.62，排名从第 31 位震荡上升到了第 20 位，年均增速 7.79%，高于 31 个省区平均值的年均增速（3.75%）。贵州省区域创新条件发展指数均低于 31 个省区平均值，同比增速在 2009 年、2011 年、2014 年、2015 年、2016 年高于 31 个省区同比增速（图 6-91）。具体分析影响贵州省区域创新条件发展指数的二级指标发现，贵州省区域创新条件发展指数上升的主要因素是每百万人口产业创新平台数量、每百万人口创新服务平台数量和有电子商务活动的企业比例的快速增长，上述三个指标分别从 0.50 个、0.67 个和 3.05% 逐步上升到了 1.13 个、1.66 个和 12.40%。

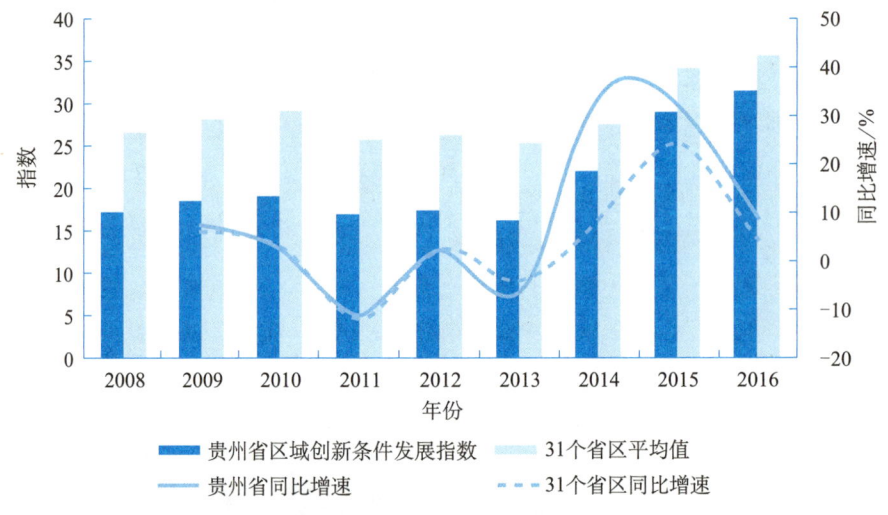

图 6-91 贵州省区域创新条件发展指数变化情况（2008～2016 年）

二、贵州省区域创新能力演进

（一）贵州省区域创新能力指数演进

2008～2016 年，贵州省区域创新能力指数由 9.11 逐步增长到 15.46（图 6-92），年均增速 6.83%；31 个省区平均值从 15.64 增加到 26.18，年均增速 6.65%。

图 6-92　贵州省区域创新能力指数历年变化情况（2008～2016年）

从区域创新能力指数排名来看，贵州省区域创新能力指数排名呈现出震荡上升趋势，2008～2015年表现出稳定上升的趋势，从第28位上升至第20位，2016年有所下降，下滑到第22位。其中，区域创新效力指数排名震荡式提升；区域创新创业环境指数排名出现一定程度波动从2008年的第20位下降至2012年的第29位，2016年又回升至第20位。而区域创新实力排名变化不大，从2008～2014年的第26位上升到了2015～2016年的第25位（表6-14）。

表 6-14　贵州省区域创新能力指数排名（2008～2016年）

指数	2008年	2009年	2010年	2011年	2012年	2013年	2014年	2015年	2016年
区域创新能力指数	28	28	27	27	27	26	22	20	22
——区域创新实力指数	26	26	26	26	26	26	26	25	25
——区域创新效力指数	30	29	28	26	26	27	25	24	25
——区域创新创业环境指数	20	22	28	25	29	22	16	18	20

（二）贵州省区域创新实力指数演进

2008～2016年，贵州省区域创新实力指数从1.81持续增长到5.49，排名从第26位上升至第25位，年均增速14.88%，高于31个省区平均值的年均增速（13.71%）。总体来看，贵州省区域创新实力指数远低于31个省区平均值；其同比增速波动较大，除2010～2012年外，其他年份均高于31个省区同比增速（图6-93）。

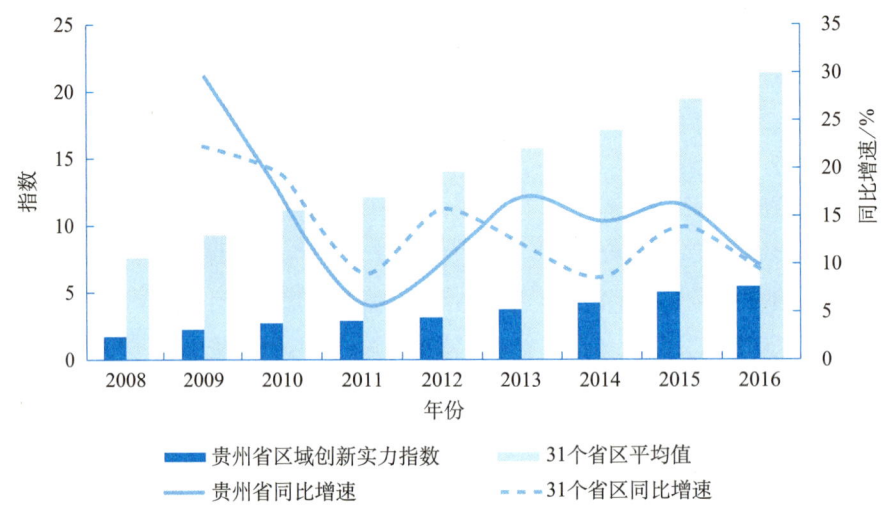

图 6-93 贵州省区域创新实力指数变化情况（2008～2016 年）

2008～2016 年，贵州省区域创新投入实力指数、区域创新条件实力指数、区域创新产出实力指数、区域创新影响实力指数均增长较快（图 6-94）。贵州省区域创新投入实力指数从 1.43 增长到 3.94，年均增速 13.47%。具体分析影响贵州省区域创新投入实力指数的 2 项指标发现，R&D 人员全时当量和 R&D 经费支出分别从 1.1 万人年、18.9 亿元增加到 2.4 万人年、73.4 亿元。

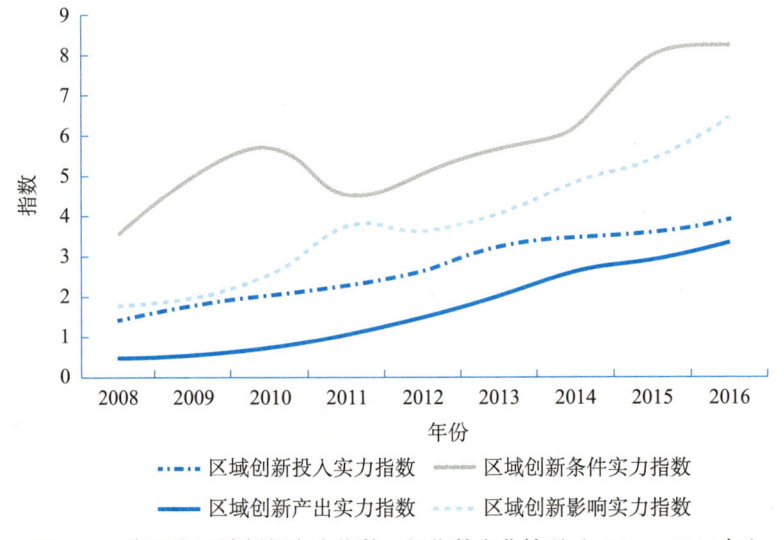

图 6-94 贵州省区域创新实力指数二级指数变化情况（2008～2016 年）

2008～2016年，贵州省区域创新条件实力指数从 3.54 增加到 8.23，年均增速 11.12%。具体分析影响贵州省区域创新条件实力指数的各项指标发现，贵州省互联网宽带接入用户数从 125.8 万户上升到了 459.5 万户；邮电业务总量出现了波动，从 372.0 亿元上升至最高点 515.2 亿元后又回落至 378.9 亿元；有效发明专利数从 932 件上升到了 7019 件；研究实验平台数量基本保持在 2 个，2015 年开始上升到了 3 个；产业创新平台数量从 18 个上升到了 40 个；检测检验平台数量从 23 个上升到了 45 个；创新服务平台数量从 24 个上升到了 59 个。

2008～2016年，贵州省区域创新产出实力指数从 0.47 增长到 3.34，年均增速 27.69%。分析影响贵州省区域创新产出实力指数的指标发现，各项指标均有不同程度的增长。具体来看，贵州省发明专利申请量从 873 件上升到了 10 953 件，发明专利授权量从 270 件上升到了 2036 件，实用新型和外观设计专利申请量从 2070 件上升到了 14 362 件，实用新型和外观设计专利授权量从 1458 件上升到了 8389 件，PCT 专利申请量从 7 件上升至 22 件，SCI 论文数从 287 篇上升至 857 篇。

2008～2016年，贵州省区域创新影响实力指数从 1.79 稳定上升到 6.45，年均增速 17.38%。分析影响贵州省区域创新影响实力指数的指标发现，贵州省大中型工业企业新产品销售收入和地区生产总值分别从 185.4 亿元、3561.56 亿元增加到 575.2 亿元、11 776.73 亿元，高技术产业利润总额从 16.3 亿元增加到 66.85 亿元。

（三）贵州省区域创新效力指数演进

2008～2016年，贵州省区域创新效力指数从 7.52 震荡增长到 18.03，排名从第 30 位震荡提升到了第 25 位，年均增速 11.55%，高于 31 个省区平均值的年均增速（7.19%）。总体来看，贵州省区域创新效力指数低于 31 个省区平均值，同比增速呈现波动特征（图 6-95）。

2008～2016年，贵州省区域创新产出效力指数和区域创新影响效力指数提升显著，区域创新投入效力指数和区域创新条件效力指数相对平稳（图 6-96）。贵州省区域创新投入效力指数从 6.38 震荡上升至 9.70，年均增速 5.38%。具体分析影响贵州省区域创新投入效力指数的各项指标发现，R&D 人员比例从 0.54% 震荡上升至 0.78%，R&D 经费支出占地区生产总值的比例

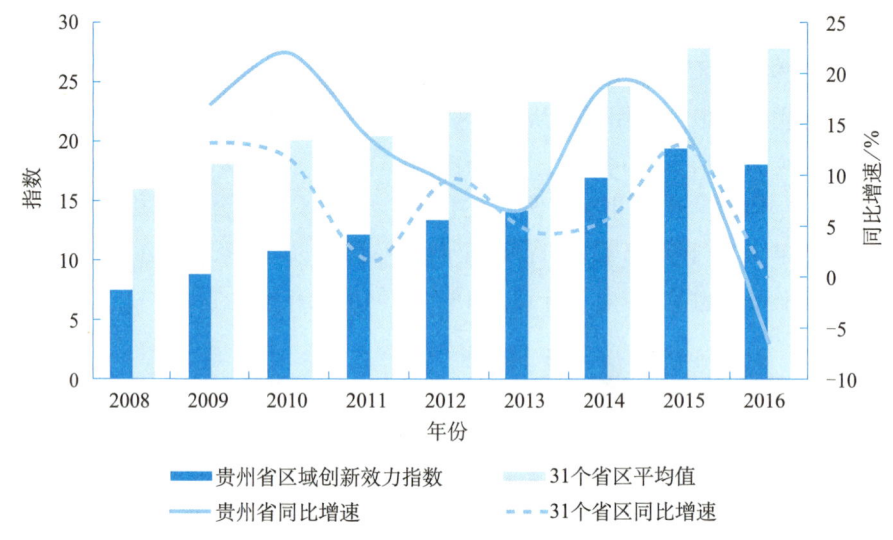

图 6-95 贵州省区域创新效力指数变化情况（2008～2016 年）

从 0.53% 震荡上升至 0.62%。

2008～2016 年，贵州省区域创新条件效力指数从 2.30 震荡增加到 4.77，年均增速 9.51%。具体分析影响贵州省区域创新条件效力指数的各项指标发现，人均邮电业务总量从 0.098 万元震荡上升到了 0.107 万元，每万人口有效发明专利数从 0.26 件上升到了 1.97 件，每百万人研究实验平台数量从 0.06 个震荡上升到了 0.08 个，每百万人产业创新平台数量从 0.50 个震荡上升到了 1.13 个，每百万人检测检验平台数量从 0.64 个震荡上升到了 1.27 个，每百万人创新服务平台数量从 0.67 个震荡上升到了 1.66 个。

2008～2016 年，贵州省区域创新产出效力指数从 9.44 震荡增长到 27.79，年均增速 14.45%。分析影响贵州省区域创新产出效力指数的指标发现，各项指标均有不同程度的增长。具体来看，贵州省单位 R&D 人员发明专利申请量从 7.62 件/百人年震荡上升至 45.40 件/百人年，单位 R&D 人员发明专利授权量从 2.36 件/百人年震荡上升到 8.44 件/百人年，单位 R&D 人员实用新型和外观设计专利申请量从 18.07 件/百人年震荡上升至 59.53 件/百人年，单位 R&D 人员实用新型和外观设计专利授权量从 12.72 件/百人年震荡上升至 34.77 件/百人年，单位 R&D 人员 PCT 专利申请量从 6.11 件/万人年震荡上升至 9.12 件/万人年，单位 R&D 人员 SCI 论文数从 2.50 篇/百人年，震荡上升至 3.55 篇/百人年。

2008~2016年，贵州省区域创新影响效力指数从11.93持续增加到29.88，年均增速12.16%。分析影响贵州省区域创新影响效力指数的指标发现，贵州省大中型工业企业新产品销售收入占主营业务收入比重从6.35%震荡下降至5.14%，人均地区生产总值从9904元逐步上升至33 127元，劳动生产率从16.88万元/人年逐步上升至37.93万元/人年，单位能耗产生的GDP从0.50万元/吨标准煤逐步上升至1.15万元/吨标准煤，单位建成区面积GDP产出从8.74亿元/千米^{2}震荡上升至13.94亿元/千米^2，单位工业废水排放量对应的主营业务收入从523.08元/吨逐步上升至1111.28元/吨，工业固体废物综合利用率从32.09%震荡上升到50.48%，单位主要污染物排放量对应的GDP也从15.87万元/吨逐步上升至95.80万元/吨。

图6-96　贵州省区域创新效力指数二级指数变化情况（2008~2016年）

（四）贵州省区域创新创业环境指数演进

2008~2016年，贵州省区域创新创业环境指数从26.91震荡增长到30.24，其间排名出现一定波动但最终回归于第20位，年均增速1.47%，高于31个省区平均值的年均增速（0.61%）。总体来看，贵州省区域创新创业环境指数大部分年份低于31个省区平均值，同比增速呈现波动特征（图6-97）。

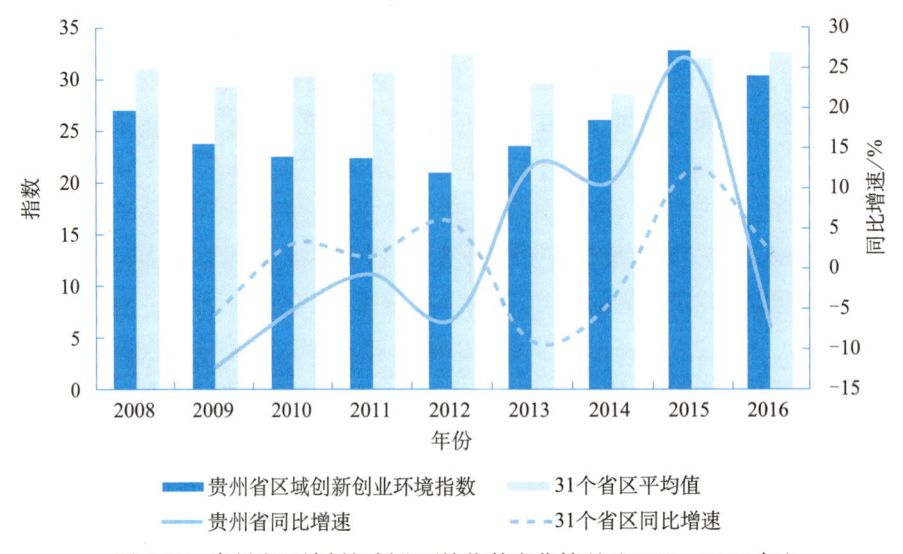

图 6-97 贵州省区域创新创业环境指数变化情况（2008~2016 年）

2008~2016 年，贵州省区域制度环境指数呈现高速增长，区域资金环境指数和区域人才环境指数呈现下降态势（图 6-98）。贵州省区域资金环境指数由 13.79 震荡下降到 8.68，年均增速 –5.62%。分析影响贵州省区域资金环境指数的各项指标发现，贵州省工业企业研究开发费用加计扣除执行情况从 74.94% 下降到了 14.26%，高新技术企业税收优惠从 4909 万元震荡上升至 21 529 万元，地方政府财政科技拨款占财政支出的比重从 1.23% 震荡上升至 1.63%。

2008~2016 年，贵州省区域人才环境指数由 35.66 震荡下降至 33.89，年均增速 –0.63%。分析影响贵州省区域人才环境指数的各项指标发现，贵州省大专以上学历人口比例由 3.47% 震荡上升至 6.40%，城镇居民人均可支配收入与全国平均数的比例从 78.70% 震荡上升至 82.82%。但是贵州省地方政府财政支出中教育经费所占比重有所下降，由 21.80% 震荡下降至 19.79%。

2008~2016 年，贵州省区域制度环境指数由 31.28 震荡上升至 48.13，年均增速 5.53%。具体来看，贵州省区域知识产权案件的结案率由 40% 震荡上升至 49.25%，政府网站绩效由 47.9 震荡上升至 76.2。

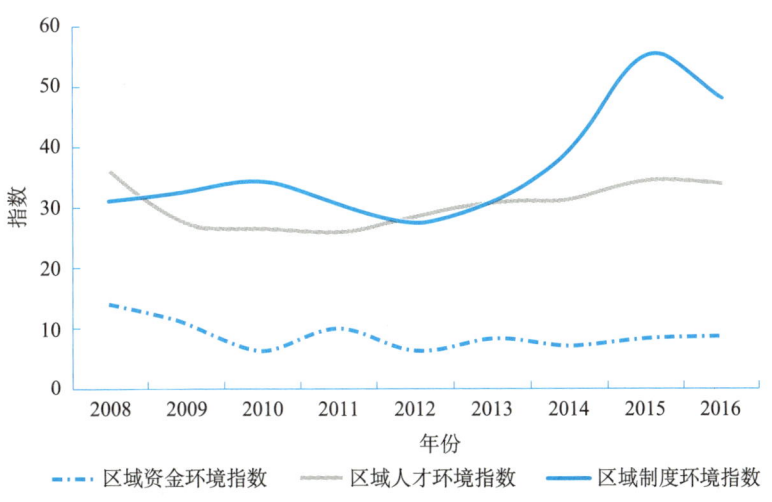

图 6-98　贵州省区域创新创业环境指数二级指数变化情况（2008~2016 年）

第八节　山　西　省

2016 年，山西省区域创新发展指数排名在 31 个省区中居第 22 位，区域创新能力指数居第 24 位；人均 GDP 为 3.54 万元，约合 0.53 万美元（图 6-99），

图 6-99　山西省区域创新发展指数和区域创新能力指数演进

区域创新发展水平相对落后，区域创新能力有待提高，是创新发展追赶Ⅰ型省区。

一、山西省区域创新发展水平演进

（一）山西省区域创新发展指数演进

2008~2016年，山西省区域创新发展指数从18.14增长到27.08，排名从2008的第20位下降至2015年的第27位，之后又震荡回2016年的第22位；同期，31个省区平均值从23.24增加到35.62（图6-100），年均增速为5.48%。山西省区域创新发展指数增长相对缓慢，年均增速为5.14%。

图6-100 山西省区域创新发展指数历年变化情况（2008~2016年）

2008~2016年，从一级指数排名来看（表6-15），山西省区域科学技术发展指数排名从第15位下降至第23位；区域产业创新发展指数排名从第28位震荡上升至第24位；区域社会创新发展指数排名从第10位震荡下降至第15位；区域绿色集约发展指数排名从第20位震荡下降至第26位；区域创新条件发展指数排名略有波动，从第24位震荡下降至第25位。

表 6-15 山西省区域创新发展指数排名（2008～2016 年）

指数	2008 年	2009 年	2010 年	2011 年	2012 年	2013 年	2014 年	2015 年	2016 年
区域创新发展指数	20	20	23	22	21	25	26	27	22
——区域科学技术发展指数	15	15	17	18	18	19	19	23	23
——区域产业创新发展指数	28	29	30	30	28	29	29	29	24
——区域社会创新发展指数	10	14	15	14	14	14	14	14	15
——区域绿色集约发展指数	20	19	20	19	19	22	25	27	26
——区域创新条件发展指数	24	25	25	25	25	30	30	29	25

（二）山西省区域科学技术发展指数演进

2008～2016 年，山西省区域科学技术发展指数从 3.26 增加到 5.01（图 6-101），年均增速为 5.54%，低于 31 个省区平均值的年均增速（12.40%）。山西省区域科学技术发展指数排名从第 15 位震荡下降至第 23 位。其中，山西省人均 R&D 经费支出从 183.40 元震荡增加到 360.19 元，每万人本国有效发明专利数从 0.39 件持续增加到 2.69 件，每万人 SCI 论文数从 0.23 篇增加到 0.71 篇。值得注意的是，每万人 R&D 人员数量有所下降，从 12.90 人下降到 11.99 人。

图 6-101 山西省区域科学技术发展指数历年变化情况（2008～2016 年）

（三）山西省区域产业创新发展指数演进

2008～2016年，山西省区域产业创新发展指数从12.82上升到30.73（图6-102），排名从第28位震荡上升至第24位，年均增速为11.55%，高于31个省区平均值的年均增速（7.27%）。其主要原因是全员劳动生产率从47.13万元/人年震荡增加到74.59万元/人年，高技术产业主营业务收入占制造业主营业务收入比例从1.6%上升到7.0%，服务业增加值占比从37.7%震荡上升到55.5%，新产品销售收入占主营业务收入比例从6.6%增加到7.5%。

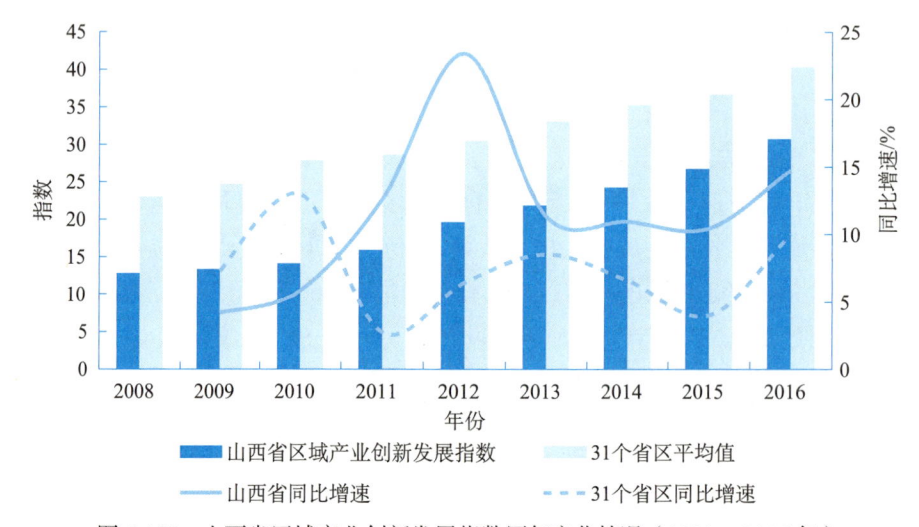

图6-102 山西省区域产业创新发展指数历年变化情况（2008～2016年）

（四）山西省区域社会创新发展指数演进

2008～2016年，山西省区域社会创新发展指数从36.92上升到44.12（图6-103），排名从第10位震荡下降至第15位，年均增速为2.25%，低于31个省区平均值的年均增速（2.84%）。具体来说，大专以上学历人口比例有所增长，从6.9%增加到12.8%；每万人口在校大学生数从154.43人上升到205.40人；每千人口卫生技术人员数从4.7人上升到6.1人；社区服务机构覆盖率从6.9%上升到8.2%。值得注意的是，城镇居民人均可支配收入与全国平均数的比例从87.8%震荡下降到84.7%。

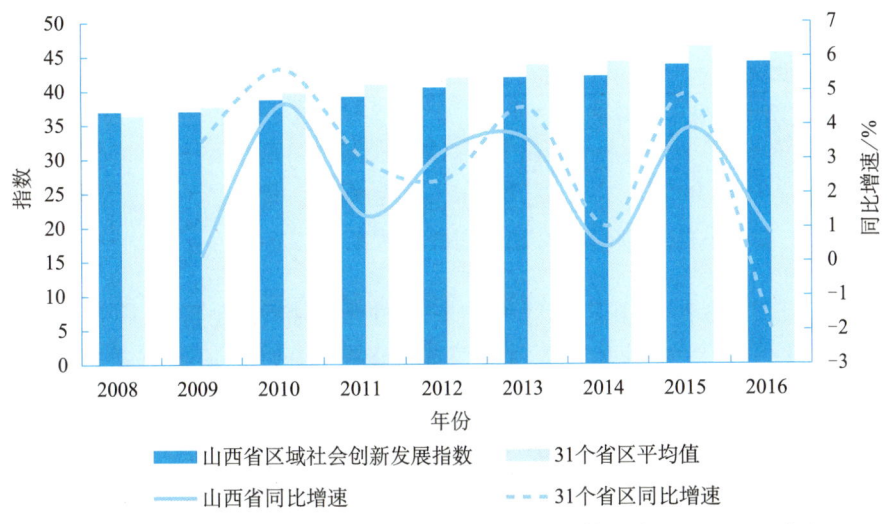

图 6-103　山西省区域社会创新发展指数历年变化情况（2008~2016 年）

（五）山西省区域绿色集约发展指数演进

2008~2016 年，山西省区域绿色集约发展指数从 22.58 震荡增长到 25.95（图 6-104），排名从第 20 位震荡下降至第 26 位，年均增速达到 1.75%，低于 31 个省区平均值的年均增速（5.67%）。具体来说，山西省单位能耗对应的 GDP 从 0.47 万元 / 吨标准煤上升到 0.67 万元 / 吨标准煤，单位废水对应

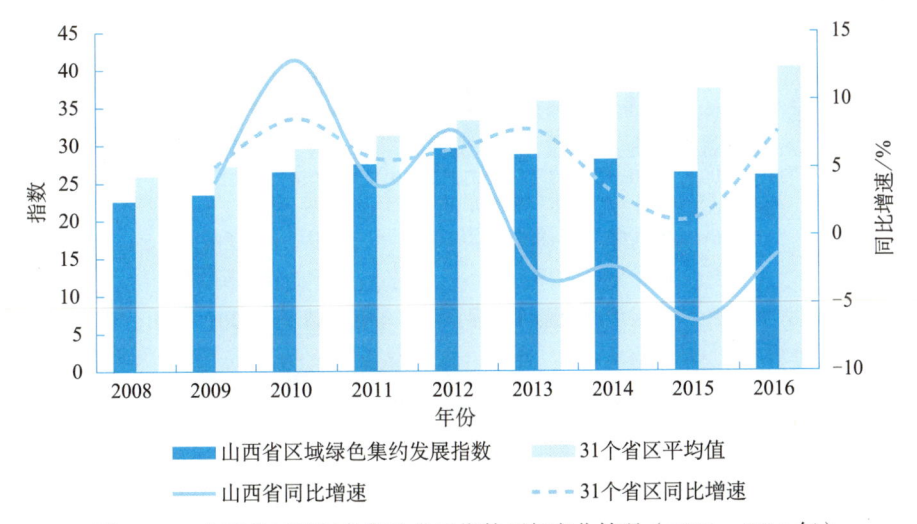

图 6-104　山西省区域绿色集约发展指数历年变化情况（2008~2016 年）

的 GDP 从 684.25 元/吨上升到 936.92 元/吨，单位主要污染物排放量对应的 GDP 从 19.26 万元/吨增长到 63.95 万元/吨，单位建成区面积对应的 GDP 从 9.33 亿元/千米^2 上升到 11.27 亿元/千米^2。值得注意的是，工业固体废物综合利用率从 53.6% 震荡下降到 43.7%。

（六）山西省区域创新条件发展指数演进

2008～2016 年，山西省区域创新条件发展指数从 19.11 震荡上升到 27.63（图 6-105），但排名从第 24 位震荡下降至第 25 位，年均增速为 4.71%，高于 31 个省区平均值的年均增速（3.75%）。具体来说，每百万人口研究实验平台数量从 0.06 个增加到 0.08 个，每百万人口产业创新平台数量从 0.41 个增加到 1.22 个，每百万人口创新服务平台数量从 1.47 个增加到 2.69 个，有电子商务活动的企业比例从 1.8% 增加到 8.1%，拥有网站的企业比例从 43.2% 增加到 45.1%。值得注意的是，人均邮电业务总量有所下降，从 0.16 万元下降到 0.10 万元。

图 6-105　山西省区域创新条件发展指数历年变化情况（2008～2016 年）

二、山西省区域创新能力演进

（一）山西省区域创新能力指数演进

2008～2016 年，山西省区域创新能力指数从 11.46 增长到 15.18；同期，

31个省区平均值从15.64增加到26.18，年均增速为6.65%。山西省区域创新能力指数增长相对缓慢，年均增速为3.57%（图6-106）。

图6-106　山西省区域创新能力指数历年变化情况（2008～2016年）

从区域创新能力指数排名来看，2008～2016年，山西省区域创新能力指数排名相对落后，从第21位下降到第24位。从一级指数来看（表6-16），山西省区域创新实力指数排名从第20位下降至第23位，区域创新效力指数排名从第21位下降至第30位，区域创新创业环境指数排名从第14位震荡下降至第19位。

表6-16　山西省区域创新能力指数排名（2008～2016年）

指数	2008年	2009年	2010年	2011年	2012年	2013年	2014年	2015年	2016年
区域创新能力指数	21	19	20	19	20	21	25	27	24
——区域创新实力指数	20	20	20	20	20	21	22	22	23
——区域创新效力指数	21	21	22	22	22	24	26	30	30
——区域创新创业环境指数	14	12	12	14	14	16	27	26	19

（二）山西省区域创新实力指数演进

2008～2016年，山西省区域创新实力指数从3.86增长到7.33，年均增速为8.34%，排名从第20位下降至第23位；同期，31个省区平均值从7.65增加到21.40，年均增速为13.71%（图6-107）。

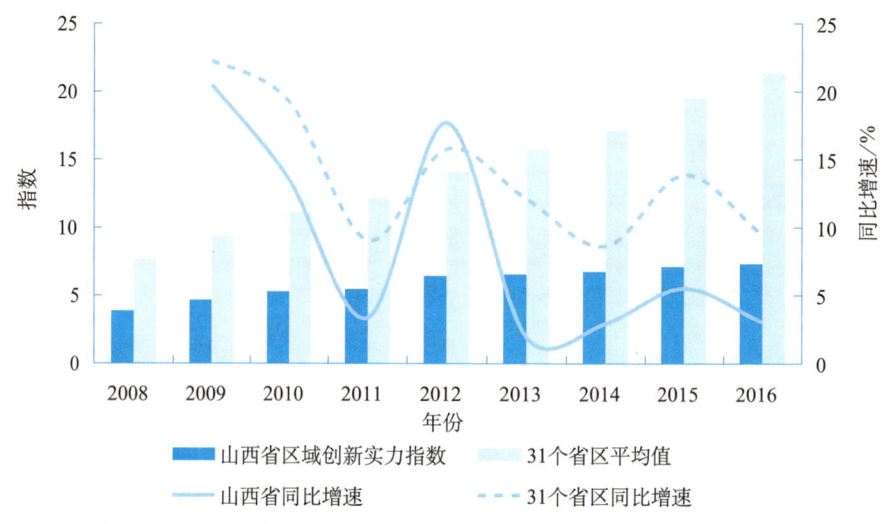

图 6-107　山西省区域创新实力指数历年变化情况（2008～2016 年）

2008～2016 年，山西省区域创新投入实力指数、区域创新条件实力指数、区域创新产出实力指数、区域创新影响实力指数均呈现不同程度的增长（图 6-108）。山西省区域创新投入实力指数从 5.50 增加到 7.24，年均增速为 3.49%。具体来说，山西省 R&D 人员全时当量从 43 986 人年增加到 44 147 人年，R&D 经费支出从 625 574 万元增加到 1 326 237 万元。

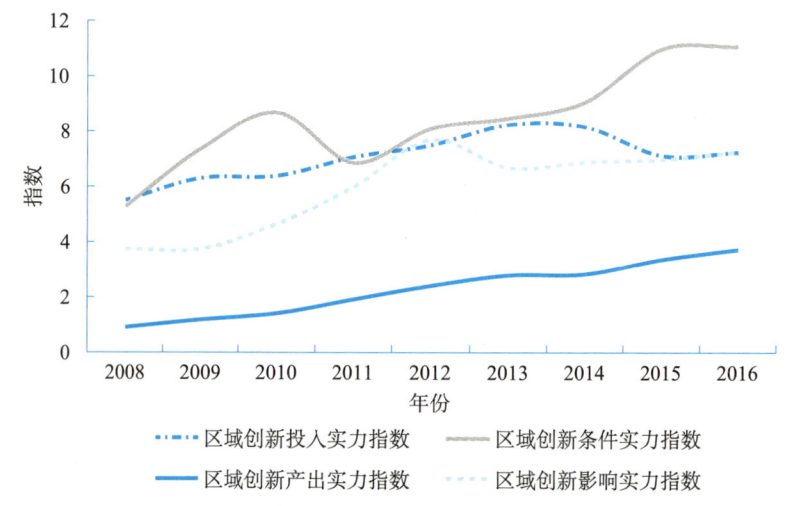

图 6-108　山西省区域创新实力指数二级指数变化情况（2008～2016 年）

2008～2016 年，山西省区域创新条件实力指数从 5.30 震荡增加到 11.11，年均增速为 9.69%。具体来说，山西省互联网宽带接入用户数从 283.0

万户增加到747.2万户，有效发明专利数从1337件增加到9896件，产业创新平台数量从14个增加到45个，创新服务平台数量由50个增加到99个，研究实验平台数量从2个增加到3个。值得注意的是，山西省邮电业务总量有所下降，从562.48亿元下降至385.60亿元。

2008～2016年，山西省区域创新产出实力指数从0.91增加到3.73，年均增速为19.31%。具体来说，山西省发明专利申请量和授权量分别从2053件和420件增加到8208件和2411件，实用新型和外观设计专利申请量和授权量分别从3333件和1859件增加到11 823件和7651件，SCI论文数从795篇上升至2596篇，PCT专利申请量从7件增加到53件。

2008～2016年，山西省区域创新影响实力指数从3.75增加到7.26，年均增速为8.62%。具体来说，山西省大中型工业企业新产品销售收入从6 677 513万元增加到10 850 063万元，地区生产总值从6938.73亿元增加到13 050.41亿元，高技术产业利润总额从6.3亿元增加到54.82亿元。

（三）山西省区域创新效力指数演进

2008～2016年，山西省区域创新效力指数从10.47增长到15.26，年均增速为4.83%，排名从第21位下降到第30位；同期，31个省区平均值从15.93增加到27.77，年均增速为7.19%（图6-109）。

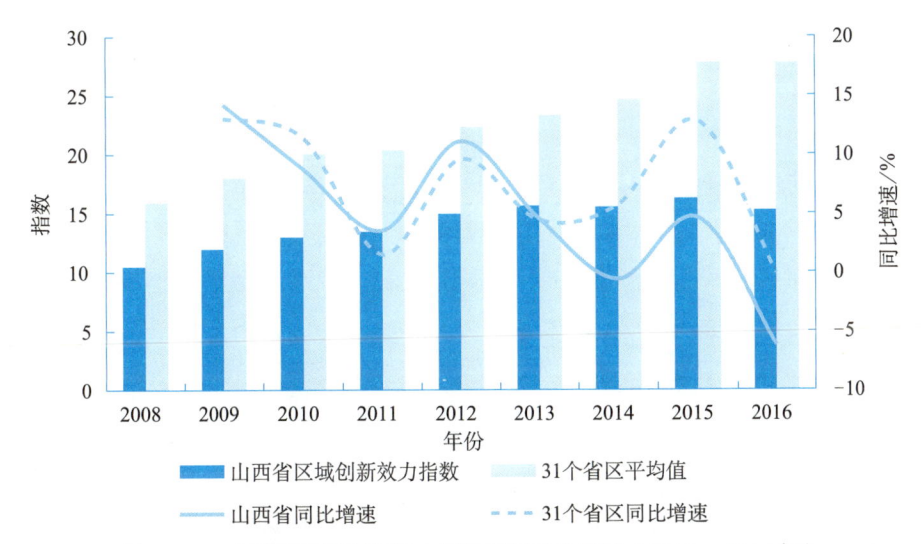

图6-109 山西省区域创新效力指数历年变化情况（2008～2016年）

2008～2016年，山西省区域创新投入效力指数小幅下降，区域创新条件效力指数小幅上升，区域创新产出效力指数和区域创新影响效力指数增长显著（图6-110）。山西省区域创新投入效力指数从15.98震荡下降到15.77，年均增速为–0.17%。具体分析影响山西省区域创新投入效力指数的2项指标发现，R&D人员比例从1.2%下降到1.0%，但R&D经费支出占地区生产总值的比例略有上升，从0.9%增加到1.0%。

2008～2016年，山西省区域创新条件效力指数从4.75震荡上升到5.60，年均增速为2.06%。具体来说，每百万人产业创新平台数量从0.41个增加到1.22个，每百万人创新服务平台数量从1.47个增加到2.69个，每百万人研究实验平台数量从0.06个增加到0.08个。值得注意的是，人均邮电业务总量有所下降，从0.16万元下降到0.10万元。

2008～2016年，山西省区域创新产出效力指数从2.51震荡上升到15.23，年均增速为25.27%。具体来看，单位R&D人员发明专利申请量和授权量分别由4.67件/百人年和0.95件/百人年增长到18.59件/百人年和5.46件/百人年，单位R&D人员实用新型和外观设计专利申请量和授权量分别由7.58件/百人年和4.23件/百人年增加到26.78件/百人年和17.33件/百人年，单位R&D人员PCT专利申请量和SCI论文数分别从1.59件/万人年和1.81篇/百人年增加到12.01件/万人年和5.88篇/百人年。

2008～2016年，山西省区域创新影响效力指数从18.62增加到24.45，

图6-110　山西省区域创新效力指数二级指数变化情况（2008～2016年）

年均增速为3.46%。具体来说，人均地区生产总值从21 446元增加到35 444元，劳动生产率从19.50万元/人年增加到30.31万元/人年，单位能耗产生的GDP从0.47万元/吨标准煤增加到0.67万元/吨标准煤，单位主要污染物排放量对应的GDP从19.26万元/吨增加到63.95万元/吨，单位工业废水排放量对应的主营业务收入从947.41元/吨增加到1031.95元/吨，单位建成区面积GDP产出从9.33亿元/千米^{2}增加到11.27亿元/千米^2。值得注意的是，山西省工业固体废物综合利用率从53.6%下降到43.7%。

（四）山西省区域创新创业环境指数演进

2008～2016年，山西省区域创新创业环境指数由28.65增长至30.70，年均增速为0.87%，排名在31个省区呈波动下降趋势，从第14位震荡下降到第19位。同期，31个省区平均值呈增长趋势，从31.03增加到32.58，年均增速为0.61%（图6-111）。

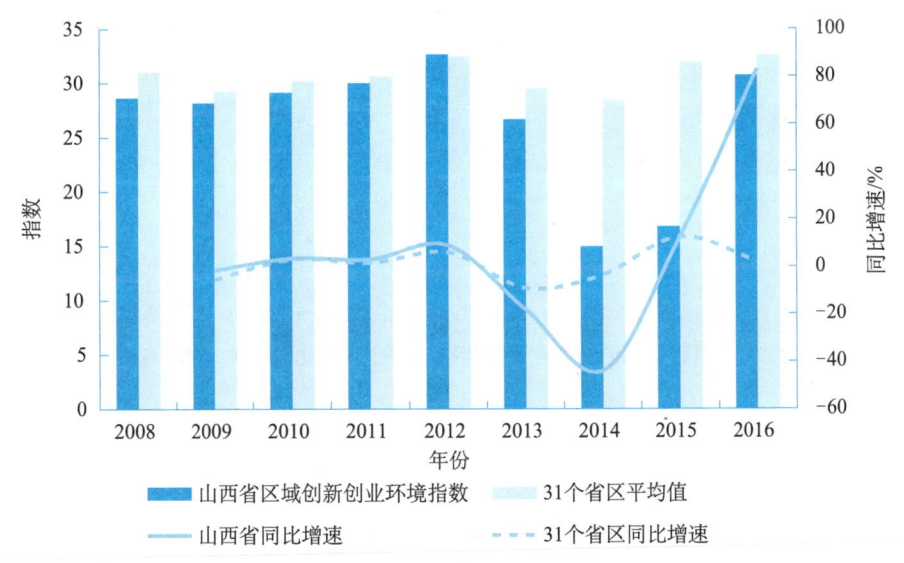

图6-111 山西省区域创新创业环境指数历年变化情况（2008～2016年）

2008～2016年，山西省区域资金环境指数、区域人才环境指数和区域制度环境指数增幅均不高，其中区域制度环境指数呈现较大波动（图6-112）。山西省区域资金环境指数由17.36下降到14.15，年均增速为–2.52%。分析影响山西省区域资金环境指数的各项指标发现，山西省工业企业研究开发费用加计扣除执行情况由100%下降至80.12%，高企税收优惠从3924万元增长到 37 017 万元。但是，山西省地方政府财政科技拨款占财政支出的比重有所降低，由 1.3% 震荡降低到 1.0%。

2008～2016 年，山西省区域人才环境指数从 30.69 上升至 34.04，年均增速为 1.30%。分析影响区域人才环境指数的各项指标发现，山西省城镇居民人均可支配收入与全国平均数的比例从 87.8% 下降到 84.7%，地方政府财政支出中教育经费所占比重从 17.9% 下降到 17.7%。值得注意的是，大专以上学历人口比例从 6.9% 增加到 12.8%。

2008～2016 年，山西省区域制度环境指数呈下降态势，从 37.92 上升到 43.92，年均增速为 1.85%。具体来看，山西省政府网站绩效从 54.4 上升到 70.2，但区域知识产权案件的结案率从 66.67% 下降到 41.67%。

图 6-112　山西省区域创新创业环境指数二级指数变化情况（2008～2016 年）

第九节　甘　肃　省

2016 年，甘肃省区域创新发展指数排名在 31 个省区中居第 25 位，区域创新能力指数居第 25 位；人均 GDP 为 2.76 万元，约合 0.41 万美元（图 6-113），区域创新发展水平有待提升，区域创新能力有待提高，是创新发展追赶Ⅰ型省区。

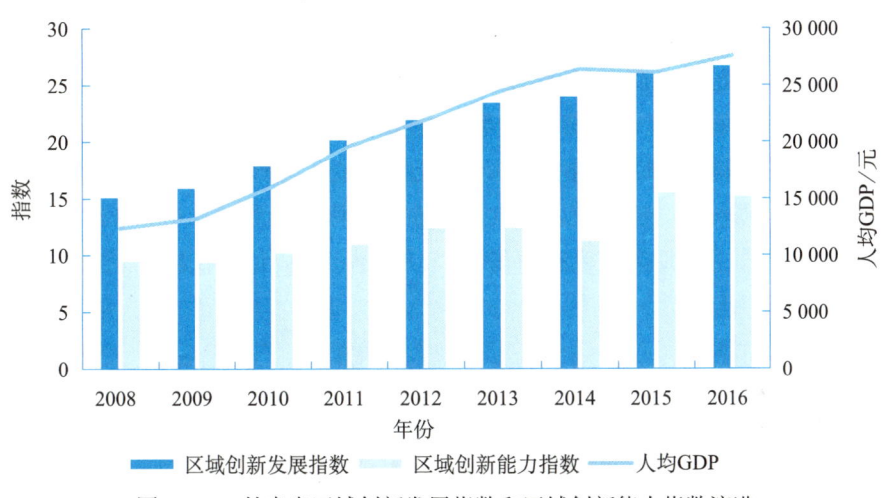

图 6-113　甘肃省区域创新发展指数和区域创新能力指数演进

一、甘肃省区域创新发展水平演进

（一）甘肃省区域创新发展指数演进

2008～2016年，甘肃省区域创新发展指数由15.10增长到26.68，排名在31个省区中呈震荡上升趋势，从第29位震荡上升到第25位。同期，31个省区平均值从23.24增加到35.62，年均增速为5.48%。甘肃省区域创新发展指数增长相对较快，年均增速为7.37%（图6-114）。

图 6-114　甘肃省区域创新发展指数历年变化情况（2008～2016年）

从区域创新发展指数排名来看，2008～2016年，甘肃省区域创新发展指数总体处于31个省区落后水平，区域创新发展指数排名一直处于第20位之后。从其一级指数来看（表6-17），甘肃省区域社会创新发展指数、区域绿色集约发展指数排名均在第25位之后波动；区域产业创新发展指数排名略有上升；区域科学技术发展指数排名则有小幅下降，2016年均居第22位；区域创新条件发展指数排名则有较大波动，从2008年的第23位震荡上升至2016年的第15位。

表6-17　甘肃省区域创新发展指数排名（2008～2016年）

指数	2008年	2009年	2010年	2011年	2012年	2013年	2014年	2015年	2016年
区域创新发展指数	29	29	27	23	23	20	22	21	25
——区域科学技术发展指数	17	19	19	21	21	21	21	21	22
——区域产业创新发展指数	24	27	27	18	15	15	15	17	22
——区域社会创新发展指数	26	27	28	27	26	27	27	27	29
——区域绿色集约发展指数	28	28	27	25	25	26	27	26	25
——区域创新条件发展指数	23	22	23	21	21	21	25	17	15

（二）甘肃省区域科学技术发展指数演进

2008～2016年，甘肃省区域科学技术发展指数从2.53持续增加到5.10（图6-115），排名从第17位持续下降至2011年的第21位，2016年下降至第22位。

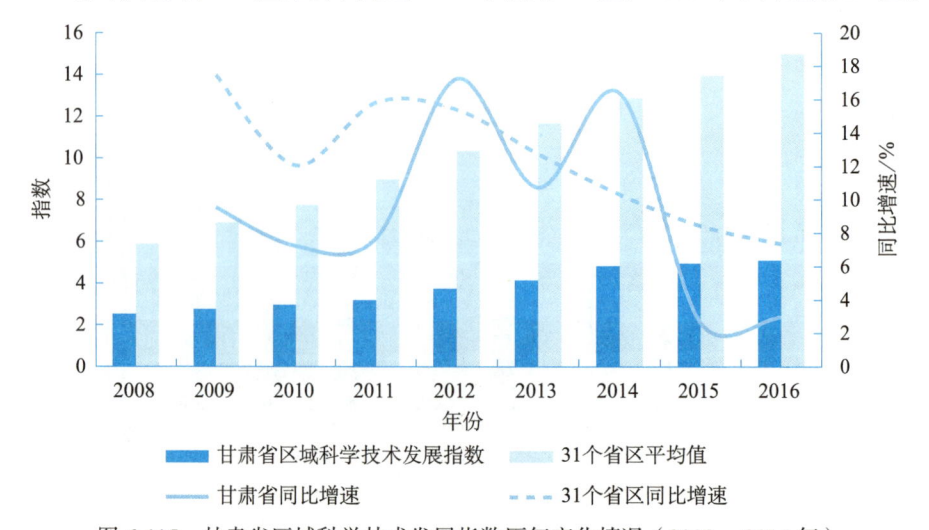

图6-115　甘肃省区域科学技术发展指数历年变化情况（2008～2016年）

甘肃省区域科学技术发展指数年均增速为9.18%，低于31个省区平均值的年均增速（12.40%）。其中，甘肃省人均R&D经费支出从124.66元持续快速增加到333.28元；每万人本国有效发明专利数从0.26件持续增加到1.92件；每万人SCI论文数从0.76篇增加到1.47篇；每万人R&D人员数量也有一定幅度增长，从7.89人震荡增加到9.87人。

（三）甘肃省区域产业创新发展指数演进

2008~2016年，甘肃省区域产业创新发展指数从14.15震荡上升到31.50（图6-116），排名从第24位震荡下降至第22位。甘肃省区域产业创新发展指数年均增速为10.52%，高于31个省区平均值的年均增速（7.27%）。其主要原因是全员劳动生产率从54.28万元/人年震荡增加到131.47万元/人年，高技术产业主营业务收入占制造业主营业务收入比例和服务业增加值占比2项指标分别从1.4%和39.0%，震荡上升到2.5%和51.4%。值得注意的是，甘肃省新产品销售收入占主营业务收入比例这项指标严重下滑，从6.2%震荡下降到3.9%。

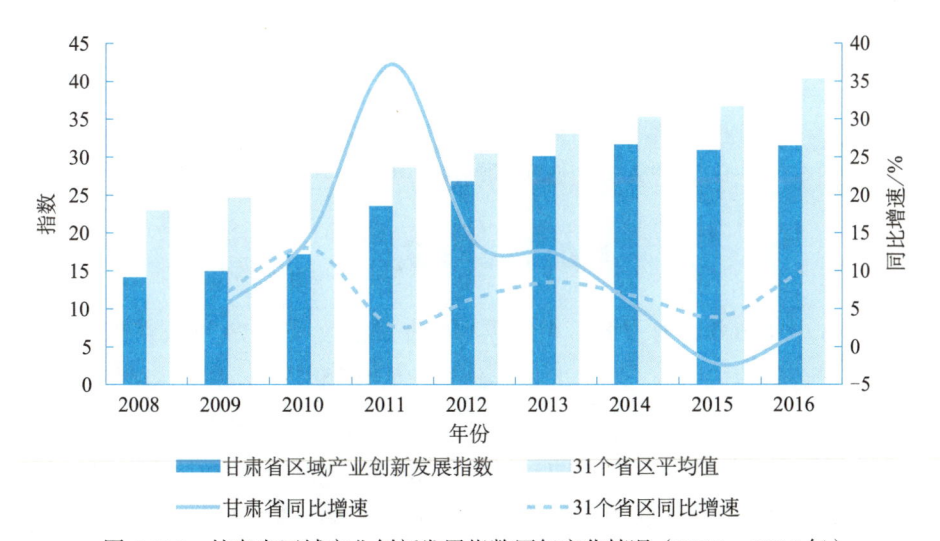

图6-116　甘肃省区域产业创新发展指数历年变化情况（2008~2016年）

（四）甘肃省区域社会创新发展指数演进

2008~2016年，甘肃省区域社会创新发展指数从25.03震荡上升到

34.80（图 6-117），排名从第 26 位震荡下降至第 29 位。甘肃省区域社会创新发展指数年均增速为 4.20%，高于 31 个省区平均值的年均增速（2.84%）。其中城镇居民人均可支配收入与全国平均数的比例和大专以上学历人口比例均有所增长，分别从 73.4% 和 4.4% 震荡增加到 79.6% 和 10.0%；每万人口在校大学生数从 130.10 人震荡上升到 175.17 人，每千人口卫生技术人员数则从 3.3 人持续上升到 5.2 人。但社区服务机构覆盖率略有下降，从 18.2% 震荡下降到 15.6%。

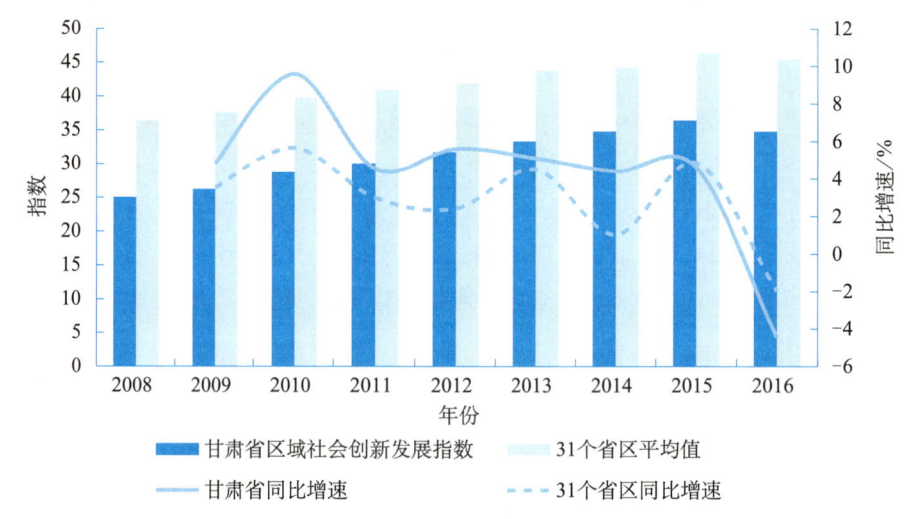

图 6-117　甘肃省区域社会创新发展指数历年变化情况（2008～2016 年）

（五）甘肃省区域绿色集约发展指数演进

2008～2016 年，甘肃省区域绿色集约发展指数从 16.25 增长到 28.56（图 6-118），排名略有上升，从第 28 位震荡上升至第 25 位。甘肃省区域绿色集约发展指数年均增速达到 7.30%，高于 31 个省区平均值的年均增速（5.67%）。其主要影响因素是甘肃省单位能耗和单位废水对应的 GDP 分别从 0.59 万元/吨标准煤、667.12 元/吨震荡增长到 0.98 万元/吨标准煤、1085.62 元/吨，工业固体废物综合利用率从 26.8% 震荡提升到 43.4%，单位建成区面积对应的 GDP 从 5.45 亿元/千米^2 震荡增加到 8.27 亿元/千米^2，单位主要污染物排放量对应的 GDP 从 26.29 万元/吨快速增长到 101.37 万元/吨。

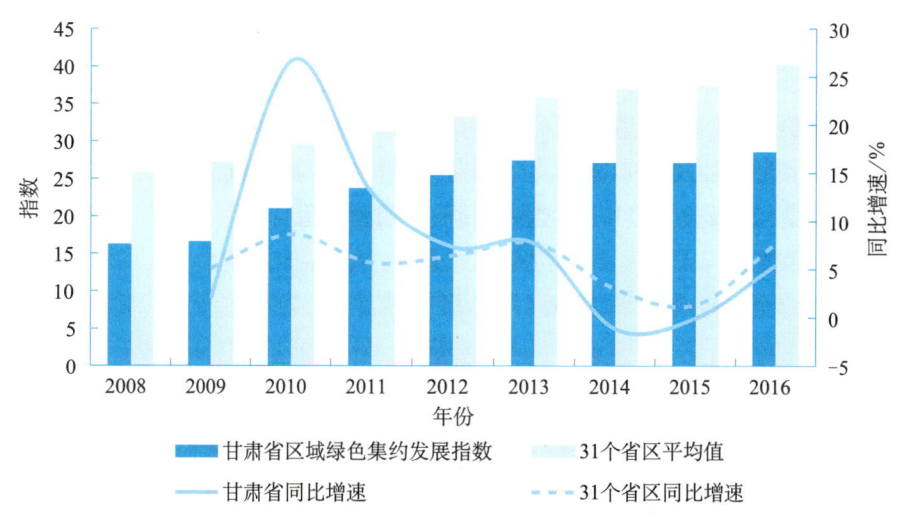

图 6-118　甘肃省区域绿色集约发展指数历年变化情况（2008～2016 年）

（六）甘肃省区域创新条件发展指数演进

2008～2016 年，甘肃省区域创新条件发展指数从 19.35 增加到 33.10（图 6-119），排名波动较大，从第 23 位震荡上升至第 15 位。甘肃省区域创新条件发展指数年均增速达到 6.94%，远高于 31 个省区平均值的年均增速（3.75%）。

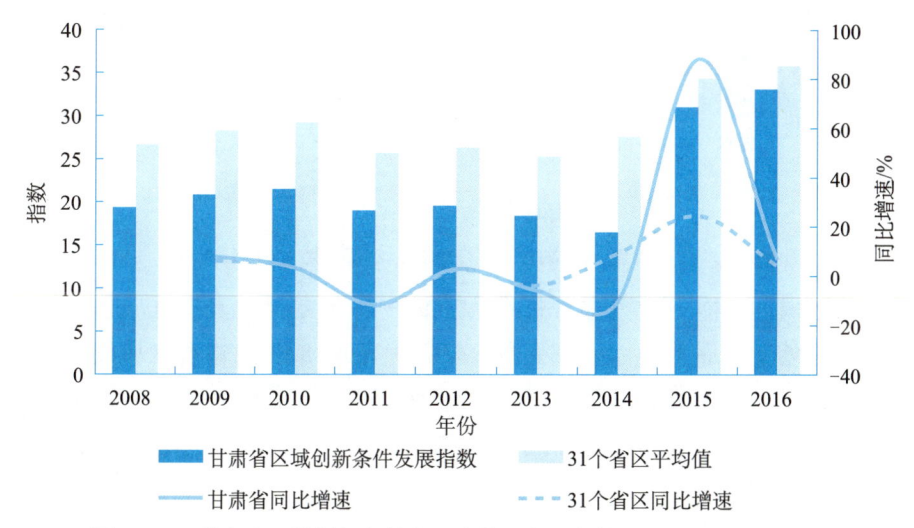

图 6-119　甘肃省区域创新条件发展指数历年变化情况（2008～2016 年）

其中，每百万人口产业创新平台数量从 0.59 个震荡增加到 1.72 个，每百万人口创新服务平台数量从 1.10 个持续增加到 2.84 个，拥有网站的企业比例从 48.2% 增加到 55%，有电子商务活动的企业比例从 3.0% 快速增加到 10.5%。此外，甘肃省每百万人口研究实验平台数量持续保持在 0.27 个；人均邮电业务总量略有下降，从 0.11 万元震荡下降到 0.10 万元。

二、甘肃省区域创新能力演进

（一）甘肃省区域创新能力指数演进

2008～2016 年，甘肃省区域创新能力指数从 9.45 增长到 15.17，排名在 31 个省区中呈震荡上升趋势，从第 27 位震荡上升到第 25 位。同期，31 个省区平均值从 15.64 增加到 26.18，年均增速为 6.65%（图 6-120）。甘肃省区域创新能力指数增长相对缓慢，年均增速为 6.10%。

图 6-120　甘肃省区域创新能力指数历年变化情况（2008～2016 年）

从区域创新能力指数排名来看，2008～2016 年，甘肃省区域创新能力指数总体处于落后水平。从一级指数来看（表 6-18），甘肃省区域创新实力指数排名徘徊在第 25 位和第 26 位之间，区域创新效力指数排名有小幅震荡，2016 年居第 23 位；区域创新创业环境指数排名则有较大提升，从第 29 位震荡上升至第 24 位。

表 6-18　甘肃省区域创新能力指数排名（2008～2016 年）

指数	2008 年	2009 年	2010 年	2011 年	2012 年	2013 年	2014 年	2015 年	2016 年
区域创新能力指数	27	26	26	25	23	24	27	22	25
——区域创新实力指数	25	25	25	25	25	25	25	26	26
——区域创新效力指数	22	23	21	21	19	20	22	23	23
——区域创新创业环境指数	29	30	29	28	25	24	28	21	24

（二）甘肃省区域创新实力指数演进

2008～2016 年，甘肃省区域创新实力指数从 2.25 增长至 5.00，年均增速为 10.47%，排名从第 25 位下降到 2015 年的第 26 位，并且在 2015～2016 年保持在第 26 位。同期，31 个省区平均值从 7.65 增加到 21.40，年均增速为 13.71%（图 6-121）。

图 6-121　甘肃省区域创新实力指数历年变化情况（2008～2016 年）

2008～2016 年，甘肃省区域创新投入实力指数、区域创新条件实力指数、区域创新产出实力指数和区域创新影响实力指数均呈现不同程度的增长趋势（图 6-122）。甘肃省区域创新投入实力指数从 2.55 增加到 4.42，年均增速为 7.14%。具体来说，甘肃省 R&D 人员全时当量从 20 118 人年增加到 25 759 人年，R&D 经费支出从 318 014 万元增加到 869 850 万元。

图 6-122　甘肃省区域创新实力指数二级指数变化情况（2008～2016 年）

2008～2016 年，甘肃省区域创新条件实力指数从 3.92 增加到 8.46，年均增速为 10.10%。具体来说，互联网宽带接入用户数从 108.4 万户增加到 392.9 万户，有效发明专利数从 676 件增加到 5022 件，产业创新平台数量从 15 件增加到 45 件，创新服务平台数量由 28 件增加到 74 件，但邮电业务总量有所下降，从 287.60 亿元下降至 254.24 亿元。

2008～2016 年，甘肃省区域创新产出实力指数从 0.97 增加到 3.55，年均增速为 17.58%。具体来说，发明专利申请量和授权量分别从 952 件和 211 件增加到 6114 件和 1308 件，实用新型和外观设计专利申请量和授权量分别从 1226 件和 836 件增加到 14 162 件和 6667 件，SCI 论文数从 1942 篇上升至 3836 篇，PCT 专利申请量从 4 件震荡上升到 8 件。

2008～2016 年，甘肃省区域创新影响实力指数从 1.58 增加到 3.56，年均增速为 10.69。具体来说，大中型工业企业新产品销售收入从 2 337 574 万元增加到 3 031 098 万元，地区生产总值从 3166.82 亿元增加到 7200.37 亿元，高技术产业利润总额从 9.90 亿元增加到 24.26 亿元。

（三）甘肃省区域创新效力指数演进

2008～2016 年，甘肃省区域创新效力指数从 10.12 增长到 19.32，年均增速为 8.42%，排名从第 22 位震荡下降到第 23 位。同期，31 个省区平均值从 15.93 增加到 27.77，年均增速为 7.19%（图 6-123）。

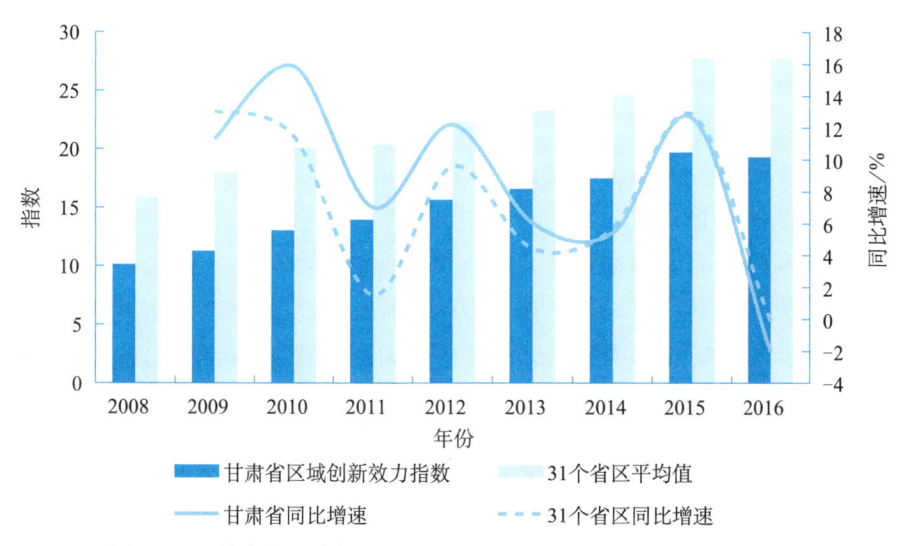

图 6-123　甘肃省区域创新效力指数历年变化情况（2008～2016 年）

2008～2016 年，甘肃省区域创新投入效力指数、区域创新条件效力指数、区域创新产出效力指数、区域创新影响效力指数均呈现增长态势，其中以区域创新产出效力指数进步最为显著（图 6-124）。甘肃省区域创新投入效力指数从 15.88 震荡增加到 17.00，年均增速为 0.86%。具体来说，R&D 人员比例基本保持在 1.0%，R&D 经费支出占地区生产总值的比例仅从 1.0% 增加到 1.2%。

图 6-124　甘肃省区域创新效力指数二级指数变化情况（2008～2016 年）

2008～2016 年，甘肃省区域创新条件效力指数从 3.99 震荡增加到 7.05，年均增速为 7.38%。具体来说，每百万人产业创新平台数量从 0.59 个增加到 1.72 个，每百万人创新服务平台数量从 1.10 个增加到 2.84 个，而每百万人研究实验平台数量一直保持在 0.27 个，人均邮电业务总量略有下降，从 0.11 万元震荡下降到 0.10 万元。

2008～2016 年，甘肃省区域创新产出效力指数从 9.41 增加到 31.08，年均增速为 16.10%。具体来看，甘肃省单位 R&D 人员发明专利申请量和授权量分别由 4.73 件/百人年和 1.05 件/百人年增长到 23.74 件/百人年和 5.08 件/百人年，单位 R&D 人员实用新型和外观设计专利申请量和授权量分别由 6.09 件/百人年和 4.16 件/百人年增加到 54.98 件/百人年和 25.88 件/百人年，单位 R&D 人员 PCT 专利申请量和 SCI 论文数分别从 1.99 件/万人年和 9.65 篇/百人年增加到 3.11 件/万人年和 14.89 篇/百人年。

2008～2016 年，甘肃省区域创新影响效力指数从 11.20 增加到 22.16，年均增速为 8.90%。具体来说，人均地区生产总值从 12 414 元增加到 27 588 元，劳动生产率从 16.45 万元/人年增加到 27.59 万元/人年，单位能耗产生的 GDP 从 0.59 万元/吨标准煤增加到 0.98 万元/吨标准煤，单位建成区面积 GDP 产出从 5.45 亿元/千米^2 增加到 8.27 亿元/千米^2，单位工业废水排放量对应的主营业务收入从 790.56 元/吨增加到 1175.83 元/吨，工业固体废物综合利用率从 26.8% 增加到 43.4%，单位主要污染物排放量对应的 GDP 从 26.29 万元/吨增加到 101.37 万元/吨。

（四）甘肃省区域创新创业环境指数演进

2008～2016 年，甘肃省区域创新创业环境指数从 22.51 震荡增长到 27.24，年均增速为 2.41%；呈波动上升趋势，从第 29 位上升到第 24 位。同期，31 个省区平均值从 31.03 增加到 32.58，年均增速为 0.61%（图 6-125）。

2008～2016 年，甘肃省区域资金环境指数和区域人才环境指数相对平稳，区域制度环境指数呈现波动增长态势（图 6-126）。甘肃省区域资金环境指数呈下降态势，从 10.37 下降到 5.32，年均增速为 −8.00%。具体来说，甘肃省工业企业研究开发费用加计扣除执行情况从 57.41% 下降到 19.84%，高企税收优惠从 2994 万元增加到 13 007 万元，而地方政府财政科技拨款占财政支出的比重从 1.0% 震荡下降到 0.8%。

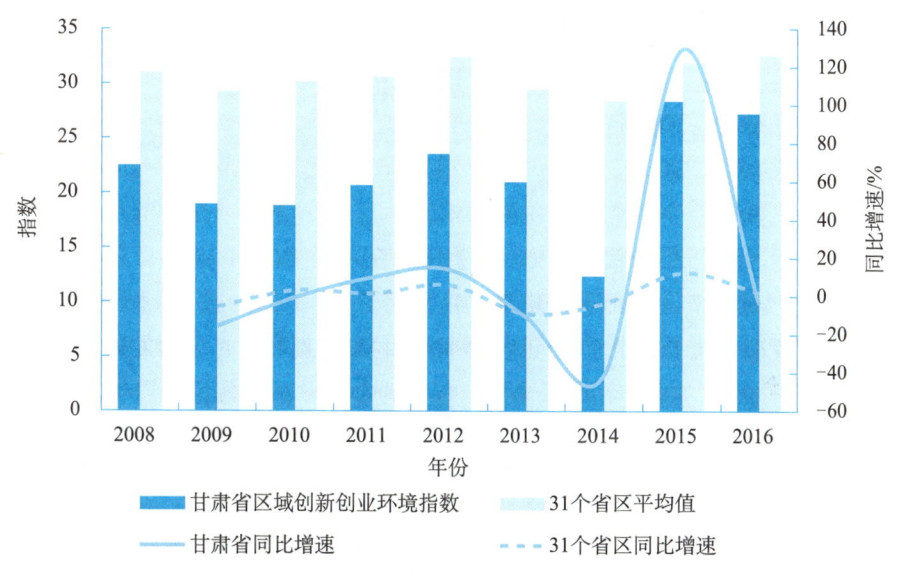

图 6-125　甘肃省区域创新创业环境指数历年变化情况（2008~2016 年）

2008~2016 年，甘肃省区域人才环境指数从 26.88 震荡上升至 29.43，年均增速为 1.14%。具体来说，甘肃省大专以上学历人口比例从 4.4% 增加到 10.0%，城镇居民人均可支配收入与全国平均数的比例从 73.4% 增加到 79.6%，但地方政府财政支出中教育经费支出所占比重从 18.9% 震荡下降到 17.4%。

2008~2016 年，甘肃省制度环境指数从 30.27 上升至 46.96，年均增速为 5.64%。具体来说，甘肃省区域知识产权案件的结案率从 44.44% 增加到 72.50%，政府网站绩效从 45.2 增加到 69.4。

图 6-126　甘肃省区域创新创业环境指数二级指数变化情况（2008~2016 年）

第十节 海 南 省

2016年，海南省区域创新发展指数排名在31个省区中居第12位，区域创新能力指数居第27位；人均GDP为4.42万元，约合0.67万美元（图6-127），区域创新发展水平处于居中水平，区域创新能力有待提高，是创新发展追赶Ⅰ型省区。

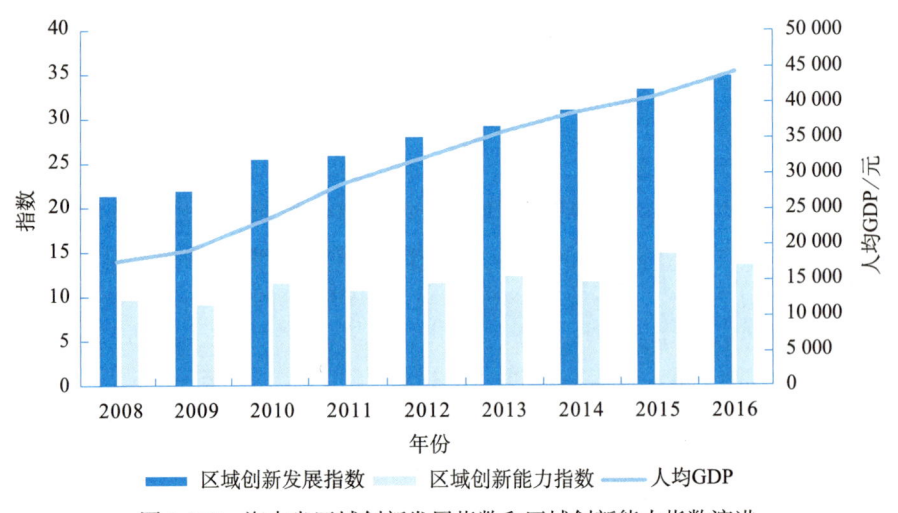

图6-127 海南省区域创新发展指数和区域创新能力指数演进

一、海南省区域创新发展水平演进

（一）海南省区域创新发展指数演进

2008～2016年，海南省区域创新发展指数从21.42增长到34.90，排名在31个省区中呈震荡上升趋势，从第13位震荡上升至第12位。同期，31个省区平均值从23.24增加到35.62（图6-128），年均增速为5.48%。海南省区域创新发展指数增长相对较快，年均增速为6.29%。

图 6-128　海南省区域创新发展指数历年变化情况（2008～2016 年）

从区域创新发展指数排名来看，2008～2016 年，海南省区域创新发展指数总体处于中上游水平。从一级指数来看（表 6-19），海南省区域科学技术发展指数排名从第 30 位稳定上升至第 25 位，区域产业创新发展指数排名从第 10 位震荡上升至第 8 位，区域社会创新发展指数排名从第 27 位震荡上升至第 19 位，区域创新条件发展指数排名从第 7 位震荡上升至第 5 位。仅区域绿色集约发展指数排名有所下降，从第 8 位震荡下降至第 16 位。

表 6-19　海南省区域创新发展指数排名（2008～2016 年）

指数	2008 年	2009 年	2010 年	2011 年	2012 年	2013 年	2014 年	2015 年	2016 年
区域创新发展指数	13	15	13	12	10	12	12	11	12
——区域科学技术发展指数	30	29	29	28	27	26	25	25	25
——区域产业创新发展指数	10	13	9	7	6	7	7	8	8
——区域社会创新发展指数	27	26	24	25	24	22	22	22	19
——区域绿色集约发展指数	8	9	10	16	17	17	17	15	16
——区域创新条件发展指数	7	8	8	8	8	8	6	6	5

（二）海南省区域科学技术发展指数演进

2008～2016 年，海南省区域科学技术发展指数从 0.12 持续增加到 3.65（图 6-129），排名从第 30 位震荡上升至第 25 位。海南省区域科学技术发展指数年均增速为 53.43%，远高于 31 个省区平均值的年均增速（12.40%）。其主要原因是海南省人均 R&D 经费支出从 39.20 元持续快速增加到 236.74 元，每万人本国有效发明专利数从 0.23 件持续增加到 2.61 件，每万人 SCI 论文数从 0.08 篇持续增加到 0.59 篇。海南省每万人 R&D 人员数量也有一定幅度的增长，从 2.02 人持续增加到 8.55 人。

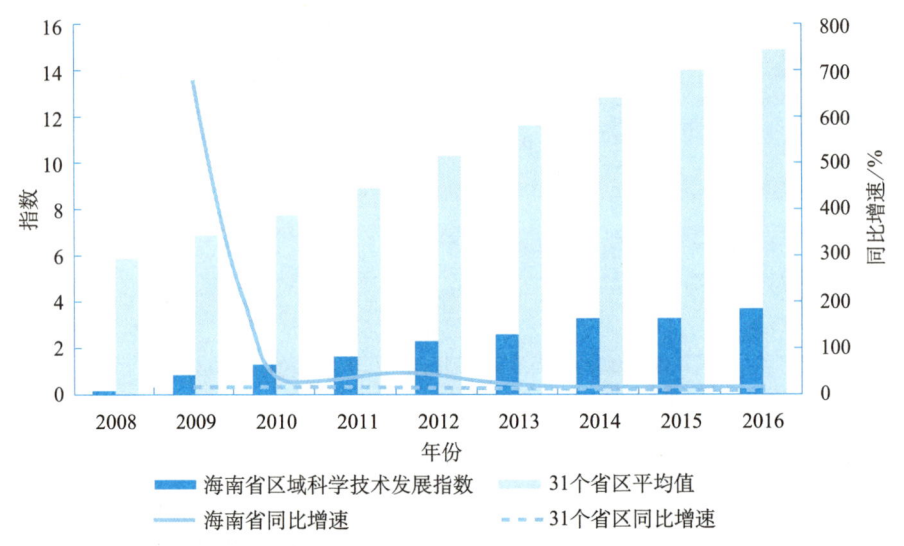

图 6-129　海南省区域科学技术发展指数历年变化情况（2008~2016 年）

（三）海南省区域产业创新发展指数演进

2008~2016 年，海南省区域产业创新发展指数从 23.21 上升到 44.58（图 6-130），排名从第 10 位震荡上升至第 8 位。海南省区域产业创新发展指数年

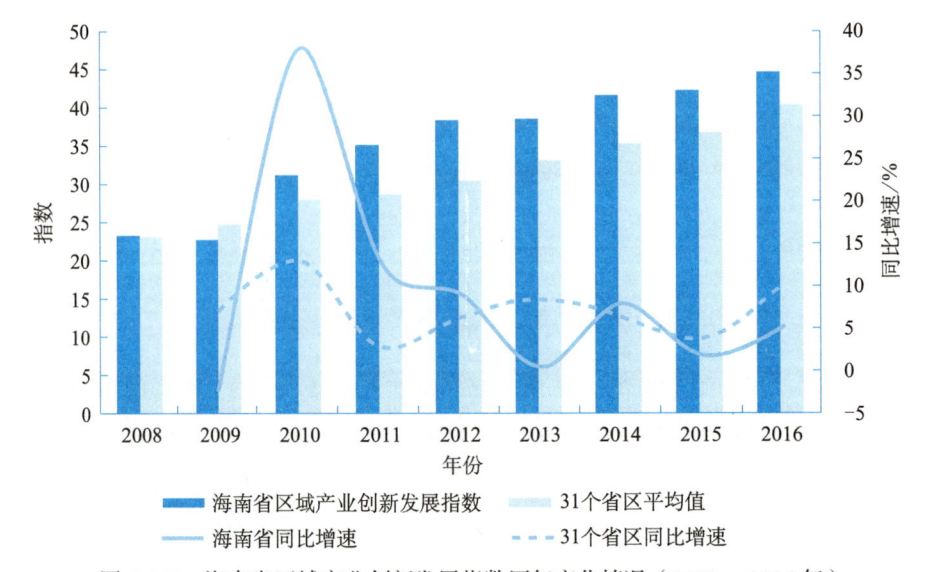

图 6-130　海南省区域产业创新发展指数历年变化情况（2008~2016 年）

均增速为 8.50%，高于 31 个省区平均值的年均增速（7.27%）。其主要原因是全员劳动生产率从 85.47 万元/人年持续增加到 153.53 万元/人年，高技术产业主营业务收入占制造业主营业务收入比例从 4.1% 震荡上升到 9.7%，服务业增加值占比从 42.8% 震荡上升到 54.3%，新产品销售收入占主营业务收入比例从 6.5% 增加到 7.6%。

（四）海南省区域社会创新发展指数演进

2008～2016 年，海南省区域社会创新发展指数从 24.80 持续上升到 39.98（图 6-131）；排名变化较大，从第 27 位震荡上升至第 19 位。海南省区域社会创新发展指数年均增速为 6.15%，高于 31 个省区平均值的年均增速（2.84%）。其主要原因是大专以上学历人口比例有所增长，从 5.37% 增加到 8.92%，每万人口在校大学生数从 147.96 人持续上升到 201.61 人，每千人口卫生技术人员数从 3.9 人持续上升到 6.3 人，城镇居民人均可支配收入与全国平均数的比例从 84.39% 震荡上升到 88.12%。值得注意的是，社区服务机构覆盖率从 3.6% 快速上升到 76.9%。

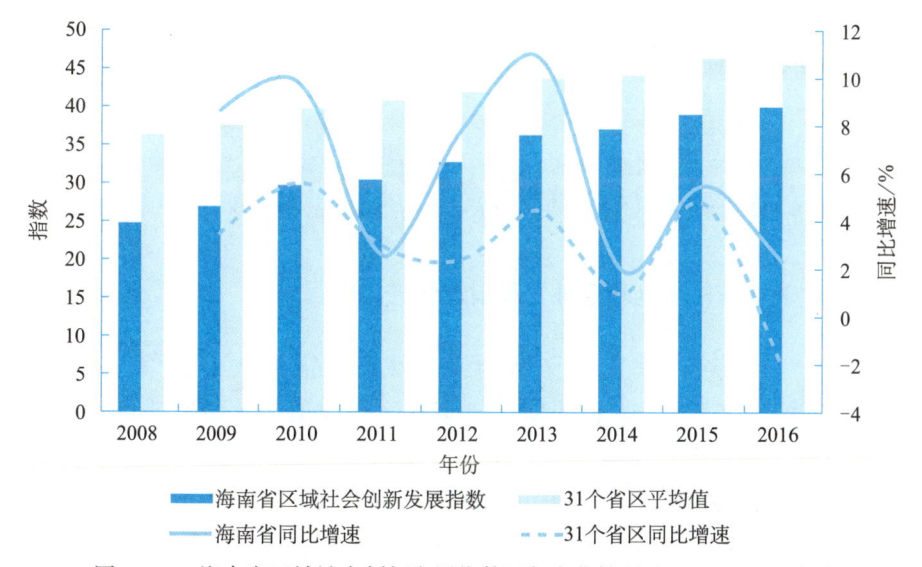

图 6-131　海南省区域社会创新发展指数历年变化情况（2008～2016 年）

（五）海南省区域绿色集约发展指数演进

2008～2016 年，海南省区域绿色集约发展指数从 27.03 震荡增长到

36.53（图 6-132），排名从第 8 位震荡下降至第 16 位。海南省区域绿色集约发展指数年均增速达到 3.84%，低于 31 个省区平均值的年均增速（5.67%）。具体来说，海南省单位能耗对应的 GDP 从 1.32 万元/吨标准煤持续增长到 2.02 万元/吨标准煤，单位废水对应的 GDP 从 415.35 元/吨上升到 919.15 元/吨，单位主要污染物排放量对应的 GDP 从 110.87 万元/吨增长到 406.49 万元/吨，单位建成区面积对应的 GDP 从 7.34 亿元/千米^2 震荡上升到 12.63 亿元/千米^2。值得注意的是，工业固体废物综合利用率从 86.8% 震荡下降到 53.3%。

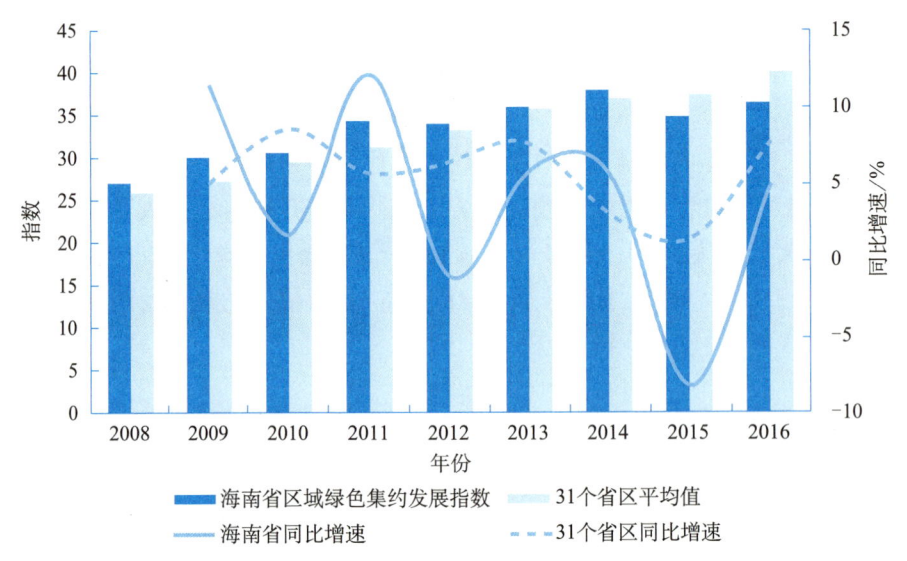

图 6-132　海南省区域绿色集约发展指数历年变化情况（2008～2016 年）

（六）海南省区域创新条件发展指数演进

2008～2016 年，海南省区域创新条件发展指数从 31.20 震荡上升到 39.93，年均增速为 3.13%；同期，31 个省区平均值的年均增速达到 3.75%（图 6-133）。海南省该指数排名从第 7 位震荡上升至第 5 位。具体来说，每百万人口研究实验平台数量从 0.00 个增加到 0.22 个，每百万人口产业创新平台数量从 0.59 个增加到 0.76 个，每百万人口创新服务平台数量从 1.41 个震荡增加到 2.94 个，有电子商务活动的企业比例从 4.8% 增加到 18.4%。值得注意的是，拥有网站的企业比例略有下降，从 69.6% 下降到 69.2%；人均邮电业务总量也略有下降，从 0.19 万元震荡下降到 0.16 万元。

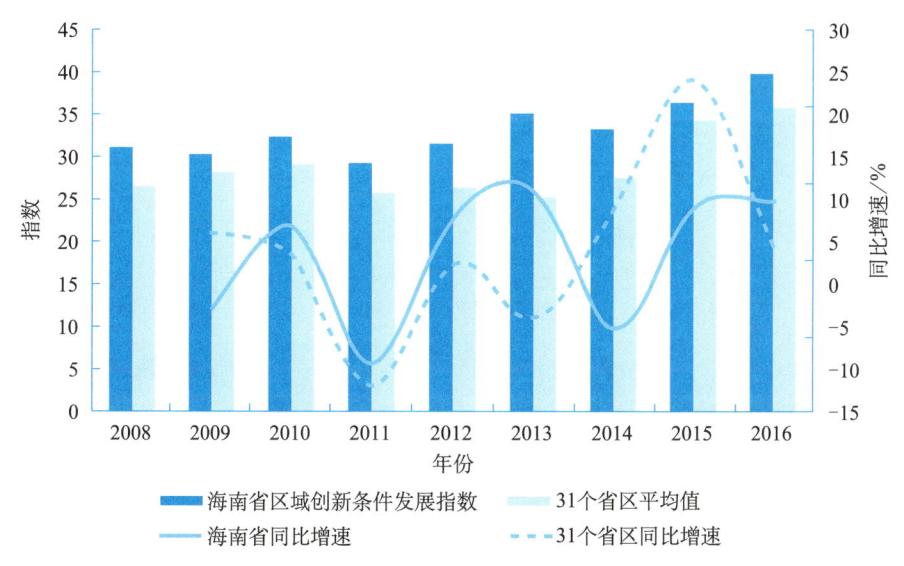

图 6-133　海南省区域创新条件发展指数历年变化情况（2008～2016 年）

二、海南省区域创新能力演进

（一）海南省区域创新能力指数演进

2008～2016 年，海南省区域创新能力指数从 9.78 增长到 13.62，排名在 31 个省区中从第 23 位震荡下降至第 27 位。同期，31 个省区平均值从 15.64 增加到 26.18，年均增速为 6.65%（图 6-134）。海南省区域创新能力指数增长相对缓慢，年均增速为 4.23%。

图 6-134　海南省区域创新能力指数历年变化情况（2008～2016 年）

从区域创新能力指数排名来看，2008~2016年，海南省区域创新能力指数排名相对落后。从一级指数来看（表6-20），海南省区域创新实力指数排名一直处于第29位；区域创新效力指数排名从第20位震荡下降至第26位；区域创新创业环境指数排名有所上升，从第22位震荡上升至第18位。

表6-20　海南省区域创新能力指数排名（2008~2016年）

指数	2008年	2009年	2010年	2011年	2012年	2013年	2014年	2015年	2016年
区域创新能力指数	23	27	25	26	26	25	26	25	27
——区域创新实力指数	29	29	29	29	29	29	29	29	29
——区域创新效力指数	20	25	24	27	27	26	28	27	26
——区域创新创业环境指数	22	21	11	17	18	14	17	10	18

（二）海南省区域创新实力指数演进

2008~2016年，海南省区域创新实力指数从0.46稳定增长到1.61，年均增速17.01%，高于31个省区平均值的年均增速（13.71%）。总体来看，海南省区域创新实力指数远低于31个省区平均值，同比增速波动较大，除2011年、2013年、2016年同比增速低于31个省区同比增速外，其他年份均高于31个省区同比增速（图6-135）。

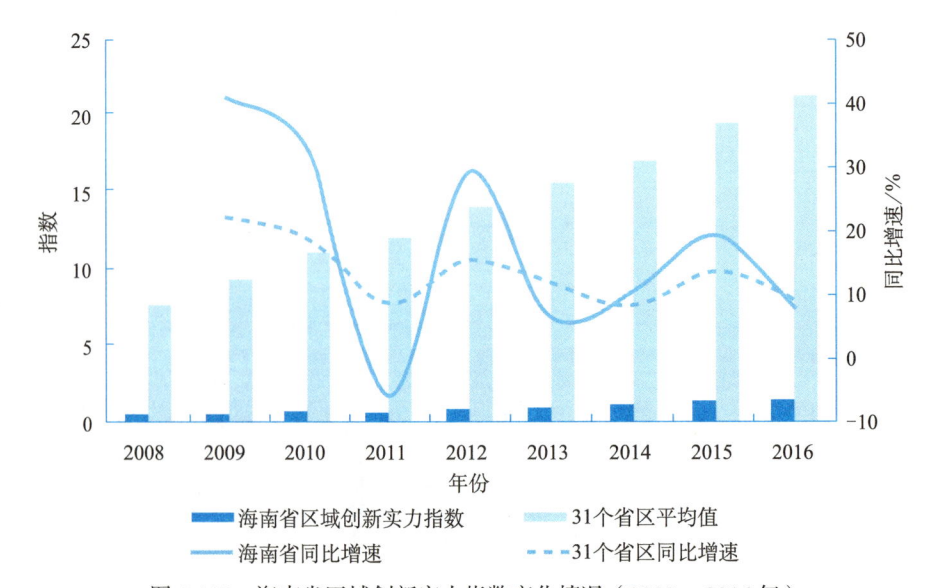

图6-135　海南省区域创新实力指数变化情况（2008~2016年）

2008～2016年，海南省区域创新投入实力指数、区域创新条件实力指数、区域创新产出实力指数、区域创新影响实力指数均呈现不同程度的增长（图6-136）。海南省区域创新投入实力指数从0.15持续增长到1.17，年均增速28.79%。具体分析影响海南省区域创新投入实力指数的2项指标发现，R&D人员全时当量和R&D经费支出分别从0.17万人年、3.35亿元增加到0.78万人年、21.71亿元。

2008～2016年，海南省区域创新条件实力指数从0.89震荡增加到2.54，年均增速13.97%。具体分析影响海南省区域创新条件实力指数的各项指标发现，海南省互联网宽带接入用户数从55.4万户震荡上升至186.5万户，邮电业务总量从160.60亿元震荡下降至142.84亿元，有效发明专利数从196件稳定增加到2394件。海南省各种平台数量均有所增长，研究实验平台数量和产业创新平台数量分别从0个和5个增加到2个和7个，检测检验平台数量和创新服务平台数量分别从12个和12个增加到24个和27个。

2008～2016年，海南省区域创新产出实力指数从0.11持续增长到0.67，年均增速26.02%。分析影响海南省区域创新产出实力指数的指标发现，各项指标均有不同程度的增长。具体来看，海南省发明专利申请量和授权量分别由331件和47件增长到1278件和383件，实用新型和外观设计专利申请量和授权量分别由542件和294件增加到2380件和1556件，PCT专利申请量和SCI论文数分别从6件和68篇增加到16件和543篇。

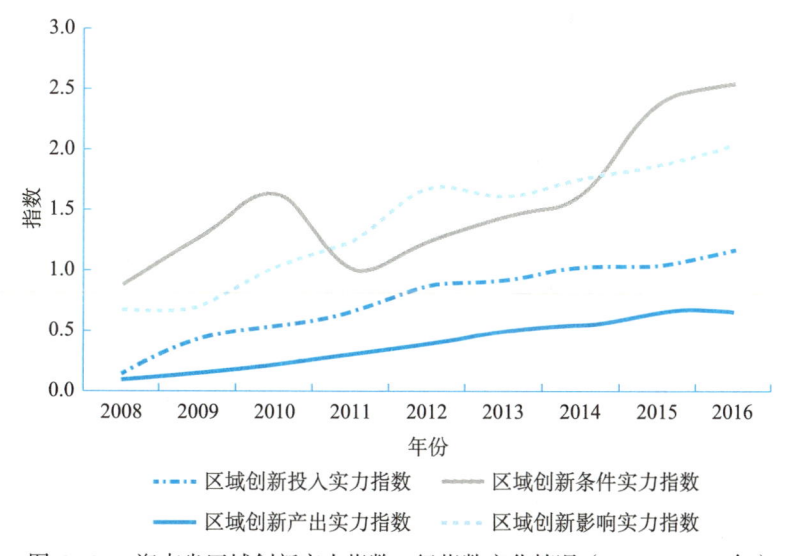

图6-136　海南省区域创新实力指数二级指数变化情况（2008～2016年）

2008～2016年，海南省区域创新影响实力指数从0.68震荡增加到2.04，年均增速14.82%。分析影响海南省区域创新影响实力指数的指标发现，海南省大中型工业企业新产品销售收入和地区生产总值分别从69.90亿元、1503.06亿元增加到126.59亿元、4053.20亿元，高技术产业利润总额从8.4亿元增加到23.77亿元。

（三）海南省区域创新效力指数演进

2008～2016年，海南省区域创新效力指数从11.41震荡增长到17.02，排名从第20位震荡下降至第26位，年均增速5.13%，略低于31个省区平均值的年均增速（7.19%）。总体来看，海南省区域创新效力指数低于31个省区平均值，同比增速呈现波动特征（图6-137）。

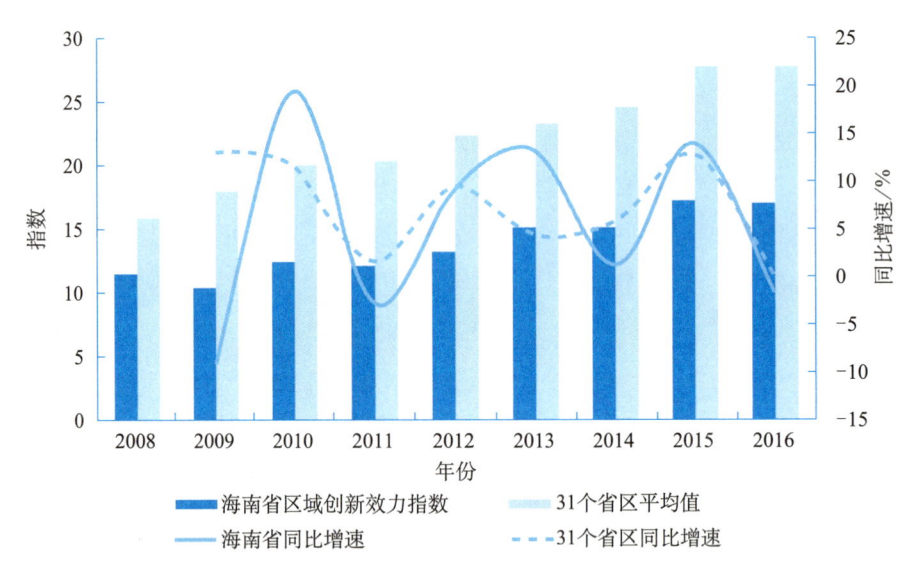

图6-137 海南省区域创新效力指数变化情况（2008～2016年）

2008～2016年，海南省区域创新影响效力指数增长明显，区域创新投入效力指数、区域创新条件效力指数和区域创新产出效力指数均呈现波动特征（图6-138）。海南省区域创新投入效力指数从0.28震荡增长到8.93，年均增速54.26%。具体分析影响海南省区域创新投入效力指数的2项指标发现，R&D人员比例有所提升，从0.22%震荡上升到0.77%；R&D经费支出占地区生产总值的比例从0.22%震荡增加到0.54%。

2008～2016年，海南省区域创新条件效力指数从5.60增长至7.18，年均增速3.16%。具体分析影响海南省区域创新条件效力指数的各项指标发现，人均邮电业务总量从0.19万元震荡下降至0.16万元，每万人口有效发明专利数从0.23件稳定提升到了2.61件，每万人研究实验平台数量从0.00个上升到了0.22个，每百万人产业创新平台数量从0.59个震荡上升至0.76个，每百万人检测检验平台数量从1.41个震荡上升至2.09个，每百万人创新服务平台数量从1.41个震荡提升至2.94个。

2008～2016年，海南省区域创新产出效力指数从17.41经过一定波动重新回到17.41。分析影响海南省区域创新产出效力指数的指标发现，海南省单位R&D人员发明专利申请量从19.17件/百人年下降至16.30件/百人年，单位R&D人员发明专利授权量从2.72件/百人年增加到4.89件/百人年，单位R&D人员实用新型和外观设计专利申请量从31.40件/百人年下降至30.36件/百人年，单位R&D人员实用新型和外观设计专利授权量从17.03件/百人年上升至19.85件/百人年，单位R&D人员PCT专利申请量从34.76件/万人年震荡下降到20.41件/万人年，单位R&D人员SCI论文数从3.94篇/百人年震荡增加到6.93篇/百人年。

2008～2016年，海南省区域创新影响效力指数从22.33震荡增加到34.56，年均增速为5.61%。分析影响海南省区域创新影响效力指数的指标发现，海南省大中型工业企业新产品销售收入占主营业务收入比重由6.49%震荡增加至7.59%，人均地区生产总值分别从1.76万元稳定增加到4.42万元，

图6-138　海南省区域创新效力指数二级指数变化情况（2008～2016年）

劳动生产率由 19.57 万元/人年稳定增加到 40.06 万元/人年，单位能耗产生的 GDP 由 1.32 万元/吨标准煤震荡增加到 2.02 万元/吨标准煤，单位建成区面积 GDP 产出由 7.34 亿元/千米^2 震荡增加到 12.63 亿元/千米^2，单位工业废水排放量对应的主营业务收入由 297.65 元/吨震荡增加至 378.46 元/吨，单位主要污染物排放量对应的 GDP 由 110.87 万元/吨稳定上升至 406.49 万元/吨，工业固体废物综合利用率由 86.81% 震荡下降至 53.26%。

（四）海南省区域创新创业环境指数演进

2008～2016 年，海南省区域创新创业环境指数从 25.15 震荡增长到 30.84，排名从第 22 位震荡上升至第 18 位，年均增速 2.58%，高于 31 个省区平均值的年均增速（0.61%）。总体来看，海南省区域创新创业环境指数略低于 31 个省区平均值，同比增速呈现波动特征（图 6-139）。

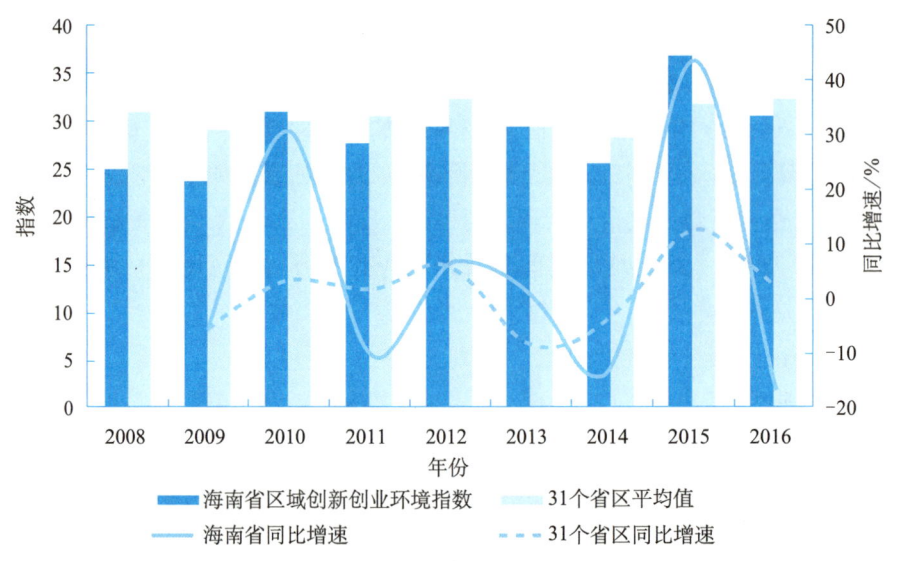

图 6-139 海南省区域创新创业环境指数变化情况（2008～2016 年）

2008～2016 年，海南省区域制度环境指数增长显著，区域资金环境指数和区域人才环境指数增幅较小（图 6-140）。海南省区域资金环境指数由 11.45 震荡上升至 16.29，年均增速 4.51%。分析影响海南省区域资金环境指数的各项指标发现，海南省工业企业研究开发费用加计扣除执行情况由 55.66% 震荡上升至 97.10%，高企税收优惠由 0.13 亿元震荡增加到 1.43 亿元，地方政府财政科技拨款占财政支出的比重由 1.26% 震荡下降到 1.14%。

2008～2016年，海南省区域人才环境指数由22.06震荡上升至26.18，年均增速2.16%。分析影响海南省区域人才环境指数的各项指标发现，海南省大专以上学历人口比例由5.37%震荡上升至8.92%；城镇居民人均可支配收入与全国平均数的比例从84.39%震荡上升至88.12%；海南省地方政府财政支出中教育经费所占比重有所波动，由15.54%波动上升至15.56%。

2008～2016年，海南省区域制度环境指数由41.96震荡上升至50.04，年均增速2.23%。具体来看，政府网站绩效由75.1震荡上升至83.5。

图6-140 海南省区域创新创业环境指数二级指数变化情况（2008～2016年）

第七章

创新发展追赶 II 型省区

第一节 云 南 省

2016 年,云南省区域创新发展指数排名在 31 个省区中居第 27 位,区域创新能力指数居第 21 位;人均 GDP 为 3.10 万元,约合 0.47 万美元(图 7-1),区域创新发展水平有待提升,区域创新能力有待提高,是创新发展追赶 II 型省区。

一、云南省区域创新发展水平演进

(一)云南省区域创新发展指数演进

2008~2016 年,云南省区域创新发展指数从 15.48 增长到 25.31,2008~2015 年创新发展指数排名在 31 个省区中始终保持在第 28 位,2016 年上升至第 27 位;同期,31 个省区平均值从 23.24 增加到 35.62,年均增速为 5.48%(图 7-2)。云南省区域创新发展指数增长相对较快,年均增速为 6.34%。

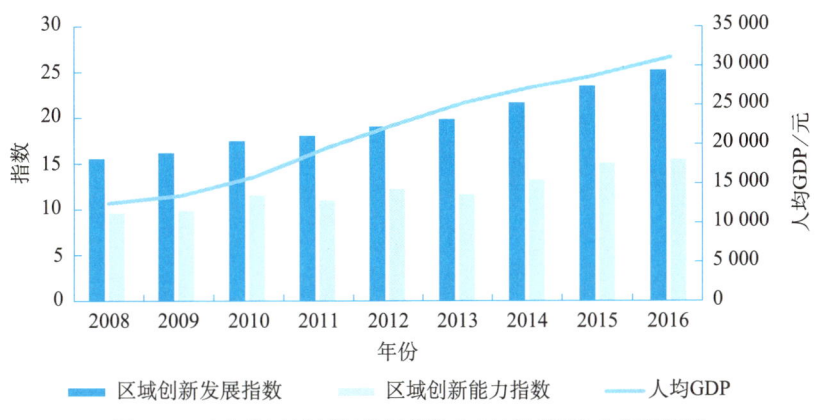

图 7-1　云南省区域创新发展指数和区域创新能力指数演进

图 7-2　云南省区域创新发展指数历年变化情况（2008～2016 年）

从区域创新发展指数排名来看，2008～2016 年，云南省区域创新发展指数总体处于落后水平，区域创新发展指数排名第 27～28 位。从一级指数来看（表 7-1），同期，云南省区域科学技术发展指数、区域产业创新发展指数、区域社会创新发展指数和区域绿色集约发展指数排名均在 31 个省区第 20 位之后；区域创新条件发展指数排名有波动，从第 20 位震荡上升至第 17 位。

表 7-1　云南省区域创新发展指数排名（2008～2016 年）

指数	2008年	2009年	2010年	2011年	2012年	2013年	2014年	2015年	2016年
区域创新发展指数	28	28	28	28	28	28	28	28	27
——区域科学技术发展指数	25	28	28	29	29	29	29	26	26
——区域产业创新发展指数	23	24	26	26	27	29	26	29	26
——区域社会创新发展指数	30	30	30	30	30	30	30	30	30
——区域绿色集约发展指数	21	25	25	28	28	25	24	24	24
——区域创新条件发展指数	20	19	19	19	19	20	17	18	17

（二）云南省区域科学技术发展指数演进

2008～2016 年，云南省区域科学技术发展指数从 0.90 持续增加到 3.54（图 7-3），排名从第 25 位波动下降至第 26 位。云南省区域科学技术发展指数年均增速为 18.58%，高于 31 个省区平均值的年均增速（12.40%）。其中，云南省人均 R&D 经费支出从 68.22 元持续快速增加到 278.27 元，每万人本国有效发明专利数从 0.32 件持续增加到 1.89 件，每万人 SCI 论文数从 0.2 篇震荡增加到 0.55 篇。云南省每万人 R&D 人员数量也有一定幅度增长，从 4.35 人增加到 8.62 人。

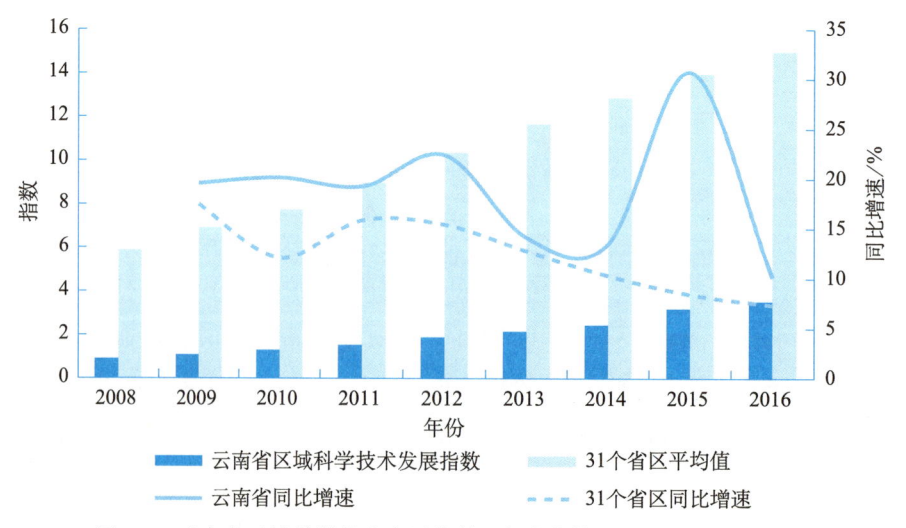

图 7-3　云南省区域科学技术发展指数历年变化情况（2008～2016 年）

（三）云南省区域产业创新发展指数演进

2008~2016年，云南省区域产业创新发展指数从15.52震荡上升到29.42（图7-4），排名呈震荡下降趋势，年均增速为8.32%，高于31个省区平均值的年均增速（7.27%）。其主要原因是全员劳动生产率从58.82万元/人年震荡增加到112.54万元/人年，高技术产业主营业务收入占制造业主营业务收入比例从2.2%震荡上升到4.6%，服务业增加值占比从39.0%震荡上升到46.7%。值得注意的是，云南省新产品销售收入占主营业务收入比例这项指标有所波动，但2016年震荡回6.2%。

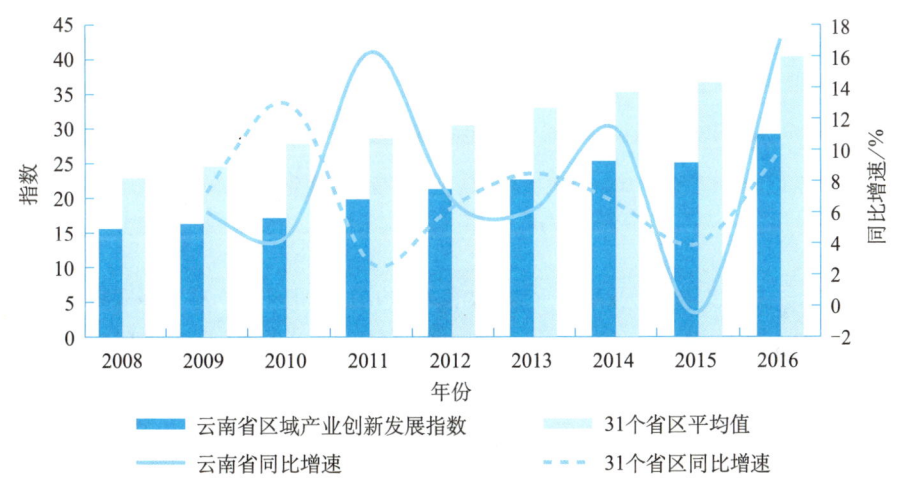

图7-4 云南省区域产业创新发展指数历年变化情况（2008~2016年）

（四）云南省区域社会创新发展指数演进

2008~2016年，云南省区域社会创新发展指数从21.09震荡上升到32.34（图7-5），排名维持在第30位，年均增速为5.49%，高于31个省区平均值的年均增速（2.84%）。其中，大专以上学历人口比例有所增长，从3.3%震荡增加到8.04%；每万人口在校大学生数从76.54人上升到137.62人；每千人口卫生技术人员数从2.9人持续上升到5.2人；社区服务机构覆盖率从4.0%震荡上升到10.8%；城镇居民人均可支配收入与全国平均数的比例略有下降，从88.69%震荡下降到88.60%。

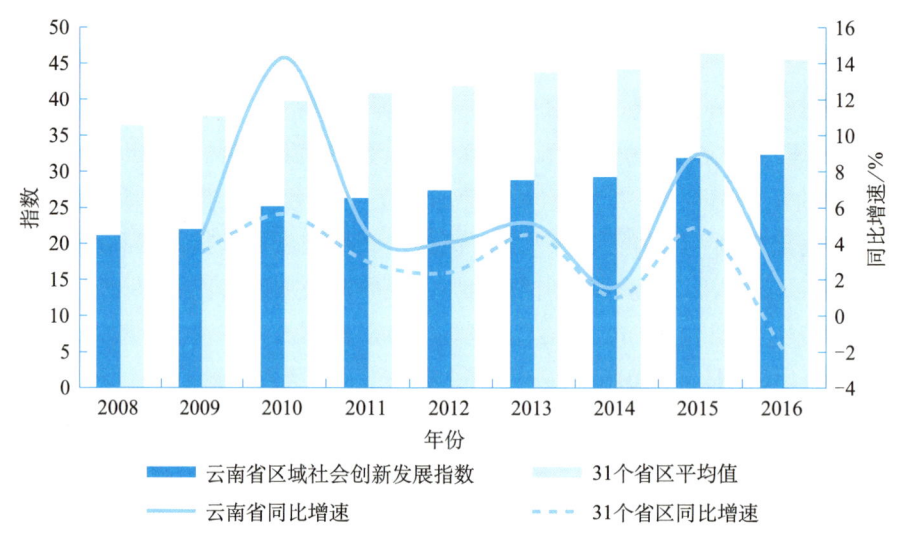

图 7-5　云南省区域社会创新发展指数历年变化情况（2008～2016 年）

（五）云南省区域绿色集约发展指数演进

2008～2016 年，云南省区域绿色集约发展指数从 21.49 震荡增长到 29.60（图 7-6），排名从第 21 位震荡下降至第 24 位。云南省区域绿色集约发展指数年均增速达到 4.08%，低于 31 个省区平均值的年均增速（5.67%）。

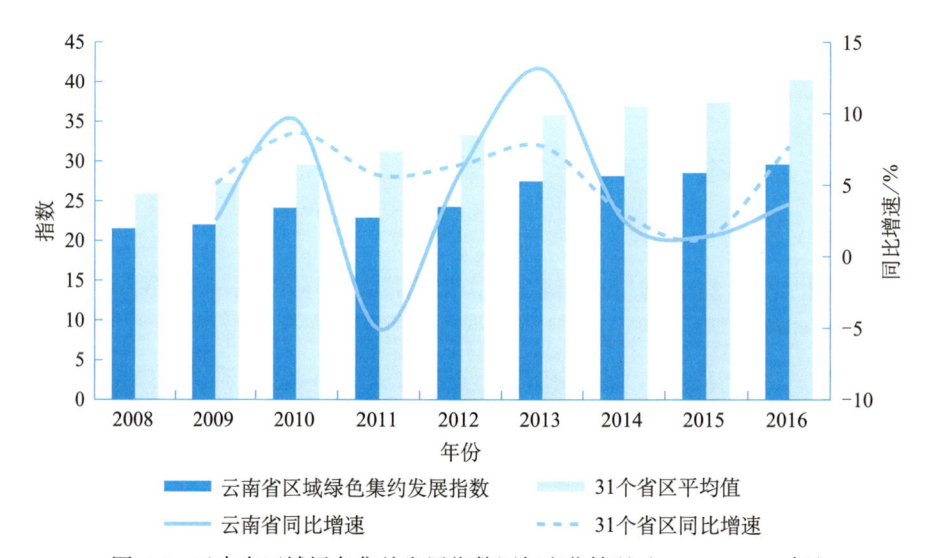

图 7-6　云南省区域绿色集约发展指数历年变化情况（2008～2016 年）

其主要影响因素是，云南省单位能耗对应的 GDP 从 0.76 万元 / 吨标准煤持续增长到 1.39 万元 / 吨标准煤，单位废水对应的 GDP 从 678.72 元 / 吨震荡上升到 816.64 元 / 吨，工业固体废物综合利用率从 39.6% 震荡提升到 42.1%，单位主要污染物排放量对应的 GDP 从 41.34 万元 / 吨增长到 121.14 万元 / 吨，单位建成区面积对应的 GDP 从 9.13 亿元 / 千米^2 震荡上升到 13.07 亿元 / 千米^2。

（六）云南省区域创新条件发展指数演进

2008～2016 年，云南省区域创新条件发展指数从 21.33 震荡上升到 32.46（图 7-7），低于 31 个省区平均值，排名从第 20 位震荡提升至第 17 位，年均增速为 5.39%，高于 31 个省区平均值的年均增速（3.75%）。其中，每百万人口研究实验平台数量从 0.04 个增加到 0.06 个，每百万人口产业创新平台数量从 0.53 个持续增加到 1.11 个，每百万人口创新服务平台数从 0.95 个持续增加到 2.39 个，有电子商务活动的企业比例从 3.1% 快速增加到 13.2%。但有些指标略有下降，其中，人均邮电业务总量略有下降，从 0.13 万元震荡到 0.12 万元；拥有网站的企业比例从 47.9% 下降到 47.5%。

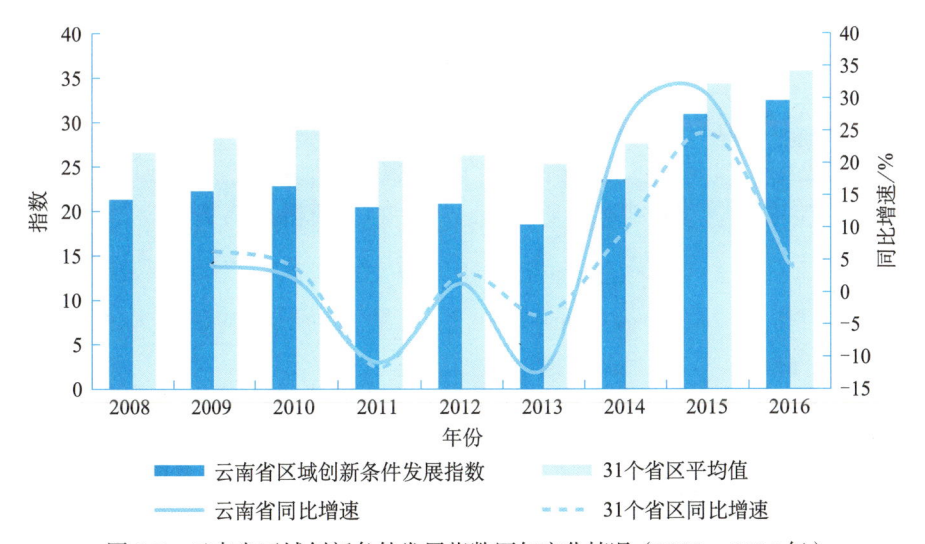

图 7-7　云南省区域创新条件发展指数历年变化情况（2008～2016 年）

二、云南省区域创新能力演进

(一)云南省区域创新能力指数演进

2008~2016年,云南省区域创新能力指数由9.56震荡增长到15.46,年均增速6.19%,排名从第26位震荡上升到第21位。同期,31个省区平均值从15.64增加到26.18,年均增速6.65%,高于云南省该指数的年均增速(图7-8)。

图7-8 云南省区域创新能力指数历年变化情况(2008~2016年)

从区域创新能力指数一级指数排名来看,云南省区域创新实力指数从第23位上升至第22位;区域创新创业环境指数排名从第25位震荡上升至第21位;区域创新效力指数排名有所下降,从第27位下降至第28位(表7-2)。

表7-2 云南省区域创新能力指数排名(2008~2016年)

指数	2008年	2009年	2010年	2011年	2012年	2013年	2014年	2015年	2016年
区域创新能力指数	26	24	24	24	24	28	24	24	21
——区域创新实力指数	23	23	23	24	23	23	23	23	22
——区域创新效力指数	27	27	27	28	28	28	27	29	28
——区域创新创业环境指数	25	25	16	21	21	25	18	22	21

(二)云南省区域创新实力指数演进

2008~2016年,云南省区域创新实力指数从2.90持续增长到7.51,年均增速 12.66%，低于 31 个省区平均值的年均增速（13.71%）。总体来看，云南省区域创新能力指数远低于 31 个省区平均值，除 2012 年、2014 年、2015 年同比增度高于 31 个省区同比增速，其他年份均低于 31 个省区同比增速（图 7-9）。

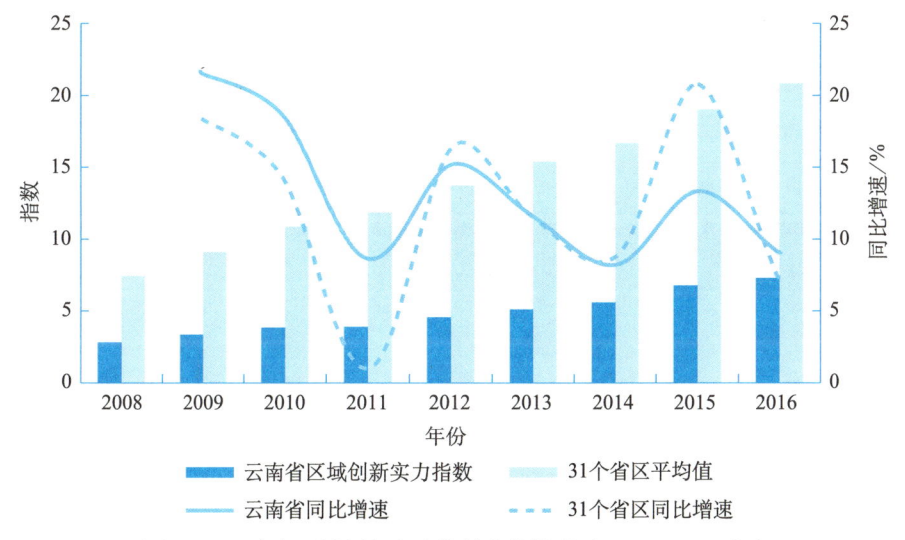

图 7-9　云南省区域创新实力指数变化情况（2008～2016 年）

2008～2016 年，云南省区域创新投入实力指数、区域创新条件实力指数、区域创新产出实力指数、区域创新影响实力指数均呈现较高幅度的提升（图 7-10）。云南省区域创新投入实力指数从 2.49 持续增长到 6.96，年均增速 13.69%。具体分析影响云南省区域创新投入实力指数的 2 项指标发现，R&D 人员全时当量和 R&D 经费支出分别从 1.98 万人年、30.99 亿元增加到 4.11 万人年、132.76 亿元。

2008～2016 年，云南省区域创新条件实力指数从 5.46 震荡增加到 11.78，年均增速 10.09%。具体分析影响云南省区域创新条件实力指数的各项指标发现，云南省互联网宽带接入用户数从 205.5 万户震荡上升至 655.3 万户，邮电业务总量从 577.88 亿元震荡下降至 551.03 亿元，有效发明专利数从 1445 件稳定增加到 9011 件。云南省各种平台数量均有所增长，研究实验平台数量和产业创新平台数量分别从 2 个和 24 个增加到 3 和 53 个，检测检验平台数量和创新服务平台数量分别从 37 个和 43 个增加到 101 个和 114 个。

2008～2016 年，云南省区域创新产出实力指数从 0.84 持续增长到

3.91，年均增速21.25%。分析影响云南省区域创新产出实力指数的指标发现，各项指标均有不同程度的增长。具体来看，云南省发明专利申请量和授权量分别由1474件和383件增长到7907件和2152件，实用新型和外观设计专利申请量和授权量分别由2615件和1638件增加到15 802件和9907件，PCT专利申请量和SCI论文数分别从11件和913篇增加到31件和2643篇。

2008~2016年，云南省区域创新影响实力指数从2.79稳定增加到7.39，年均增速12.93%。分析影响云南省区域创新影响实力指数的指标发现，云南省大中型工业企业新产品销售收入和地区生产总值分别从309.2亿元、5692.1亿元增加到628.4亿元、14 788.4亿元，高技术产业利润总额从14.8亿元增加到43.44亿元。

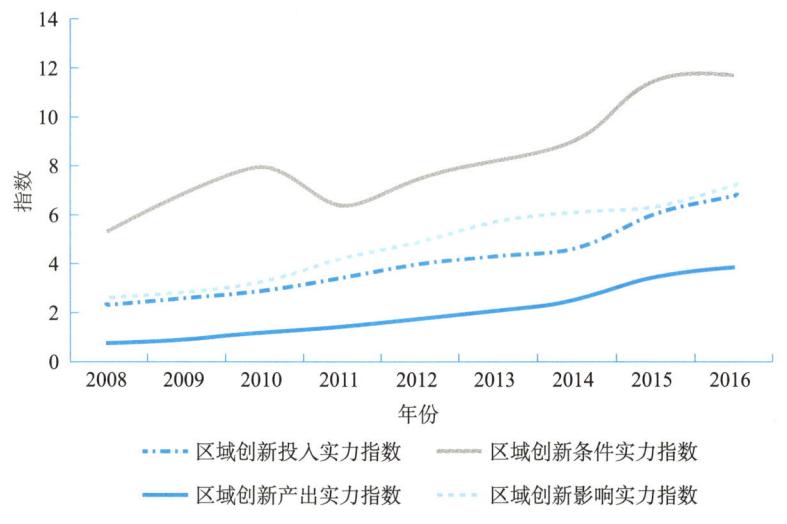

图7-10 云南省区域创新实力指数二级指数变化情况（2008~2016年）

（三）云南省区域创新效力指数演进

2008~2016年，云南省区域创新效力指数从8.73震荡增长到16.42，排名从第27位震荡下降到了第28位，年均增速8.22%，略高于31个省区平均值的年均增速（7.19%）。总体来看，云南省区域创新效力指数低于31个省区平均值，同比增速呈现波动特征（图7-11）。

图 7-11　云南省区域创新效力指数变化情况（2008～2016 年）

2008～2016 年，云南省区域创新投入效力指数、区域创新条件效力指数、区域创新产出效力指数、区域创新影响效力指数均有不同程度的增长，其中区域创新投入效力指数和区域创新产出效力指数增加最为显著（图 7-12）。云南省区域创新投入效力指数从 7.66 震荡增长到 14.28，年均增速 8.10%。具体分析影响云南省区域创新投入效力指数的 2 项指标发现，R&D 人员比例有所提升，从 0.65% 震荡上升到 0.98%；R&D 经费支出占地区生产总值的比例从 0.54% 震荡增加到 0.90%。

图 7-12　云南省区域创新效力指数二级指数变化情况（2008～2016 年）

2008～2016年，云南省区域创新条件效力指数从3.31震荡提升至5.31，年均增速6.09%。具体分析影响云南省区域创新条件效力指数的各项指标发现，人均邮电业务总量从0.13万元经过上下一定程度波动后变为0.12万元，每万人口有效发明专利数从0.32件稳定提升到了1.89件，每百万人研究实验平台数量从0.04个上升到了0.06个，每百万人产业创新平台数量从0.53个震荡上升至1.11个，每百万人检测检验平台数量从0.81个稳定上升至1.86个，每百万人创新服务平台数量从0.95个稳定提升至2.39个。

2008～2016年，云南省区域创新产出效力指数从8.78震荡上升至19.57，年均增速10.54%。分析影响云南省区域创新产出效力指数的指标发现，云南单位R&D人员发明专利申请量和授权量分别由7.46件/百人年和1.94件/百人年增长到19.23件/百人年和5.17件/百人年，单位R&D人员实用新型和外观设计专利申请量由13.24件/百人年稳定上升到38.43件/百人年，单位R&D人员实用新型和外观设计专利授权量由8.29件/百人年震荡上升到24.10件/百人年，单位R&D人员PCT专利申请量从5.57件/万人年震荡上升到7.54件/万人年，单位R&D人员SCI论文数从4.62篇/百人年震荡增加到6.43篇/百人年。

2008～2016年，云南省区域创新影响效力指数从15.17稳定增加到26.54，年均增速为7.24%。分析影响云南省区域创新影响效力指数的指标发现，云南省大中型工业企业新产品销售收入占主营业务收入比重由6.19%经过上下波动最后变为6.20%，人均地区生产总值分别从1.25万元稳定增加到3.10万元，劳动生产率由18.75万元/人年稳定增加到35.30万元/人年，单位能耗产生的GDP由0.76万元/吨标准煤稳定增加到1.39万元/吨标准煤，单位建成区面积GDP产出由9.13亿元/千米^{2}震荡增加到13.07亿元/千米^2，单位工业废水排放量对应的主营业务收入由595.88元/吨震荡下降至559.50元/吨，工业固体废物综合利用率由39.56%震荡上升至42.11%，单位主要污染物排放量对应的GDP由41.43万元/吨震荡上升至121.14万元/吨。

（四）云南省区域创新创业环境指数演进

2008～2016年，云南省区域创新创业环境指数从24.55震荡增长到29.43，排名从第25位震荡上升至第21位，年均增速2.29%，高于31个省区平均值的年均增速（0.61%）。总体来看，云南省区域创新创业环境指数略

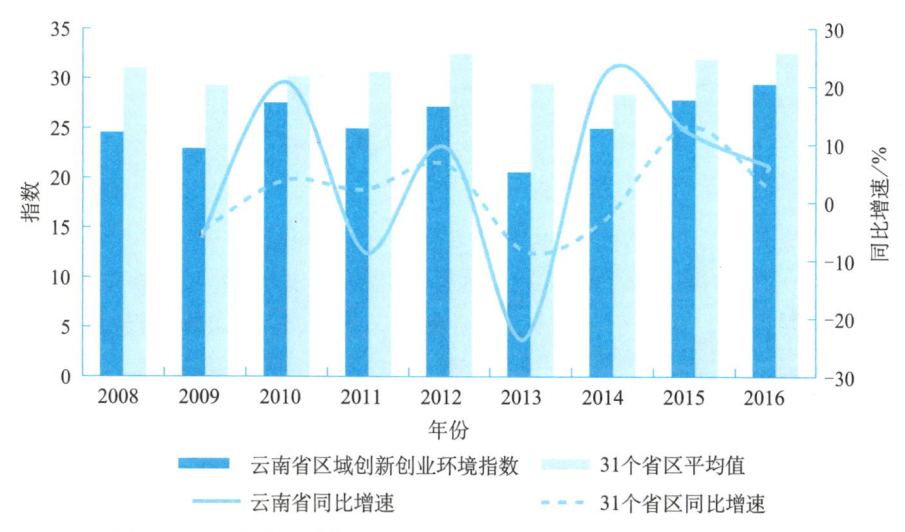

低于31个省区平均值，同比增速呈现波动特征（图7-13）。

图7-13 云南省区域创新创业环境指数变化情况（2008～2016年）

2008～2016年，云南省区域资金环境指数呈现下降趋势，区域人才环境指数和区域制度环境指数有所上升（图7-14）。云南省区域资金环境指数由9.90震荡下降至5.85，年均增速-6.36%。分析影响云南省区域资金环境指数的各项指标发现，云南省工业企业研究开发费用加计扣除执行情况由43.40%震荡下降至19.05%，高企税收优惠由0.97亿元震荡增加到1.84亿元，地方政府财政科技拨款占财政支出的比重由1.20%震荡下降到0.93%。

2008～2016年，云南省区域人才环境指数由24.21震荡上升至30.47，年均增速2.92%。分析影响云南省区域人才环境指数的各项指标发现，云南省大专以上学历人口比例由3.31%震荡上升至8.04%；城镇居民人均可支配收入与全国平均数的比例从88.69%经过一定波动后达到88.60%；云南省地方政府财政支出中教育经费所占比重有所上升，由16.46%震荡上升至17.36%。

2008～2016年，云南省区域制度环境指数由39.56震荡上升至51.97，年均增速3.47%。具体来看，云南省区域知识产权案件的结案率有所上升，从50%震荡上升至100%；政府网站绩效由60.7震荡上升至70.2。

图 7-14　云南省区域创新创业环境指数二级指数变化情况（2008～2016 年）

第二节　黑龙江省

2016 年，黑龙江省区域创新发展指数排名在 31 个省区中居第 28 位，区域创新能力指数居第 26 位；人均 GDP 为 4.05 万元，约合 0.61 万美元（图 7-15）。区域创新发展水平有待提升，区域创新能力有待提高，是创新发展追赶 Ⅱ 型省区。

一、黑龙江省区域创新发展水平演进

（一）黑龙江省区域创新发展指数演进

2008～2016 年，黑龙江省区域创新发展指数从 18.51 增长到 24.88；排名在 31 个省区中呈震荡下降趋势，从第 19 位震荡下降至第 28 位。同期，31 个省区平均值从 23.24 增加到 35.62，年均增速为 5.48%（图 7-16）。黑龙江省区域创新发展指数增长相对缓慢，年均增速为 3.77%。

图 7-15 黑龙江省区域创新发展指数和区域创新能力指数演进

图 7-16 黑龙江省区域创新发展指数历年变化情况（2008～2016 年）

2008～2016 年，从一级指数来看（表 7-3），黑龙江省区域产业创新发展指数排名从第 27 位震荡下降至第 28 位，变化不大；其余各指数排名均有较大程度下降。具体来看，区域科学技术发展指数排名从第 13 位下降至第 17 位，区域社会创新发展指数排名从第 16 位下降至第 21 位，区域绿色集约发展指数排名从第 14 位震荡下降至第 23 位，区域创新条件发展指数排名从第 28 位震荡下降第 30 位。

表 7-3 黑龙江省区域创新发展指数排名（2008～2016 年）

指数	2008 年	2009 年	2010 年	2011 年	2012 年	2013 年	2014 年	2015 年	2016 年
区域创新发展指数	19	19	18	19	20	23	19	26	28
——区域科学技术发展指数	13	13	13	13	14	15	15	16	17
——区域产业创新发展指数	27	22	23	25	25	23	23	25	28
——区域社会创新发展指数	16	16	16	17	17	17	18	21	21
——区域绿色集约发展指数	14	17	16	18	18	20	19	23	23
——区域创新条件发展指数	28	29	29	30	30	31	22	31	30

（二）黑龙江省区域科学技术发展指数演进

2008～2016 年，黑龙江省区域科学技术发展指数从 4.00 持续增加到 7.61（图 7-17），排名从第 13 位持续下降至第 17 位，年均增速为 8.37%，低于 31 个省区平均值的年均增速（12.40%）。其中，黑龙江省人均 R&D 经费支出从 226.67 元增加到 401.43 元，每万人本国有效发明专利数从 0.59 件持续增加到 4.25 件，每万人 SCI 论文数从 0.61 篇增加到 1.89 篇。黑龙江省每万人 R&D 人员数量也有一定幅度增长，从 13.26 人增加到 14.46 人。

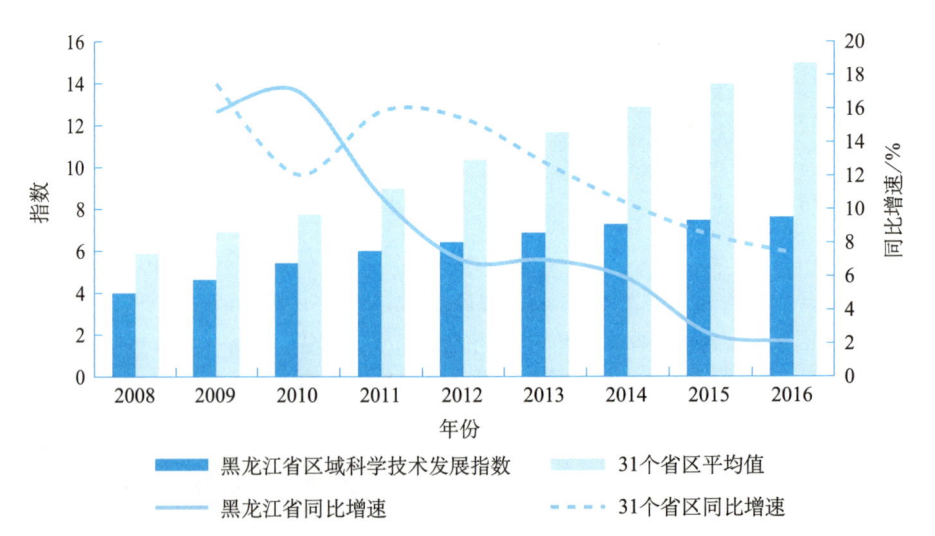

图 7-17 黑龙江省区域科学技术发展指数历年变化情况（2008～2016 年）

（三）黑龙江省区域产业创新发展指数演进

2008～2016年，黑龙江省区域产业创新发展指数从13.59上升到29.31（图7-18），排名从第27位震荡下降至第28位。黑龙江省区域产业创新发展指数年均增速为10.08%，高于31个省区平均值的年均增速（7.27%）。其主要原因是全员劳动生产率从52.65万元/人年持续增加到96.66万元/人年，高技术产业主营业务收入占制造业主营业务收入比例从3.8%震荡上升到4.3%，服务业增加值占比从34.9%震荡上升到54%。值得注意的是，黑龙江省新产品销售收入占主营业务收入比例这项指标有所波动，从5.5%震荡下降到4.4%。

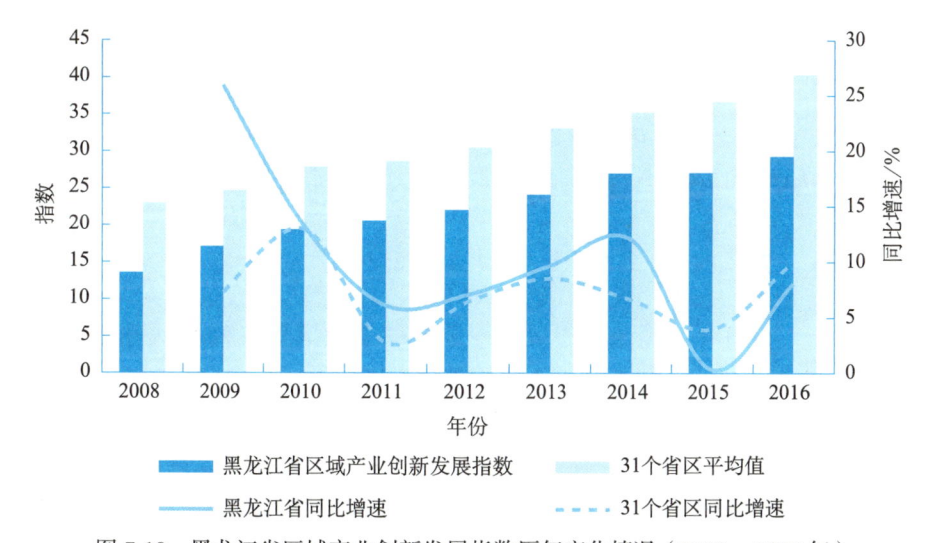

图7-18 黑龙江省区域产业创新发展指数历年变化情况（2008～2016年）

（四）黑龙江省区域社会创新发展指数演进

2008～2016年，黑龙江省区域社会创新发展指数从35.05震荡上升到38.96（图7-19），排名从第16位持续下降至第21位。黑龙江省区域社会创新发展指数年均增速为1.33%，低于31个省区平均值的年均增速（2.84%）。其中，大专以上学历人口比例有所增长，从5.8%持续增加到13.1%；每万人口在校大学生数从177.29人上升到193.70人；每千人口卫生技术人员数从4.2人持续上升到5.8人；城镇居民人均可支配收入与全国平均数的比例略有上升，从77.5%震荡上升到79.7%。值得注意的是，社区服务机构覆盖率从

20.7%震荡下降到15.5%。

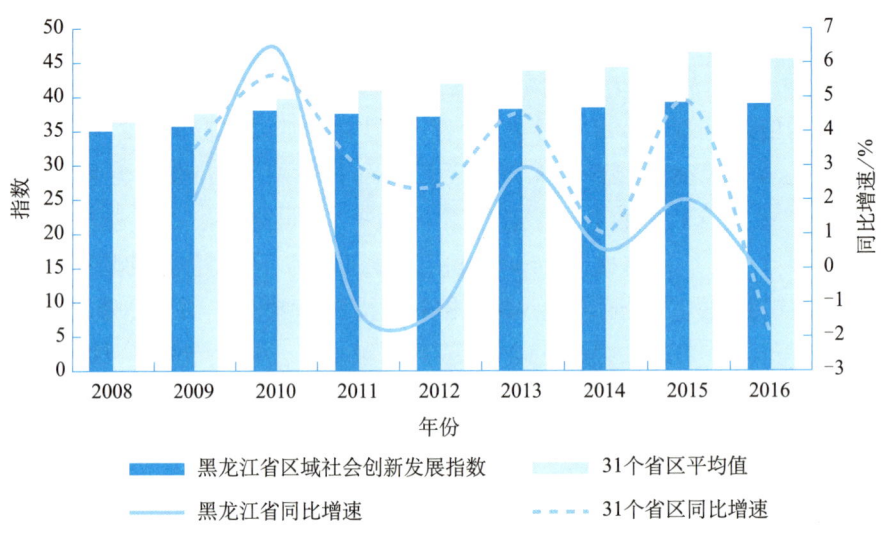

图7-19　黑龙江省区域社会创新发展指数历年变化情况（2008～2016年）

（五）黑龙江省区域绿色集约发展指数演进

2008～2016年，黑龙江省区域绿色集约发展指数从25.82增长到30.23（图7-20），排名从第14位震荡下降至第23位。黑龙江省区域绿色集约发展

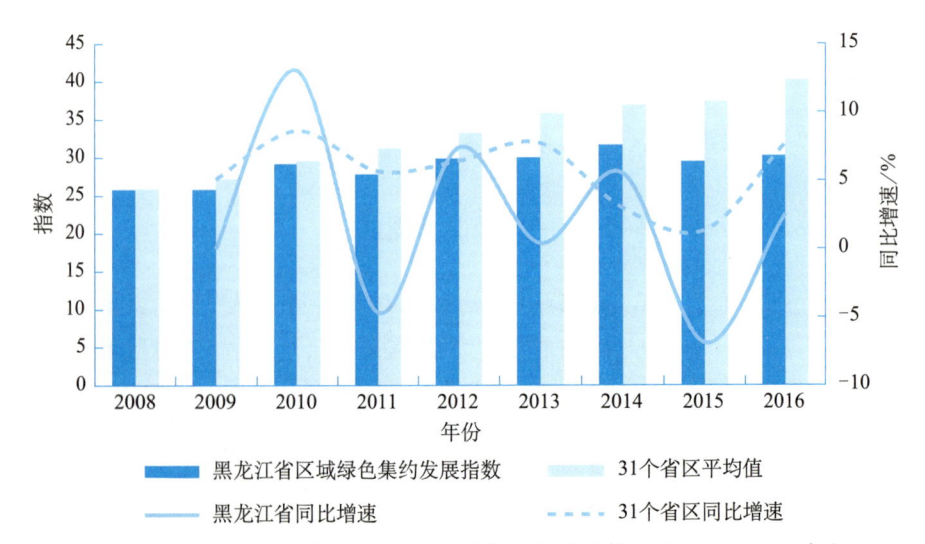

图7-20　黑龙江省区域绿色集约发展指数历年变化情况（2008～2016年）

指数年均增速达到 1.99%，低于 31 个省区平均值的年均增速（5.67%）。具体来说，黑龙江省单位能耗对应的 GDP 从 0.83 万元 / 吨标准煤增长到 1.25 万元 / 吨标准煤，单位废水对应的 GDP 从 749.07 元 / 吨震荡上升到 1112.24 元 / 吨，单位主要污染物排放量对应的 GDP 从 44.26 万元/吨增长到 116.12 万元/吨，单位建成区面积对应的 GDP 从 5.45 亿元 / 千米^2 震荡上升到 8.50 亿元 / 千米^2。值得注意的是，工业固体废物综合利用率从 62.3% 震荡下降到 41.5%。

（六）黑龙江省区域创新条件发展指数演进

2008~2016 年，黑龙江省区域创新条件发展指数从 18.33 震荡下降到 14.87，年均增速为 -2.58%，排名从第 28 位震荡下降至第 30 位。31 个省区平均值呈增长态势，年均增速达到 3.75%（图 7-21）。具体来说，每百万人口研究实验平台数量从 0.10 个增加到 0.13 个，每百万人口产业创新平台数量从 0.50 个持续增加到 1.13 个，每百万人口创新服务平台数量从 1.96 个持续增加到 3.74 个，有电子商务活动的企业比例从 1.5% 增加到 5.6%，拥有网站的企业比例从 37.9% 增加到 46%。但黑龙江省人均邮电业务总量略有下降，从 0.16 万元震荡下降到 0.10 万元。

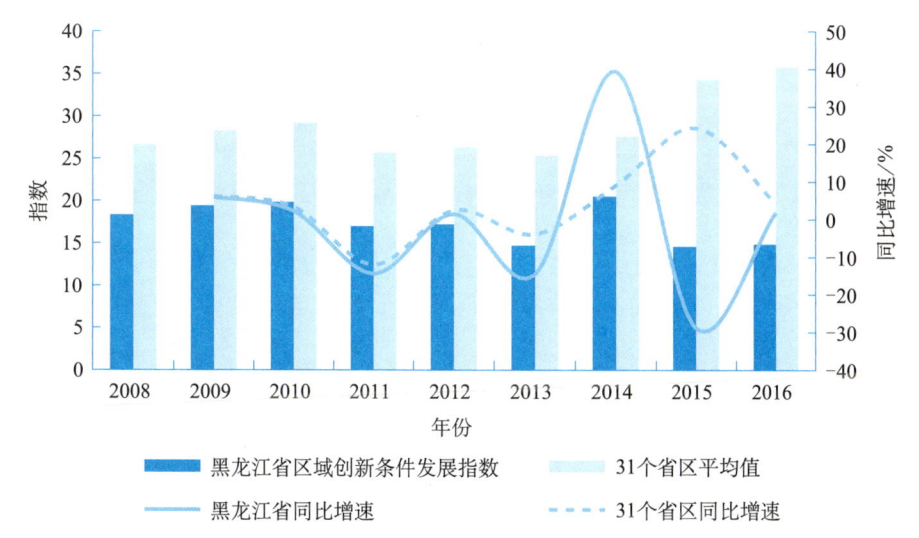

图 7-21 黑龙江省区域创新条件发展指数历年变化情况（2008~2016 年）

二、黑龙江省区域创新能力演进

（一）黑龙江省区域创新能力指数演进

2008~2016 年，黑龙江省区域创新能力指数从 11.89 增长到 14.00；排名在 31 个省区中呈震荡下降趋势，从第 20 位震荡下降到第 26 位。同期，31 个省区平均值从 15.64 增加到 26.18，年均增速为 6.65%（图 7-22）。黑龙江省区域创新能力指数增长相对缓慢，年均增速为 2.06%。

2008~2016 年，从一级指数来看（表 7-4），黑龙江省区域创新实力指数排名略有下降，从第 17 位下降至第 21 位；区域创新效力指数排名从第 17 位震荡下降至第 22 位；区域创新创业环境指数排名变化较大，从第 21 位震荡下降至第 28 位。

图 7-22 黑龙江省区域创新能力指数历年变化情况（2008~2016 年）

表 7-4 黑龙江省区域创新能力指数排名（2008~2016 年）

指数	2008 年	2009 年	2010 年	2011 年	2012 年	2013 年	2014 年	2015 年	2016 年
区域创新能力指数	20	20	18	20	17	18	19	26	26
——区域创新实力指数	17	17	17	17	18	18	18	19	21
——区域创新效力指数	17	19	18	18	17	17	17	19	22
——区域创新创业环境指数	21	24	15	27	12	23	19	28	28

（二）黑龙江省区域创新实力指数演进

2008~2016 年，黑龙江省区域创新实力指数从 4.89 持续增长到 8.89，年均增速为7.77%，排名从第17位下降到第21位。同期，31个省区区域创新实力指数平均值从7.65增加到21.40，年均增速为13.71%（图7-23）。

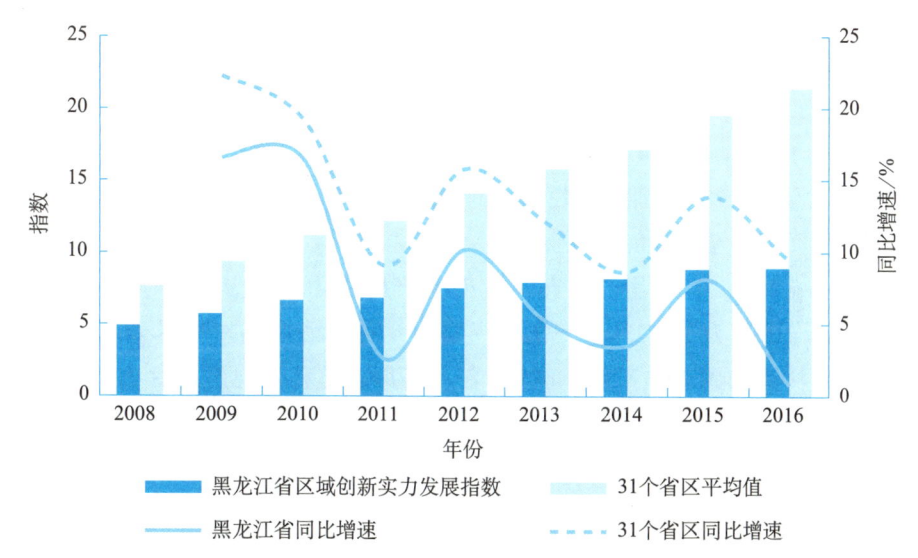

图7-23 黑龙江省区域创新实力指数历年变化情况（2008～2016年）

2008～2016年，黑龙江省区域创新投入实力指数、区域创新条件实力指数、区域创新产出实力指数、区域创新影响实力指数均有所增长（图7-24）。黑龙江省区域创新投入实力指数从6.72增加到8.72，年均增速为3.31%，黑

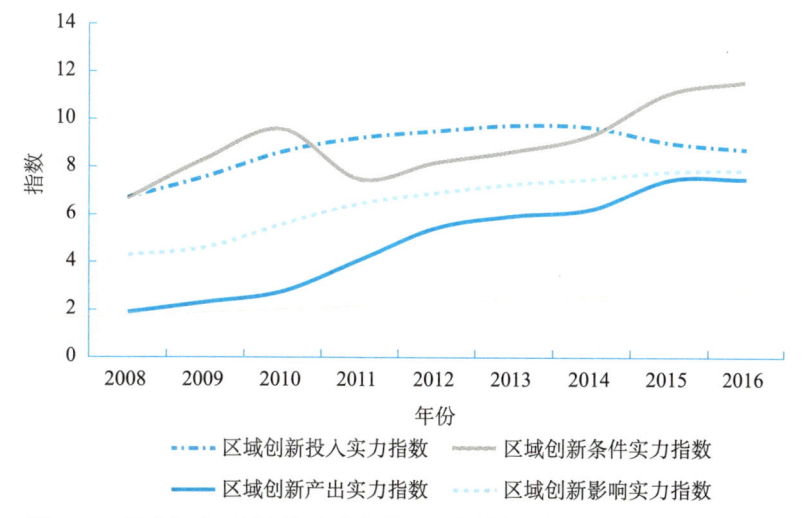

图7-24 黑龙江省区域创新实力指数二级指数变化情况（2008～2016年）

龙江省R&D人员全时当量从50 717人年增加到54 942人年，增幅较小；R&D经费支出从866 999万元增加到1 525 048万元。

2008～2016年，黑龙江省区域创新条件实力指数从6.64震荡增加到11.50，年均增速为7.11%，黑龙江省互联网宽带接入用户数从293.8万户增加到575.1万户，有效发明专利数从2251件增加到16 137件，产业创新平台数量从19个增加到43个，研究实验平台数量从4个增加到5个，创新服务平台数量由75个增加到142个。但黑龙江省邮电业务总量有所下降，从605.50亿元下降至389.00亿元。

2008～2016年，黑龙江省区域创新产出实力指数从1.90持续增加到7.49，年均增速为18.71%。黑龙江省发明专利申请量和授权量分别从3047件和740件增加到13 177件和4345件，实用新型和外观设计专利申请量和授权量分别从4927件和3834件增加到22 116件和13 701件，SCI论文数从2330篇上升至7184篇，PCT专利申请量从29件增加到59件。

2008～2016年，黑龙江省区域创新影响实力指数从4.29持续增加到7.85，年均增速为7.85%。黑龙江省大中型工业企业新产品销售收入从4 529 219万元增加到5 026 218万元，地区生产总值从8314.37亿元增加到15 386.09亿元，高技术产业利润总额从30.3亿元增加到66.38亿元。

（三）黑龙江省区域创新效力指数演进

2008～2016年，黑龙江省区域创新效力指数从11.60增长到19.35，年均增速为6.60%，排名从第17位震荡下降至第22位。同期，31个省区平均值从15.93增加到27.77，年均增速为7.19%（图7-25）。

2008～2016年，黑龙江省区域创新产出效力指数实现了高速增长，区域创新投入效力指数、区域创新条件效力指数和区域创新影响效力指数增幅较小（图7-26）。黑龙江省区域创新投入效力指数从16.46震荡增加到18.46，年均增速为1.45%。其中，R&D人员比例从1.1%增加到1.3%；R&D经费支出占地区生产总值的比例略有波动，从1.0%震荡回1.0%。

2008～2016年，黑龙江省区域创新条件效力指数从5.20震荡增加到6.49，年均增速为2.81%。具体来看，每百万人产业创新平台数量从0.50个增加到1.13个，每百万人创新服务平台数量从1.96个增加到3.74个，每百万人研究实验平台数量从0.10个增加到0.13个。但人均邮电业务总量有所

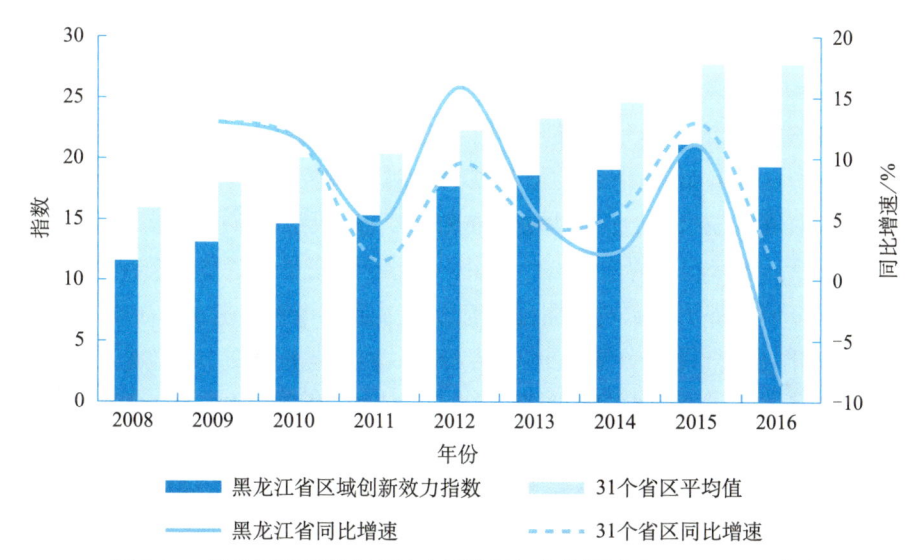

图 7-25　黑龙江省区域创新效力指数历年变化情况（2008～2016 年）

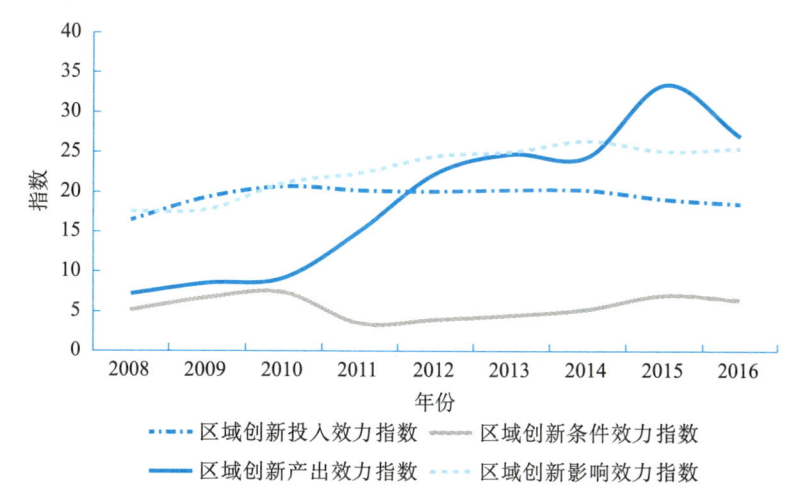

图 7-26　黑龙江省区域创新效力指数二级指数变化情况（2008～2016 年）

下降，从 0.16 万元震荡下降到 0.10 万元。

2008～2016 年，黑龙江省区域创新产出效力指数从 7.21 震荡增加到 26.95，年均增速为 17.92%。具体来看，单位 R&D 人员发明专利申请量和授权量分别由 6.01 件/百人年和 1.46 件/百人年增长到 23.98 件/百人年和 7.91 件/百人年，单位 R&D 人员实用新型和外观设计专利申请量和授权量分别由 9.71 件/百人年和 7.56 件/百人年增加到 40.25 件/百人年和 24.94 件/百人年，单位 R&D 人员 PCT 专利申请量和 SCI 论文数分别从 5.72 件 / 万人年和 4.59 篇 / 百人年增加到 10.74 件 / 万人年和 13.08 篇 / 百人年。

2008～2016 年，黑龙江省区域创新影响效力指数从 17.54 增加到 25.50，年均增速为 4.79%。具体来说，人均地区生产总值从 21 737 元增加到 40 500 元，劳动生产率从 17.50 万元 / 人年增加到 36.21 万元 / 人年，单位能耗产生的 GDP 从 0.83 万元 / 吨标准煤增加到 1.25 万元 / 吨标准煤，单位主要污染物排放量对应的 GDP 从 44.26 万元 / 吨增加到 116.12 万元 / 吨，单位建成区面积 GDP 产出从 5.45 亿元 / 千米^2 增加到 8.50 亿元 / 千米^2，单位工业废水排放量对应的主营业务收入从 739.88 元 / 吨增加到 820.19 元 / 吨。值得注意的是，工业固体废物综合利用率从 62.3% 下降到 41.5%。

（四）黑龙江省区域创新创业环境指数演进

2008～2016 年，黑龙江省区域创新创业环境指数从 26.48 下降到 13.52，年均增速为 -8.06%；排名在 31 个省区中呈波动下降趋势，从第 21 位下降到第 28 位。同期，31 个省区平均值从 31.03 增加到 32.58，年均增速为 0.61%（图 7-27）。

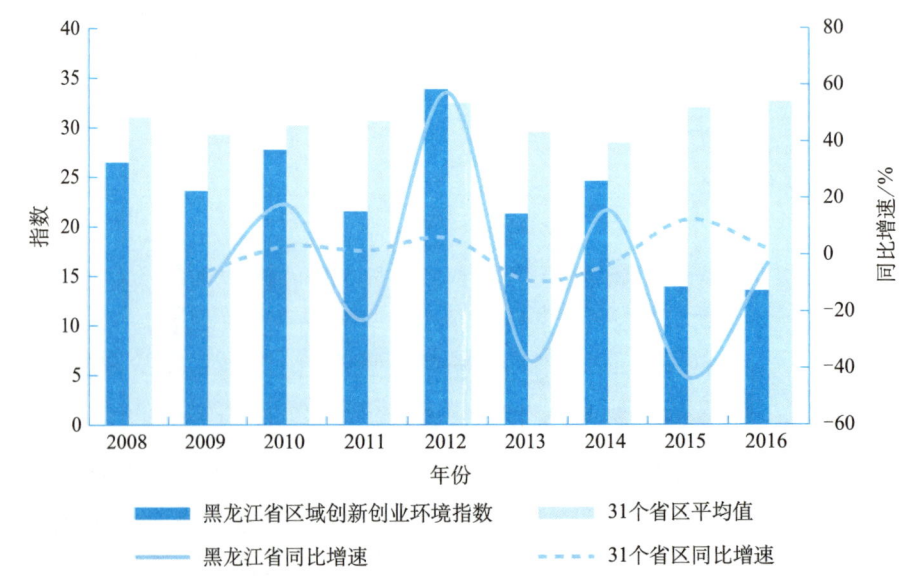

图 7-27　黑龙江省区域创新创业环境指数历年变化情况（2008～2016 年）

2008～2016年，黑龙江省区域资金环境指数、区域人才环境指数和区域制度环境指数均呈现下降趋势（图7-28）。黑龙江省区域资金环境指数从13.07下降到8.54，年均降幅为-5.18%。具体来说，黑龙江省工业企业研究开发费用加计扣除执行情况从56.52%下降到32.69%，同时，高企税收优惠从52 165万元下降到34 163万元，地方政府财政科技拨款占财政支出的比重从1.3%下降到1.1%。

2008～2016年，黑龙江省区域人才环境指数从23.24下降至20.58，年均增速为-1.51%。具体来说，黑龙江省大专以上学历人口比例从5.8%增加到13.1%，城镇居民人均可支配收入与全国平均数的比例从77.5%上升到79.7%。值得注意的是，黑龙江省地方政府财政支出中教育经费所占比重从16.6%下降到13.2%。

2008～2016年，黑龙江省区域制度环境指数从43.13下降至11.43，年均增速达到-15.29%。其中，黑龙江省政府网站绩效从57下降到2014年的52.6（其余年份无统计数据）；但区域知识产权案件的结案率一直维持100%。

图7-28 黑龙江省区域创新创业环境指数二级指数变化情况（2008～2016年）

第三节　宁　夏

2016 年，宁夏回族自治区区域创新发展指数排名在 31 个省区中居第 26 位，区域创新能力指数居第 29 位；人均 GDP 为 4.69 万元，约合 0.71 万美元（图 7-29），区域创新发展水平相对落后，区域创新能力有待提高，是创新发展追赶 Ⅱ 型省区。

图 7-29　宁夏区域创新发展指数和区域创新能力指数演进

一、宁夏区域创新发展水平演进

（一）宁夏区域创新发展指数演进

2008～2016 年，宁夏区域创新发展指数从 16.78 增长到 26.57；同期，31 个省区平均值从 23.24 增加到 35.62，年均增速为 5.48%（图 7-30）。宁夏区域创新发展指数增长相对较快，年均增速为 5.91%。

从区域创新发展指数排名来看，2008～2016 年，宁夏区域创新发展指数总体处于落后水平，排名从第 23 位震荡下降至第 26 位。从一级指标排名来看（表 7-5），宁夏区域科学技术发展指数排名从第 20 位震荡下降至第 21 位，区域产业创新发展指数排名从第 25 位震荡下降至第 27 位，区域社会创新发展指数排名从第 17 位震荡上升至第 16 位，区域绿色集约发展指数排名从第 29 位震荡下降至第 30 位，区域创新条件发展指数排名从第 16 位震荡下降至第 23 位。

图 7-30　宁夏区域创新发展指数历年变化情况（2008～2016 年）

表 7-5　宁夏区域创新发展指数排名（2008～2016 年）

指数	2008 年	2009 年	2010 年	2011 年	2012 年	2013 年	2014 年	2015 年	2016 年
区域创新发展指数	23	22	25	21	22	21	23	23	26
——区域科学技术发展指数	20	20	22	22	22	23	23	22	21
——区域产业创新发展指数	25	25	25	27	26	30	30	27	27
——区域社会创新发展指数	17	17	17	16	16	16	16	15	16
——区域绿色集约发展指数	29	27	31	30	29	29	28	28	30
——区域创新条件发展指数	16	14	15	15	15	13	16	20	23

（二）宁夏区域科学技术发展指数演进

2008～2016 年，宁夏区域科学技术发展指数从 1.82 增加到 5.20（图 7-31），年均增速为 14.06%，高于 31 个省区平均值的年均增速（12.40%），排名从第 20 位震荡下降至第 21 位。其中，宁夏人均 R&D 经费支出从 122.15 元持续快速增加到 443.36 元，每万人本国有效发明专利数从 0.31 件持续增加到 2.49 件，每万人 SCI 论文数从 0.07 篇增加到 0.41 篇。宁夏每万人 R&D 人员数量

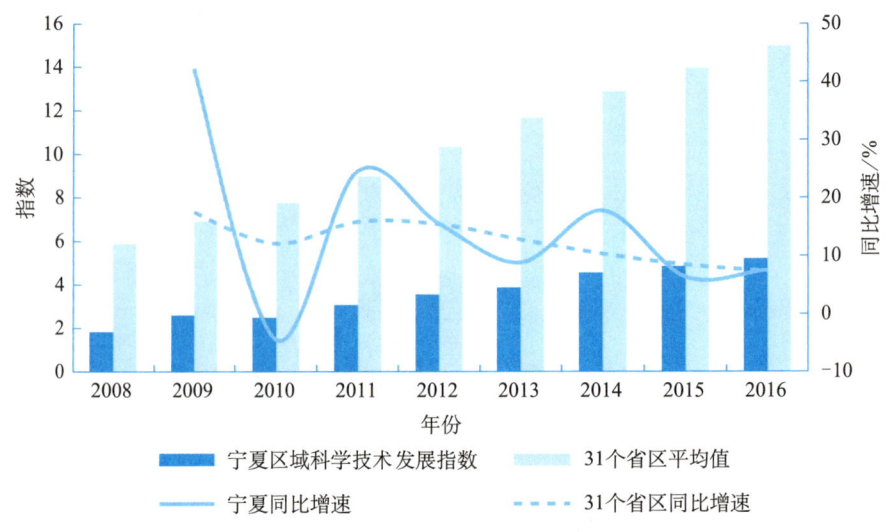

也有一定幅度的增长，从 8.34 人增加到 13.34 人。

图 7-31　宁夏区域科学技术发展指数历年变化情况（2008～2016 年）

（三）宁夏区域产业创新发展指数演进

2008～2016 年，宁夏区域产业创新发展指数从 13.79 上升到 29.39（图 7-32），年均增速为 9.92%，高于 31 个省区平均值的年均增速（7.27%），排名从第 25 位震荡下降至第 27 位。其主要原因是全员劳动生产率从 51.53 万元/人年增加到 117.16 万元/人年，高技术产业主营业务收入占制造业主营业务收入比例从 1.7% 上升到 4.8%，服务业增加值占比从 39.5% 震荡上升到 45.4%，新产品销售收入占主营业务收入比例从 5.5% 增加到 5.6%。

（四）宁夏区域社会创新发展指数演进

2008～2016 年，宁夏区域社会创新发展指数排名从 32.34 上升到 43.70（图 7-33），年均增速为 3.83%，高于 31 个省区平均值的年均增速（2.84%），排名从第 17 位震荡上升至第 16 位。其中，大专以上学历人口比例有所增长，从 7.1% 增加到 14.2%；每万人口在校大学生数从 114.00 人持续上升到 173.55 人；每千人口卫生技术人员数从 4.2 人上升到 6.6 人，社区服务机构覆盖率从 16.7% 上升到 29.8%。值得注意的是，城镇居民人均可支配收入与全国平均数的比例从 86.6% 震荡下降到 84.1%。

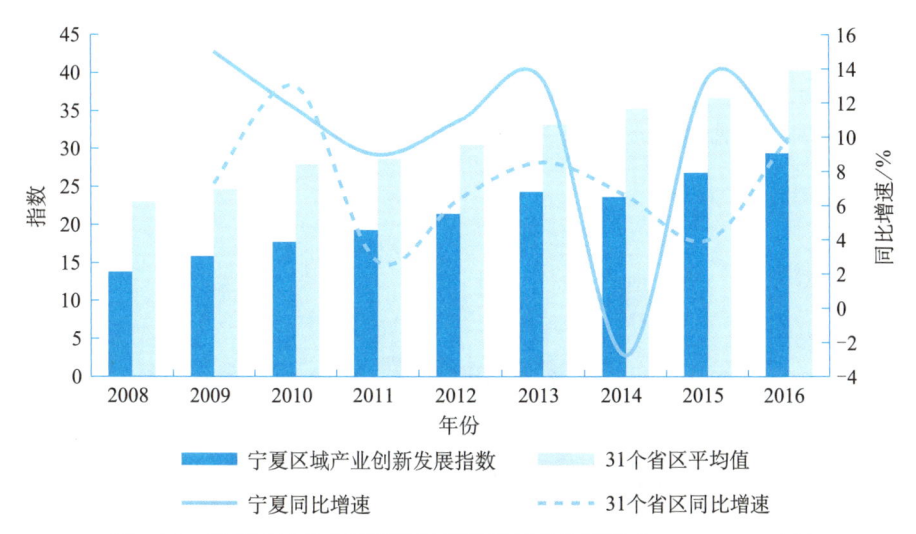

图 7-32　宁夏区域产业创新发展指数历年变化情况（2008～2016 年）

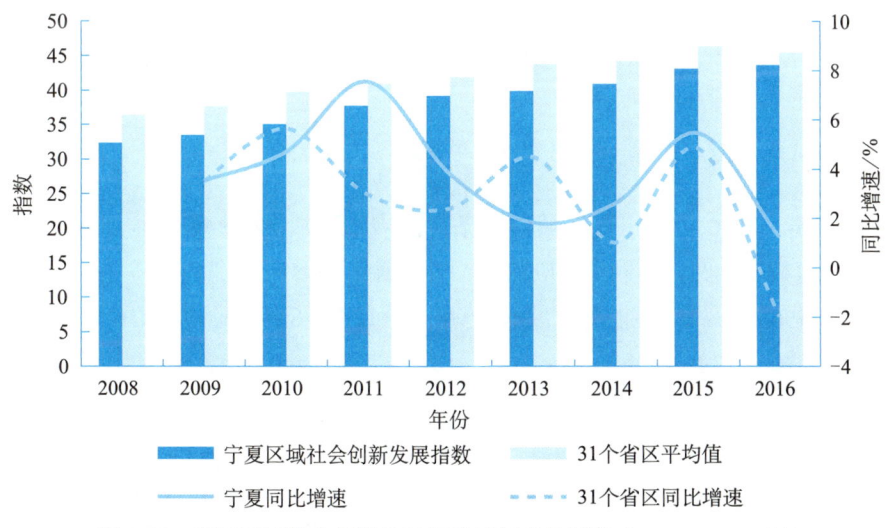

图 7-33　宁夏区域社会创新发展指数历年变化情况（2008～2016 年）

（五）宁夏区域绿色集约发展指数演进

2008～2016 年，宁夏区域绿色集约发展指数从 15.78 震荡增长到 23.70（图 7-34），年均增速达到 5.22%，低于 31 个省区平均值的年均增速（5.67%）。具体来说，宁夏单位能耗对应的 GDP 从 0.37 万元/吨标准煤震荡上升到 0.57 万元/吨标准煤，单位废水对应的 GDP 从 317.26 元/吨上升到 933.35 元/吨，单位主要污染物排放量对应的 GDP 从 12.56 万元 / 吨增长到 49.83 万元 / 吨，单位建成区面积对应的 GDP 从 3.87 亿元 / 千米^2 上升到 7.17 亿元 / 千米^2。值得注意的是，工业固体废物综合利用率从 54.4% 震荡下降到 44.6%。

图 7-34　宁夏区域绿色集约发展指数历年变化情况（2008～2016 年）

（六）宁夏区域创新条件发展指数演进

2008～2016 年，宁夏区域创新条件发展指数从 22.98 震荡上升到 29.44，年均增速为 3.14%，而同期 31 个省区平均值年均增速达到 3.75%（图 7-35）。具体来说，人均邮电业务总量有波动，但在 2016 年震荡回 0.16 万元；每

图 7-35　宁夏区域创新条件发展指数历年变化情况（2008～2016 年）

百万人口研究实验平台数量始终为 0 个；每百万人口产业创新平台数量从 2.75 个增加到 5.63 个；每百万人口创新服务平台数量从 1.78 个增加到 4.89 个；有电子商务活动的企业比例从 3.7% 增加到 11.2%。值得注意的是，拥有网站的企业比例略有下降，从 55.5% 下降到 53.2%。

二、宁夏区域创新能力演进

（一）宁夏区域创新能力指数演进

2008～2016 年，宁夏区域创新能力指数由 9.74 增长到 11.42，排名在 31 个省区中排名呈下降趋势，从第 24 位下降到第 29 位。同期，31 个省区平均值从 15.64 增加到 26.18，年均增速为 6.65%（图 7-36）。宁夏区域创新能力指数增长相对缓慢，年均增速为 2.01%。

图 7-36 宁夏区域创新能力指数历年变化情况（2008～2016 年）

2008～2016 年，从一级指数排名来看（表 7-6），宁夏区域创新实力指数排名一直处于第 28 位；区域创新效力指数排名从第 25 位上升至第 21 位；区域创新创业环境指数排名变化较大，从第 16 位震荡下降至第 29 位。

表 7-6 宁夏区域创新能力指数排名（2008～2016 年）

指数	2008年	2009年	2010年	2011年	2012年	2013年	2014年	2015年	2016年
区域创新能力指数	24	25	30	29	30	29	29	29	29
——区域创新实力指数	28	28	28	28	28	28	28	28	28
——区域创新效力指数	25	20	26	24	24	21	23	22	21
——区域创新创业环境指数	16	28	30	30	30	29	29	29	29

（二）宁夏区域创新实力指数演进

2008~2016 年，宁夏区域创新实力指数从 0.60 持续增长到 1.88，年均增速为 15.25%，排名一直保持在第 28 位。同期，31 个省区平均值从 7.65 增加到 21.40，年均增速为 13.71%（图 7-37）。

图 7-37 宁夏区域创新实力指数历年变化情况（2008~2016 年）

2008~2016 年，宁夏区域创新投入实力指数、区域创新条件实力指数、区域创新产出实力指数、区域创新影响实力指数均呈现不同程度的增长（图 7-38）。宁夏区域创新投入实力指数从 0.57 增加到 1.48，年均增速为 12.57%。具体来说，宁夏 R&D 人员全时当量从 5153 人年增加到 9004 人年，R&D 经费支出从 75 490 万元增加到 299 269 万元。

2008~2016 年，宁夏区域创新条件实力指数从 1.28 上升到 3.59，年均增速为 13.80%。具体来说，宁夏互联网宽带接入用户数从 31.5 万户增加到 111.9 万户，有效发明专利数从 193 件增加到 1680 件，产业创新平台数量从 17 个增加到 38 个，创新服务平台数量由 11 个增加到 33 个，邮电业务总量也有所增长，从 97.24 亿元增加至 109.93 亿元。值得注意的是，研究实验平台数量始终为 0 个。

2008~2016 年，宁夏区域创新产出实力指数从 0.11 上升到 0.85，年均增速为 28.55%。具体来说，发明专利申请量和授权量分别从 160 件和 48 件增加到 2510 件和 560 件，实用新型和外观设计专利申请量和授权量分别从

927件和558件增加到3639件和2117件，SCI论文数从42篇上升至276篇，PCT专利申请量从3件增加到13件。

2008~2016年，宁夏区域创新影响实力指数从0.45上升到1.58，年均增速为17.10%。具体来说，大中型工业企业新产品销售收入从734 679万元增加到2 026 821万元，地区生产总值从1203.92亿元增加到3168.59亿元，高技术产业利润总额从1.60亿元增加到12.44亿元。

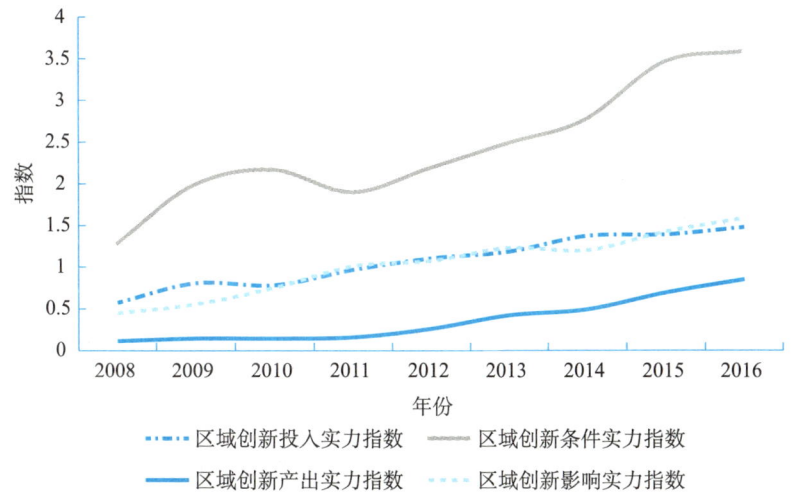

图7-38 宁夏区域创新实力指数二级指数变化情况（2008~2016年）

（三）宁夏区域创新效力指数演进

2008~2016年，宁夏区域创新效力指数从9.60增长到20.04，年均增速为9.65%，排名从第25位上升到第21位。同期，31个省区平均值从15.93增加到27.77，年均增速为7.19%（图7-39）。

2008~2016年，宁夏区域创新投入效力指数、区域创新条件效力指数、区域创新产出效力指数、区域创新影响效力指数均呈现上升趋势，其中以区域创新影响效力指数增长最为明显（图7-40）。宁夏区域创新投入效力指数从11.09震荡增加到17.85，年均增速为6.13%。具体来看，R&D人员比例从0.9%增加到1.3%；R&D经费支出占地区生产总值的比例略有波动，从0.6%增加到0.9%。

2008~2016年，宁夏区域创新条件效力指数从9.14增加到17.36，年均增速为8.34%，具体来说，每百万人产业创新平台数量从2.75个增加到5.63

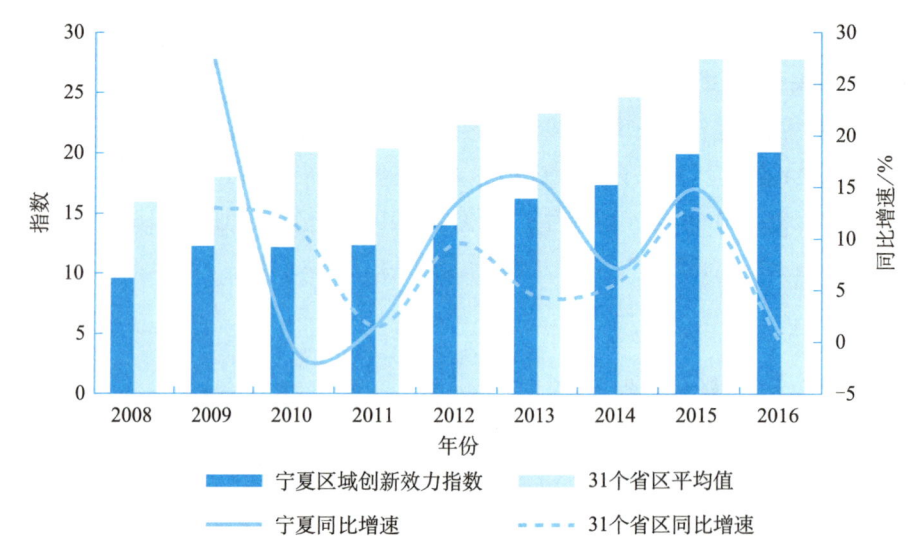

图 7-39　宁夏区域创新效力指数历年变化情况（2008~2016 年）

个；每百万人创新服务平台数量从 1.78 个增加到 4.89 个；但每百万人研究实验平台数量始终为 0 个；人均邮电业务总量有所波动，2016 年震荡回 0.16 万元。

2008~2016 年，宁夏区域创新产出效力指数从 5.13 增加到 18.32，年均增速达到 17.26%。具体来看，单位 R&D 人员发明专利申请量和授权量分别由 3.11 件/百人年和 0.93 件/百人年增长到 27.88 件/百人年和 6.22 件/百人年，单位 R&D 人员实用新型和外观设计专利申请量和授权量分别由 17.99 件/百人年和 10.83 件/百人年增加到 40.41 件/百人年和 23.51 件/百人年，单位 R&D 人员 PCT 专利申请量和 SCI 论文数分别从 5.82 件/万人年和 0.82 篇/百人年增加到 14.44 件/万人年和 3.07 篇/百人年。

2008~2016 年，宁夏区域创新影响效力指数从 13.02 上升到 26.65，年均增速为 9.36%，具体来说，人均地区生产总值从 19 481 元增加到 46 942 元，劳动生产率从 21.07 万元/人年增加到 44.82 万元/人年，单位能耗产生的 GDP 从 0.37 万元/吨标准煤增加到 0.57 万元/吨标准煤，单位主要污染物排放量对应的 GDP 从 12.56 万元/吨增加到 49.83 万元/吨，单位工业废水排放量对应的主营业务收入从 352.05 元/吨增加到 1074.01 元/吨，单位建成区面积 GDP 产出从 3.87 亿元/千米^2 增加到 7.17 亿元/千米^2。值得注意的是，工业固体废物综合利用率从 54.4% 下降到 44.6%。

图 7-40　宁夏区域创新效力指数二级指数变化情况（2008~2016 年）

（四）宁夏区域创新创业环境指数演进

2008~2016 年，宁夏区域创新创业环境指数从 28.29 下降到 13.26，年均增速为 -9.04%；排名呈波动下降趋势，从第 16 位震荡下降到第 29 位。同期，31 个省区指数平均值呈增长趋势，从 31.03 增加到 32.58，年均增速为 0.61%（图 7-41）。

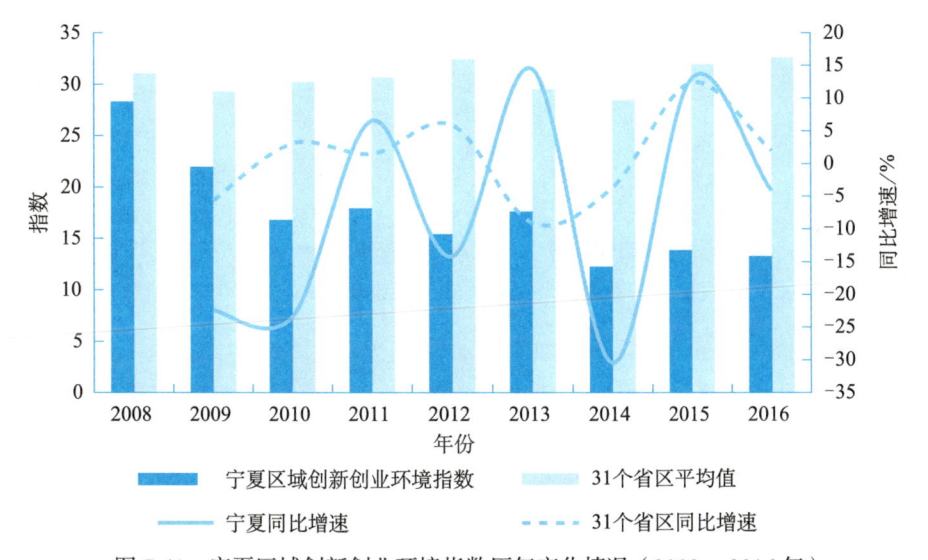

图 7-41　宁夏区域创新创业环境指数历年变化情况（2008~2016 年）

2008～2016年，宁夏区域资金环境指数、区域人才环境指数和区域制度环境指数均呈现不同程度的下降趋势（图7-42）。宁夏区域资金环境指数从18.38下降到8.51，年均增速为-9.18%。具体来说，宁夏工业企业研究开发费用加计扣除执行情况由107.47%下降至23.02%，高企税收优惠从9851万元下降到4759万元，但地方政府财政科技拨款占财政支出的比重从1.3%增加到1.5%。

2008～2016年，宁夏区域人才环境指数从27.16下降到19.99，年均增速为-3.76%。其主要原因是，宁夏城镇居民人均可支配收入与全国平均数的比例从86.6%下降到84.1%，地方政府财政支出中教育经费所占比重从16.7%下降到12.2%。值得注意的是，宁夏大专以上学历人口比例从7.1%增加到14.2%。

2008～2016年，宁夏区域制度环境指数也呈下降态势，从39.34下降到11.29，年均增速为-14.45%。其主要原因是，宁夏政府网站绩效从30下降到2013年的24.5，区域知识产权案件的结案率维持在100%。

图7-42 宁夏区域创新创业环境指数二级指数变化情况（2008～2016年）

第四节 新 疆

2016年,新疆区域创新发展指数排名居第31位,区域创新能力指数居第28位;人均GDP为4.02万元,约合0.61万美元(图7-43),区域创新发展水平处于落后水平,区域创新能力有待提高,是创新发展追赶Ⅱ型省区。

图 7-43 新疆区域创新发展指数和区域创新能力指数演进

一、新疆区域创新发展水平演进

(一)新疆区域创新发展指数演进

2008~2016年,新疆区域创新发展指数从14.55增长到20.95,排名在除2010~2014年有所上升,其他年份一直处于第31位。同期,31个省区创新发展指数平均值从23.24增加到35.62,年均增速为5.48%(图7-44)。新疆区域创新发展指数增长相对缓慢,年均增速为4.66%。

2008~2016年,从一级指数排名来看(表7-7),区域科学技术发展指数排名基本稳定在第28位,区域产业创新发展指数排名居第28~30位,区域社会创新发展指数排名则由第22位震荡下降至第26位,区域绿色集约发展指数排名有所下降,从第27位震荡下降至第31位,区域创新条件发展指数排名在第30~31位。

图 7-44　新疆区域创新发展指数历年变化情况（2008～2016 年）

表 7-7　新疆区域创新发展指数排名（2008～2016 年）

指数	2008年	2009年	2010年	2011年	2012年	2013年	2014年	2015年	2016年
区域创新发展指数	31	31	30	29	30	29	30	31	31
——区域科学技术发展指数	28	27	27	27	28	28	28	28	28
——区域产业创新发展指数	29	30	28	28	29	28	28	30	30
——区域社会创新发展指数	22	24	26	23	25	28	28	28	26
——区域绿色集约发展指数	27	29	28	29	30	30	30	30	31
——区域创新条件发展指数	30	31	30	31	31	27	31	30	31

（二）新疆区域科学技术发展指数演进

2008～2016 年，新疆区域科学技术发展指数从 0.75 持续增加到 3.00（图 7-45），排名基本稳定在第 28 位。新疆区域科学技术发展指数年均增速为 19.04%，高于 31 个省区平均值的年均增速（12.40%）。其中，新疆人均 R&D 经费支出从 75.14 元持续快速增加到 236.16 元，每万人本国有效发明专利数从 0.19 件持续增加到 1.57 件，每万人 SCI 论文数从 0.12 篇增加到 0.61 篇。新疆每万人 R&D 人员数量也有一定幅度的增长，从 4.13 人增加到 7.07 人。

图 7-45　新疆区域科学技术发展指数历年变化情况（2008~2016 年）

（三）新疆区域产业创新发展指数演进

2008~2016 年，新疆区域产业创新发展指数从 12.40 上升到 25.93（图 7-46），排名第 28~30 位，年均增速为 9.66%，高于 31 个省区平均值的年均增速（7.27%）。其主要原因是全员劳动生产率从 76.75 万元/人年持续增加到 115.98 万元/人年，高技术产业主营业务收入占制造业主营业务收入比

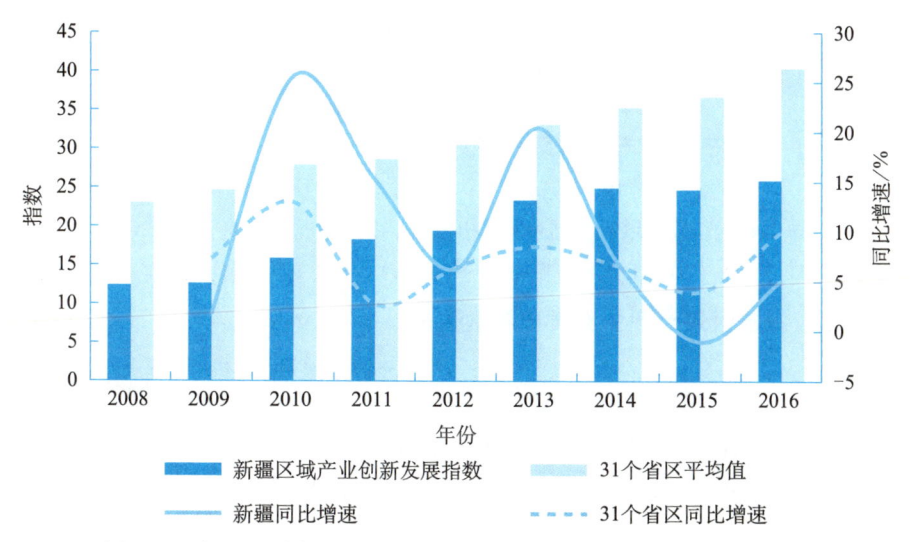

图 7-46　新疆区域产业创新发展指数历年变化情况（2008~2016 年）

例从 0.4% 震荡上升到 1.1%，服务业增加值占比从 33.9% 震荡上升到 45.1%，新产品销售收入占主营业务收入比例从 2.9% 增加到 5.7%。

（四）新疆区域社会创新发展指数演进

2008～2016 年，新疆区域社会创新发展指数从 27.93 上升到 35.71（图 7-47），排名从第 22 位震荡下降至第 26 位，年均增速为 3.12%，高于 31 个省区平均值的年均增速（2.84%）。其中，大专以上学历人口比例有所增长，从 9.0% 增加到 12.4%；每万人口在校大学生数从 108.40 人持续上升到 133.39 人；每千人口卫生技术人员数从 5.1 人上升到 7.1 人；城镇居民人均可支配收入与全国平均数的比例从 76.5% 震荡上升到 88.1%；社区服务机构覆盖率从 16.1% 上升到 17.9%。

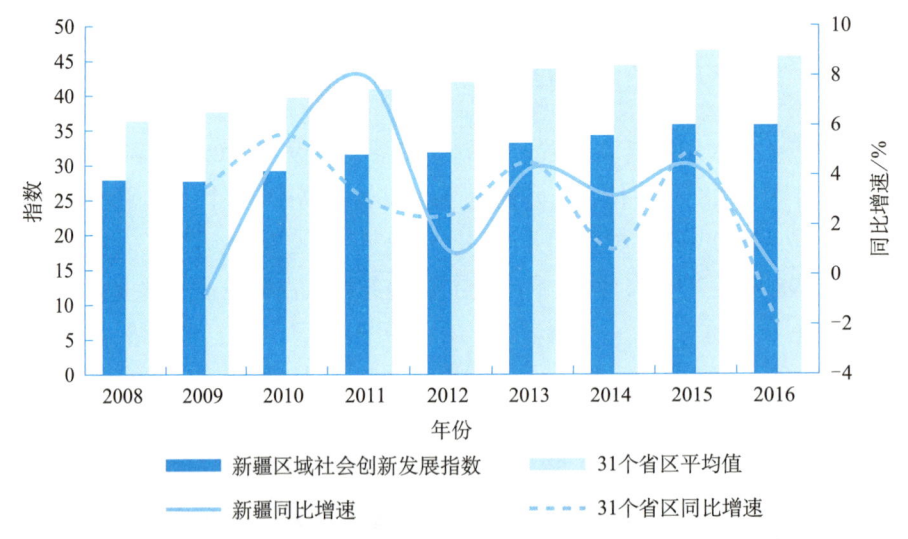

图 7-47 新疆区域社会创新发展指数历年变化情况（2008～2016 年）

（五）新疆区域绿色集约发展指数演进

2008～2016 年，新疆区域绿色集约发展指数从 16.41 震荡增长到 23.37（图 7-48），排名从第 27 位震荡下降至第 31 位。其中，新疆区域绿色集约发展指数年均增速达到 4.52%，低于 31 个省区平均值的年均增速（5.67%）。具体来说，新疆单位能耗对应的 GDP 从 0.59 万元 / 吨标准煤震荡回 0.59 万元 / 吨标准煤，单位废水对应的 GDP 从 560.00 元 / 吨上升到 1027.58 元 / 吨，单位主要污染物排放量对应的 GDP 从 22.84 万元 / 吨增长到 62.78 万元 / 吨，工业固体废物综合利用率从 33.8% 震荡上升到 34.3%。值得注意的是，单位建成区面积对应的 GDP 从 5.57 亿元 / 千米^2 震荡上升至 8.05 亿元 / 千米^2。

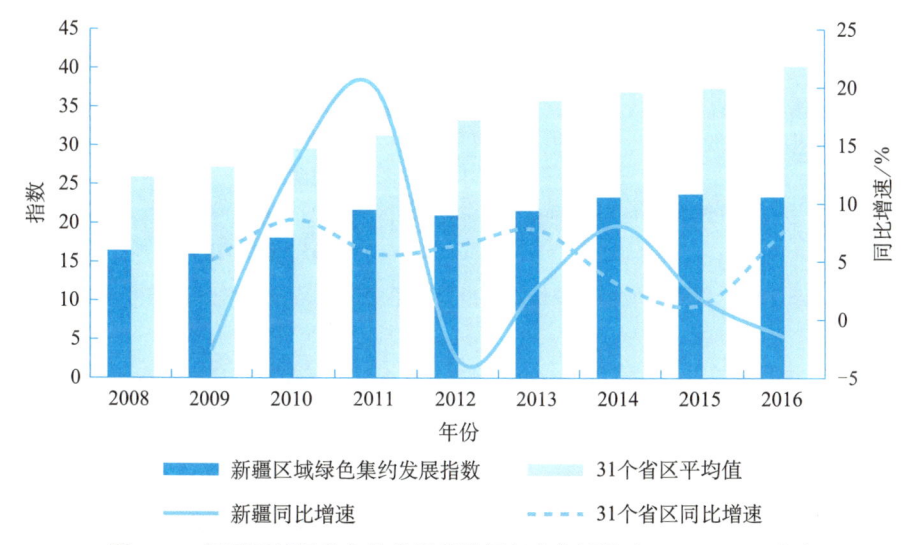

图 7-48　新疆区域绿色集约发展指数历年变化情况（2008～2016 年）

（六）新疆区域创新条件发展指数演进

2008～2016 年，新疆区域创新条件发展指数从 17.59 震荡下降到 12.81，年均增速为 -3.88%，排名基本在第 30～31 位，而同期 31 个省区平均值呈增长趋势，年均增速达到 3.75%（图 7-49）。具体来说，每百万人口研究实验平台数量从 0.05 个增加到 0.13 个，每百万人口产业创新平台数量从 0.84 个增加到 1.13 个，每百万人口创新服务平台数量从 1.88 个持续增加到 3.75 个，有电子商务活动的企业比例从 2.4% 增加到 6.2%。值得注意的是，拥有网站的企业比例略有下降，从 40.6% 下降到 33.9%；人均邮电业务总量也略有下降，从 0.18 万元震荡下降到 0.12 万元。

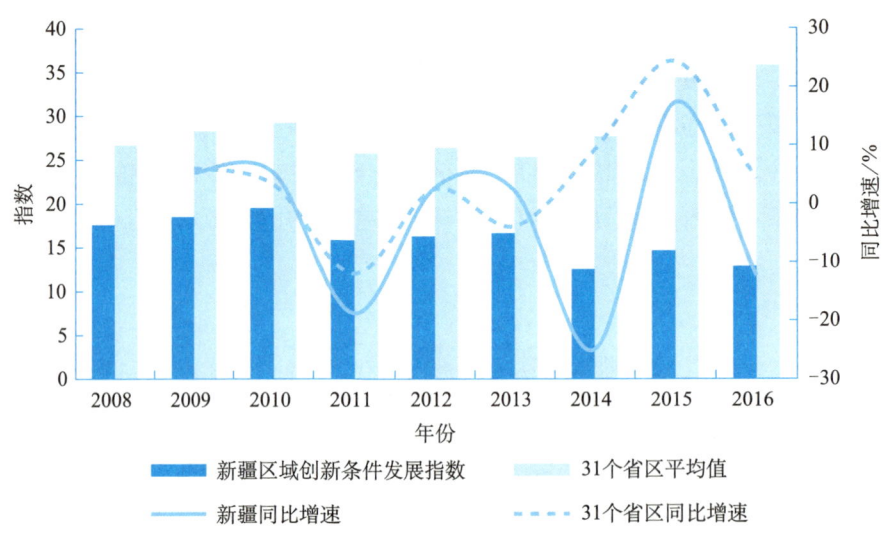

图 7-49 新疆区域创新条件发展指数历年变化情况（2008～2016 年）

二、新疆区域创新能力演进

（一）新疆区域创新能力指数演进

2008～2016 年，新疆区域创新能力指数从 8.42 增长到 11.59，排名总体在第 27 位和第 29 位之间震荡。同期，31 个省区平均值从 15.64 增加到 26.18，年均增速为 6.65%（图 7-50）。新疆区域创新能力指数增长相对缓慢，年均增速为 4.08%。

图 7-50 新疆区域创新能力指数历年变化情况（2008～2016 年）

从区域创新能力指数排名来看，2008~2016年，新疆区域创新能力指数排名相对落后，虽有波动，但2016年又震荡至第28位。从一级指数排名来看，新疆区域创新实力指数排名较稳定，一直处于第27位；区域创新效力指数排名从2008年的第29位下降至2009年的第30位，之后又持续上升到2015年的第26位，最终回到第29位；区域创新创业环境指数排名有所波动，从第28位震荡上升至第26位（表7-8）。

表7-8 新疆区域创新能力指数排名（2008~2016年）

指数	2008年	2009年	2010年	2011年	2012年	2013年	2014年	2015年	2016年
区域创新能力指数	29	29	28	28	28	27	28	28	28
——区域创新实力指数	27	27	27	27	27	27	27	27	27
——区域创新效力指数	29	30	30	30	30	29	29	26	29
——区域创新创业环境指数	28	23	25	22	26	18	25	25	26

（二）新疆区域创新实力指数演进

2008~2016年，新疆区域创新实力指数从1.74持续增长到4.18，年均增速为11.58%，排名一直保持在第27位；同期，31个省区平均值从7.65增加到21.40，年均增速为13.71%（图7-51）。

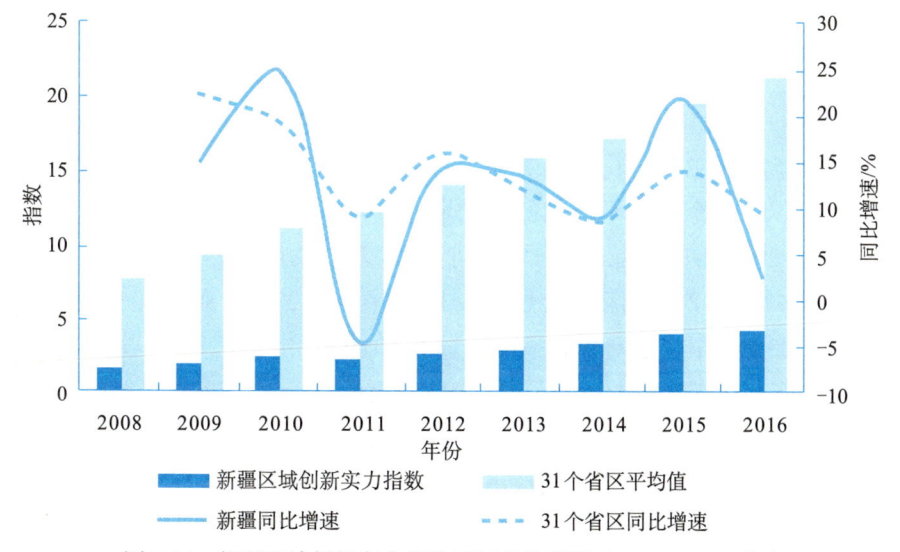

图7-51 新疆区域创新实力指数历年变化情况（2008~2016年）

2008~2016年，新疆区域创新投入实力指数、区域创新条件实力指数、区域创新产出实力指数、区域创新影响实力指数均呈现较高幅度的增长（图7-52）。新疆区域创新投入实力指数从1.12上升到2.87，排名一直处于第27位。新疆区域创新投入实力指数年均增速为12.48%，高于31个省区平均值的年均增速（12.33%）。与31个省区相比，新疆区域创新投入实力指数同比增速在2009~2010年呈急剧下降趋势。具体来说，2008~2016年，新疆R&D人员全时当量从8810人年增加到16 945人年，R&D经费支出从160 113万元增加到566 301万元。

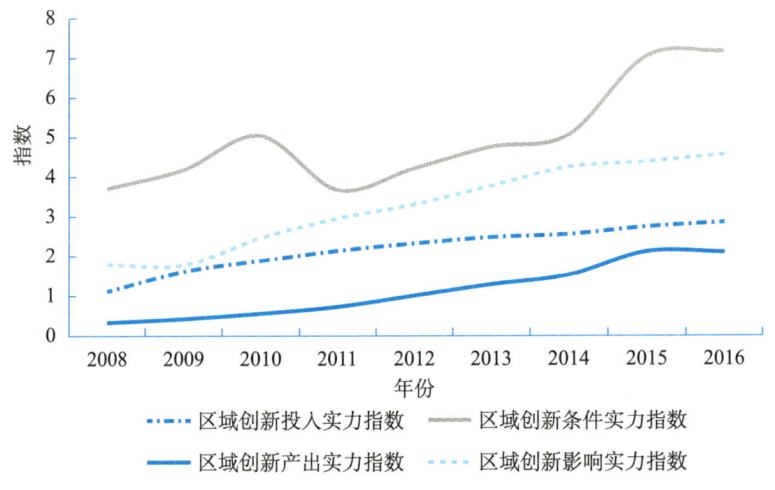

图7-52 新疆区域创新实力指数二级指数变化情况（2008~2016年）

2008~2016年，新疆区域创新条件实力指数从3.70上升到7.16（图7-53），排名从第25下降到第27位。新疆区域创新条件实力指数年均增速为8.59%，低于31个省区平均值的年均增速（11.00%）。具体来说，新疆互联网宽带接入用户数从154.6万户增加到468.4万户，有效发明专利数从407件增加到3762件，产业创新平台数量从18个增加到27个，研究实验平台数量从1个增加到3个，创新服务平台数量由40个增加到90个，但邮电业务总量有所下降，从379.87亿元下降至280.35亿元。

2008~2016年，新疆区域创新产出实力指数从0.34上升到2.11，排名一直居第26位。新疆区域创新产出实力指数年均增速为25.82%，高于31个省区平均值的年均增速（21.39%）。具体来说，发明专利申请量和授权量分别从482件和82件增加到3598件和910件，实用新型和外观设计专利申请量和授权量分别从1930件和1411件增加到10 507件和6206件，SCI论文数从252篇上升至1462篇，PCT专利申请量从5件增加到24件。

2008～2016年，新疆区域创新影响实力指数从1.80上升到4.57，排名从第25下降到第26位。新疆区域创新影响实力指数年均增速为12.38%，低于31个省区区域创新影响实力指数平均值的年均增速13.85%。具体来说，大中型工业企业新产品销售收入从1 600 766.6万元增加到4 745 505.5万元，地区生产总值从4183.21亿元增加到9649.70亿元，高技术产业利润总额从2.5亿元增加到11.59亿元。

（三）新疆区域创新效力指数演进

2008～2016年，新疆区域创新效力指数从7.65增长到15.83，年均增速为9.51%；排名从第29位震荡上升至2015年的第26位，又回落到第29位。同期，31个省区平均值从15.93增加到27.77，年均增速为7.19%（图7-53）。

2008～2016年，新疆区域创新投入效力指数、区域创新条件效力指数、区域创新产出效力指数、区域创新影响效力指数均呈现不同程度的增长，其中以区域创新产出效力指数和区域创新影响效力指数增加比较显著（图7-54）。新疆区域创新投入效力指数从3.06上升到6.70，排名从第29位下降至第30位。新疆区域创新投入效力指数年均增速为10.27%，高于31

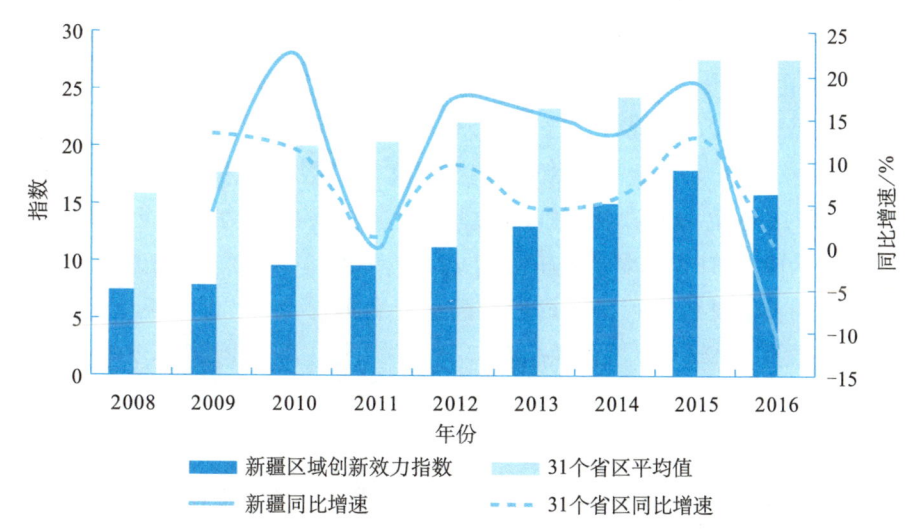

图7-53　新疆区域创新效力指数历年变化情况（2008～2016年）

个省区平均值的年均增速 4.43%。其主要原因是 R&D 人员比例从 0.4% 增加到 0.5%；R&D 经费支出占地区生产总值的比例略有波动，从 0.4% 增加到 0.6%。

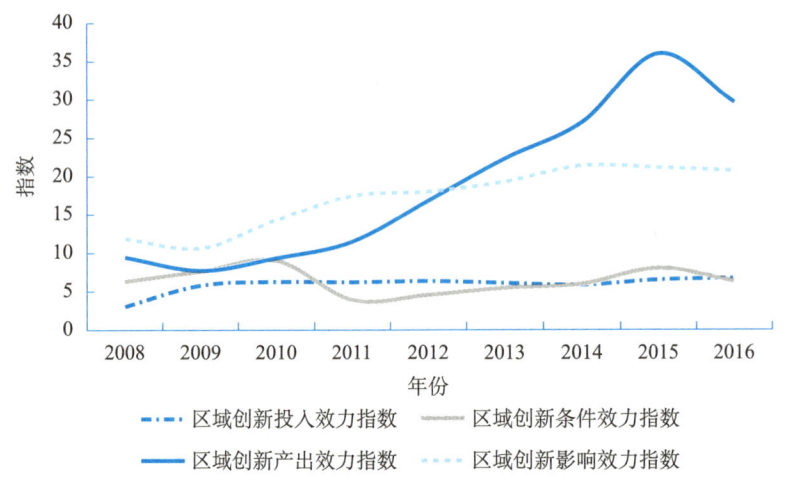

图 7-54　新疆区域创新效力指数历年变化情况（2008~2016 年）

2008~2016 年，新疆区域创新条件效力指数从 6.22 震荡上升至 6.27，排名从第 14 位震荡下降至第 23 位。新疆区域创新条件效力指数年均增速为 0.10%；同期，31 个省区平均值呈增长趋势，年均增速为 6.19%。其同比增速远低于 31 个省区同比增速。具体来说，每百万人产业创新平台数量从 0.84 个增加到 1.13 个，每百万人创新服务平台数量从 1.88 个增加到 3.75 个，每百万人研究实验平台数量从 0.05 个增加到 0.13 个。但其人均邮电业务总量有所下降，从 0.18 万元震荡下降到 0.12 万元。

2008~2016 年，新疆区域创新产出效力指数，从 9.46 增加到 29.64，排名从第 16 位上升至第 13 位。新疆区域创新产出效力指数年均增速为 15.35%，同期，31 个省区平均值的年均增速达到 11.78%。具体来说，新疆单位 R&D 人员发明专利申请量和授权量分别由 5.47 件 / 百人年和 0.93 件 / 百人年增长到 21.23 件 / 百人年和 5.37 件 / 百人年，单位 R&D 人员实用新型和外观设计专利申请量和授权量分别由 21.91 件 / 百人年和 16.02 件 / 百人年增加到 62.01 件 / 百人年和 36.62 件 / 百人年，单位 R&D 人员 PCT 专利申请量和 SCI 论文数分别从 5.68 件 / 万人年和 2.86 篇 / 百人年增加到 14.16 件 / 万人年和 8.63 篇 / 百人年。

2008～2016年，新疆区域创新影响效力指数，从11.88上升到20.72，排名从第29位震荡下降至第30位。新疆区域创新影响效力指数年均增速为7.20%，略低于31个省区平均值的年均增速（7.28%）。具体来说，人均地区生产总值从19 630元增加到40 241元；劳动生产率从16.86万元/人年增加到30.11万元/人年；单位能耗产生的GDP虽有波动，但2016年又回到从0.59万元/吨标准煤；单位主要污染物排放量对应的GDP从22.84万元/吨增加到62.78万元/吨，单位工业废水排放量对应的主营业务收入从736.42元/吨增加到883.63元/吨，工业固体废物综合利用率从33.8%上升到34.3%。值得注意的是，单位建成区面积GDP产出从5.57亿元/千米^{2}下降到8.05亿元/千米^2。

（四）新疆区域创新创业环境指数演进

2008～2016年，新疆区域创新创业环境指数从23.30下降到17.94，年均增速为-3.22%，排名呈波动上升趋势，从第28位震荡上升到第26位。同期，31个省区平均值从31.03增加到32.58，年均增速为0.61%（图7-55）。

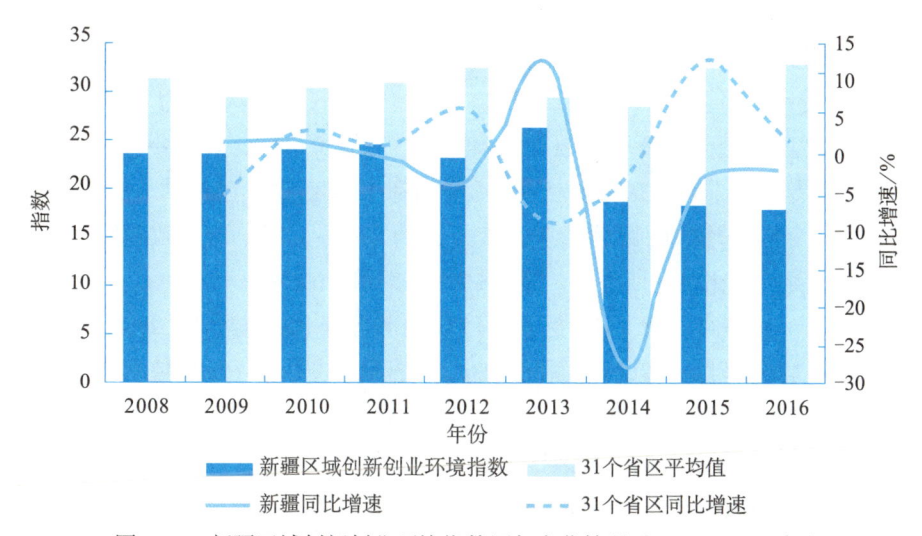

图7-55　新疆区域创新创业环境指数历年变化情况（2008～2016年）

2008～2016年，除区域资金环境指数有小幅增长外，区域人才环境指数和区域制度环境指数均呈下降态势，其中以区域制度环境指数下降最为显著（图7-56）。新疆区域资金环境指数从9.45上升到10.91，年均增速为1.81%，

图 7-56 新疆区域创新创业环境指数二级指数变化情况（2008～2016 年）

远低于 31 个省区区域资金环境指数平均值的年均增速 0.71%。具体来说，新疆工业企业研究开发费用加计扣除执行情况从 31.40% 增加到 52.95%，高新技术企业税收优惠从 11 854 万元增加到 25 070 万元，但地方政府财政科技拨款占财政支出的比重从 1.4% 下降到 1.1%。

2008～2016 年，新疆区域人才环境指数从 31.35 下降到 30.33，排名从第 14 位震荡下降至第 20 位。新疆区域人才环境指数年均增速为 −0.41%，低于 31 个省区区域人才环境指数平均值的年均增速 0.66%。其主要原因是，虽然新疆大专以上学历人口比例从 9.0% 增加到 12.4%，并且城镇居民人均可支配收入与全国平均数的比例从 76.5% 上升到 88.1%，但是地方政府财政支出中教育经费所占比重有所下降，从 18.8% 下降到 16.1%。

2008～2016 年，新疆制度区域环境指数呈下降态势，从 29.11 下降到 12.58，年均增速为 −9.96%；而同期 31 个省区区域资金环境指数平均值呈上升趋势，年均增速达到 0.52%。新疆制度区域环境指数排名从第 30 位上升至第 25 位。其主要原因是，虽然区域知识产权案件的结案率从 67.86% 增加到 100%，但新疆政府网站绩效从 38.4 下降到了 0。

第五节 青 海 省

2016年，青海省区域创新发展指数排名在31个省区中居第29位，区域创新能力指数居第30位；人均GDP为4.34万元，约合0.65万美元（图7-57），区域创新发展水平处于落后水平，区域创新能力有待提高，是创新发展追赶Ⅱ型省区。

图7-57 青海省区域创新发展指数和区域创新能力指数演进

一、青海省区域创新发展水平演进

（一）青海省区域创新发展指数演进

2008～2016年，青海省区域创新发展指数从14.66增长到22.93（图7-58）；同期，31个省区平均值从23.24增加到35.62。从年均增速看，青海省区域创新发展指数年均增速为5.75%，略高于31个省区平均值的年均增速（5.48%）。

从区域创新发展指数排名来看，2008～2016年，青海省区域创新发展指数总体处于落后水平，区域创新发展指数排名从第30位震荡上升至第29位。从一级指数排名来看（表7-9），青海省区域科学技术发展指数排名从第27

位震荡下降至第 29 位；区域产业创新发展指数排名从第 30 位下降至第 31 位；区域社会创新发展指数排名从第 24 位震荡下降至第 28 位；区域绿色集约发展指数排名从第 31 位震荡上升至第 28 位；区域创新条件发展指数排名变化较大，从第 15 位震荡下降至第 26 位。

图 7-58　青海省区域创新发展指数历年变化情况（2008～2016 年）

表 7-9　青海省区域创新发展指数排名（2008～2016 年）

指数	2008 年	2009 年	2010 年	2011 年	2012 年	2013 年	2014 年	2015 年	2016 年
区域创新发展指数	30	30	29	30	29	30	31	30	29
——区域科学技术发展指数	27	25	24	25	25	27	27	29	29
——区域产业创新发展指数	30	28	31	31	31	31	31	31	31
——区域社会创新发展指数	24	23	25	26	28	29	29	29	28
——区域绿色集约发展指数	31	31	29	26	26	28	29	29	28
——区域创新条件发展指数	15	16	16	16	16	16	23	24	26

（二）青海省区域科学技术发展指数演进

2008～2016 年，青海省区域科学技术发展指数从 0.81 增加到 2.63（图 7-59），年均增速为 15.80%，低于 31 个省区平均值的年均增速（12.40%），排名从第 27 位震荡下降至第 29 位。具体来说，青海省人均 R&D 经费支出从 70.56 元震荡增加到 236.05 元，每万人本国有效发明专利数从 0.19 件持续增加到 1.52 件，每万人 SCI 论文数从 0.12 篇增加到 0.31 篇，每万人 R&D 人员数量从 4.51 人增加到 7.02 人。

图 7-59　青海省区域科学技术发展指数历年变化情况（2008～2016 年）

（三）青海省区域产业创新发展指数演进

2008～2016 年，青海省区域产业创新发展指数从 11.92 上升到 25.87（图 7-60），年均增速为 10.17%，高于 31 个省区平均值的年均增速（7.27%），排名从第 30 位下降至第 31 位。其主要原因是全员劳动生产率从 59.99 万元/人

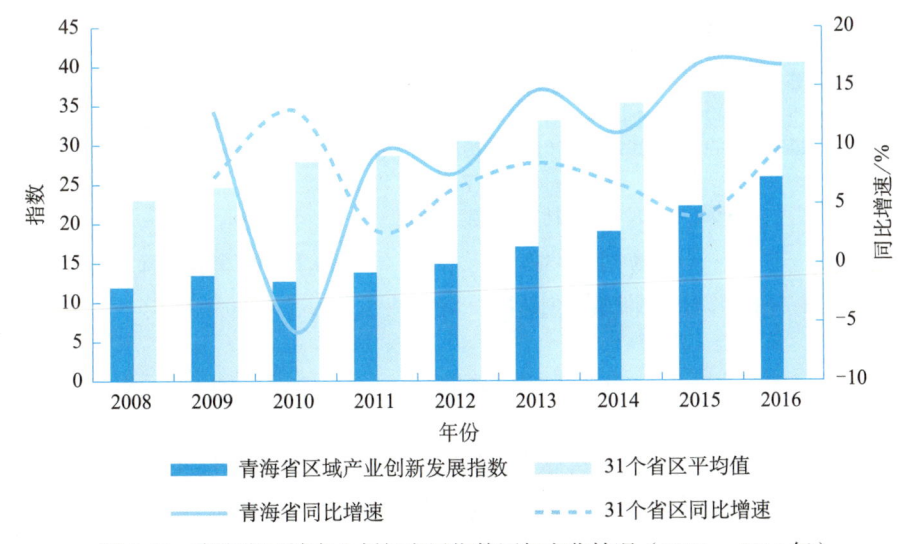

图 7-60　青海省区域产业创新发展指数历年变化情况（2008～2016 年）

年持续增加到 111.50 万元/人年，高技术产业主营业务收入占制造业主营业务收入比例从 1.1% 上升到 5.7%，服务业增加值占比从 34.9% 震荡上升到 42.8%。值得注意的是，新产品销售收入占主营业务收入比例从 4.6% 下降到 1.7%。

（四）青海省区域社会创新发展指数演进

2008～2016 年，青海省区域社会创新发展指数从 26.94 上升到 35.29（图 7-61），年均增速为 3.43%，高于 31 个省区平均值的年均增速（2.84%），排名从第 24 位震荡下降至第 28 位。具体来说，大专以上学历人口比例有所增长，从 7.1% 增加到 8.9%；每万人口在校大学生数从 76.13 人上升到 104.32 人，每千人口卫生技术人员数从 4.1 人上升到 6.2 人，社区服务机构覆盖率从 3.6% 上升到 10.3%，城镇居民人均可支配收入与全国平均数的比例从 77.9% 震荡上升到 82.9%。

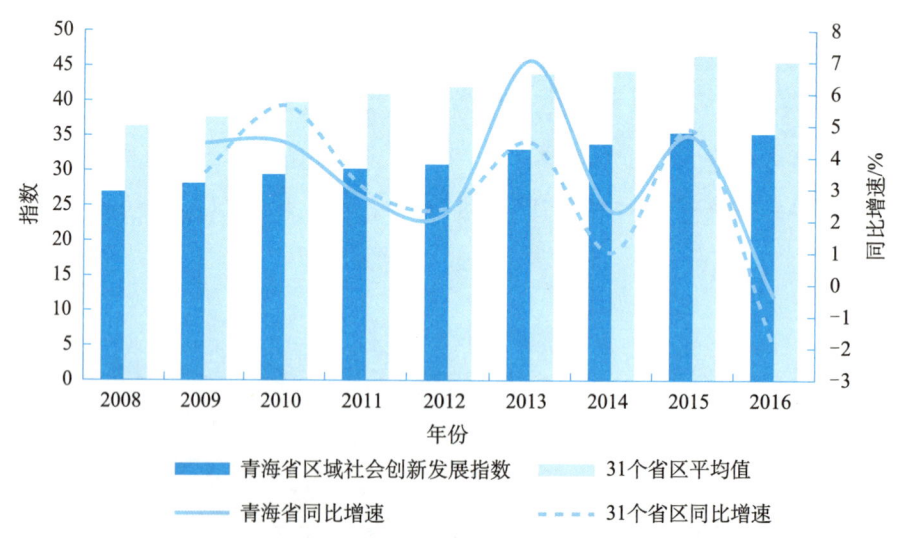

图 7-61　青海省区域社会创新发展指数历年变化情况（2008～2016 年）

（五）青海省区域绿色集约发展指数演进

2008～2016 年，青海省区域绿色集约发展指数从 13.45 震荡增长到 24.49（图 7-62），排名从第 31 位震荡上升至第 28 位。青海省区域绿色集约发展指数年均增速达到 7.78%，高于 31 个省区平均值的年均增速（5.67%）。具体来说，青海省单位能耗对应的 GDP 从 0.45 万元/吨标准煤震荡上升到 0.63 万元/吨标准煤，单位废水对应的 GDP 从 509.39 元/吨上升到 943.16 元/吨，单位主要污染物排放量对应的 GDP 从 24.72 元/吨增长到 72.18 万元/吨，工业固体废物综合利用率从 18.4% 震荡上升到 33.3%。值得注意的是，单位建成区面积对应的 GDP 从 9.21 亿元/千米^2 增长到 13.03 亿元/千米^2。

图 7-62　青海省区域绿色集约发展指数历年变化情况（2008～2016 年）

（六）青海省区域创新条件发展指数演进

2008～2016 年，青海省区域创新条件发展指数从 23.42 震荡上升至 26.07（图 7-63），年均增幅为 1.35%，低于 31 个省区平均值的年均增速（3.75%），排名变化较大，从第 15 名下降至第 26 位。具体来说，每百万人口研究实验平台数量从 0.00 个增加到 0.17 个，每百万人口产业创新平台数量从 2.35 个增加到 2.87 个，每百万人口创新服务平台数量从 3.07 个增加到 5.90 个，有电子商务活动的企业比例从 2.3% 增加到 10.8%，拥有网站的企业比例从 50.5% 增加到 58.0%。值得注意的是，人均邮电业务总量有所下降，从 0.15 万元下降到 0.12 万元。

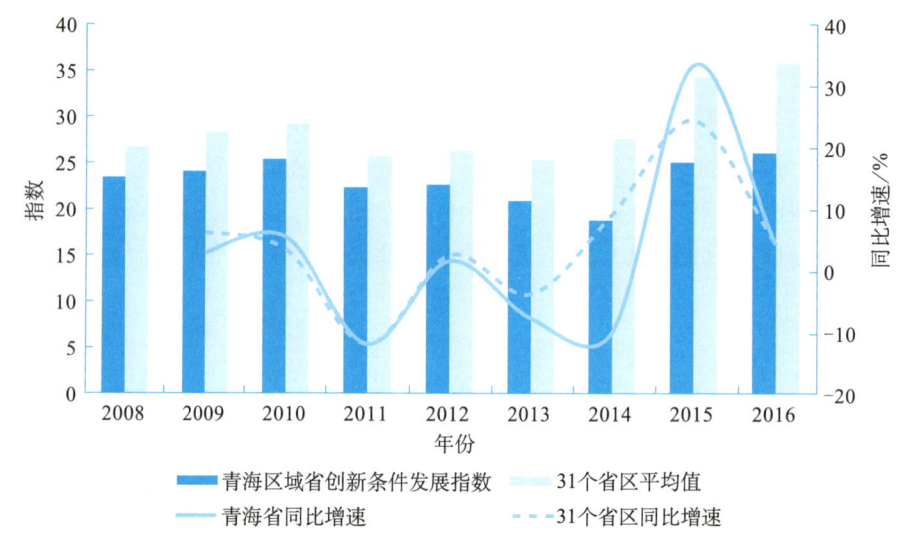

图 7-63　青海省区域创新条件发展指数历年变化情况（2008～2016 年）

二、青海省区域创新能力演进

（一）青海省区域创新能力指数演进

2008～2016 年，青海省区域创新能力指数从 7.59 震荡上升 8.47；同期，31 个省区平均值从 15.64 增加到 26.18，年均增速为 6.65%。青海省区域创新能力指数增长相对缓慢，年均增速为 1.39%（图 7-64）。

图 7-64　青海省区域创新能力指数历年变化情况（2008～2016 年）

从区域创新能力指数排名来看，2008～2016年，青海省区域创新能力指数排名相对落后，基本保持在第30位。从一级指数来看（表7-10），青海省区域创新实力指数排名一直保持在第30位；区域创新效力指数排名虽有波动，但从第28位震荡上升至第27位；区域创新创业环境指数排名从第30位震荡下降至第31位。

表7-10 青海省区域创新能力指数排名（2008～2016年）

指数	2008年	2009年	2010年	2011年	2012年	2013年	2014年	2015年	2016年
区域创新能力指数	30	30	29	30	29	30	30	30	30
——区域创新实力指数	30	30	30	30	30	30	30	30	30
——区域创新效力指数	28	28	29	29	30	30	30	28	27
——区域创新创业环境指数	30	29	22	29	27	30	30	31	31

（二）青海省区域创新实力指数演进

2008～2016年，青海省区域创新实力指数从0.41增长到1.08，远低于31个省区平均值，年均增速为13.06%，排名一直居于第30位；同期，31个省区平均值从7.65增加到21.40，年均增速为13.71%（图7-65）。

图7-65 青海省区域创新实力指数历年变化情况（2008～2016年）

2008～2016年，青海省区域创新投入实力指数、区域创新条件实力指数、区域创新产出实力指数、区域创新影响实力指数均有不同程度的增长，其中，以区域创新条件实力指数增长最为显著（图7-66）。青海省区域创新投入实力指数从 0.24 上升到 0.64，排名从第 29 位下降至第 30 位。青海省区域创新投入实力指数年均增速为 13.09%，高于 31 个省区区域创新投入实力指数平均值的年均增速 12.33%。具体来说，青海省 R&D 人员全时当量从 2501 人年增加到 4166 人年，R&D 经费支出从 39 092 万元增加到 139 977 万元。

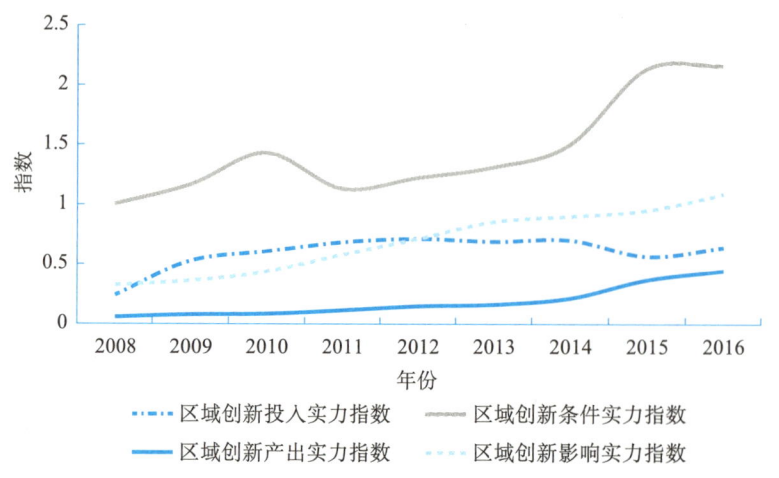

图 7-66　青海省区域创新实力指数二级指数历年变化情况（2008～2016 年）

2008～2016 年，青海省区域创新条件实力指数从 1.00 上升到 2.16，排名由第 29 位下降到第 30 位。青海省区域创新条件实力指数年均增速为 10.08%，低于 31 个省区区域创新条件实力指数平均值的年均增速 11.00%。具体来说，青海省互联网宽带接入用户数从 25.6 万户增加到 99.70 万户，有效发明专利数从 106 件增加到 904 件，产业创新平台数量从 13 个增加到 17 个，创新服务平台数量由 17 个增加到 35 个，研究实验平台数量从 0 个增加到 1 个。值得注意的是，邮电业务总量有所下降，从 84.13 亿元下降至 72.04 亿元。

2008～2016 年，青海省区域创新产出实力指数从 0.06 上升到 0.45，排名一直保持在第 30 位。青海省区域创新产出实力指数年均增速为 29.07%，高于 31 个省区区域创新产出实力指数平均值的年均增速 21.39%。具体来说，发明专利申请量和授权量分别从 148 件和 23 件增加到 1381 件和 271 件，实用新型和外观设计专利申请量和授权量分别从 283 件和 205 件增加到 1903 件和 1086 件，SCI 论文数从 67 篇上升至 186 篇，PCT 专利申请量从 1 件增加到 3 件。

2008～2016年，青海省区域创新影响实力指数从0.33上升到1.09，排名一直保持在第30位。青海省区域创新影响实力指数年均增速为16.30%，高于31个省区平均值的年均增速（13.85%）。具体来说，大中型工业企业新产品销售收入从486 195.3万元下降到379 403.6万元，但地区生产总值从1018.62亿元增加到2572.49亿元，高技术产业利润总额从0.50亿元增加到8.80亿元。

（三）青海省区域创新效力指数演进

2008～2016年，青海省区域创新效力指数从7.78增长到16.47，年均增速为9.83%，排名徘徊于第27位和第30位之间；同期，31个省区平均值从15.93增加到27.77，年均增速为7.19%（图7-67）。

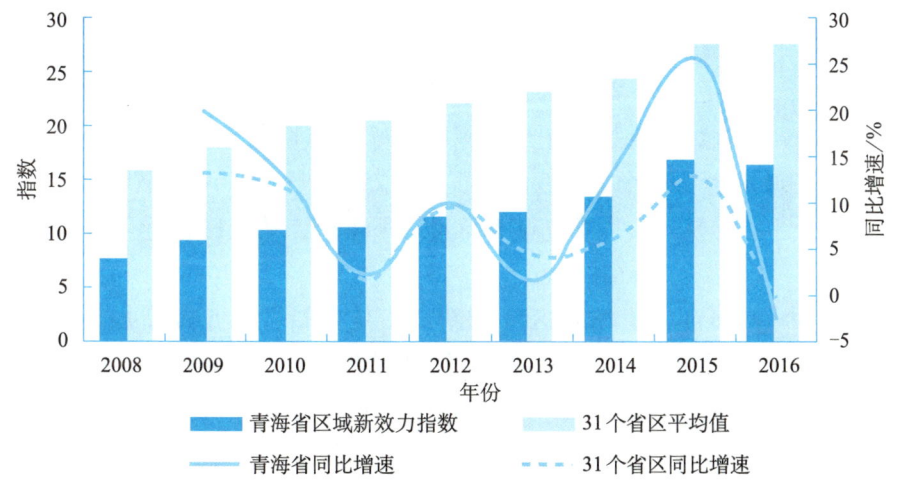

图7-67 青海省区域创新效力指数历年变化情况（2008～2016年）

2008～2016年，青海省区域创新投入效力指数、区域创新条件效力指数、区域创新产出效力指数、区域创新影响效力指数均有不同程度的增长，其中以区域创新产出效力指数增长最为显著（图7-68）。青海省区域创新投入效力指数从4.99上升到7.76，排名从第28位下降至第29位。青海省区域创新投入效力指数年均增速为5.67%；同期，31个省区平均值的年均增速为4.43%。具体来说，R&D人员比例从0.5%增加到0.7%，R&D经费支出占地区生产总值的比例也略有上升，从0.4%增加到0.5%。

图 7-68　青海省区域创新效力指数二级指数变化情况（2008～2016 年）

2008～2016 年，青海省区域创新条件效力指数从 8.75 增加到 11.26，排名从第 10 位震荡下降至第 12 位。青海省区域创新条件效力指数年均增速为 3.20%；同期，31 个省区平均值的年均增速为 6.19%。具体来说，每百万人产业创新平台数量从 2.35 个增加到 2.87 个，每百万人创新服务平台数量从 3.07 个增加到 5.90 个，每百万人研究实验平台数量从 0.00 个增加到 0.17 个。值得注意的是，人均邮电业务总量有所下降，从 0.15 万元下降到 0.12 万元。

2008～2016 年，青海省区域创新产出效力指数从 5.29 增加到 21.79，排名从第 26 位上升至第 20 位。青海省区域创新产出效力指数年均增速为 19.36%；同期，31 个省区区域创新产出效力指数平均值年均增速达到 11.78%。具体来说，青海省单位 R&D 人员发明专利申请量和授权量分别由 5.92 件/百人年和 0.92 件/百人年增长到 33.15 件/百人年和 6.51 件/百人年，单位 R&D 人员实用新型和外观设计专利申请量和授权量分别由 11.31 件/百人年和 8.20 件/百人年增加到 45.68 件/百人年和 26.07 件/百人年，单位 R&D 人员 PCT 专利申请量和 SCI 论文数分别从 4.00 件/万人年和 2.68 篇/百人年增加到 7.20 件/万人年和 4.47 篇/百人年。

2008～2016 年，青海省区域创新影响效力指数从 12.08 上升到 25.05，排名从第 27 位震荡回第 27 位。青海省区域创新影响效力指数年均增速为 9.55%，高于 31 个省区平均值的年均增速（7.28%）。具体来说，青海省人均地区生产总值从 18 387 元增加到 43 381 元，劳动生产率从 21.67 万元/人年增加到 40.77 万元 / 人年，单位能耗产生的 GDP 从 0.45 万元 / 吨标准煤增加到 0.63 万元 / 吨标准煤，单位主要污染物排放量对应的 GDP 从 24.72 万元 / 吨增加到 72.18 万元 / 吨，单位工业废水排放量对应的主营业务收入从 526.50 元 / 吨增加到 822.90 元 / 吨，工业固体废物综合利用率从 18.4% 增加到 33.3%。值得注意的是，单位建成区面积 GDP 产出从 9.21 亿元 / 千米^2 下降到 13.03 亿元 / 千米^2。

（四）青海省区域创新创业环境指数演进

2008～2016 年，青海省区域创新创业环境指数从 21.57 下降到 7.25，年均增速为 -12.74%，排名从第 30 位震荡下降至第 31 位；同期，31 个省区平均值呈增长趋势，从 31.03 增加到 32.58，年均增速为 0.61%（图 7-69）。

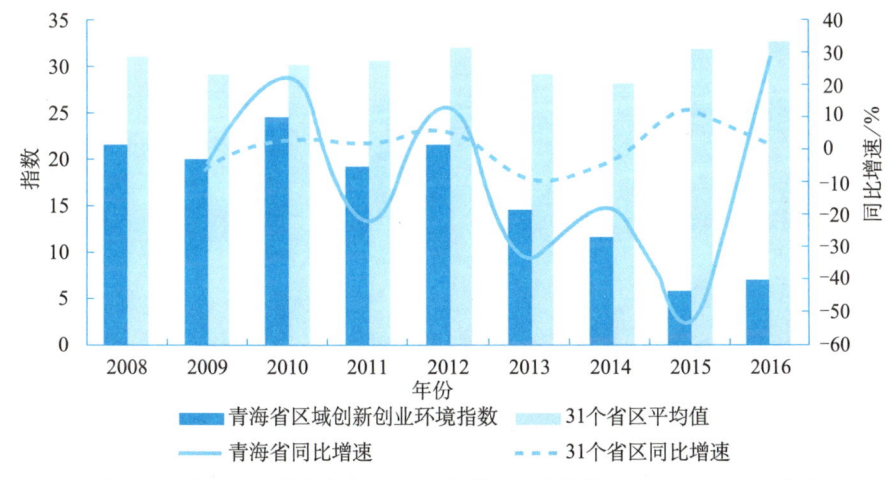

图 7-69　青海省区域创新创业环境指数历年变化情况（2008～2016 年）

2008～2016 年，青海省区域制度环境指数下降幅度最大，区域资金环境指数和区域人才环境指数呈现波动特征（图 7-70）。青海省区域资金环境指数排名一直徘徊于第 28 位和第 31 位之间。青海省区域资金环境指数从 10.26 下降到 4.39，年均增速为 -10.08%；而同期 31 个省区区域资金环境指数平均值呈增长趋势，年均增速 0.71%。具体来说，青海省工业企业研究开发费用加计扣除执行情况从 52.73% 下降到 19.57%。值得注意的是，高新技术企业税收优惠从 93 万元震荡下降到 68 万元，地方政府财政科技拨款占财政支出的比重从 1.1% 下降到 0.7%。

2008～2016年，青海省区域人才环境指数从15.66上升到12.85，排名从第29位震荡下降至第30位。青海省区域人才环境指数年均增速为-2.45%，高于31个省区区域人才环境指数平均值的年均增速0.66%。其主要原因是，青海省城镇居民人均可支配收入与全国平均数的比例从77.9%上升到82.9%，大专以上学历人口比例从7.1%增加到8.9%。值得注意的是，青海省地方政府财政支出中教育经费所占比重从13.4%下降到11.2%。

2008～2016年，青海省区域制度环境指数呈下降态势，从38.78下降到4.52，年均增速为-23.56%；同期，31个省区区域资金环境指数平均值呈上升趋势，年均增速达到0.52%。青海省区域制度环境指数排名从第20位下降至第31位。其主要原因是，青海省政府网站绩效从49.2下降到0，区域知识产权案件的结案率从100%下降到40%。

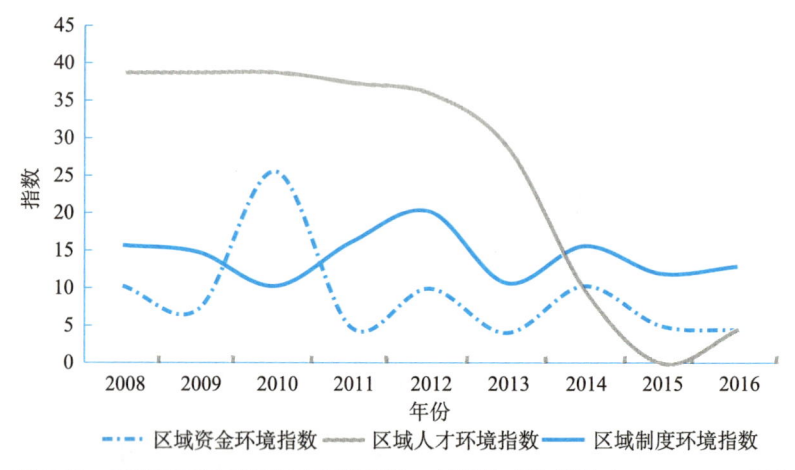

图7-70 青海省区域创新创业环境指数二级指数变化情况（2008～2016年）

第六节　西　藏

2016 年，西藏自治区区域创新发展指数排名在 31 个省区中居第 30 位，区域创新能力指数居第 31 位；人均 GDP 为 3.48 万元，约合 0.52 万美元（图 7-71），区域创新发展水平处于落后水平，区域创新能力有待于提高，是创新发展追赶 II 型省区。

图 7-71　西藏区域创新发展指数和区域创新能力指数演进

一、西藏区域创新发展水平演进

（一）西藏区域创新发展指数演进

2008～2016 年，西藏区域创新发展指数从 16.44 增长到 22.59；同期，31 个省区平均值从 23.24 增加到 35.62，年均增速为 5.48%（图 7-72）。西藏创新发展指数增长相对缓慢，年均增速为 4.05%。

从区域创新发展指数排名来看，2008～2016 年，西藏区域创新发展指数处于落后水平，区域创新发展指数排名从第 24 位下降至第 30 位。从一级指数来看（表 7-11），西藏区域产业创新发展指数排名从第 8 位震荡下降至第 29 位；区域科学技术发展指数和区域社会创新发展指数排名均一直处于第 31

位；区域绿色集约发展指数排名从第 30 位震荡上升至第 29 位；区域创新条件发展指数排名变化较大，从第 29 位上升至第 18 位。

图 7-72 西藏区域创新发展指数历年变化情况（2008～2016 年）

表 7-11 西藏区域创新发展指数排名（2008～2016 年）

指数	2008 年	2009 年	2010 年	2011 年	2012 年	2013 年	2014 年	2015 年	2016 年
区域创新发展指数	24	24	31	31	31	31	29	29	30
——区域科学技术发展指数	31	31	31	31	31	31	31	31	31
——区域产业创新发展指数	8	8	22	21	19	17	17	24	29
——区域社会创新发展指数	31	31	31	31	31	31	31	31	31
——区域绿色集约发展指数	30	30	30	31	31	31	31	31	29
——区域创新条件发展指数	29	26	26	26	26	24	20	22	18

（二）西藏区域科学技术发展指数演进

2008～2016 年，西藏区域科学技术发展指数从 0.05 增加到 0.83（图 7-73），年均增速为 42.68%，远高于 31 个省区平均值的年均增速（12.40%），排名一直处于第 31 位。具体来说，西藏人均 R&D 经费支出从 42.07 元震荡增加到 67.02 元，每万人本国有效发明专利数从 0.14 件持续增加到 1.19 件，每万人 SCI 论文数从 0.01 篇增加到 0.08 篇，每万人 R&D 人员数量从 2.18 人增加到 3.40 人。

图 7-73　西藏区域科学技术发展指数历年变化情况（2008～2016 年）

（三）西藏区域产业创新发展指数演进

2008～2016 年，西藏区域产业创新发展指数从 25.18 上升到 28.26（图 7-74），年均增速为 1.46%，低于 31 个省区平均值的年均增速（7.27%）。具体来说，高技术产业主营业务收入占制造业主营业务收入比例从 9.7% 下降到 5.7%，服务业增加值占比从 55.4% 震荡下降到 52.7%，新产品销售收入占主营业务收入比例从 7.0% 下降到 4.6%。值得注意的是，全员劳动生产率从

图 7-74　西藏区域产业创新发展指数历年变化情况（2008～2016 年）

25.25 万元/人年持续增加到 85.91 万元/人年。

(四) 西藏区域社会创新发展指数演进

2008～2016 年，西藏区域社会创新发展指数从 20.40 上升到 27.19（图 7-75），年均增速为 3.66%，低于 31 个省区平均值的年均增速（2.84%）。具体来说，大专以上学历人口比例有所增长，从 1.6% 增加到 4.8%；每万人口在校大学生数从 100.72 人上升到 105.84 人，每千人口卫生技术人员数从 3.4 人上升到 4.5 人，城镇居民人均可支配收入与全国平均数的比例从 83.5% 震荡上升到 86.1%。值得注意的是，社区服务机构覆盖率从 0.5% 下降到 0.0%。

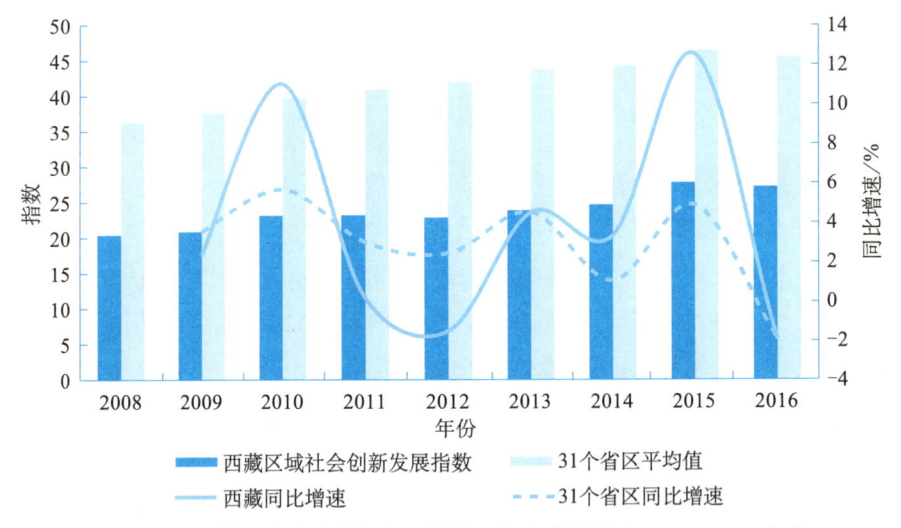

图 7-75 西藏区域社会创新发展指数历年变化情况（2008～2016 年）

(五) 西藏区域绿色集约发展指数演进

2008～2016 年，西藏区域绿色集约发展指数从 13.84 震荡增长到 24.34（图 7-76），排名从第 30 位上升至第 29 位。西藏区域绿色集约发展指数年均增速达到 7.31%，高于 31 个省区平均值的年均增速（5.67%）。具体来说，西藏单位废水对应的 GDP 从 1154.53 元/吨上升到 1874.42 元/吨，单位主要污染物排放量对应的 GDP 从 87.87 万元/吨增长到 149.21 万元/吨，工业固体废物综合利用率从 0.0% 震荡上升到 1.6%，单位建成区面积对应的 GDP 从 5.00

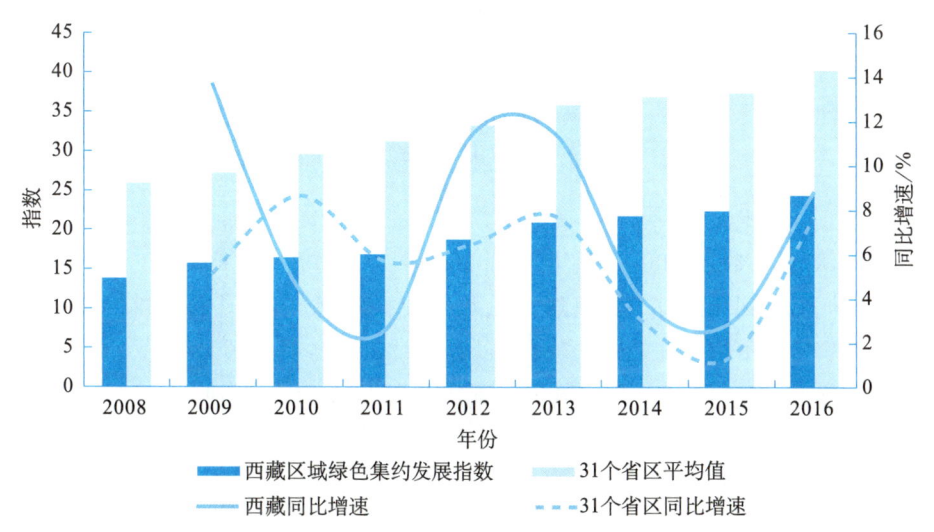

亿元/千米^{2}上升到7.93亿元/千米^2。

图7-76　西藏区域绿色集约发展指数历年变化情况（2008～2016年）

（六）西藏区域创新条件发展指数演进

2008～2016年，西藏区域创新条件发展指数从18.16震荡上升到32.35，年均增速为7.48%；同期，31个省区平均值的年均增速达到3.75%（图7-77）。西藏区域创新条件发展指数排名变化较大，从第29位稳步上升

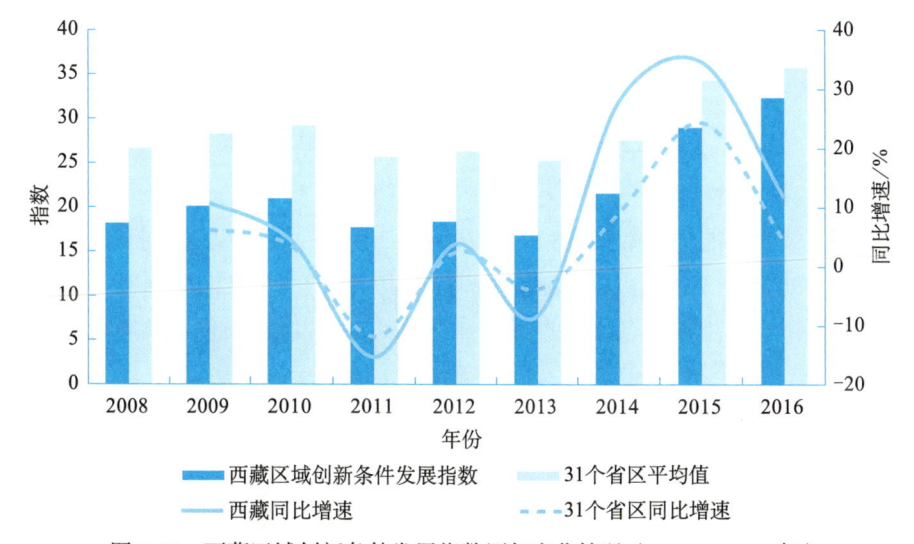

图7-77　西藏区域创新条件发展指数历年变化情况（2008～2016年）

至第 18 位。具体来说，每百万人口研究实验平台数量从 0.00 个增加到 0.30 个，每百万人口产业创新平台数量从 2.05 个增加到 2.42 个，每百万人口创新服务平台数量从 1.03 个增加到 2.42 个，有电子商务活动的企业比例从 3.7% 增加到 17.5%，拥有网站的企业比例从 42.5% 增加到 68.1%。值得注意的是，人均邮电业务总量有所下降，从 0.14 万元下降到 0.11 万元。

二、西藏区域创新能力演进

（一）西藏区域创新能力指数演进

2008～2016 年，西藏区域创新能力指数从 5.70 上升到 5.71；同期，31 个省区平均值从 15.64 增加到 26.18，年均增速为 6.65%（图 7-78）。西藏创新能力指数增长相对缓慢，年均增速为 0.02%。

图 7-78 西藏区域创新能力指数历年变化情况（2008～2016 年）

从区域创新能力指数排名来看，2008～2016 年，西藏区域创新能力指数排名一直处于第 31 位。从一级指数来看（表 7-12），西藏区域创新实力指数和区域创新效力指数排名均一直保持在第 31 位，区域创新创业环境指数排名从第 31 位上升至第 30 位。

表 7-12　西藏区域创新能力指数排名（2008～2016 年）

指数	2008 年	2009 年	2010 年	2011 年	2012 年	2013 年	2014 年	2015 年	2016 年
区域创新能力指数	31	31	31	31	31	31	31	31	31
——区域创新实力指数	31	31	31	31	31	31	31	31	31
——区域创新效力指数	31	31	31	31	31	31	31	31	31
——区域创新创业环境指数	31	31	31	31	31	31	31	30	30

（二）西藏区域创新实力指数演进

2008～2016 年，西藏区域创新实力指数从 0.04 增长到 0.30，远低于 31 个省区平均值，年均增速为 28.25%，排名一直保持在第 31 位；同期，31 个省区平均值从 7.65 增加到 21.40，年均增速为 13.71%（图 7-79）。

图 7-79　西藏区域创新实力指数历年变化情况（2008～2016 年）

2008～2016 年，西藏区域创新投入实力指数、区域创新条件实力指数、区域创新产出实力指数、区域创新影响实力指数均有所增长，其中以区域创新条件实力指数增长最为显著（图 7-80）。西藏区域创新投入实力指数从 0.00 上升到 0.07，排名一直处于第 31 位。西藏区域创新投入实力指数年均增速为 57.81%，高于 31 个省区平均值的年均增速（12.33%）。具体来说，西藏 R&D 人员全时当量从 635 人年增加到 1126 人年，R&D 经费支出从 12 285 万元增加到 22 184 万元。

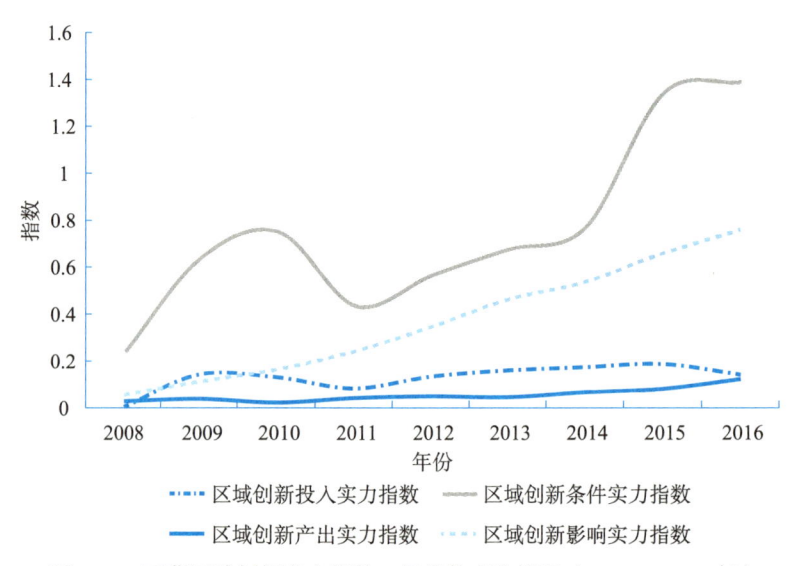

图 7-80　西藏区域创新实力指数二级指数变化情况（2008～2016 年）

2008～2016 年，西藏区域创新条件实力指数从 0.12 上升到 0.70，排名一直保持在第 31 位。西藏区域创新条件实力指数年均增速为 24.42%，高于 31 个省区平均值的年均增速（11.00%）。具体来说，西藏互联网宽带接入用户数从 11.5 万户增加到 40.2 万户，有效发明专利数从 41 件增加到 394 件，产业创新平台数量从 6 个增加到 8 个，创新服务平台数量由 3 个增加到 8 个，研究实验平台数量从 0 个增加到 1 个。值得注意的是，西藏邮电业务总量有所下降，从 40.86 亿元下降至 36.07 亿元。

2008～2016 年，西藏区域创新产出实力指数从 0.01 上升到 0.06，排名一直保持在第 31 位。西藏区域创新产出实力指数年均增速为 20.27%，低于 31 个省区平均值的年均增速（21.39%）。具体来说，发明专利申请量和授权量分别从 39 件和 16 件增加到 176 件和 33 件，实用新型和外观设计专利申请量和授权量分别从 311 件和 77 件增加到 536 件和 212 件，SCI 论文数从 2 篇上升至 25 篇。

2008～2016 年，西藏区域创新影响实力指数从 0.03 上升到 0.38，排名一直保持在第 31 位。西藏区域创新影响实力指数年均增速为 38.49%，远高于 31 个省区平均值的年均增速（13.85%）。具体来说，大中型工业企业新产品销售收入从 31 384.2 万元增加到 78 690.1 万元，地区生产总值从 394.85 亿元增加到 1151.41 亿元，高技术产业利润总额从 1.40 亿元增加到 3.47 亿元。

（三）西藏区域创新效力指数演进

2008～2016年，西藏区域创新效力指数从6.39增长到9.74，年均增速为5.41%，排名一直保持在第31位；同期，31个省区平均值从15.93增加到27.77，年均增速为7.19%（图7-81）。

图7-81　西藏区域创新效力指数历年变化情况（2008～2016年）

2008～2016年，西藏区域创新投入效力指数有所下降，区域创新条件效力指数与区域创新产出效力指数增幅较小，区域创新影响效力指数进步最为显著（图7-82）。区域创新投入效力指数从1.99下降到1.46，排名从第30位下降至第31位。西藏区域创新投入效力指数年均增速为-3.83%；同期31个省区平均值呈增长趋势，年均增速4.43%。具体来说，R&D人员比例从0.3%增加到0.4%。值得注意的是，R&D经费支出占地区生产总值的比例从0.3%下降到0.2%。

2008～2016年，西藏区域创新条件效力指数从6.68增加到8.62，排名从第13位震荡下降至第16位。西藏区域创新条件效力指数年均增速为3.24%；同期，31个省区平均值的年均增速为6.19%。具体来说，每百万人产业创新平台数量从2.05个增加到2.42个，每百万人创新服务平台数量从1.03个增加到2.42个，每百万人研究实验平台数量从0.00个增加到0.30个。值得注意的是，人均邮电业务总量有所下降，从0.14万元下降到0.11万元。

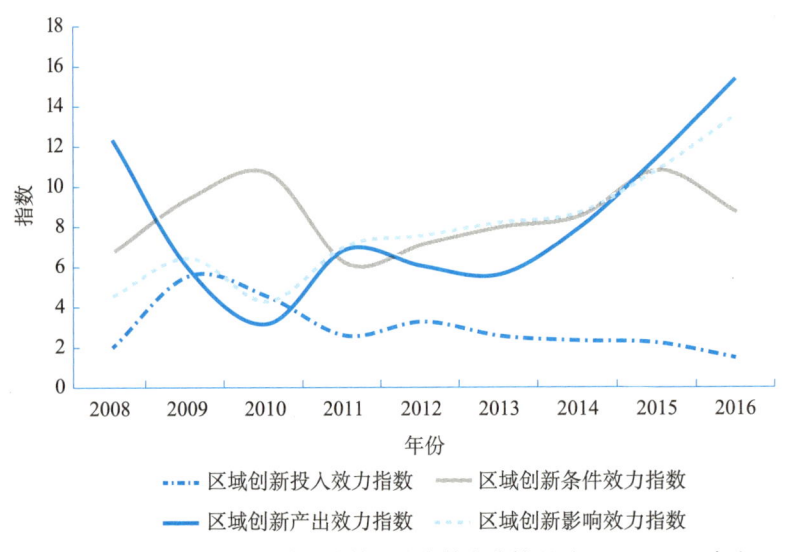

图 7-82　西藏区域创新效力指数二级指数变化情况（2008～2016 年）

2008～2016 年，西藏区域创新产出效力指数从 12.34 增加到 15.35，排名从第 10 位下降至第 29 位。西藏区域创新产出效力指数年均增速为 2.77%；同期，31 个省区指数平均值的年均增速达到 11.78%。具体来说，西藏单位 R&D 人员发明专利申请量和授权量分别由 6.14 件 / 百人年和 2.52 件 / 百人年增长到 15.63 件 / 百人年和 2.93 件 / 百人年，单位 R&D 人员实用新型和外观设计专利申请量由 48.96 件 / 百人年减少到 47.59 件 / 百人年，单位 R&D 人员实用新型和外观设计专利授权量由 12.12 件 / 百人年增加到 18.82 件 / 百人年，单位 R&D 人员 PCT 专利申请量和 SCI 论文数分别从 0 件 / 万人年和 0.31 篇 / 百人年增加到 8.88 件 / 万人年和 2.22 篇 / 百人年。

2008～2016 年，西藏区域创新影响效力指数从 4.54 上升到 13.51，排名一直处于第 31 位。西藏区域创新影响效力指数年均增速为 14.60%，高于 31 个省区平均值的年均增速（7.28%）。具体来说，人均地区生产总值从 13 522 元增加到 34 786 元，劳动生产率从 19.46 万元 / 人年增加到 36.55 万元 / 人年，单位主要污染物排放量对应的 GDP 从 87.87 万元 / 吨增加到 149.21 万元 / 吨，单位工业废水排放量对应的主营业务收入从 132.01 元 / 吨增加到 279.72 元 / 吨，工业固体废物综合利用率从 0.0% 增加到 1.6%，单位建成区面积 GDP 产出从 5.00 亿元 / 千米^2 增加到 7.93 亿元 / 千米^2。

（四）西藏区域创新创业环境指数演进

2008～2016 年，西藏区域创新创业环境指数从 15.62 减少到 8.45，年均增速为 −7.39%；排名在第 30 位和第 31 位之间。同期，31 个省区平均值从 31.03 增加到 32.58，年均增速为 0.61%（图 7-83）。

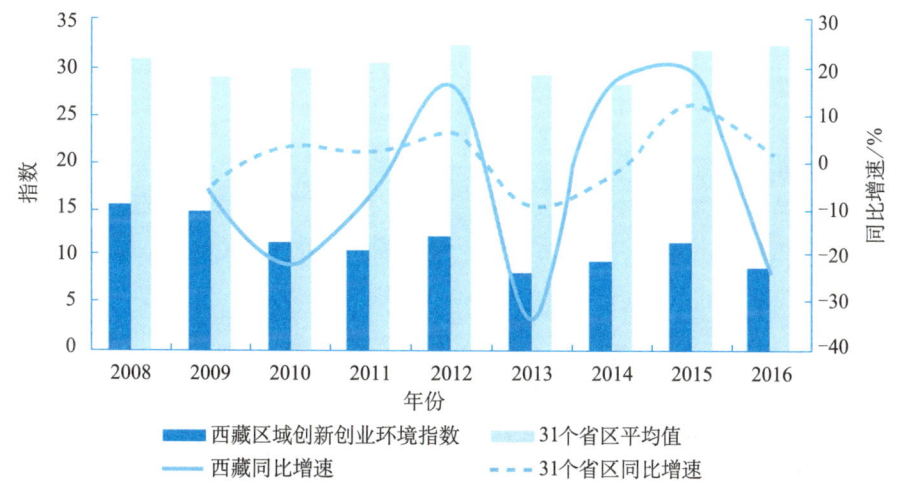

图 7-83　西藏区域创新创业环境指数历年变化情况（2008～2016 年）

2008～2016 年，西藏区域资金环境指数、区域人才环境指数、区域制度环境指数均出现不同程度下降，其中以制度环境指数下降最为显著（图 7-84）。西藏区域资金环境指数从 12.95 下降到 9.46，年均增速为 −3.85%；同期 31 个省区平均值呈增长趋势，年均增速为 0.71%。具体来说，西藏工业企业研究开发费用加计扣除执行情况从 87.60% 下降到 77.27%，高新技术企业税收优惠从 55 万元下降到 23 万元，地方政府财政科技拨款占财政支出的比重从 0.8% 下降到 0.3%。

2008～2016 年，西藏区域人才环境指数从 10.12 下降到 8.96，排名基本徘徊在第 30 位和第 31 位之间。西藏区域人才环境指数年均增速为 −1.51%，高于 31 个省区区域人才环境指数平均值的年均增速 0.66%。其主要原因是，西藏城镇居民人均可支配收入与全国平均数的比例从 83.5% 上升到 86.1%，大专以上学历人口比例从 1.6% 增加到 4.8%，地方政府财政支出中教育经费所占比重从 12.4% 下降到 10.7%。

2008～2016 年，西藏区域制度环境指数从 23.79 减少到 6.94，年均增速为 −14.27%。同期，31 个省区区域制度环境指数平均值的年均增速达到

0.52%。西藏区域制度环境指数排名从第 31 位震荡上升至第 30 位。其主要原因是，西藏区域知识产权案件的结案率从 60.78% 上升到 61.48%，西藏政府网站绩效从 30.3 下降到 0。

图 7-84　西藏区域创新创业环境指数二级指数变化情况（2008～2016 年）